不屈のハンギョレ新聞

韓国市民が支えた言論民主化20年

著 ハンギョレ新聞社
訳 川瀬俊治・森類臣

現代人文社

不屈のハンギョレ新聞

韓国市民が支えた言論民主化20年

희 망 으 로 가 는 길 : 한 겨 레 20 년 의 역 사

日本語版に寄せて

日本の読者の皆様にお目にかかれて嬉しく思います。

ハンギョレ新聞二三年の歴史を綴った『不屈のハンギョレ新聞——韓国市民が支えた言論民主化二〇年』〈原題『希望へ向かう道——ハンギョレ二〇年の歴史』(희망으로가는 길——한겨레 20 년의 역사)〉を日本の読者の皆様へ紹介でき、胸がいっぱいです。

ハンギョレ新聞は日本の読者の皆様にとっては、なじみが薄い新聞かもしれません。隣国のいくつかのメディアの中のひとつとしてのみ知っていらっしゃる方もおられると思います。しかし、韓国社会でハンギョレが占めている位置はもう少し特別なものです。ハンギョレ新聞の歴史は、すなわち大韓民国の民主主義の歴史です。独裁政権がメディアを掌握し、メディアの社主が自ら権力の前にひざをついた一九八八年、言論の自由のために闘って既存メディアから追い出された記者たちが集まってつくったのがハンギョレ新聞です。真のジャーナリズムを渇望していた国民たちは、ポケットの中のなけなしの金を集めて株主として参与し、世界で類のない「国民株新聞」であるハンギョレ新聞を誕生させました。民主主義を維持して発展させる最も基本的な社会機能は言論の自由です。韓国の民主化の歴史はハンギョレ創刊以前と以後に分かれると断言できます。

軍事政権の暴圧を突き破って小さな新芽を出したハンギョレ新聞は、今や韓国の代表的なメディアとして成長しました。聖域なき報道を通して、権力に対する厳しい監視を止めることなく、世の中に対する温かい視線で社会的弱者を包み込んできました。政治権力による弾圧と、資本という権力の懐柔に打ち勝ちながら、ジャーナリズムの正しい道を歩いてきました。ハンギョレ新聞が韓国社会で一番信頼されるメディアといわれる所以です。

本書は、ハンギョレ新聞という小さい種が根を下ろして、一抱えに余る木へ成長する過程を記録したものです。しかし本書は、ひとつの新聞社の単純な歴代記ではありません。ハンギョレ新聞の歴史は激動の韓国現代史に当たります。ハンギョレ新聞は変革の中心にいて、時には韓国社会の流れを変えてさえきました。南北統一、人権、民主主義、財閥改革など、革新〔勢力〕の中心にはハンギョレ新聞がいました。

本書は世の中を変えたい人たちが汗と涙で綴ってきた記録であり、韓国の民主主義の歴史の生々しい証言録です。最後の章を読み終えた瞬間、ハンギョレ新聞はもちろん、韓国社会に対する理解がさらに深くなると確信します。

本書は、私たちの前に置かれている重大な歴史的責務を尽くすという、自らの誓いでもあります。二〇年を整理し、過ぎし歴史を振り返ることで、新しい跳躍の二〇年を準備しています。ハンギョレ新聞は今や韓国を越えて東アジアの連帯に努力を傾けています。毎年「東アジア未来フォーラム」を開いて、安全保障・経済などの多様な領域で協力する方法を考えており、韓国と日本の市民社会の連帯もまた、ハンギョレ新聞が深く関心を持っている課題です。本書をきっかけに、日本の社会にハンギョレ新聞に対する理解がもっと広まり、幅広い連帯の方法が生み出されることを祈ります。

日本の読者の皆様によるたくさんの声援をお願いいたします。

ハンギョレ新聞社代表取締役社長　楊尚祐《ヤンサンウ》

不屈のハンギョレ新聞——韓国市民が支えた言論民主化二〇年❖目次

第三部 再び一歩

凡例

(1) 韓国（朝鮮）語の日本語ルビは本書の各章「中見出し」ごとに初出のみ付した。資料編も同様にした。

(2) 掲載された韓国人（朝鮮人）の名前は判明するかぎり漢字表記してルビを付した。不明の場合はカタカナ表記した。なお、韓国では漢字表記は旧漢字を使うが、本書ではごく一部を除き新漢字にした。

(3) 訳者による補足については〔 〕の形で記した。

(4) 本書掲載写真は原書掲載分の中から選び掲載した。著作権はハンギョレ新聞社にある。

(5) 原書で団体名など不統一の場合があったが、訳者の判断で翻訳では統一して訳した。

(6) 本書では「ハンギョレ」は新聞名であり会社（法人名）を示す場合は「ハンギョレ新聞社」とした。ただし、新聞の題字が「ハンギョレ」に変わる一九九六年一〇月以前は、新聞名として「ハンギョレ新聞」の使用もある。

(7) 資料編の人物略歴は、ハンギョレ新聞社歴代代表取締役（原書掲載分のみ）と、本書掲載の中で訳者の判断で選択して掲載した。同じく資料編の年表では、訳者の判断で重要事項を選択して掲載した。また、掲載分のうち二〇〇九年以降は原書に記載されておらず、本書刊行のためハンギョレ新聞社が加筆した。

(8) 本文・資料編の敬称は、基本的に略させていただいた。

第一部

新たな新聞創刊という夢

第一章　ジャーナリズムの暗黒時代

夜明け前の一番暗い頃だった。編集局の時計が明け方の三時四三分を指していた。記者の何人かが、時計の下に吊るされていた「自由言論（＊1）実践宣言」の横断幕を取り外した。五カ月前の一九七四年一〇月二四日、「自由言論実践宣言」発表のときに掲げた毛筆の文字であった。いまやこの文字はこれ以上ここに掲げる理由がなくなった。この新聞社はもはや「自由言論実践」社として扱われる資格はなかった。

三階の編集局の窓には人の影が見え隠れしていた。見知らぬ顔の中に販売局・広告局の社員たちの顔もあった。彼ら二〇〇余人の大部分は酔っていた。籠城鎮圧のために会社が動員した行動隊員たちであった。一四年後である一九八八年一二月、彼らの中の一人が国会言論聴聞会を通して良心宣言（内部告発）をするようになる。会社幹部が武道有段者八〇名を外部から動員して籠城鎮圧に向かい、現場の状況を社長と主筆に報告しながら指揮を受けたと明らかにした。

❖角材の前に立った「自由言論運動」

しかしその日、一九七五年三月一七日明け方、東亜日報《トンアイルボ》の記者たちは、行動隊員の正体を知らずにいた。韓国ジャーナリズム史上初の「救社隊」（「会社を救う組織」という意味だが、実際は労働組合対策用に会社が作った組織。労組や社命に従わない社員の排除を目的とした。主に社外の人間で構成された）とでも言うべき彼らは、少し前、二二三人の記者たちが断食籠城中である二階工務局を鎮圧した。酸素溶接機とハンマーで鉄門を壊し、角材と消火器で記者たちを制圧した。成裕普《ソンユボ》（ハンギョレ新聞創刊に参画、後に取締役）と鄭淵珠《チョンヨンジュ》（一九八九年ハンギョレ新聞記者、盧武鉉《ノムヒョン》（資料編「人物略歴」参照）時代の二〇〇三〜〇八年に韓国放送公社（KBS）社長）が彼らに殴られ大怪我をした。二人は後にハンギョレ編集局長と論説主幹になる。

そしていまや編集局だ。自由言論実践宣言を主導してきた張潤煥《チャンユンファン》記者協会東亜日報分室長はすでに解雇され、新聞社から追い出された状態だった。張記者は後日ハンギョレ編集委員長になるのだが、この日の現場指揮は安鍾柲《アンジョンピル》

〔釜山日報《プサンイルボ》、朝鮮日報《チョソンイルボ》、東亜日報を経て東亜自由言論守護闘争委員会第二代委員長〕臨時分会長へ任せるほかなかった。安鍾秘は五年後の一九八〇年、収監中の身でハンギョレの礎を築く新しいメディア構想を明らかにする。彼は籠城中の記者たちの前に立った。

▲東亜日報《トンアイルボ》記者たちの自由言論実践宣言は1970年代自由言論運動の絶頂であった。1974年10月24日、東亜日報編集局で記者、プロデューサー、アナウンサーなどが自由言論実践宣言式を開いた。

「民主社会を維持して自由国家を発展させるための基本的な社会機能である自由言論は、どのような口実をもってしても圧迫できないし、誰であろうと干渉できないことを宣言する」。

安鍾秘は自由言論実践宣言を再び朗読した。記者たちはまた、民権運動歌謡「われわれは勝利するだろう」を歌った。愛国歌〔韓国の国歌〕も歌った。自由言論と民主化のための万歳三唱も行った。そして、非暴力を掲げた記者たちはおとなしく引っ張られていった。若干の小競り合いはあったが、武道有段者たちに勝てるはずもなかった。四階の放送局で抵抗していたプロデューサーの一人は、行動隊員たちに殴られて重傷を負った。

新聞社の外へ追い出された彼らを私服警察官たちが待ち構えていた。頑として記者たちを光化門《クァンファムン》の地下道へ押し込んでいった。東亜日報は会社の門を閉めて鍵をかけた。数十年経ても、東亜日報は追われた彼らには断じて門を開かなかった。籠城した約一六〇人の記者、プロデューサー、アナウンサーなどが皆、街へ、地下道へと追われた。

朝一〇時、東亜日報の記者たちが新聞会館記者協会事務室の廊下に集まった。権根述《クォングンスル》〔後にハンギョレ新聞社第七・八代社長。資料編「人物略歴」参照〕が声明文を読んだ。前夜、会社による籠城鎮圧を予感した安鍾秘があらかじめ準備しておき、権根述へ伝えていた文章である。「すべての国民の前に自由言論実践を誓った私たちは、今日再び自由言論に殉ずることを誓う。……人間の永遠の基本権である言論の自由は、酸素溶接機と角材で抹殺されえない〔暴力に屈しない〕」。その宣言文を胸中に抱きつつ歳月を送った後、権根述はハンギョレの代表取締役となった。

この声明文のように、自由言論は角材などにひざまずくことはなかった。自由言論運動は十余年後に、ハンギョレ創刊として花開いた。しかし、〔この時点で〕既存のメディアを変えようという努力が水泡と帰したのは明らかだった。

「自由言論は今や弔いの鐘を鳴らした」。東亜日報記者たちが社外へ追われた三月一七日午後、朝鮮日報《チョソンイルボ》記者たちは暴力による鎮圧を糾弾する声明文を出した。朝鮮日報記者たちはその六日前の一九七五年三月一一日、東亜日報記者たちとまったく同じ仕打ちを受けた。一九七四年一二月一七日、朝鮮日報記者である慎洪範《シンホンボム》〔後にハンギョレ論説主幹〕と白基範《ペクキボム》が、維新政友会所属のある国会議員の寄稿文に対して編集局長へ抗議したのが発端となった。寄稿文は朴正熙《パクチョンヒ》〔資料編「人物略歴」参照〕政権を一方的に称賛する内容だった。寄稿文が掲載される過程で権力の圧力があったという疑惑も提起された。しかし、会社は「社内秩序を破壊して編集権を侵害した」という理由で、翌一八日に彼らを解雇した。慎洪範は後に「ハンギョレ倫理綱領」を作成し、編集権の尊厳を守る正しい道が何であるかを示した。

❖ 嘘のない処断と解雇

慎洪範《シンホンボム》と白基範《ペクキボム》の二人が解雇されたことで、記者協会組織を活性化しようという朝鮮日報《チョソンイルボ》記者たちの論議が熱くなった。記者協会組織があってこそ志ある記者たちが組織的に動くことができるという判断だった。そのときまで記者協会は事実上活動停止状態だった。

一九七五年一月一一日、記者協会朝鮮日報分会の新執行部がつくられた。後日ハンギョレの代表取締役となる鄭《チョン》泰基《テギ》〔一九七五年の朝鮮日報解職後にハンギョレ創刊に参与、ハンギョレ新聞社第一二代社長〕が本会長を任された。成漢杓《ソンハンピョ》〔朝鮮日報記者を経て、ハンギョレ新聞論説主幹、副社長歴任〕が報道自由部長になった。彼は、報道の自由の理想をハンギョレ編集委員長になって実現した。
彼らの主導で朝鮮日報記者たちは一九七五年三月六日から解雇記者の復職と正論紙〔公正で客観的な報道、権力から独立した自由なメディア〕復帰を掲げて籠城に入った。新聞製作も拒否した。翌日の三月七日、方又栄《パンウヨン》〔資料編「人物略歴」参照〕朝鮮日報社社長の名前で警告文が掲げられた。

「万が一、最後まで革命的な手段で、五五年という朝鮮日報の長い伝統を美化するどころかむしろ顔に泥を塗り、会社の分裂に関わる社員がいたら、朝鮮日報のこれからのためにその社員たちを処断することを、偽りなく明確かつ厳粛に宣言する」。

方又栄社長はその宣言どおりにした。偽りなく処断を即刻行った。警告文が掲げられたまさにその日、鄭泰基と成漢杓など記者協会朝鮮日報分会執行部五人がすべて罷免された。三月一〇日には引き続いて就任した記者協会分会臨時執行部五人が再び罷免された。一一日にも三人が追加罷免されるなど、合計三七人が無期停職を受けた。当時、朝鮮日報には約一〇〇名の記者がいたが、およそ半分の記者が解雇または無期停職処分を受けたのである。そしてついに、一九七五年三月一一日午後七時三〇分、籠城中であった朝鮮日報記者たちはすべての編集局から追い出された。

メディアを掌握しようとする権力の欲は根が深かった。権力に屈服するメディアの社主たちもそうだった。一九七五年三月、韓国ジャーナリズムのプライドを守ろうとした記者たちがすべての制度言論（＊2）の外へ追い出された。記者らしい記者はすべて解雇された。そして、韓国ジャーナリズム最大の暗黒の時代が始まった。

❖ 社主たち、政権が与えたニンジンに味をしめる

一八八三年に韓国最初の近代新聞である漢城旬報《ハンソンスンボ》が創刊されて以来、権力に飼いならされていないメディアはほとんどなかった。独立新聞《トンリプシンムン》や民族日報《ミンジョクイルボ》など少数の例外はあったが、長く生き残ることはできなかった。韓国の新聞と放送は、時の権力に逆らわずに企業としての利益を守ることに没頭するという汚辱の道を歩んだ。志ある記者たちが時に抵抗したが、社主たちは常に権力の前に屈服した。

朴正熙《パクチョンヒ》政権はそれだけでは満足しなかった。より強力に記者を締め付け、より巧妙にメディアを手なずけた。一九六一年五月一六日の軍事クーデター（＊3）以後、ジャーナリストの拘束、拷問、テロが一度や二度ではなかった。

政権は、信用できないメディアを廃刊して公売で売り捨てた。その代わりに、他のメディアには事業拡大の機会を与えた。

朴正熙政権はクーデターの一週間後にメディアの統廃合を骨組みとする布告令を発表し、ただちに一二〇〇余りの日刊紙など刊行物を強制廃刊した。当時政府が把握していた報道機関の九〇%に及ぶ新聞、雑誌がにわかに消えた。この過程で、一九六一年二月創刊された民族日報が発行三カ月で「容共」〔共産主義や社会主義のイデオロギーに理解を示すこと〕で追われて廃刊した。〔民族日報〕発行人であった趙鏞寿《チョヨンス》〔資料編「人物略歴」参照〕は死刑に処された。建国以来最大の言論弾圧だった。メディアを整理した後は、ジャーナリストを迫害した。クーデターの翌年である一九六二年六月までの一年間で九六〇余人のジャーナリストを「言論浄化」を口実に逮捕し、裁判所に送った。一九六二年には「新聞通信など登録に関する法律」を制定し言論統制を制度化した。

その一方で、メディアの社主たちを飼い慣らした。強制廃刊を免れた少数のメディアに対する新聞用紙の関税減税、銀行融資および借款提供などの特恵を提供した。特に、政府が提供した借款は特恵中の特恵だった。当時国内金利は年二六%程度だったが、借款は年七〜八%にすぎなかった。メディア社主として楽に金を稼ぐ仕事だった。

その結果、主要新聞社が事業を大きく拡大させた。社屋の新築・増築はその一つだ。東亜日報《トンアイルボ》は一九六二年と一九六八年の二回にわたって社屋を増築した。朝鮮日報《チョソンイルボ》は一九六八年に社屋を新築してコリアナホテルまで建てた。中央日報《チュンアンイルボ》は一九六五年、韓国日報《ハングクイルボ》は一九六八年にそれぞれ社屋を新しく建てた。

週刊誌、少年雑誌、月刊の総合誌などを競って発行したのが一九六〇年代だ。一九七〇年代にもスポーツ新聞発行で成長の勢いが続いた。この時期に韓国の主要新聞社は商業主義をモットーとする企業として姿を一新した。一九七一年に財産規模約二〇億ウォンであった東亜日報の場合、一九七九年に一五五億ウォンにまで財産を増やした。一九七一年に二一億余ウォン程度の財産規模だった中央日報は一九七九年には一五五億ウォンまで財産を増やした。

約一〇年の間にニンジンの味をしめた韓国の新聞がどのような立場に置かれていたのか、一九七一年三月一六日に大学生たちが暴露した。この日、ソウル大学の学生約五〇人が東亜日報社の前に押し寄せ、ジャーナリズムの無気力と堕落を糾弾するデモを繰り広げた。「ジャーナリストへ送る警告文」も発表した。

「私たちはこれ以上座視できない。この倒れていく民主主義社会の監視役〔であるはずの新聞社〕の前に集まった。にせジャーナリストたちよ、出て来い。この民主の広場へ出て来て国民と先達へ贖罪せよ。恨《ハン》が解き放たれないまま亡くなった先輩闘士の屍に留まり、大衆を愚民化し誤導して得たそのうわべの良い対価として、享楽と祝祭に専念する奴らよ、出て来い」。

彼らの檄文が触媒になり、この時から各メディアの三〜八年目の、三〇代初めから中盤の若い記者たちが動き始めた。一九七五年の東亜日報と朝鮮日報の記者解雇にまで及ぶ自由言論運動が、一九七一年春に燃え始めたのだ。

❖ 自由言論の種を撒く

一九七一年四月一五日、東亜日報《トンアイルボ》記者たちが「言論自由守護宣言」を発表した。続いて韓国日報《ハングクイルボ》（四月一六日）、朝鮮日報《チョソンイルボ》と中央日報《チュンアンイルボ》（四月一七日）、京郷《キョンヒャン》新聞と文化《ムンファ》放送（四月一九日）など全部で一四社の記者たちが各々、言論自由守護宣言文を採択した。人々はこれを「第一次言論自由守護宣言」と呼んだ。

一九七三年一一月と一二月にも引き続き、朝鮮日報、東亜日報、韓国日報、中央日報、キリスト教放送などの記者たちが第二次、第三次言論自由守護宣言を発表した。しかし二年余にわたって繰り返された宣言文発表にもかかわらず、ジャーナリズムをとりまく環境と紙面の事情は良くならなかった。編集局幹部、最高経営陣そして政権は、少しも動かなかった。言論の自由守護宣言は言葉どおり宣言のみに留まってしまったからだ。記者たちは次の行動を準備した。

一九七四年三月、東亜日報の若い記者たちが金斗植《キムドシク》〔資料編「人物略歴」参照〕の家に集まった。金斗植は後にハンギョレの〔第六代〕代表取締役になる運命であったが、この日は労働組合をつくることが急務だった。権根述《クォングンスル》、金斗植、金鍾澈《キムジョンチョル》〔後にハンギョレ新聞編集副委員長〕、文永熹《ムンヨンヒ》〔後にハンギョレ販売局長〕、イ・ジョンウク、成裕普《ソンユボ》、崔鶴来《チェハンレ》〔後にハンギョレ新聞社第九・一〇代社長。資料編「人物略歴」参照〕などが労働組合結成の主力だった。韓国ジャーナリズム史上最初の記者中心の労組が誕生した。その年の一〇月には記者協会の東亜日報分会執行部を改編した。有名無実化していた記者協会を若い記者たちが掌握した。張潤煥《チャンユンファン》が分会長を、金命傑《キムミョンゴル》（ハンギョレ新聞社第三・四代社長。資料編「人物略歴」参照）が副分会長を引き受けた。

彼らの戦略は周到かつ綿密であった。労組を基盤として大衆的な力を結集させて、記者協会分会が先頭に立って闘争を開始するという構想だった。東亜日報労組と記者協会分会幹部の大部分は、後日、ハンギョレの役員となる。金命傑・金斗植・権根述・崔鶴来は代表取締役として、張潤煥と成裕普は編集委員長、金鍾澈と文永熹は論説委員、イ・ジョンウクは編集委員などを引き受けることになる。

未来のハンギョレ役員たちだったが、当時はまだ血気盛んな若い記者だった彼らは顔を突き合わせて知恵を絞った。すなわち、韓国ジャーナリズム史にその名を残す一九七四年一〇月二四日の自由言論実践宣言だった。張潤煥が中心となってこの宣言文を準備した。一〇月二一日に記者協会分会長に当選するやいなや、張潤煥は「電撃戦」に着手し始めた。三日後の一〇月二四日を決行日として予定しておき、記者協会分会執行部と一緒に準備に入った。その間に労組を中心として固めてきた社内の雰囲気が決行の基礎となった。

一〇月二三日午後に宣言文を準備したが、その日の夕方、宋建鎬《ソンゴノ》（ハンギョレ新聞社初代〜第四代社長。資料編「人物略歴」参照）編集局長が中央情報部（朴正熙《パクチョンヒ》時代の情報機関。一九六一年設立。通称ＫＣＩＡ）に連行されるという事態が発生した。学生たちのデモに関する記事を載せたという理由だった（当時、政権を批判するデモを報道することは厳しく取り締まられていた）。（後に）ハンギョレ初代代表取締役になる宋建鎬は、その時すでに良心的ジャーナリストの象徴だった。宋建鎬の連行で東亜日報記者たちは激昂し始めた。あらゆる面で歴史的宣言を発表することに適う状況がつくられた。そして一〇月二四日午前九時、編集局に集まった記者たちの前に立ち、張潤煥が宣言文を朗読した。「自由言論実践宣言」と書かれた大きな幕も編集局の柱に掲げられた。

この宣言の骨格は、政府機関の人間の編集局への出入りやジャーナリストの不法連行を拒否することなど、外部の干渉を排除することだった。記者たちは宣言文発表直後から実力行使に突入した。自由言論実践宣言の内容と過程を紙面に掲載せよと編集局幹部たちに要求した。「政府機関の人間は立ち入り禁止」という立て札も会社の入り口に掲げた。要求した条件が貫徹されるまで新聞制作を拒否するとして、記者たちは編集局および工務局を占拠・籠城に入った。社の幹部たちとの協議の結果、全文ではないものの、自由言論実践宣言の内容が紙面に載った。政府機関の人間の出入りもなくなった。小さな勝利だった。

この東亜日報の自由言論運動は、組織的な展開過程と社会的波及力の面でジャーナリズム界全体を主導する役割を果たした。同じ日の一九七四年一〇月二四日の夜、朝鮮日報の記者たちが「言論の自由回復のための宣言文」を採択した。宣言文は学生、宗教人など各界の言論の自由を回復する意思表示が紙面に掲載されない場合、実力闘争をするという決意が含まれていた。韓国日報の記者たちは、二五日明け方、「民主言論守護のための決議文」を発表した。韓国日報では、将来ハンギョレ初代編集人になる任在慶《イムジェギョン》（当時、韓国日報論説委員）が主導し、東亜日報の自由言論実践宣言を支持することを掲載しようとした。しかし、韓国日報の論説委員たちはこの執筆をしばらくの間拒否した。

一九七四年一〇月の自由言論実践宣言は、一九七〇年代の言論自由運動の頂点だった。全国三一社の新聞・放送・通信社が宣言と声明に参加した。事実上、主要メディアをすべて網羅した。記者たちの抵抗の方法も変化した。記者協会分会などを再建し、組織的に団結した。いくつかのメディアでは、記者たちが制作拒否によって経営陣あるいは編集局幹部に圧力をかけ、事実上のストライキ闘争を繰り広げた。実質的な紙面改善を要求した点も特筆に値する。取材と原稿締め切りが終わると、若い記者たちが集まり、その日の紙面を検討して報じる価値がある事実が抜け落ちている場合には原稿を掲載することを要求した。一段記事ではあるが、学生のデモが各新聞に掲載され始めたのもこの頃だった。

❖ 挫折した夢、さらに大きな試練

一九七五年三月の朝鮮日報《チョソンイルボ》と東亜日報《トンアイルボ》記者たちの大量解雇には、このような背景があった。若い記者たちが掘り起こした自由言論の小さな勝利は長くは続かなかった。記者たちが抵抗方法を変えるいなや、政権も次元の違う弾圧を展開したのだった。

東亜日報への広告弾圧は、その曳光弾だった。一九七四

年末から一九七五年初めにかけて、ラッキーグループ、ロッテグループ、ミドパ百貨店など約三〇の大広告主が、東亜日報との広告契約を取り消した。理由は明らかにしなかった。朴正熙《パクチョンヒ》政権が背後にあることが明らかだった。この時から有名な東亜日報激励広告が載るようになった。一九七五年一月だけで二九四三件の激励広告が掲載された。歴史上初めて、市民たちが自発的、主導的に参与した自由言論運動だった。

権力の手中から抜けた市民たちが支持した自由言論運動実践の機会だったが、東亜日報の経営陣はこれを拒否した。会社は「社内秩序と綱紀確立」を強調して一九七五年三月八日と一〇日、二〇名の記者を電撃解雇した。一〇・二四宣言〔自由言論実践宣言〕を主導した張潤煥《チャンユンファン》など記者協会分会執行部が大勢含まれていた。これに抗議して東亜日報記者たちが社屋の占拠・籠城に入り、経営陣は行動隊員たちを動員して彼らをすべて追い出したのだ。

東亜日報編集局長だった宋建鎬《ソンゴンノ》は、金相万《キムサンマン》〔資料編「人物略歴」参照〕社長へ解任記者全員の復職を要求して、自ら辞表を出した。「全員復職を通して事態を収拾しないかぎり、東亜日報は後に歴史の審判を受ける」と経営陣に警告した。辞表を出し、最後に編集局に立ち寄った彼は、籠城中であった記者たちの前で涙を流した。

およそ四年の間続いた自由言論運動の終わりである一九七五年三月に、少なく見積もっても東亜日報の記者一一〇余人、朝鮮日報の記者三〇余人が解雇された。何人かの記者たちは、会社からの懐柔を受けて復職した。即座の解雇は免れたものの、少し後に罷免された者もいた。クビになった記者たちが集まり、「東亜自由言論守護闘争委員会（以下、東亜闘委）」と「朝鮮自由言論守護闘争委員会（以下、朝鮮闘委）」を作った。はじめは名誉毀損と現状復職を要求したが、次第に韓国メディア全体の変化を追求した。東亜闘委と朝鮮闘委は、韓国における言論民主化の主役であり、生き証人となった。後にハンギョレ創刊へと導く役もすることになった。

しかし、解雇された記者たちは一〇年余りにわたるいばらの道をまず歩かなければならなかった。「毎晩、胸中で刃を研ぐ感じでした」と朝鮮日報から解雇された金善珠《キムソンジュ》は回顧する。「夢が挫折し、社会が間違った方向へ流れていき、それらすべてのことを人々が忘れていくことに対して怒りを感じたのです」。

メディアへの再就職は根本的に封殺されてしまった。「週刊市民」や「月刊対話」などは固定読者も多くない小規模雑誌だったが、朴正熙政権は、解雇された記者たちがこれらの雑誌に書いたコラムに言いがかりをつけて、廃刊または停刊させてしまった。

一般企業への就職も中央情報部の妨害で難しく、翻訳を引き受けて一日一日生きていくのが普通だった。出版社を始める者もいたが、売れない本ばかり出版した。市場で商売をしたり食堂を出したりもしてみたが、事業に成功したケースはほとんどなかった。はじめから故郷に帰って農業を始める人もいた。

そんな中でも、心はいつもジャーナリズムにあった。解雇された後にも東亜闘委と朝鮮闘委の人たちは依然として記者だった。ひたすら記事を書きたかったし、真実を知りたかった。一九七八年一〇月に起きた「民権日誌事件」（＊4）は、真のジャーナリズムに対する彼らの渇望を見せてくれる。東亜闘委の記者たちが一〇・二四自由言論実践宣言四周年を記念する会を開いたが、政権は緊急措置九号（＊5）違反の罪名を突きつけ、安鍾柲《アンジョンピル》、成裕普《ソンユボ》、鄭淵珠《チョンヨンジュ》、金《キム》鍾澈《ジョンチョル》、尹活植《ユンファルシク》〔東亜《トンア》放送を経てハンギョレ創刊に関わる。後に取締役〕などを逮捕、拘束した。

一九七五年の解雇以降、彼らは気持ちが楽になったことは一瞬たりともなかった。書いたり発言したりする機会は完全に塞がれた。ともすれば捕まって拘束された。金を稼いで生計を立てる仕事にまで権力の妨害が入った。これほど悪辣な言論弾圧が可能だろうか。

一九八〇年、全斗煥《チョンドファン》〔資料編「人物略歴」参照〕新軍部政権がその問いに答えた。権力に素直に従わない記者たちを苦しめる、さらに残酷な方法があることを見せつけたのだ。全斗煥政権は少なくとも約一二〇〇人のジャーナリストを強制解雇し、逮捕、拘禁のうえ拷問した。四〇社に及ぶメディアを統廃合し、〔言論基本法（一九八〇年制定、八七年廃止）に基づく〕「報道指針」を作りメディアに毎日送った。自由言論運動を主導した彼らは一九七五年の出来事を「七五年解雇事態」と呼び、一九八〇年の事態を「言論大虐殺」と呼んだ。

❖一九八〇年夏、韓国のジャーナリズムは死ぬ

一九七九年一〇月の朴正熙《パクチョンヒ》死亡以後、民主化に対する期待が一時期充満し、再び自由言論運動が起こった。一番

活発な動きをみせたのは京郷《キョンヒャン》新聞だ。一九七九年六月、京郷新聞の高永才《コヨンジェ》〔京郷新聞などを経てハンギョレ新聞政治部編集委員、二〇〇六年京郷新聞社社長〕が、洪秀原《ホンスウォン》〔論説委員など歴任。著者『バラク・オバマ大胆な希望』など〕、朴雨政《パクウジョン》〔著書『核と韓半島』〕、朴聖得《パクソンドク》、趙相起《チョサンギ》などが偏向報道に抗議する決議文を採択し、編集局長の辞任を要求した。朴雨政、趙相起、高永才は後にハンギョレ編集委員長になり、洪秀原は編集副委員長、朴聖得は制作局長になる。

一九七五年以後、事実上活動中断状態であった韓国記者協会もこの頃再建された。一九八〇年三月三一日合同《ハプドン》通信の金泰弘《キムテホン》が記者協会会長に就任した。一九七五年に解雇された東亜日報《トンアイルボ》と朝鮮日報《チョソンイルボ》記者たちの現状復職を全面に掲げて各メディア分会の再建に取り組んでいった。この時から組織家としての顔を示した金泰弘は、後日ハンギョレ創刊を主導する軸の一人となった。

一九八〇年五月一六日、記者協会が「検閲拒否宣言」を発表した。戒厳当局の報道検閲の実状を暴露して「検閲撤廃のために極限闘争をも辞さない」という行動指針を出した。検閲拒否運動が朝鮮日報、韓国日報、合同通信など全メディアに広がった。

検閲拒否運動が拡散した背景には、光州《クァンジュ》抗争〔第三部第二章注1参照〕があった。「光州でひどいことが繰り広げられているのに、メディアが全然報道できず、惨憺たる有様だった。こんな報道よりも、むしろ制作拒否するほうがまだましじゃないかと思いました」。朴雨政の回顧だ。

しかし、一九八〇年の自由言論運動は花開く前に消え失せた。記者協会が検閲拒否宣言を発表した翌一七日、全《チョン》斗煥《ドファン》率いる新軍部は非常戒厳令を全国へ拡大した〔それまでは済州島《チェジュド》が対象外だった〕。東亜闘委指導部、朝鮮闘委指導部、記者協会幹部など自由言論運動を率いてきた重要なジャーナリストが続々と逮捕された。このとき、当局に連行された宋建鎬《ソンゴノ》は、角材で全身を殴打されるというひどい拷問を受け、そのせいで晩年に病気になった。

新軍部は解雇された記者たちを苦しめることをやめず、現役記者たちまでクビにし始めた。反体制および容共行為、検閲拒否主導およびその同調、不正蓄財と特定政治家との癒着などを解雇事由として挙げた。各報道機関が自主的に彼らを解雇すると、他の「浄化対象者」たちを合同捜査本部が直接処理するという計画を立てた。理由はいろいろとあったが、結局、検閲拒否運動を主導した記者たちを追い出す腹積もりだった。

このとき追い出された記者が何人だったのか、まだ正確な統計はない。手当たり次第に解雇したわけだ。新軍部が自ら作った「メディア浄化結果報告書」を見ると、政府による直接解雇の対象者として指名された記者が二九八人、報道機関自らが追い出した記者が六三五人だ。

新軍部は記者を追い出した後の一九八〇年一一月、全六四の報道機関を新聞社一四社、放送局二七局、通信社七に統廃合した。この最中にも、約三〇〇人の記者が再び取材現場から追い出された。

一九八〇年の一年間に少なくとも一二〇〇人を超える記者たちが新軍部によって強制的に解雇された。彼らは一九八四年三月、「八〇年解職言論人協議会」を結成した。一九八四年一二月には東亜闘委指導部、朝鮮闘委、八〇年解職言論人協議会などを網羅した「民主言論運動協議会(以下、言協)」が出帆した。言協初代議長は宋建鎬、共同議長は金泰弘が引き受けた。慎洪範《シンホンボム》、成漢杓《ソンハンピョ》、朴雨政、尹《ユン》活植《ファルシク》、魯香基《ノヒャンギ》〔韓国日報《ハングクイルボ》解職後ハンギョレへ〕が実行委員であり、成裕普《ソンユボ》が事務局長に選任された。初代言協指導部全員が後日のハンギョレの礎になった。言協は、制度言論を批判して制度言論の外へ追い出された一九七五年および一九八〇年の解職記者たちの拠りどころだった。彼らには一つの夢があった。既存の新聞を超える新聞をつくることだった。

＊1　**自由言論**　権力から独立し、ジャーナリズムの原則・倫理に基づいて自由に報道するジャーナリズム活動のことを指す。権力に左右されるのではなく、ジャーナリストが自身の良識と判断によって言論活動を行っていく。「民主言論」や「独立原論」もほぼ同義。これらの用語は、メディア民主化運動の進展に伴って盛んに用いられた。

＊2　**制度言論**　「制度圏言論（제도권 언론）」という言葉と同義であり、政治・経済・社会文化的に見るとき、国家制度の範囲内で支援と統制を受けるジャーナリズムだということができる。メディアは国ごとに程度の差はあるものの、その国の枠組みに従って影響を受けているとされる。本文では、朝鮮日報・東亜日報・韓国日報・ソウル新聞などの、政権のコントロールを受けていた大手企業メディアを指している。この「制度言論」と相対的意味を持つ概念として「自由言論（자유언론）」「民主言論（민주언론）」「独立言論（독립언론）」という概念がある。

＊3　**一九六一年五月一六日の軍事クーデター**　一九六一年五月一六日、当時、陸軍少将だった朴正熙と陸軍

士官学校五期生および八期生を中心とした将校たちが、クーデターをおこし、張勉《チャンミョン》政権は瓦解。クーデター軍は、軍事革命委員会を組織して全国に非常戒厳令を宣布した。クーデター軍らは、以後一八年もの間、朴正煕を中心とした独裁政権を樹立する。

＊4　**民権日誌事件**　一九七八年一〇月二四日、東亜闘委が発行していた「東亜闘委便り」に「報道されない民主人権事件日誌」（民権日誌）という記事が掲載された。この記事は、一九七七年一〇月から一年間にメディアが報道しなかった反政府活動の概要を全六面にわたって紹介したものだった。掲載した大部分の活動は、緊急措置九号（注5参照）違反に該当する活動だった。東亜闘委メンバーの多くが、当局に連行、拘束された。東亜闘委は、一九七八年一二月二七日付「東亜闘委便り」で、これら一連の言論弾圧事件を暴露したが、それがもとで東亜闘委メンバーがさらに連行、拘束され裁判となった。

＊5　**緊急措置九号**　一九七五年五月公布。一九七九年に解除。緊急措置権は、第四共和国（朴正煕政権）憲法に規定され、国民の自由と権利を停止でき、司法と立法の統制を受けない超憲法的なものであった。特に九号は、国家の安全および公共の秩序維持を目的として、集会・示威行動・その他メディアを含む表現活動および報道、すなわち、表現の自由（報道の自由）を実質的に政権の意思で制限・統制できた。

第二章　新しいメディアの黎明

晩夏の日差しが少し息苦しかった。日が傾き、そよ風が吹いていて気持ちのよい天気だったので、人々は外へ出てそこかしこに座っていた。大田《テジョン》市近郊の小さな研修センターの庭に約五〇人が集まり座った。芝のない土の、田舎の庭のような風流な趣があった。一九八七年八月末、民主統一民衆運動連合（以下、民統連）（＊1）の総会の席だった。

新しい指導部として体制を整えるのがこの日の目的だった。人々は、今まさに広がり始めた労働者大闘争について話をした。一二月に近づいた（第一三代）大統領選挙も関心事だった。民主化の足がかりを整えたが、時局は依然として厳しかった。しかし、時折笑い声が広がった。一九八七年六月の民衆抗争の主役たちへ許された憩いのひと時だった。一九八五年三月、二五の在野運動団体が連合してつくった民統連は、民主化勢力の司令塔だった。

❖「新しい新聞をつくろうとしています」

鄭泰基《チョンテギ》と権根述《クォングンスル》が彼らの前に立った。それぞれ朝鮮日報《チョソンイルボ》と東亜日報《トンアイルボ》から解雇された二人はこの集会の客だった。発言の機会を民統連幹部に求めたところ許可された。民統連の主要案件はすべて処理された後だったのだ。「新しい新聞をつくろうとしています」と鄭泰基が口火を切り、この後約三〇分間にわたってその構想を説明し、民主勢力の支援を頼んだ。

成裕普《ソンユボ》は広場に座って話を聞いた。彼は少し前、民統連事務次長の席を林采正《イムチェジョン》に引き渡した。「新しい新聞をつくるなんて、考えただけでも何ていいことだろうか」。成裕普は自身がその新聞の初代編集局長になることなど考えもしなかった。

民統連政策企画室で仕事をしていた尹錫仁《ユンソギン》もその席にいた。彼もやはりハンギョレ創刊に合流する運命だったが、少なくともその日の関心は新しい新聞の創刊ではなかった。彼は大統領選挙の問題に没頭していた。「そのときは新聞が問題ではなかったんですよ。皆、選挙に関心を注いでいました。また、そのとき始まりだした労働者大闘争について話したりしました。民統連の人々同士で新聞創刊について真剣に討論した記憶はありません」。尹錫仁の回顧だ。

当時、民主化運動の担い手たちは、この日の民統連の人々とおおよそ同じ反応を示した。新たな新聞構想について歓迎はしたが、自身の問題として受け入れることはなかった。しかし、この日、真剣に反応した人がいなくはなかった。「いいですね。やりましょう。やりましょう。その代わり、われわれと一緒にやりましょう。あなたたちジャーナリストや知識人だけで始めたら自分の感情に埋没してしまいます。民衆と一緒にやりましょう」と民統連議長の文益煥《ムンイクファン》〔資料編「人物略歴」参照〕牧師は言った。彼は在野運動を代弁する新聞を念頭に置いていた。

「新聞をつくるには五〇億ウォンが必要だということですが、集まると思いますよ。ただ、そのお金が本当に集まるとしたら、在野運動圏〔民主化運動や社会運動を継続もしくは経験してきた人たちを総称して「運動圏」という〕の資金は底をついてしまいますね」と民統連政策企画室の中心的人物だった李海瓚《イヘチャン》が答えた。彼は新聞より政治組織が優先だと考えていた。

鄭泰基の考えは少し違った。民主勢力の志を集めなければならないが、新聞はジャーナリストが主導してつくらなければならない。金を準備しなければならないが、いくつかの在野の人々の寄付ではなく、全国民的規模でお金を集めなければならない。民主化を成し遂げなければならないが、そのためには民主政府よりまず民主的なメディアを準備しなければならない……。約一〇年の間、解職記者たちが少しずつ進展させてきた新たな新聞の夢だった。

❖ 漆黒の闇を過ごして

一九七五年に解職された東亜《トンア》闘委、朝鮮《チョソン》闘委記者たちの中には、復職を期待する人がいなくはなかった。しかし、時間が流れるほどその可能性は低くなった。既存メディアの商業的堕落と権力との癒着も露骨になった。一九七〇年代後半から解職記者たちの関心は少しずつ違う方向へと動いた。

「過ぎ去りし三年余りの忍耐の中で、過去のジャーナリストではない未来のジャーナリストとして成長したわれわれは、今日の似非《えせ》メディアを打倒して民主民族言論を打ち立てるという歴史的責務を痛感する。民主的なメディアとは民衆の痛みを分かち合う、民衆のための、民衆による、民衆のものでなければならない」。

東亜闘委と朝鮮闘委の記者たちが一九七七年一二月三〇

日に光化門《クァンファムン》の交差点の泰和館《テファ》に集まった。解職記者たちが愛用した溜まり場だ。その席で「民主民族言論宣言」を発表した。制度言論を似非《えせ》ジャーナリズムと規定して、新しいジャーナリズムを打ち立てるという志を積極的に明らかにした最初の宣言だった。ただ、民主民族言論を打ち立てる具体的方策を出せたわけではなかった。

翌年の七月にはソウル市城北区《ソンブクク》上智《サンジ》会館で「自由言論」を主題としてセミナーが開かれた。千寛宇《チョンガヌ》（朝鮮日報編集局長、東亜日報主筆。資料編「人物略歴」参照）、韓完相《ハンウァンサン》（教育者、政治家。資料編「人物略歴」参照）、宋建鎬《ソンゴノ》などが発議した討論だった。この日の討論を伝えた「東亜闘委便り」の記事の最後は意味深長だ。

「われわれは真夜中の終わりに黎明を予感しながら、言いたい者は誰でも言い、聞きたい者は誰でも聞くことができる、新時代の新聞を準備する。新時代にはジャーナリズムに関するすべての法的・制度的制限が撤廃され、民衆のジャーナリズムが制度化されるのである。このときになってようやく民主民族言論が花開くのである」。

民権日誌事件で監獄に入れられた安鍾泌《アンジョンピル》は、一九七九年一一月末、ともに収監中だった同僚たちへ新しいメディアに対する自身の考えを伝えた。後に権根述《クォングンスル》は安鍾泌と親交のあった人たちを取材して、「東亜闘委便り」に彼の構想を整理して載せた。その大略はこうだ。

「新時代が来てわれわれがジャーナリズム界で再び働くとき、新聞をどのようにつくり、経営はどのようにしなければならないだろうか。ハングルを適用して横組にしなければならないだろう。今の新聞は、あまりにもエリート中心で制作されているが、真に民衆のための新聞になるためには誰でも容易に読むことができるハングルを適用すべきだ。記者クラブ制度（＊2）も撤廃しなければならない。官中心の取材であるため民衆の志がきちんと反映されていない。新時代が来たら国民たちがもれなく出資して彼らが主人となる新聞社をつくることが一番望ましい。そのようになったら、どんな人間（権力）も新聞社を思うままにすることはできないし、編集権の独立も成し遂げられるだろう」。

この構想は遺言になった。安鍾泌は監獄で癌にかかり、出獄直後である一九八〇年二月二九日、短い人生を終えた。四二歳だった。一九八七年、東亜闘委の記者たちが彼の志を引き継いで「安鍾泌自由言論賞」を制定した。一九九二年第六回自由言論賞受賞者はハンギョレ編集局だった。

一九八〇年代に入り「新しいメディアの創設」は解職記者たちの間でより明白な志向として据えられた。この座標を明確にしたのは朝鮮闘委の記者たちだった。一九八四年一〇月二四日、朝鮮闘委設立一〇周年記念行事がソウル将忠洞《チャンチュンドン》プンド会館で開かれた。解職記者たちは「新しい言論の創設を提案する」という宣言文を採択した。

「東亜・朝鮮両闘委の一〇周年に臨んで、制度言論の代わりとなり民衆的熱望の表現手段である新しい自由、民主、民衆、民生、民族言論機関の創設を提案する。われわれはその制度的・法的準備の一環として民衆言論（新聞、放送、通信）を設立するための終わりなき国民運動を展開することを提起する」。

一九七〇年代、自由言論運動を主導したのは、なんといっても東亜闘委の記者たちだった。しかし、少なくとも新しいメディア創設に関しては、朝鮮闘委記者たちがより積極的だった。一時期野党紙だった東亜日報と比べて、朝鮮日報の堕落がよりひどかったことも背景の一つだった。

その日の夕方、解職記者たちは酒の席で冗談をやりとりした。「新しく新聞をつくるなら、お前が編集局長をしろよ。俺が社長をするから」、「何言ってんだ、お前が俺の下につくべきだろ」。歴史的宣言だったが、自分たちも半信半疑だった。解職記者たちは、その日の食事代をも心配する時だった。新聞を出そうとすれば巨大な資本が必要だった。

朝鮮闘委の提案は、一九七五年の解職記者たちと一九八〇年の解職記者たちを一つに結びつけた言協（民主言論運動協議会）においても目標となった。言協は一九八五年六月一五日の「マル（言葉）」創刊号に「新しい報道機関の創設を提案する」という提言を載せた。

「制度言論の外で労働者、農民たちのいくつかの分野から自身たちの声を伝える自生的なジャーナリズムが活発に展開されている。民衆言論の志向と成果を正しく収斂しながらその形式と内容を新しくする真正で創造的な言論の必要性が提起されている。この民衆言論の要請に従って新しい言論のための全国民運動を遅延なく展開しよう」。

言協は新しいメディアの経営基盤も提示した。

「新しい報道機関は、既存報道機関が少数または個人の財閥企業たちによって独占されているのとは違い、真実の民主言論を渇望するすべての民衆が出資して自らの力で自身の表現機関を創設し、民衆が共同で所有して動かす、そのような民衆の表現機関になるのである」。

この構想は後日、ハンギョレ創刊のための国民株募金運動として現実化される。

❖ 言協、「マル」を創刊し、新しいメディアについて話す

言協が創刊した「マル」は、一九八〇年代後半まで在野と大学街を中心として広く読まれた。特に、一九八六年九月特集号では「報道指針事件」を特ダネとして報道した。全斗煥《チョンドファン》政権は文化公報省〔現、文化体育観光省〕広報政策室名義で各報道機関に秘密通信文を毎日送った。ニュースとなるに値する事案について事々に「可」「不可」「絶対不可」という判定をし、記事の大きさ、内容、形式まで決定し示達した。

これを韓国日報《ハングクイルボ》の金周彦《キムジュオン》記者がこっそりと集めておいて、言協に渡した。言協は「マル」を通して世の中に知らせた。「全斗煥の立場から見たら、記事を書いた奴らを捕まえて殴り殺してしまいたいくらいのけしからん雑誌でした。表紙に全斗煥が糞をする絵まで描いたので。ハハハ」。朴聖得《パクソンドク》の回顧だ。

創刊と同時に「マル」は制度言論と軍事政権の恥部を暴露した。〔「マル」は〕オルタナティブメディアの代表格として急浮上した。後日、ハンギョレ創刊の主役になる大多数の解職記者たちが「マル」の制作、編集、配布に関与した。ここにコラムを一度も書かない解職記者はほとんどいなかった。そのような「マル」があるのに、また別の「新しいメディア」がなぜ必要だったのだろうか。

「マル」は、定期刊行物法（＊3）上、正式に登録したメディアではなかった。一種の非合法の地下メディアだった。発行するたびに編集陣たちの前科が増えた。当局に連行されるたびに一〇日ほど拘留された。作り手もあえて正式登録を申請する考えはなかった。当時「マル」という題字の下には「民主、民族、民衆言論を志向した踏み石」という副題が付けられていた。言協で活動した解職記者たちは「マル」を踏み石として、総合日刊紙創刊を夢見た。「地下媒体」に満足できなかったのだ。不法雑誌を牽引した言協事務局長の成裕普《ソンユボ》、編集長の朴雨政《パクウジョン》と洪秀原《ホンスウォン》、記者の李根永《イグニョン》、韓承東《ハンスンドン》、クォン・オサン、鄭義吉《チョンイギル》記者たちは、後にハンギョレ創刊にそっくりそのまま合流する。

一九七〇年代後半以来、新しい新聞の創刊についての共感と連帯は、より強く、より広くなった。一九八〇年代中盤に、早くも新しい新聞の編集方向と所有構造についての

具体的提案まで出た。不法とはいうものの解職記者たちが直接つくった新しい媒体〔「マル」〕の可能性も試した。解職記者たちが中心になった自由言論運動はハンギョレ創刊の土壌となった。しかし、一番重要な問題が残っていた。集団の宣言と個人の空想の中に散らばっている総合日刊紙の夢をどのように現実に移していくのかという問題に答えを出さねばならなかった。

❖ 一九八七年民主抗争、新たな新聞創刊の扉を開く

一九八七年六月、民主抗争の終わりの頃、盧泰愚《ノテウ》〔資料編「人物略歴」参照〕民正党代表委員が八項目の「六・二九宣言」を発表した。この中に、「現行の言論基本法を早い時期に廃止して言論の自由の暢達のために関連制度と慣行を画期的に改善する」という内容もあった。朴正熙《パクチョンヒ》政権以後、継続した言論統制の手綱を少し緩めるという意味だった。そのおかげで新しいメディア創刊の合法的余地が生まれた。

しかし、六・二九宣言でこの項目に注目した者は多くはなかった。一九八七年夏、民主勢力はその年の一二月の大統領選挙準備で早くから慌しくなったからだ。しかし新しい新聞創刊の話に夢中になった人たちは別にいた。宋建鎬《ソンゴノ》、李泳禧《リヨンヒ》〔資料編「人物略歴」参照〕、任在慶《イムジェギョン》、鄭泰基《チョンテギ》、金泰《キムテ》弘《ホン》などだ。その中でも特に熱心だったのは鄭泰基だ。彼は具体的計画と一貫した確信でハンギョレ創刊を成し遂げた。

解職後の約一〇年間、鄭泰基は新しいタイプの企業を経験した。東洋化学企画室長として二年間仕事をした。ここで装置産業〔生産手段として大規模なインフラをつくり出す産業。石油関連、造船、繊維など〕の構造に熟練した。続いてドゥレ出版を構えて五年間経営した。ここで編集・印刷・発行の感覚を再び得た。さらに、ファダン技術というコンピューター会社を経営し、最新コンピューター技術を自ら体験した。彼は、経営・技術・編集に同時に熟練した。

鄭泰基は七月初め、李泳禧、李炳注《イビョンジュ》、任在慶たちに会った。印刷、販売、広告の専門家たちに会い、基礎資料を収集した後だった。

鄭泰基が新たな新聞創刊構想をほのめかした。李泳禧が大きく賛成し励ました。李炳注はすべての国民が一株ずつ持つ「国民一株キャンペーン」をその席で提案した。任在慶は宋建鎬たちに会い、解職記者の間で議論を広げてほしいと注文した。

続いて、鄭泰基は宋建鎬と金泰弘に会った。創刊作業

の顔になることを要請した。一九八七年七月中旬、ソウル市麻浦区《マポク》の言協事務室で会議が開かれた。宋建鎬、任在慶、尹活植《ユンファルシク》、成裕普、慎洪範《シンホンボム》、金泰弘、朴雨政《パクウジョン》、高《コ》昇羽《スンウ》、鄭尚模《チョンサンモ》〔韓国文化放送（MBC）を経てハンギョレへ〕など一〇余名が集まった。東亜《トンア》闘委、朝鮮《チョソン》闘委、そして一九八〇年に解職された世代をすべて合わせた面々だった。彼らはこの席で新たな新聞創刊に志を集めて具体的計画を立案することにした。金泰弘に初案の準備を任せた。

議論の入り口を開いた鄭泰基、国民募金方式を提案した李炳注、自由言論運動を引っ張ってきた金泰弘などが中心となり「新メディア創設研究委員会」がつくられた。一九八七年七月末、委員会が「民衆新聞創刊のための試案」を出した。報告書に盛り込まれた「民衆新聞」という表現は以後「国民新聞」「新たな新聞」などに変わった。この報告書には国民参与、編集権独立、ハングルによる横組、コンピューター組版システム（CTS）、読者反論権保障など新たな新聞の姿が具体的に盛り込まれていた。一九八七年八月一五日発起宣言、一一月一日新聞社創設、一九八八年二月一日創刊号発行などの日程も計画された。八月中旬から解職記者たちの論議が本格的化した。試案を土台として説明会と討論会が引き続き開かれた。議論のために鄭泰基はソウル市大峙洞《テチドン》に事務所を準備した。彼が経営しているファダム技術事務室の横隣の部屋だった。

毎日夕方七時半になると一〇余人の解職記者たちがここを訪ねた。食事をハンバーガで済まして難解な討論を重ねた。資本金の準備の難しさに対する指摘が少なくなかったが、新たな新聞創刊のための様々な提案がほとばしった。会議は毎回夜の一〇時を過ぎてようやく終わった。鄭泰基と権根述《クォングンスル》が民統連総会で新しい新聞創刊構想を説明したのもこの頃だった。

新たな新聞創刊について、最初の段階で宋建鎬、李泳禧、任在慶、李炳注、鄭泰基、金泰弘などが志を一緒にしたことは非常に意味があった。宋建鎬と李泳禧は当時六〇歳前後だった。二人は各界各層の尊敬を集めた、民主勢力の精神的支柱だった。ジャーナリストであり、行動する知性の最高の象徴でもあった。

鄭泰基は朝鮮闘委委員長を、李炳注は東亜闘委委員長を各々引き受けて、一九七五年の解職記者世代を引っ張った。二人は一時期本格的に企業経営の道を歩んだという点でも似ていた。金泰弘は一九八〇年の解職記者世代を代表する人物として言協創立を主導した。一九八〇年代の自由言論運動の実質的指導者だった。一九八〇年に韓国日報《ハングクイルボ》から解職された任在慶は、「創作と批評」編集顧問として在職しながら、学問研究と執筆活動を続けていた。任在慶は、鄭泰基・李炳注・金泰弘の情熱と宋建鎬・李泳禧の理性をつなげる役目に一番適した人物だった。彼らは一九七〇年、八〇年代の自由言論運動の正統性を体現した代表的な人物だった。

解職記者たちの心は急いた。新しいメディアを夢見ていた時間が長すぎたからである。一九八七年夏の〔政治状況における〕融和的局面がいつどのように元に戻るかわからない状況だった。新たな新聞創刊のための試案が出て一カ月余りすぎた一九八七年九月一日、ソウル市鐘路区《チョンノク》の安《アン》国《グッ》ビル六階六〇一号、六〇二号に事務所を構えた。ビル一階の案内板に新しい名札がかけられた。「六〇一号　新たな新聞研究所」だった。

＊1　**民主統一民衆運動連合**　一九八五年三月に結成された全国的な運動組織。それまで各地・各分野でそれぞれ活動していた民主化運動の様々な団体が連合した形をとる。「民主化と統一を民衆の力で」をスローガンに、一九八七年の「六月民衆抗争」を主導し、民主化運動史において非常に重要な役割を果たした。一九八九年一月に解散した。

＊2　**記者クラブ制度**　原文では「部署出入制度（부서출입제도）」であるが、ここで触れられている「部署出入制度」とは本質的には記者クラブ制度であるので、ここでは記者クラブ制度と訳した。ちなみに、記者クラブ制度は日本と韓国にしかなかった。韓国にあったのは日本による植民地支配時代の遺物であるためである。長年、記者クラブ問題に取り組んでいる同志社大学教授の浅野健一は、記者クラブとは、「日本新聞協会加盟社の社員である常駐記者たちが、日本の官庁など公的機関の主要なニュース・ソースの建物の中にある記者室を独占的に使用し、排他的に取材・報道する日本独自のユニークな記者集団のことである。一種の不法なカルテルである」（『記者クラブ解体新書』二〇一一年、現代人文社、四三頁）と正確に定義している。なお、韓国では盧《ノ》武鉉《ムヒョン》政権下の二〇〇三年に記者クラブは解体された。現在、世界中で記者クラブ制度があるのは日本だけである。

＊3　**定期刊行物法**　一九八七年一一月に、それまで表現の自由の制約および言論統制の根拠となっていた「言論基本法」が廃止された。そのかわり、定期刊行物に関する規定部分に代わる法律として「定期刊行物登録法」（以下、定刊法）が制定された。旧言論基本法では定期発行物は事実上の許可制であったが、定刊法では登録制となった。

ハンギョレ新聞とハンギョレ

虫眼鏡 1

〔現在、〕「ハンギョレ」と称している新聞の最初の名前は、「民衆新聞」だった。一九八七年八月「新メディア創設研究委員会」が初めて提出した報告書の題名が「民衆新聞創刊のための試案」だった。しかし創刊論議が深まる中で、報告書の題名も変わり、「国民新聞創刊のための試案」、「新たな新聞創刊のための試案」などに直された。新メディア創設研究委員会を引っ張ってきた鄭《チョン》泰《テ》基《ギ》は、『民衆新聞』という名前はあまりにも急進的だと考える人が多かった」と回顧した。

「自主民報」になるところだった題字

題字が正式に決定した一九八七年一〇月末まで、新たに命名した新聞の題字は「新たな新聞」だった。初期の広報物にも「新たな新聞」という名称を載せた。ハンギョレの幼名とも言えるその名前について、創刊事務局のメンバーは今も強い親近感を持っている。後で「ハンギョレ新聞」へ題字が確定するとすぐ、創刊論説委員になった趙《チョ》英《ヨン》来《ネ》〔資料編「人物略歴」参照〕が不満をもらした。「あまりにも国粋主義的じゃないか。そのまま『新たな新聞』がいいと思うけど……」。一九八七年一〇月二二日午前、新たな新聞創刊発起推進委員会が会議を開いた。その間、延期されていた新たな新聞の正式題字を決定しなければならない会議だった。市民たちを相手に実施した世論調査の結果、「ハンギョレ新聞」「独立新聞」「民主新聞」「自主民報」などが候補として上がった。

創刊発起委員長だった宋《ソン》建《ゴ》鎬《ノ》は、権力と資本から独立した新聞という創刊志向をきちんと示しているとして「独立新聞」を支持した。しかし、大韓帝国末の独立《トンニプ》新聞と重なる名前だった。論議の終わりに、多数の参加者が選択した「自主民報」を題字として決定した。

この日の夕方、広報と募金などのため外で駆けずり回っていた創刊事務局の若い社員たちが事務室に集まった。午前中に決定された題字を伝えられた若い社員たちは驚いた。旧態依然としており田舎っぽいと思った。その席ですぐに全体会議を開いて再び投票をした。このときからハンギョレの社内では若い人たちの声が大きかったのである。結局、「自主民報」という題字は半日ももたなかった。過半数以上が新たな新聞の題字として「ハンギョレ新聞」を選んだ。若い人たちは純ハングルの名前を選んだのだ。

純ハングルの名前、ハンギョレ新聞

題字のデザインは、翌年の一九八八年二月二九日に確定した。美術評論家の兪弘濬《ユホンジュン》（資料編「人物略歴」参照）、グラフィックデザイナーのイ・デイル、工芸家の盧賢栽《ノヒョンジェ》などが題字のデザインを準備する実務を受け持ち、確定までの四カ月間、彼らは腐心した。

純ハングルの題字の趣旨を生かすために、ハングルの原形の字体を探すのに苦労した。結局、朝鮮時代に印刷された「五倫行実図」（朝鮮王朝時代に編纂された儒教の教えを説いた本）本文の木版字体を変形させて字体を作った。最初の題字デザインの字体は鋭利な感じが強かったが、イ・テイルがこれを柔らかく整えた。

木版字体と競合したのは、張壹淳《チャンイルスン》（社会運動家、教育者）の毛筆体だった。一九八〇年代初めから生命運動（自然環境保存運動）に着手した彼は、在野で名を高めた。投票の結果、木版字体のほうが僅差で賛同を得られたが、確実な優位を占めたのではなかった。題字選定委員会は若い社員たちが毛筆体より木版字を好むという点を勘案し、「五倫行実図」の字を集めた字体で最終決定した。

背景の絵について、呉潤《オユン》・李喆守《イチョルス》（版画家）・チェ・ビョンスの木版画、閔正基《ミンジョンギ》の石版画、姜堯培《カンヨベ》のペン画なども競合を繰り広げたが、最終決定過程で白頭山《ペクトゥサン》の天池《チョンジ》（＊1）を彫り込んだ柳然福《ユヨンボク》の木版画が選ばれた。朴在東《パクチェドン》も背景の絵を出した人間の一人だった。朴在東は初代画伯としてハンギョレ創刊に参加し、題字のデザイン公募で落選の汚名をすすいだ。

二〇〇〇年代の美的感覚で見ると、ハンギョレ創刊時の題字は古めかしいことこの上ない。しかし、当時としては最先端を走るデザインだった。他の新聞は、しまりのない朝鮮半島の地図を土台に縦書きで書いた漢字毛筆体を題字としていた。白頭山天池木版画の上に、純ハングルで横書きを適用したハンギョレの創刊題字は、それ自体として新鮮な衝撃だった。

ハンギョレ新聞がハンギョレへ

ハンギョレは一九九五年五月一五日、初めて題字に変化を与えた。背景の白頭山《ペクトウサン》の絵を取り、周囲の縁取り線をなくした。字体の大きさを一一〇%程度拡大した。創刊題字に愛情が強かった社員と読者たちの間では批判的意見が少なくなかったが、ハンギョレは紙面全体のデザインを革新していたので、やはり題字もすんなり整える必要があった。

この時から題字の背景について話が出るたびに「最初のデザインが一番いい」という反論が常に登場した。

一九九六年一〇月、大きな変化を強行した。平和と生命を象徴する緑を基調に、コンピューターグラフィックの要素を多く入れた「ハンギョレ」を題字とした。ソウル大学美術部とハンギョレ新聞社が産学協同で紙面全体のデザインを改善しながら出した決断だった。題字は紙面デザインの革新と運命を一緒にするものであったが、当時の紙面革

▲1988年５月　朝鮮時代の「五倫行実図」の字を集めた木版字体。

▲1995年５月　白頭山天池と四角の線の中の木版画が消滅。

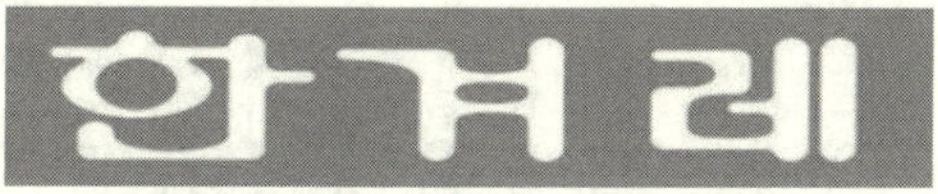

▲1996年10月　「新聞」という文字をとり平和の象徴である緑色を使用。

▲2006年１月　脱四角枠字体題字の基本、進取性と包容性を強調。

新は大々的だった。紙面を洗練されたものに整えながら、高踏的なイメージが強い題字をそのまま置くことはできなかった。ソウル大学美術部の趙英済《チョヨンジェ》、白明鎮《ペクミョンジン》教授が題字デザインを担当した。このときからハンギョレ新聞はハンギョレと呼ばれるようになった。

今日の題字は、二〇〇六年一月一日に始まった。二〇〇五年五月一六日から、史上初めて「脱四角枠字体」を新聞編集に導入したが、この後、半年以上の研究の末に脱四角枠字体の題字まで完成した。デザイン会社クリエイティブインカーが作った。正四角形の既存ハングルフォントの枠を破り、同時に過去の緑色の題字の仕切りもなくした。強い造形美を通して革新的価値を最後まで守ろうという進取性を表現し、文字の頭を柔らかく整えて世の中を抱くという包容力を強調した。

この題字の一番大きな特徴は、なんといっても脱四角字体にある。各ハングルの個性を生かさずに漢字の形を正四角形枠に無理やりに入れ込み合わせたものが、それまでの新聞の字体だった。デザイン会社テシシステムがその慣性を破って史上初めて新聞用の脱四角字体を開発し、これがハンギョレの新題字の基礎となった。新題字をつくりながら題字の位置も変えた。その間、中央に置いていた題字を右側の位置へ移し、視覚的評価を極大化した。二〇〇五年一〇月九日、ハンギョレはハングルフォント開発の新時代を開いたことで評価される「ハンギョレ・ギョルフォント（ハンギョルフォント）」を読者たちに無料で分け与えたが、配布五日間だけで二万余名がダウンロードするなど爆発的な人気を得た。新聞社が自社制作のフォントを無料で公開したのは国内でも初めてだった。

＊1 白頭山《ペクトウサン》の天池《チョンジ》 二〇一一年一一月現在、朝鮮民主主義人民共和国と中華人民共和国の国境に位置する火山であり、標高二七四四メートル。中国名は「長白山」。頂上にカルデラ湖が存在する。朝鮮民族の建国の物語である「檀君神話」は白頭山が舞台である。その神秘的な風景によって、朝鮮民族だけではなく、中国東北部の諸民族からも歴史的に「聖地」とされている。朝鮮民主主義人民共和国の公式記録では、金日成《キムイルソン》による抗日闘争が行われた地とされている。同国では現在、白頭山を「革命史跡」として特別な地に認定している。

虫眼鏡 2 IBMを抑えたPDI

ハンギョレはコンピューター組版体制(Computer Typesetting System、以下CTS)で新聞を全面編集した韓国最初の日刊紙だ。当時としては最先端の技術だった。ハンギョレ創刊以降、国内の他の新聞社もCTS全面編集を導入した。

CTSで全面編集した韓国最初の総合日刊紙

当時、アメリカと日本の主要新聞はすでにCTSで全面編集をしていた。日本では読売新聞が最新設備を備えていた。(CTSで)新聞編集をしようとすれば、大規模容量のコンピューターが必要だったが、日本の新聞社の中では資本が豊富な読売新聞が初めからスーパーコンピューターを導入した。これを土台としてアメリカIBMが日本の新聞に合わせて新しく開発したプログラムを他の新聞社も適用した。

CTS導入を構想していたハンギョレもIBMから提案書を受け取ったことはあった。IBMは開発費用として二〇〇~三〇〇億ウォンを要求し、(開発期間として)少なくとも一年間が必要だと説明した。ハンギョレにはそんな金も時間もなかった。IBMはハンギョレと相性が合わなかったのである。

初代ハンギョレ電算制作部長の朴聖得《パクソンドク》と同部室長の高相《コサン》培《べ》が、一九八八年二月に日本の印刷博覧会で出会ったPDIの発想は違った。個人用の小型コンピューターと32ビットワークステーションを幾台か連結させ、スーパーコンピューター並みの性能を具現化した。(例えると)IBMのCTSが一発で終わらせるミサイルならば、PDIのCTSは蟻の集団のようにとびかかる小銃部隊だった。コンピューターに対する理解が深かった高相培がその席で可能性を調べた。「大丈夫です。これならばできそうです」。

ベンチャー新聞ハンギョレとベンチャー企業PDIの出会い

PDIは今まさに打って出ようとしているベンチャー企業だった。しかし、日本国内でこれという事業実績がなかっ

▲資本力が弱いハンギョレはCTSによる紙面作りを導入してメジャーの質を高めた。写真は刊行直前の1988年5月12日、編集校閲記者と電算制作部の社員たちが日本のPDIが開発した新聞紙面の編集するCTSを試している光景。

た。全国総合日刊紙のCTSを開発したという「経歴」が彼らには必要だった。たとえ隣の国の新聞だとしても、ハンギョレのCTS設立にすばやく滑り込みたかったのである。ベンチャー企業PDIと、また違うベンチャー企業ハンギョレの思惑が合致したということだ。

IBMが、開発費用三〇〇億ウォンと開発期間一年間の条件をつき出したのに対して、PDIは一五億ウォンで三カ月という条件だった。ハンギョレが創刊したとき導入した装備は、ワープロ三〇台、一ギガバイト容量の編集機八台、高速出力機三台などだった。PDIはこの後、日本で大成功を収めた。日本の中小企業のCTS市場を席巻し、後に新日本製鉄が系列社として引き受けた。

ハンギョレ電算制作部の社員も相当な苦労をした。見たことも聞いたこともないCTS編集を実際に使うために、創刊前から「図上訓練」を繰り広げた。設備がまだ入ってこない状態で、方眼紙に字版をつくり黒板に概念図を描いて練習した。

創刊一五日前から関連設備が楊坪洞《ヤンピョンドン》の社屋に入り始めた。プログラムを完全に設置できたのは創刊号発行の四八時間前だった。気は急くが、組版機とプログラムがきちんと作動しなかった。機械をつかんで朴聖得《パクソンドク》はワンワン泣いた。ハンギョレ電算制作部はハングルでの新聞CTS編集の開拓者だった。

しかし、このときはまだ記者たちは電算化と距離が遠く、原稿用紙に記事を書いたのである。取材現場に出て行った記者たちは電話で記事を読み上げ、内勤の記者がそれを聞き書きした。デスクは原稿用紙に赤いボールペンで加筆しながら校正をした。原稿用紙を受け取った電算入力者がワープロで記事を打ち込んでからコンピューター編集作業を始めた。

CTS分野で常に最先端を行った

二代目のCTSがハンギョレに導入されたのは一九九五年だ。記事制作と転送、紙面編集と組版、画像処理および出力などにまたがる全プロセスを電算化した。現代《ヒョンデ》情報技術がプログラムを開発した。電子決済システムもこのときに構築した。新聞制作はもちろん、経営部門全般にまたがる電算網をつくった。このときからハンギョレの記者たちはノートブックパソコンを持ち歩き、現場から記事を転送した。コンピューター組版に熟練することは基本だったけれど、適応するためにひと苦労した記者たちは少なくなかった。二〇〇二年、三世代目のCTSが導入された。ヤンジェメディアという会社が開発したこのプログラムは、ウィンドウズ運営体制を基本にした。モバイルサービスを可能にする次世代新聞制作情報システムの土台がこのとき完成された。

二〇〇八年に入ってハンギョレはもう一度最先端CTSを構築した。ニュースML（Mark-up Language）方式ですべてのコンテンツを統合管理するのが核心だ。ニュースMLはデジタルに基礎を置いたニュースコンテンツを生産・交換する国際標準フォーマットだ。この方式を導入しながら、新聞編集、資料管理、画像制作、雑誌および出版物制作などが単一の方式に従うようになった。その結果、新聞用記事がすぐに画像用データへ移動するなどの互換性が飛躍した。

ハンギョレはニュースML方式を全面導入した国内最初の新聞社だ。二〇〇八年三月から新聞部門の記事制作と編集はもちろん雑誌、出版などすべての領域にまたがってコンテンツを補給しようという野心的な試みだ。

二〇〇〇年以降、ハンギョレのCTS革新を引っ張っている情報管理部のチョン・サンテクなどがこの作業を主導した。

CTS分野で最先端の道を歩むことは創刊のときも今も同じである。創刊のときは外国の技術者に大きく依存したが、今はハンギョレ内部の力でその革新を主導しているという点が違うだけだ。

第三章　世の中を変えたい人たち

市庁駅前には霧が浅くかかっていた。会社へ向かう人々は一枚の紙を渡された。「これは何だろう」という表情だった。「解職記者たちが新しい新聞をつくります」という説明を聞いて、ようやく人々はのぞき込んだ。ある人はきれいにたたんで洋服のポケットに入れた。関心なさそうなふりをして後ろから近寄ってきてもう一枚くれという人もいた。信号で停まっているタクシーから乗客が窓を開け（「一枚くれ」と）手を突き出した。

❖「全国民が主人である新聞が世の中に出ます」

一九八七年一一月一八日朝七時三〇分、「ハンギョレ新聞便り」第一号がソウル市庁（周辺）、鍾路《チョンノ》二番街やソウル駅などに登場した。その後四日間にわたって「ハンギョレ新聞」と書かれたたすきをかけて、約三〇人が毎朝ソウル市内を練り歩いた。制度言論は新しい新聞創刊の動きを報道しなかった。いくつかの新聞が紙面の隅にやっとベタ記事（一段記事）で一つか二つくらいの事例を扱った。このため新しい新聞をつくろうとする人たちが、新しい新聞創刊というニュースを直接人々に知らせるしかなかった。忠武路《チュンムロ》印刷所で創刊を知らせる「ハンギョレ新聞便り」を印刷した。印刷所はどこも印刷作業を嫌がったので、追加料金を払って仕事をしてもらった。

「ハンギョレ新聞便り」第一号の全面には「全国民が主人である新しい新聞のハンギョレ新聞は、三九億三〇〇〇万ウォンがさらに必要です」という一文が太字で強調されていた。資金が必要だから助けてくれというこの「ハンギョレ新聞便り」は、翌年一九八八年四月二八日の一〇号まで発行された。号を重ねるごとに人気が高まり、後には数十万部を刷り上げた。最後に出た一〇号一面のトップ記事の題名は「創刊号五月一五日発刊」だった。「ハンギョレ新聞便り」の発行所はハンギョレ新聞創刊事務局だった。

一九八七年九月一日の入居直後、安国《アングッ》ビルの事務局に毎日出勤した人は約一〇名だった。七〇坪あまりの部屋は業務と会議の空間に分かれていた。書類と郵便物で、机の上は常に散らかっていた。大きく二つの部門で仕事を進行しながら、新たな新聞創刊準備事務局（以下、事務局）の体制を整えた。

まず、新しい新聞の志向、構成、編集などを研究するチームをつくった。任在慶《イムジェギョン》が総括責任者を引き受け、慎洪範《シンホンボム》、成漢杓《ソンハンピョ》、権根述《クォングンスル》、朴雨政《パクウジョン》、趙成淑《チョソンスク》たちがここに合流した。一九七五年の解職記者世代が主軸をなす中、一九八〇年の解職記者世代がサポート役となった。彼らはニューヨークタイムズ、ルモンド、エルパイス〔スペインで一九七六年に創刊〕、ガーディアンなど外国の主要日刊紙を検討しながら新たな新聞の構成の基礎固めをした。

新聞社をつくる仕事は事務局長である鄭泰基《チョンテギ》が指揮した。「新聞社は俺がつくるから、先輩は新聞をつくってください」。鄭泰基が任在慶へ言った言葉だ。金命傑《キムミョンゴル》と李《イ》炳注《ビョンジュ》が社員の募集を引き受けた。洪秀原《ホンスウォン》は事務局次長として実務管理の責務を果たした。ロッテグループで仕事をした徐炯洙《ソヒョンス》〔ハンギョレ新聞社第一三代社長。資料編「人物略歴」参照〕が企画を担当した。朴聖得《パクソンドク》は工務を引き受けた。李元燮《イウォンソプ》と金炯培《キムヒョンベ》が広報を引き受けた。一九七五年に解職された鄭泰基が〔新聞制作を〕牽引し、一九八〇年の解職記者世代が実務責任を引き受けた形だ。

やらなければならないことがものすごく多かった事務局には、若い人材が必要だった。事務局がつくられた時に、ちょうど安国ビルの事務室を訪ねてきた二〇代の青年たちがいた。大学を卒業したばかりか卒業を目前に控えた者たちだった。新たな新聞創刊のためにどんなことでもやると進み出てきた。「後で記者として採用するという保証はできないですよ。新聞社をつくることができるかどうかも実は不透明なんですよ」と洪秀原が若者たちに言った。

しかし、支援者があふれた。はじめは来れば仕事を任せたが、後で正式に採用試験を行った。競争率が三倍に近く、一生懸命仕事を手伝おうとしていたのに採用試験に落ちてしまった大学生たちは泣いた。選抜された郭禎秀《カクジョンス》、金善《キムソン》奎《ギュ》、金容成《キムヨンソン》、金玄代《キムヒョンデ》、朴根愛《パククネ》、安永鎮《アンヨンジン》〔民権社会一部記者などを経て韓国科学記者協会理事〕、鄭相永《チョンサンヨン》、夏聖奉《ハソンボン》などは広報や募金などあらゆる雑務を引き受け、解職記者出身たちは彼らを「事務局アルバイト生」と呼んだ。報酬もきちんと受け取らず仕事をしたアルバイト生たちは、後日、公募採用第一期としてハンギョレ新聞社社員となった。この中で夏聖奉と朴根愛は相思相愛となり結婚した。金容成は採用に落ちてショックを受けていた女子大学生と結婚した。社内カップルが多いことで有名なハンギョレの伝統はこのときから始まった。

❖世の中を変えたい人たち、安国《アングッ》ビルに集まる

一九八七年一〇月以後、事務局の格好が整いつつある中で解職記者たちが続々と合流した。勤務していた新聞社に辞表を出して新たな新聞創刊に参加するという記者たちも増えた。事務局が出帆して四カ月が過ぎた一九八八年一月、事務局のメンバーが約五〇人に増えた。

その中に曺永浩《チョヨンホ》がいた。彼はロッテグループ企画室長の仕事を片付けてから出てきたので、少し遅く事務局に参加した。鄭泰基《チョンテギ》が製作・輪転・社屋など新聞社のハードウェアを敷いたならば、曺永浩はその上に人事・予算・社規など新聞社のソフトウェアを装着させた。大企業で企画・予算・組織・販売分野をまんべんなく経験したことが大きかった。鄭泰基が仕事を始めて、曺永浩がこれを整えた。四〇代前半の二人は新聞社創立の経営的基盤を固める両輪となった。

李炳注《イビョンジュ》と慎洪範《シンホンボム》は創刊事務局を牽引する、少し異質なタイプの四〇代だった。一九七五年に朝鮮日報《チョソンイルボ》の自由言論運動を主導した慎洪範は、新たな新聞の下絵を描いた。ハンギョレは韓国メディア史上初めて会社として報道倫理綱領を採択したが、慎洪範が海外メディアの倫理綱領を参照してその素案をつくったのだ。民主的編集委員会構想も彼の成果だ。東亜闘委出身の李炳注は国民株募金の総責任者だった。解雇されて以降、彼は広告企画会社と劇団などを運営して「ジーザス・クライスト・スーパースター」などを興業した。創刊準備の始めから終わりまで、自分が提案した全国民募金運動の実務を主導しながら、広報、販売、広告戦略を整えた。

新たな新聞創刊が具体化される中で、事務局のスポークスマンを引き受けた李元燮《イウォンソプ》も忙しくなった。「ハンギョレ新聞便り」発行は彼の担当だった。他社の記者たちも向かい合わなければならなかった。安国洞《アングッドン》の事務局は鍾路《チョンノ》警察署の向かい側にあり、鍾路警察署に出入りしている各報道機関の記者たちが、ハンギョレ創刊事務局の取材を担当した。一九八八年三月、報道機関の記者たちを集めて李元燮が食事をご馳走した。当時、鍾路警察署に出入りしていたソウル新聞の成漢鏞《ソンハニョン》は、関連記事を書いてもデスクが載せてくれないことが苦しかった。苦しんだ彼は、結局〈ソウル新聞をやめて〉ハンギョレへ席を移した。

韓国の制度言論は全面的に無視したが、外信（外国のメディア）は創刊の動きを注視し報道した。AP、AFP、ロイター、共同通信、リベラシオン、ターゲスツァイトゥング、朝日新聞、クリスチャンサイエンスモニター、NHKなどが「権力と大資本の干渉を排撃する真の独立日刊紙」の準備過程を知らせた（「関連資料・コラム1」参照）。

大学新聞と在野団体機関紙の人々も安国洞の事務局を訪ねた。李元燮、金炯培《キムヒョンベ》、李相現《イサンヒョン》などが彼らを迎え、外信記者に会うときは李炳孝《イビョンヒョ》が同席した。李炳孝は米国留学経験があり英語が達者だったからだ。後には趙弘燮《チョホンソプ》、高《コ》宗錫《ジョンソク》も手伝った。趙弘燮はユネスコ韓国委員会事務所で働いていた。コリアタイムス出身の高宗錫は言語感覚が卓越していた。創刊事務局では彼らが外国語を一番うまく操った。

ソウル警察庁、警察庁治安本部、国家安全企画部（＊1）、国軍保安司令部（国防部（日本の防衛省に相当）の直轄機関）などの情報員も事務局周辺をうろうろした。事務局に無理に入ることまではできないので、上司に報告するに値する情報をつかむことができずに戦々恐々としていた。結局、安国ビル地下の喫茶店に各機関、各レベルの情報員を呼び集め、鄭泰基と李元燮が同席した。

「学生会や大学新聞出身など運動圏が支援したら無条件に（応募者を）入社させるんですか」（という情報員たちの質問に）鄭泰基が答えた。「そんな基準で選んで、きちんとした新聞をつくることができると思いますか。あなたたちがジャーナリズム界をめちゃくちゃにして記者たちを全部堕落させたので、こんな原則だけは立てました。〝記者を天職と考える人だけ選ぶ。記者を政治権力の方便と考える人は受け入れない〟。これが原則です」。

人の管理と同じくらい金の管理も大切だ。はじめは金《キム》命傑《ミョンゴル》が引き受けた。解職以後、南大門市場で服屋をした経験が考慮された。しかし、実は経営が苦手だったので、安貞淑《アンジョンスク》がサポートした。一九八〇年、韓国日報《ハングクイルボ》から追い出された安貞淑は、当時無職だった。「誰が金をやりとりしたか秘密を守ってくれる会計担当が必要だが、今ブラブラしている人はお前しかいない」という一言で安国洞の事務局に呼ばれた安貞淑は、毎日夜遅くまで会計の数字を合わせるために苦労した。女子高校を卒業したパク・オクスクが助けた。若くてもしっかりと仕事を行ったパク・オクスクは、事務局でかわいがられた存在だった。

何日も家に帰ることができない生活が続いていたが、事務局のメンバーの中には誰も給料など念頭になかった。創刊発議基金として解職記者たちが出した資金は運営経費としてだけ使った。国民株募金で入ってきた資金はそのまま銀行口座に入れた。担当業務を強制的に選ぶことはしなかった。皆が募金して皆で広報した。誰も不平を言わなかったが、不安だった。少し間違えば、国民に対する大きな詐欺になるかもしれないという憂慮のためだ。世の中に向かって宣言した言葉には責任を持たなければならなかった。

❖ 五〇億ウォンならできる

「私たちは新しい新聞をつくります。真実と勇気そして矜持をもとに、新しい新聞はどんな勢力の干渉も受け入れることはなく、どんな暴力にも屈することはありません。新しい新聞は民主主義的なすべての価値の完全な実現、民衆の生存権拡大と生活水準の向上、〔南北の〕分断意識の克服と民族統一の志向を重要な柱とするのです」。

一九八七年九月二三日午後七時、安国洞《アングッドン》事務局で新たな新聞創刊の意志を初めて公式的に宣布した。新たな新聞創刊発議者総会の席だった。一〇〇余人の前・現役記者が事務局を訪ねた。新たな新聞創刊発議準備委員会委員長の宋《ソン》建鎬《ゴノ》が創刊発議文を読んだ。一九六名の発議者名簿も発表した。実名で発議した一五五名の大部分は、東亜《トンア》闘委、朝《チョ》鮮《ソン》闘委および八〇人の解職記者で、言協出身だった。〔その他の〕解職記者たちは名前を隠して発議に参与した。彼らが五〇万ウォンずつ、まず出資した。このようにして集めた一億ウォンの金は創刊までに実務資金として使った。

新聞社創立に必要な資金は五〇億ウォンと決めた。一株当たり五〇〇〇ウォンの株を国民たちが買ってくれたら、その資金で新聞社を創立することとした。出資額を資本金五〇億ウォンの一%以内と制限した。一人当たり五〇〇〇万ウォン以上の株を買うことはできないようにしたのである。

この計画の一番大きな前提は、五〇億ウォンで新聞社をつくることができるということだった。一九八六年、六つの全国紙、二つの経済紙、一つの通信社を含んだ九つの報道機関の平均固定資産は二四九億ウォンだった。土地・社屋・輪転機などの確保にこの程度の金がかかるという話だ。中央日報《チュンアンイルボ》はハンギョレが創刊された一九八八年当時、総資産規模がすでに一七七〇億ウォンを超えていた。朝鮮日《チョソンイル》報《ボ》と東亜日報《トンアイルボ》もこれと似ていた。朴正熙《パクチョンヒ》政権以後、新聞発行以外の社業として実利を肥やしたわけであるが、新聞社の創立と運営には、そのくらい莫大な資本が必要だった。五〇億ウォンで新聞社をつくるという計画は現実味がなく馬鹿らしいと思われたのも無理なからぬ話だった。

月刊「泉の深い水」一九八七年一一月号に座談記事が掲載された。後に創刊論説委員になる趙英来《チョヨンネ》弁護士が司会を引き受け、宋建鎬と鄭泰基《チョンテギ》が並んで座り、ハンギョレ創刊準備作業を紹介した。

まず宋建鎬が「新たな新聞をつくってみようという話は若い解職記者たちの間に二〜三年前からあったんですよ」と言った。「しかし、私はそんなことを聞いても意欲が出てこなくて、右から左の耳という感じで反応を見せなかったんです。金が一ウォンもなくてどうやってつくるんだと思っていたんです。しかし、今は現実に起こっているんです」。

「一般的に日刊紙をつくろうとするなら……」。鄭泰基が続けて言った。「二〇〇億ウォンかかるといいます。しかし、新聞社の本質的機能である人的資源を最小にすれば、一〇〇億ウォンでいけると思います。まず、株を売って、資本金五〇億を取り揃えたら、残りの五〇億ウォンは金融機関から融資を受けられると思います」。

「五〇億ウォンの秘密」は、写植、出力、組版、輪転に至る新聞社の工務施設の費用を画期的に節約したものであった。一九八七年一〇月三〇日、徐炯洙《ソヒョンス》は一八頁の分量の事業計画書を創刊委員たちの前で発表した。ここに、ハンギョレ新聞社創設、創刊の青写真が盛り込まれていた。

ロッテグループで働いていた徐炯洙は、事務局の大多数の働き手と違い、解職記者でも記者志望でもなかった。会社の上司だった曺永浩《チョヨンホ》の提案を電撃的に受け入れ、働いていた大企業に辞表を投げつけた。決心を固めたとき、幼い二人の子どもの顔が目の前に散らついたが、「男は何をしてでも食べていけるだろう」と思い、何の縁も保障もない事務局に合流した。事業計画書作成が彼の初めての任務だった。事務局の働き手の中でこのような事業計画書をつくった経験のある人はいなかった。

❖ 最少主義と精鋭主義

電子計算機を叩きながら、ひと月の間熱中して事業計画書をつくった。新聞社の社屋は賃貸だ。印刷室二〇〇坪、事務室六〇〇坪、発送室二〇〇坪などを借りて使うのに五億ウォンが必要だ。電算入力機、出力機、組版機、製版設備、輪転機、発送設備などを購入するのに少なくとも四〇億ウォンがかかるが、これをすべて長期賃貸（リース）すれば当面一二億ウォンだけ準備すればよい。通信・運搬・事務設備などを分割払いで購入すれば、残りは四億ウォン用意すれば大丈夫そうだ。全体の社員数を二〇〇名程度と考えると、運営資金は差し当たり一〇億ウォンあればいい。残りの費用を加えて、全体として三七億五〇〇〇万ウォン程度準備すると、一旦、新聞社をつくり新聞を出すことができる……。

人的資源の最小化、設備規模の最小適正化、販売促進費最小化、拡張紙・フリーペーパー発行抑制、街版（＊2）体制中心など「最小主義」が基本となった。無条件に小さくして節約するという意味ではなかった。最小の資源で最大の効果を出すという「精鋭主義」も強かった。コンピューター組版システム（ＣＴＳ）の導入がこれを可能にした。

当時、韓国のすべての新聞は鉛活版を使っていた。鉛活版で一つ一つ単語と文章をつくり、新聞を刷った。たくさんの鉛活字を購入し、重い鉛活字が入る強い社屋を建て、多くの鉛活字熟練工を採用するには、莫大な金が必要だった。

コンピューター会社を運営した鄭《チョン》泰基《テギ》はコンピューター組版システムで新聞をつくることができると考えた。一部の外国の新聞はすでにこの方式を使っていた。韓国でも雑誌をつくるときコンピューター組版を使用した。字または文章単位ではなく、面全体をグラフィック単位で作業することが、コンピューター組版の骨組みだった。ハングルを使う国内総合日刊紙でこれをどのように具現化するかが問題だった。

一九八八年二月、朴聖得《パクソンドク》が日本の東京で開かれた印刷博覧会に出かけ、問題を解決した。若い社長と社員一人で経営している小規模企業ＰＤＩに出くわした。一種のベンチャー企業だった。彼らは新聞組版用コンピューターシステムを開発して博覧会ブースに出していた。もちろん、日本の新聞に狙いを定めた商品だった。

このシステムを、創刊予定日であった一九八八年五月になる前に、ハングルの新聞に合わせて変えることが課題だった。日本人の社長は不可能なことだとはじめは鼻で笑った。しかし説得の末、朴聖得と気が合い仕事に着手した。その少し後、彼らは世界初のハングルによる新聞コンピューター組版システムをつくったのだった〔「虫眼鏡2」参照〕。

輪転機も問題だった。新聞社として登録しようとすれば、一時間に二万部以上刷れる輪転機が必要だった。すべての新聞用輪転機は輸入品であった。ところが、政府に登録した既存の新聞社だけが新聞用輪転機を輸入することができた。実定法はハンギョレの輪転機導入を遮っていた。

はじめは既存の新聞社の在庫輪転機を物色した。すべて拒絶された。徐炯洙《ソヒョンス》が目を外に向けた。噂話を頼りに探し、中古輪転機を発見した。京畿道坡州《キョンギドパジュ》のある工業会社が一九八六年頃に輸入した雑誌用輪転機だった。輪転機の形はしていても、それがきちんと作動するのか疑わしかった。ハンギョレの輪転担当社員たちが、屑鉄の塊と大差ないこの輪転機を改造して創刊号を刷るようになった。

さらに、輪転機を入れる建物が必要だった。徐炯洙、朴聖得、朴魯成《パクノソン》、韓鳳一《ハンボンイル》などがソウル市内をくまなく探した。ソウル市永登浦区《ヨンドンポク》楊坪洞《ヤンピョンドン》に折よく新しく建てられた工場の建物が見つかった。「町工場」と呼ばれる小規模工場が密集した地域だった。保証金約四八〇〇万ウォン、月極め家賃が約四八〇万ウォンの、三三六坪の二階事務室を借りた。ハンギョレ新聞に賃貸しをするなという当局の圧力があったが、家主は気にしなかった。ただ、月極め家賃を高くした。後に新聞社の看板を掲げて吊るしたが、はじめの契約になかった施設だということで追加金を払わねばならなかった。家主は政治権力の圧力には気を使わなかったが、金銭関係にはしっかりしていた。しかし、その程度ならむしろありがたいほうだった。

他人が捨てたものを直して使い、不可能と言われたことを可能にしながら、新聞社創設の準備をした。それでも金が必要だった。事業計画書には五〇億ウォンあれば新聞を出すことができるとしたが、その前提は五〇億ウォンという資金を準備することだった。

❖「民主化は一回の勝負では決まりません」

揺れる汽車の中で宋建鎬《ソンゴノ》は眠りについた。地方講演会を終えてソウルに戻る途中だった。夜汽車は明け方五時頃ソウル駅に到着する予定だった。朝一〇時からソウルのある大学でまた違う講演会があり、彼は再び講壇に上がらなければならなかった。窮屈な日程が続いていた。解職記者何人かと宋建鎬は全国を回り、ハンギョレ創刊基金募金のための講演会を開いた。講演が終わるとその場で募金が行われ、懇親会の席では地域の在野団体関係者たちが解職記者たちと会って後援会結成を議論した。地方の小さな都市の人たちは「なぜわれわれの地域には宋先生が来ないのか」と抗議した。

資金がないのにどうやって新聞社をつくるのかと思っていた宋建鎬も、事務局創設後は確信に満ちていた。「必ず新聞を出します」。多くのインタビューと講演の席で、高く澄んだ声色で、「誰もが大勢を防ぐことができません。新たな新聞を必ずや出します」と彼は力を込めて言った。宋建鎬は新たな新聞創刊の象徴だった。「民主化のために闘った解職記者たちがつくる独立メディア」のイメージが彼によって大衆に広がった。市民たちは解職記者たちの面々をよく知らなかったが、宋建鎬のことはよく知っていた。彼に対する国民的信頼はぐらつかなかった。

しかし、宋建鎬の象徴性だけでは不充分だった。民主勢力を超えて国民的な参与が切実な課題だった。五〇億ウォンは莫大な金だった。一九八七年一〇月一二日、各界の重鎮二四名が新たな新聞創刊を支持する声明を発表した。宗教界の金寿煥《キムスファン》〔カトリック神父。資料編「人物略歴」参照〕枢機卿、文益煥《ムンイクファン》牧師、朴炯圭《パクヒョンギュ》〔社会運動家〕牧師、宋月珠《ソンウォルジュ》〔社会運動家。資料編「人物略歴」参照〕僧侶、池学淳《チハクスン》〔資料編「人物略歴」参照〕司教、咸錫憲《ハムソクホン》〔独立運動家、キリスト教運動家、著述家。資料編「人物略歴」参照〕、文学界の金廷漢《キムジョンハン》〔資料編「人物略歴」参照〕、朴景利《パクキョンリ》〔資料編「人物略歴」参照〕、黄《ファン》順元《スノン》、学会の辺衡尹《ピョンヒョンユン》〔ソウル社会経済研究所理事長〕、李効《イヒョ》再《ジェ》〔社会学者であり女性運動家〕、法曹界の李敦明《イドンミョン》などが支持した。

続いて、一〇月三〇日には明洞《ミョンドン》キリスト教女子青年会（ＹＷＣＡ）大講堂で創刊発起宣言大会を開いた。新たな新聞創刊を対外的に宣言する席だった。各界の人士一〇〇〇余人が参席した。洪性宇《ホンソンウ》弁護士が発起宣言文を朗読した。「権力に隷属する制度言論を克服するため……」彼の声が震えた。「民主化を渇望するすべての国民の参与により、国民が主人となる新聞の創刊を公式宣言する」。会場の内外には垂幕が掲げられていた。「民族の統一を」「民衆に自由を」「民主主義万歳」「自由言論万歳」。

一九八七年一一月二日から、市民に対して本格的な募金活動に入った。国民募金を知らせる初めての広告が一九八七年一一月六日、朝鮮日報《チョソンイルボ》八面に掲載された。「すべての国民がつくる新たな新聞、ハンギョレ新聞の主人になりましょう」というものだった。約三三〇〇人の発起人名簿を全面に載せた。朝鮮日報や東亜日報《トンアイルボ》には絶対に募金広告を載せるなという意見も小さくなかったが、広告効果を優先して考えた。広告が出た日から納付について問い合わせの電話が殺到し、この日一日だけで一一〇〇万ウォンが集まった。

当時、金大中《キムデジュン》〔資料編「人物略歴」参照〕、金泳三《キムヨンサム》〔資料編「人物略歴」参照〕が野党勢力の候補一本化に失敗した後、一九八七年一二月一六日の大統領選挙で民正党候補の盧泰《ノテ》愚《ウ》が当選した。盧泰愚は三六・六%の得票率で大統領になった。劣敗感と絶望感が全国を覆った（＊3）。大統領選挙の結果が明らかになった一二月一七日朝から事務局の電話が容赦なく鳴り響いた。ある人は基金納付方法を聞いた。ある人はなぜ新聞を早く出さなかったのかと怒った。ある人は、今からでもいいから号外を刷って真実を伝えてくれと言った。ある人はただただ泣いた。

募金広告の決定版が一九八七年一二月二三日に初めて姿を見せた。

「民主化は一度の勝負ではありません——虚脱と挫折を振り切ってハンギョレ新聞創刊に力を結集させましょう」とハンギョレ社員たちが国民に答えた。一二月二三日から韓国日報、東亜日報、朝鮮日報、中央日報《チュンアンイルボ》などに継続して広告が出た。この広告によって全国民募金運動が一気に周知され、募金額が急激に上昇した。募金運動開始四〇余日が過ぎた一二月一二日までに総募金額は一六億ウォンになった。大統領選挙以降、そしてこの広告が出た後には一日で一億ウォンずつ集まった。

何日も過ぎないうちに、文化放送《ムンファ》がハンギョレ創刊を知らせた。一九八八年一月一四日夜九時のニュースに「新聞、完全なる競争時代」という題目で一分間のリポートが出た。「新聞の完全なる競争時代が開かれました。特に、三月には国民株形態のハンギョレ新聞が創刊されることになり、既存の新聞の対応が不可避な局面となりました。ハンギョレ新聞は三月創刊を目標として……すべての経営の焦点をジャーナリズムの本質的機能に合わせるという点を強調しています」。

他の新聞社の社会変化に対する対応策も一緒に伝えた。

報道の焦点がハンギョレ創刊にだけあるのではなかった。しかし、制度言論としては稀なことだった。鄭東泳《チョンドンヨン》記者がリポートした。ニュースの後に、純粋に投資目的から株購入について聞く問い合わせ電話が続々とかかってきた。

❖一〇八日間の募金運動

一九八七年末から募金運動は全国民的次元で広まった。専門職、会社員、大学生、主婦、教師、将校など各界、各層の人がお金を出した。昼食の時間には職場の人たちが事務局を訪ねてきた。午後にはお年寄りたちが杖をついて訪ねて来て基金を出した。子どもを背中におぶりつつ、しわくちゃに折ったお金を取り出した中年の女性も少なくなかった。大学の総学生会、労働組合、農民団体などが代表者名義で寄金をした。教師たちは学校単位でお金を集めて出した。クラスの友だちの小遣いを集めて出した高校生たちもいた。教会では神父たちが先頭に立って設立基金を集め、山寺の僧侶たちもお金を集めて出した。結婚費用を節約してお金を出した新婚の夫婦がいたし、子どもの名前で株を買った両親も多かった。公務員と他社の記者も少なくなかったが、名前を明らかにはできないため、子どもや妻の名前で募金した。釜山《プサン》、光州《クァンジュ》、仁川《インチョン》、大邱《テグ》など全国約三〇カ所で創刊後援会がつくられた。

募金だけでは飽き足らず、自ら募金広報活動に飛び込む人もいた。新聞配達員であったある少女は、「ハンギョレ新聞便り」約一〇〇〇部を事務局から受け取って各家庭に配った。慶尚北道《キョンサンブクド》安東《アンドン》の盛晶《ソンチャン》女子高校の教師だったパク・ギョンソは、創刊後援会結成のために奔走している途中、不慮の事故で死んだ。一九八八年一月一〇日夜、零下一〇度の寒い日にオートバイに乗って栄州《ヨンジュ》まで行き、広報活動をして帰ってくる途中で交通事故に遭ったのだ。当時、三二歳だった。ポケットには自ら書いた創立趣旨文と創刊基金納付約定が一〇枚ばかりあった。

一九八八年二月二五日、創刊基金募金が終わった。募金を始めてから一〇八日目だった。約二万七〇〇〇名が一〇〇万余株を買い、五〇億ウォンを集めた。一〇~五〇万ウォンを出した人が全体の三五・六%だった。世代別では二〇代が三四・六%、三〇代が二六・四%だった。二〇歳未満も八・二%くらいあったが、それは両親が子どもの名前で株を買ったケースが大部分だった。職業別では会社員が二七・七%、学生が一二・五%、教師が七・七%だった。地域別にみると、ソウル市が五六・二％と一番多かったが、釜山《プサン》四・七％、光州《クァンジュ》三・八％、仁川《インチョン》二・八％、大邱《テグ》二・六％など多くの人々が参与した。ハンギョレ創刊を待つ願いには地域の偏りはなかった。

嘘のような奇跡を達成するのに、若干の方便を使った。当時の実定法上、株主を集めて会社を設立することは法人だけができることだった。創刊事務局時代のハンギョレは法人ではなかった。実体もない会社が株主を集めることは法に背くことだった。結局、会社設立のためにいろいろな人がお金を寄付する形態をとり、、法人登記後に受け取ったお金を株に換えて返す計画だった。それで、国民株募集ではなく国民募金という用語を使ったのだ。募金は鄭泰《チョンテ》基《ギ》名義の銀行口座に預けたが、これを基金納付者たちに株に換えて返す過程も問題だった。少し間違えば、莫大な贈与税を納めなければならない恐れもあった。

世界的にも前例のないことだったので、準拠となる法令は不備の状態であった。ハンギョレの人たちの想像力に実定法がついて来られない時、創刊事務局顧問弁護士だった朴元淳《パクウォンスン》〔現ソウル市長。資料編「人物略歴」参照〕は苦労した。法の当時、朴元淳は市民運動に足を踏み入れる前だった。法の趣旨に従いながらも実定法の弱点に食い込む多くの方法を朴元淳が教えてくれた。

募金運動が進んでいた真っ最中の一九八七年一二月一四日、ついに新たな新聞社の法的実体がつくられた。安国洞《アングッドン》の韓国料理店であるヨンビンガーデンでハンギョレ新聞株式会社創立総会が開かれ、役員が選出された。宋建鎬《ソンゴノ》を代表取締役とし、任在慶《イムジェギョン》を編集人に選任した。ほかには、鄭泰基《チョンテギ》と李炳注《イビョンジュ》が常勤取締役になり、金廷漢《キムジョンファン》・李敦《イドン》明《ミョン》・洪性宇《ホンソンウ》は非常勤取締役となった。金仁漢《キムイナン》・成裕普《ソンユボ》・権根述《クォングンスル》・慎洪範《シンホンボム》・金泰弘《キムテホン》は非登記取締役（＊4）として選任された。次の日、ソウル民事地方裁判所に法人創立登記を終えた。

❖「われわれにも登録証をくれ」

必要な手続はすませているのに、土壇場で政府が待ったをかけた。管轄の税務署が事業者登録証発給を一カ月以上引き伸ばし、一九八八年に入ってからは文化公報部が定期刊行物の日刊紙登録証交付を遅らせた。実定法上は日刊紙登録申請後すぐに登録証が発給されるということになっていた。

創刊予定日が二月から三月へ、さらに五月へと延ばされた。登録証が出ないため、新聞用紙購入契約、輪転機導入契約、支社設置契約などすべての業務が遅れた。楊坪洞《ヤンピョンドン》の社屋の前、明洞《ミョンドン》聖堂前、文化公報部前、世宗《セジョン》文化会館前などでハンギョレ社員たちがデモを繰り広げた。露骨な自由言論弾圧だとして政府当局を糾弾した。

ハンギョレの幹部陣は決断した。政府の許可だけをひたすら待つことはできなかった。四月一八日、取締役会を開いて一九八八年五月一五日を創刊日と確定し、「ハンギョレ新聞便り」などを通してこれを内外に示した。登録証発給がさらに遅くなる場合、全国民的な闘争を始めるという警告だった。このような闘いにすっかり慣れた人々が団結した光景だった。恐れるものはなかった。

雰囲気が険しくなったが、四月二五日に定期刊行物日刊紙登録証が出た。登録申請してから三カ月後だった。実は、三月中旬に宋建鎬《ソンゴノ》など取締役たちが文化公報部長官を訪ねて話を聞いた。「われわれが許可を出さなくても、あなたたちはそのまま法を無視して新聞を出すのではないですか。心配しないでください。五月発行に支障がないように登録証を出します」（と文化公報部長官は答えた）。

初代取締役の一人である金仁漢《キムイナン》はハンギョレ創刊を見届けることができなかった。東亜闘委委員長出身の彼は、創刊直前である一九八八年三月二七日にこの世を去った。六二歳だった。創刊準備作業で健康を害したことが大きかった。ハンギョレの第一期修習社員たちが棺を運んだ。京畿道《キョンギド》抱川郡《ポチョングン》西陵《ソルン》公園墓地でイ・ジョンウクが弔辞を読んだ。「肉身は久遠の眠りについても、熱い魂だけは現世に舞い戻り、われわれと共にずっといてくれるでしょう。まだ道半ばの仕事をわれわれがしっかりやり遂げるようにずっと見守ってください……」。

＊1 **国家安全企画部** 前身は、一九六一年に創設された韓国中央情報部（ＫＣＩＡ）で、大統領直属の最高権力機関。対共産主義に関連する情報収集、内乱罪などの犯罪捜査、反政府勢力の監視・弾圧、政治勢力・報道機関への工作活動などを主な業務とした。一九九九年一月、金大中大統領（当時）は、国家安全企画部を大幅改編して国家情報院を創設した。

＊2 **街版** 韓国の新聞界では、翌日発行する新聞の初版を前日夕方に、大きな駅などのスタンドで売る習慣があった。この新聞を「街版新聞」という。新聞社は、ライバル社に重要なニュースを抜かれていないか街

版新聞を互いにチェックし、抜かれた場合は後追い取材することになる。これは、新聞にとっては「特ダネ」漏れを防ぐことに役立つが、その反面、新聞社は独自取材をしなくなったり、複数の新聞が似通った記事を掲載してしまうなどの弊害もある。また、政府・官公庁や大企業は、街版をチェックして、自らに悪影響を及ぼす可能性がある記事を見つけると、記事を掲載しないように新聞社を利益誘導したり圧力をかけたりした。街版制度は非常に問題の多い制度であったが、インターネットの登場により街版の存在意義が薄れたため、なくなった。

＊3　六月抗争および六・二九民主化宣言で民主化が一定程度達成されたにもかかわらず、野党候補分裂などによって、全斗煥《チョンドファン》軍事独裁政権の事実上の後継者であった盧泰愚《ノテウ》が第一三代大統領選挙で当選した。民主化運動勢力からは、民主化の不徹底や失敗ではないかという焦燥感と敗北感が広まった。

＊4　**非登記取締役**　株主総会などを通して法律上正式に決定した取締役ではなく、会社内の地位と職域を正式な取締役と同程度に定めた役職。社内のみで通じる呼称。

虫眼鏡 3 一度の勝負

制度言論は、ハンギョレ創刊過程をきちんと報道しなかった。創刊発起宣言大会を開いても、一段記事（ベタ記事）として報道するのがすべてだった。なぜつくるのか、誰がつくるのか、どのようにつくるのかを知らせてこそ全国民募金運動を広げることができた。

解職記者出身の広告パーソン三人組

たまりかねたハンギョレ創刊事務局の人たちは違う方法を探した。制度言論に対価を払って広告欄に直接広告することにしたのだ。このときを待っていたかのように三人が登場した。李炳注《イビョンジュ》、姜正文《カンジョンムン》、崔炳璇《チェビョンソン》だ。三人とも解職記者出身であり、広告界にも身を置いたことがある。解職記者がつくる新聞を広告する仕事に、これ以上の適任者はいなかった。

「幻の三人組」を引っ張ったのは李炳注だ。東亜《トンア》闘委出身の彼は俗にいう「芸能気質」が卓越していた。解職後、映画、公演、広告の仕事を渉猟した。映画プロモーションの仕事をしながら広告も製作した。劇団の副座長を引き受けていた一九八〇年代初めから中盤まで「ジーザス・クライスト・スーパースター」、「パダムパダムパダム」などを韓国で公演して空前のヒットを記録した。マーケティング感覚に限っては創刊事務局で彼の右に出る者はいなかった。

やはり東亜闘委出身の姜正文は解職後、テフン企画で広告の仕事をしていた。「〇〇と一緒なら孤独さえも甘美な感じがする」というあるチョコレート会社の広告コピーが彼の作品だ。朝鮮《チョソン》闘委出身の崔炳璇も解職後、オリコンで働いた。二人とも記者として嘱望されていたが、広告界に身を投じた後も頂上に駆け上がった。

会議は李炳注が主宰した。崔炳璇と姜正文が実務を引き受けた。二人は広告会社に勤めながら創刊作業を手伝った。会社と安国洞《アングッドン》の事務室を行き来しながら働いた。いったん広告戦略が決まると、二人がコピーをつくってきた。会社のコピーライターたちも喜んでこの「副業」に参加した。もちろん、報酬はなかった。このようにつくられた広告コピーだけで約五〇個に達した。この中で一部だけが紙面に出た。予算の問題で日の目を見ることができなかったが、放送用広告も準備した。

彼らがつくった広告コピーについて社内外の批判もなくはなかった。「大統領を選ぶことと同じくらい重要なこと――ハンギョレ新聞に出資してください。明日の民主主義に投資することなのです」。一九八七年一一月末、この広告が出てすぐ、創刊事務局に抗議の電話が多くかかってきた。「新聞をつくることがどうして大統領選挙よりもっと重要なことと言えるのですか」。大統領選挙の結果に皆がそのくらい敏感に神経を尖らせているときだった。

「民主化は一度の勝負で決まりません――虚脱と挫折を振り切ってハンギョレ新聞創刊に力を集めてください」。ジャーナリズム界はもちろん、広告界にも長く残るこのコピーも、やはり抗議の対象だった。大統領選挙直後、在野の一部勢力は、不正選挙を理由に選挙の無効化闘争を繰り広げていた。彼らが見るにはこの広告は選挙結果に対する敗北主義的な承服を意味したのだった。ハンギョレがなぜ不正選挙を受け入れるような自暴自棄的な態度を扇動するのかという抗議の電話が少なくなかった。

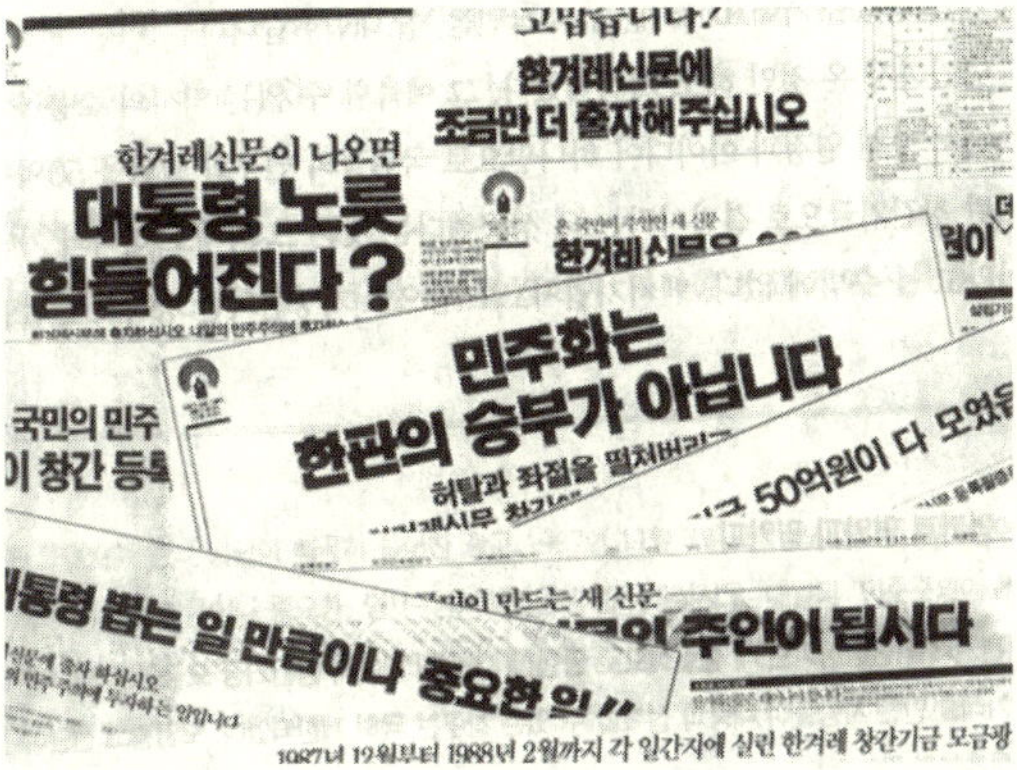

▲創刊時に社員・株主向けに発行された「ハンギョレ便り」下段に掲載されたメッセージ。「創刊基金50億ウォンがすべて集まりました」「民主化は一度の勝負ではない」などの見出しが読める。

募金運動の触媒体になる

しかし、姜正文《カンジョンムン》が提案して李炳注《イビョンジュ》、崔炳璇《チェビョンソン》が整えたこの広告は、募金運動の広まりに決定的に寄与した。（盧《ノ》泰愚《テウ》が当選した大統領選挙の結果による）沈痛な雰囲気に穴を開けようという意図だったが、喪失感に落ち込んだ市民たちを再び奮い立たせてハンギョレ創刊運動に参加させる触媒体になった。

三人組による募金広告は、一九八八年五月中旬に各新聞に掲載された「ハンギョレ新聞が五月一五日創刊されます」を最後に、いったん幕を下ろした。三人組は後の発展基金募金広告のときも、キラッと輝く広告のアイデアを出して市民たちの志を集めた。

李炳注はハンギョレ初代販売・広告担当取締役になったが、姜正文と崔炳璇は外部からハンギョレを助けた。崔炳璇は、同じ解職記者でもあり再び記事を書きたくてやきもきしている妻へ、ハンギョレ入社の機会を譲った。夫婦そろってハンギョレに入ることは人目に恥ずかしいことだと考えた。妻の金善珠《キムソンジュ》は後にハンギョレ論説主幹になる。姜正文は広告界にとどまりながら自分の実力を築いた。一九九八年には「今年の広告人賞」を受けた。

創刊直後だけでも各層の催し物会場に「ハンギョレの歌」がとどろきわたった。姜正文が歌詞を書き、キム・ドヒャンが作曲した歌だった。「それは本当ですか。すべての同胞の汗が染み込んだお金を集めて、良い新聞をつくるという話。嘘と真実を明らかにする同胞の新聞、同胞の熱い心一つで立ち上がり叫ぼう。真の自由を、真の平和を」。

姜正文は一九九九年五月、癌で亡くなった。享年五四だった。あまりにも早く世を去った彼の死をジャーナリズム界と広告界がともに悲しんだ。

関連資料・コラム1

世界に類例のない新聞

――外国のメディアがみた「ハンギョレ」創刊

（ハンギョレ新聞社は表示右タイトルで創刊を前にした外国メディアの報道を伝えている）

日本の共同通信は配信記事（一九八七年九月二四日）で、「発議者大会開く」と報じた。記事の一部を引用する。「一九八七年九月二四日、一九七〇年代の東《トン》亜《ア》日《イル》報《ボ》自由言論闘争と八〇年代に解職された韓国の新聞、放送人が九月二三日ソウル市内で新たな新聞創刊のための発議大会を開き株式募集を通して国民が参加する新たな新聞を設立し、来年春に創刊することを決議した」。

ロイター通信は一九八七年一〇月三〇日に「国民の声を反映」として、「約五〇〇人が三〇日、韓国言論史上初めての真の独立した新聞を創るため宣言大会を開いた」と報じた。歴史的なことについても記事では伝えている。

「韓国国会は昨年一一月、権威主義的な言論基本法を改定して以降、政府は一〇の日刊紙を含む約一三〇の定期刊行物の登録申請を受け付けた。この中で全《チョン》斗《ド》煥《ファン》氏と前任者の朴《パク》正《チョン》熙《ヒ》氏の執権期間中に解職された約一〇〇〇人の記者のうち約二〇〇人が中心となりハンギョレ新聞を設立する。『われわれは政治権力と大資本および大広告主からも独立することを追求する』と、ハンギョレ新聞の関係者の一人は語った」。

一九八八年に入ってからの報道では、朝日新聞が一月二六日に「発行準備着々進む」との見出しで報じた。クリスチャンサイエンスは二月一七日に「解職者が中心に」と題して報じた。APFは三月四日に「政府の言論統制が緩和されることで、真の言論の自由を実現する野心的な日刊紙」と伝えた。

（「ハンギョレ新聞便り」第七号（一九八八年三月一〇日）より）

第四章　民族・民衆・民主言論の誕生

ソウル市銅雀《トンジャク》区《ク》上道洞《サンドドン》一二一の四九番地に光が灯された。七歳の兄と四歳の妹はまだ眠っていた。明け方の六時半だ。朝八時までに学校に行くならば、この時間には起きて支度を急がねばならなかった。教師の生活は一二年間毎日そうだった。ただ、今日は少し特別だ。出勤準備の前にまずすることがあった。平屋の洋屋の庭を横切って門に向かった。あった。真っ黒な眉毛のような字が目に飛び込んできた。ハンギョレ新聞。白頭山天池《ペクトゥサンチョンジ》の絵の上に鮮明に刷られていた。

❖ある生物科教師の二〇〇万ウォンの新聞

二〇〇万ウォンの価値がある新聞だった。今まさに四〇歳になった堂谷《タンゴク》高校の生物科教師であるキム・ビョンヨンは、ハンギョレ新聞が出るというニュースを聞いて、二〇〇万ウォンを創刊基金として出した。約一〇年の間、小遣いを惜しんで貯めた金だった。一九八七年一二月、そして一九八八年一月と二月、三回にわたって継続して金を出した。もっと出すことができなかったのが残念だった。教師赴任直後、五〇〇万ウォンを費やして小さな家を一軒購入した彼にとって、二〇〇万ウォンは少なくない支出だった。

電車に乗って学校に行く間、新聞を読み続けた。一日中気になって仕方がなく、退勤する途中で市内の立ち売りスタンドを漁った。いくつかの場所に立ち寄ったので非常に時間がかかったが、ハンギョレ創刊号を三〇部買った。電車に乗りながら、各車両の棚の上に新聞を置いて回った。そうしたら少し満足できた。次の日の朝、同僚の教師に回した。「国民たちが力を合わせてつくった新しい新聞です。読んでみてください」。残った新聞は書斎に保管した。

一足早くハンギョレ新聞創刊号を読んだ人たちもいた。カン・ヨンジュは新聞のスタンド販売業者たちに新聞を渡す中間販売業をしてきた。総合日刊紙販売市場で一〇年間仕事をしてきた。

一九八八年五月一四日、彼が取り扱うべき品目が一つ増えた。夕方六時頃、ソウル市楊坪洞《ヤンピョンドン》のハンギョレ新聞社で第一版の新聞を受け取った。翌一五日朝、読者たちへ渡

한겨레신문

창간호

1988년 5월 15일 (일요일)

창간사

국민 대변하는 참된 신문 다짐

송 건 호 (본사 발행인)

6천만의 그리움 끝이자 희망의 시작 백두산 천지

일 오쿠노 장관 사임

한·중 침략관련 망언 인책

창간호 36면 내용

(국내 처음 C T S 방식 도입 신문 제작)

▲1988年5月15日に発行されたハンギョレ新聞創刊号の一面。

す新聞だった。輪転機の調子がよくなく、印刷の速度が遅かった。オートバイに乗ってハンギョレ新聞社を繰り返し訪ねた。

立ち売りスタンド用に渡した後、残りの新聞を永登浦《ヨンドンポ》駅の前に広げた。退勤してきた人たちが集まった。駅に置いた他社の新聞はほとんど減らなかった。人々はハンギョレ新聞だけを手にとって帰った。ハンギョレ新聞を買い求める人にお釣りを渡す暇さえないくらいだったので、人々は各自で釣り銭を持って行った。人々が〔立ち売りスタンドに〕押し寄せていたので、好奇心で付和雷同して新聞を買う人たちもいた。新聞がなくなり、再び楊坪洞から持ってきた。深夜零時まで新聞は売れ続け、その日は永登浦駅だけで約一五〇〇部が売れた。光化門《クァンファムン》駅、ソウル駅、清涼里《チョンリャンリ》駅などにも立ち売り新聞が広がり、同じような光景が広がった。新聞販売業者のカン・ヨンジュの考えでは、本物の新聞とはこのような新聞だった。

❖「書きたいこと、言いたいことをすべて書いてください」

ハンギョレ創刊号が世の中に初めて出たのは一九八八年五月一四日午後四時頃だった。役員たちが輪転機の前に立った。韓勝憲《ハンスンホン》〔弁護士。詳細は「虫眼鏡19」を参照〕、高銀《コウン》〔詩人。資料編「人物略歴」参照〕、白楽晴《ペクナクチョン》〔ソウル大学教授。資料編「人物略歴」参照〕、趙英来《チョヨンネ》、金秀行《キムスヘン》など外部の人たちも輪転機の前を離れることができなかった。初代工務部長のシン・ドンホがボタンを押した。一瞬、人々が口をつぐんだ。果たして新聞を出せるのか。「出た、出た！」誰かが叫んだ。万歳と拍手の音がわき上がった。その前で李泳禧《リヨンヒ》が涙をぬぐった。海外メディアの記者たちが彼にコメントを求めた。「私は……言葉が出ません。ありがたすぎて感激で……言葉になりません」。

編集局では宋宇達《ソンウダル》がワンワン泣いていた。初めて導入したCTS体制について、編集校閲部の人たちの不安は大きかったが、編集部門のキャリア記者として入社した宋宇達もやはり締切りまで東奔西走した。声を張り上げて泣き叫ぶ彼の肩を叩きながら、他の編集記者たちも目頭をぬぐった。

ソウル新聞からハンギョレに移ってきた鄭泳武《チョンヨンム》〔「ハンギョレ21」事業部長など歴任〕は、感動の理由が少し違った。良い輪転機が刷り出したハンギョレ新聞より格好良い新聞を、彼はたくさん見てきた。彼には新聞そのものよりハンギョレの人々が感激的だった。創刊号を受け取って涙を流す先輩たちの姿を見ながら、鄭泳武の胸も震えた。

編集局内で祝杯があげられた。宋建鎬《ソンゴノ》がマイクを握った。「どんな問題だろうが皆さんが書きたいことを書き、言いたいことをすべて書いてください」。声が震えた。「しかし、表現は気をつけてください。権力のわなに陥らずに国民の支持を受ける新聞をつくろうと思えば、われわれがそれに見合う研究をしなければなりません」。

❖ まったく違う新聞、まったく違う編集局

創刊号をつくるハンギョレ初代編集委員長は一九八八年一月に任命された。取締役会は成裕普《ソンユボ》を指名した。一九七五年に東亜日報《トンアイルボ》から解雇された成裕普は、東亜闘委出身の中でも比較的若いほうであり、当時四四歳だった。〔編集局長をするには〕年が若いのではと心配する声がなくはなかったが、強い反対はなかった。新聞をつくると同時に新聞を守るために闘わなければならない状況だった。編集記者出身で新聞をつくることができ、新聞発行のために外部勢力と闘う覚悟があり、さらに実際に闘ったことのある成裕普が適任者だった。成裕普は東亜闘委総務を務めた後、民闘連事務次長、言協事務局長などを引き受け、「月刊マル」の創刊、制作、配布を一貫して引っ張ってきた。記者出身でありながら在野の精神を理解していた点も長所だった。

編集委員長任命直後の一九八八年一月一二日、編集局体制が確定した。韓国ジャーナリズム史上空前絶後の部署が誕生した。それ自体が「まったく違う新聞」を象徴していた。役職別、担当の官庁別、紙面別の壁を崩して総合的な観点から取材・報道しようとする画期的な試みだった。

企画取材本部は長期企画および総合深層企画を担当した。金命傑《キムミョンゴル》、趙成淑《チョソンスク》、李海成《イヘソン》、尹在杰《ユンジェゴル》、金槿《キムグン》〔東亜放送からハンギョレへ〕など一九七五年解職記者世代を中心として、一九八〇年解職記者たちが企画取材本部に配属された。

編集部と校閲部を合わせた編集校閲部は、ハングル使用の横組編集を一貫して具現しようという趣旨でつくられた。安商圭《アンサンギュ》、尹由錫《ユンユソク》、王吉南《ワンギルナム》、李英日《イヨンイル》、金承国《キムスングク》、白炫基《ペクヒョンギ》、キム・ソンスス、宋宇達《ソンウダル》、文炳権《ムンビョングォン》、文賢淑《ムンヒョンスク》、崔仁鎬《チェインホ》、クォン・ジョンスク、金禾鈴《キムファリョン》、李垌《イギョン》、パク・ソンエ、キム・サンイク、パク・ヘジョン、孫正録《ソンジョンロク》、黄在基《ファンジェギ》、チェ・スンギュなどが、韓国国内における総合日刊紙最初の全面横組編集を実

現するのだった。

民生人権部〈社会部に相当〉はハンギョレの特性を代表する部署だった。労働、農民、漁民、都市貧民など生活と人権に関連する取材を担当した。労働担当記者だけが四名だった。解職記者出身のイ・テホ、労働運動出身の呉相《オサン》錫《ソク》、記者経歴のある成漢鏞《ソンハニョン》がチームを成した。玄利渉《ヒョンイソプ》は人権、尹厚相《ユンフサン》〈編集局長、韓国言論財団研究理事など歴任〉は農民、クォン・オサンは貧民を引き受けた。

民族国際部は〈南北〉統一、外交領域を海外領域と合わせて民族的観点から世界情勢を分析しようという目的を抱いていた。後日、ハンギョレの編集委員長になる朴雨政《パクウジョン》、権台仙《クォンテソン》、呉亀煥《オギファン》などすべて民族国際部の初代記者だ。李《イ》炳孝《ビョンヒョ》、姜盛起《カンソンギ》、韓承東《ハンスンドン》、姜泰浩《カンテホ》、張正秀《チャンジョンス》、鄭東采《チョンドンチェ》などもこの部署から創刊号をつくった。このときまで特派員はなかった。後に、キム・ビョング（フランス）、イ・ジュイク（日本）、ソン・ギョンソン（アメリカ）などと一緒に鄭淵珠《チョンヨンジュ》（アメリカ）が初代通信員として仕事をした。

社会教育部は検察、警察などを担当しながら、特別に教育分野にも力を入れた。教育に対するハンギョレの人たちの関心は創刊の時から並外れて高かった。高喜範《コヒボム》、チェ・ユチャン、柳熙洛《ユヒラク》、金炯培《キムヒョンベ》、李相現《イサンヒョン》が先輩格に属した。取材の一線には記者経験のある者が大勢配置された。各報道機関の最高敏腕記者たちを連れてきた。文学振《ムンハクジン》、柳鍾《ユジョン》珌《ピル》、金種求《キムジョング》〈「ハンギョレ21」部長など歴任〉、呉泰奎《オテギュ》、金利《キムイ》澤《テク》、李寅雨《イイヌ》、金和柱《キムファジュ》、李泓東《イホンドン》、金志錫《キムジソク》、金成鎬《キムソンホ》などはこの後、かなり大きな特ダネでハンギョレ編集局を率いた。地域担当記者たちも社会教育部所属だった。朴華江《パクファガン》（光《クワァン》州《ジュ》、全羅南道《チョルラナムド》）、張世煥《チャンセファン》（全羅北道《チョルラプクド》）、孫圭聖《ソンギュソン》（大田《テジョン》、忠清南道《チュンチョンナムド》）、李樹潤《イスユン》（釜山《プサン》）、金鉉泰《キムヒョンテ》（慶尚南道《キョンサンナムド》）、金《キム》永煥《ヨンファン》（仁川《インチョン》）、キム・ジョンファ（江原《カンウォン》）などが創刊メンバーだ。

世論媒体部も他の新聞社にはない部署だ。読者の意見を紙面に積極的に反映する反面、制度言論を監視する「ジャーナリズムに対するジャーナリズム」を志向した。金善珠《キムソンジュ》、鄭尚模《チョンサンモ》、高昇羽《コスンウ》、高宗錫《コジョンソク》など将来名を挙げる論客たちが初代の世論媒体部記者だった。

政治経済部は政党、政府、企業を有機的に取材する部署だった。政治と経済を総合的に取材して、政治と経済の癒着の輪を断ち切ろうという精神が強かった。金孝淳《キムヒョスン》〈東京特派員、社会部長などを経て「ハンギョレ大記者」〈「記者の中の記者」の意。ハンギョレの記者職で最高のポストをいう。「虫眼鏡18」を参照）を務めた〕、李元燮《イウォンソプ》、鄭錫九《チョンソック》、尹國漢《ユングカン》、李《イ》容式《ヨンシク》、郭炳燦《カクピョンチャン》〔ソウル新聞記者を経て、「ハンギョレ21」部長など〕、鄭世溶《チョンセヨン》、崔永善《チェヨンソン》、姜哲遠《カンチョロン》、鄭義吉《チョンイギル》などが政治分野を引き受けて、李龍熙《イヨンヒ》、朴永均《パクヨンギュン》、李奉洙《イボンス》、朴鍾文《パクジョンムン》などが経済分野を引き受けた。相対的に政治担当の勢いが強かったが、これもやはり創刊当時のハンギョレの特徴を表している構図だった。

生活環境部は、女性、児童、老人、環境、生活情報などを総合的に扱った。創刊当時、ハンギョレにはスポーツ部がなかったが、スポーツ関連取材も生活環境部が引き受けた。趙弘燮《チョホンソプ》、金美瓊《キムミギョン》、シン・ドンホ、安鐘周《アンジョンジュ》などは後に担当分野の専門記者として名を馳せた。鄭泳武《チョンヨンム》、李吉雨《イギルウ》も生活環境部の初代記者だった。

文化科学部は、文化一般、学術、科学、宗教を担当した。安貞淑《アンジョンスク》〔文化部畑から「シネ21」事業部へ〕、申蓮淑《シンヨンスク》、趙善姫《チョソニ》などハンギョレを代表することになる文化科学部の初代記者だった。シン・ドンジュン、金栄徹《キムヨンチョル》〔文化・社会部などを経てRTV市民放送理事〕、尹錫仁《ユンソギン》など高いレベルの頭脳たちも文化科学部に場所を得た。

❖ 皆が同じ机と椅子で

写真部の初代メンバーは秦晶栄《チンジョンヨン》、秦千圭《チンチョンギュ》、鄭元逸《チョンウォニル》、金漣洙《キムヨンス》であり、調査資料部ではイ・ジェミン、車漢弼《チャハンピル》、ヤン・オクミ、李相勲《イサンフン》などが創刊時の記者だった。公募採用第一期として入ってきた二三名の修習記者たちも創刊号をつくった。

郭魯弼《カクノピル》、郭禎秀《カクジョンス》、クォン・ヨンスク、金景武《キムギョンム》、金善《キムソン》圭《ギュ》、金成杰《キムソンゴル》、金容成《キムヨンソン》、金正坤《キムジョンゴン》、金玄代《キムヒョンデ》、キム・ヒョンソン、朴《パク》根愛《クネ》、シン・ヒョンマン、安永鎮《アンヨンジン》、オ・リョン、余峴《ヨヒョン》鎬《ホ》、李相起《イサンギ》、李鍾燦《イジョンチャン》、李柱明《イジュミョン》、鄭相永《チョンサンヨン》、車基泰《チャギテ》、崔在《チェジュ》鳳《ボン》、夏聖奉《ハソンボン》などは創刊における陣容の末席を担った。

編集局を指揮する編集委員は解職記者世代に任された。成漢杓《ソンハンピョ》編集副委員長は政治経済部編集委員、イ・ジョンウク編集副委員長は編集校閲部編集委員を兼任した。この他にも張潤煥《チャンユンファン》（企画取材本部）、沈採鎮《シムチェジン》（編集校閲部）、李《イ》仁哲《インチョル》〔東亜日報《トンアイルボ》外信部デスクを辞めハンギョレ創刊に参画、論説委員〕（民族国際部）、洪秀原《ホンスウォン》（民生人権部）、金斗植《キムドシク》（社会教育部）、李琪中《イギジュン》（世論媒体部）、イ・ジョンウク（文化科学部）、池永善《チヨンソン》（生活環境部）、林應淑《イムウンスク》（調査資料部）

などが編集委員会を構成した。

創刊編集委員の中には、二人の「イ・ジョンウク」がいた。一九七五年に東亜日報《トンアイルボ》からともに解職された二人を区分するために、編集副委員長のイ・ジョンウクを「大きいジョンウク」、編集委員のイ・ジョンウクを「小さいイジョンウク」と呼んだ。

最初、ハンギョレには編集局長や部長という言葉はなかった。政権に膝を屈して記者の前に君臨していた権威主義的な局長・部長〔というイメージ〕を乗り越えようという試みだった。その代わり、各部署を引っ張る職責を編集委員と呼んだ。編集委員が参加した紙面制作について責任をとるのが編集委員会であり、その委員会を代表するのが編集委員長だった。創刊編集局では、編集委員が平記者と同じ仕様の机と椅子を使い、並んで仕事をした。

ハンギョレ創刊編集局は「黄金の三分割」の原則に従った。創刊事務局時代である一九八七年一一月に、人的構成の原則を決めた。重鎮および解職記者が三〇％、記者経験者および在野団体出身が四〇％、新しく選抜した公募採用の社員が三〇％などとした。一九七五年に解職された記者の大部分は、すでに四〇代半ばを過ぎていた。報道の現場に対する感覚も鈍っている状態だった。その空白を埋める現役記者を集めて、創刊精神で新たに武装した新しい人材を求めるという構想だった。

❖「給料がかなり少なくなるけれど、大丈夫ですか」

記者経験者の採用は本当に難しい作業だった。既存日刊紙には、ハンギョレに来ようという若い記者があふれた〔「関連資料・コラム2」参照〕。彼・彼女らは、こっそりと入社願書を提出した。朝鮮日報《チョソンイルボ》の姜盛起《カンソンギ》、連合《ヨナプ》通信の金成鎬《キムソンホ》などはその中でも熱血漢だった。姜盛起は、ハンギョレ入社を公開した初の現職記者であり、金成鎬は新たな新聞創刊発議者総会のときから実名で参与した。この他にも、朝鮮日報のキム・ソンス、文学振《ムンハクジン》、東亜日報の趙弘燮《チョホンソプ》、連合通信の金種求《キムジョング》、柳熙洛《ユヒラク》、趙善姫《チョソニ》、韓国日報《ハングクイルボ》の高宗錫《コジョンソク》、金《キム》利澤《イテク》、文炳権《ムンビョングオン》、李寅雨《イイヌ》、呉泰奎《オテギュ》、柳鍾珌《ユジョンピル》など総勢二四人の現役記者たちが、勤めていた新聞社に辞表を出して、ハンギョレの創刊メンバーとなった。一九八〇年に解職された金炯培《キムヒョンベ》がキャリア記者採用の「秘密採紅使」〔朝鮮王朝時代、全国各地から美人と駿馬を集めてくる役目を負った役人のこと。ここでは、優秀なキャリア記者を探す比喩で用いられている」の役目を務めた。

当時だけでも、政府機関紙と指差されたソウル新聞から特に記者経験者が多く参加した。郭炳燦《カクビョンチャン》、成漢鏞《ソンハニョン》、金志錫《キムジソク》、李容式《イヨンシク》、李泓東《イホンドン》、李吉雨《イギルウ》などがそろってハンギョレに合流した。

「給料がかなり少なくなるけれど、大丈夫ですか」面接を担当した洪秀原《ホンスウォン》が成漢鏞に尋ねた。「私はご飯さえ食べられればいいです」。次は、成漢鏞が洪秀原に尋ねた。「私は運動圏出身ではないですが大丈夫ですか」「ここは運動圏の集合場所ではありませんよ」。

当時、保険会社の初任給が月三三万ウォンだった。成漢鏞はソウル新聞から四〇万ウォンをもらっていた。ハンギョレに来てから、月給は半分になった。

運動圏の集合場所ではなかったが、在野団体出身者たちも、記者経験者募集の時に一緒に採用した。民主化運動もまた経歴として勘案した（「関連資料・コラム3」参照）。尹錫仁《ユンソギン》と崔永善《チェヨンソン》は学生運動を経て民統連などで政策企画分野の仕事を主にしていた。在野運動圏の戦略家だったというわけだ。呉相錫《オサンソク》は労働運動家として名高かった。入試願書を出すとき彼は現職を「プレス工」と書いた。金栄徹《キムヨンチョル》は文化運動の分野で育ってきた人物だった。

彼らを選抜するとき、池永善《チヨンソン》が悪役を引き受けた。「記者をしたことのない人が政治部を志望すると書いていましたが、話になりませんよ。あなたはサツ回り（警察担当記者）（＊1）しろと言われたらできますか」。心の中でムカッとしながらも崔永善《チェヨンソン》は柔らかく答えた。「しろと言われたらしなければならないでしょう」。金栄徹にはもう少し露骨な質問をした。「運動団体の声明書だけ書いてきた人が、主婦たちが読む記事を書けますかね。バランス感覚を保てますか」。金栄徹は侮辱を我慢してはいけないと思った。「在野運動を無視しないでくださいよ。そんなに甘い声明書を書いてきたわけではありません」。二人とも合格した。

高喜範《コヒボム》は初代検察チーム長を引き受けた。彼は、キリスト教放送労働組合委員長を引き受けて報道機能回復のために闘争を繰り広げていたが、ハンギョレ初代社会教育部編集委員の金斗植《キムドシク》による誘いを拒めなかった。スカウト話をした席の食事代は高喜範が出した。ひどくみすぼらしい金斗植の身なりを見て、放っておくことができなかったのである。初出勤の日、編集局社会教育部の記者たちは、事務局で車座に座って、豆腐をつまみに焼酎を飲んでいた。

❖ ついに公募採用第一期に踏み切る

一九八八年一月一九日に公募採用およびキャリア記者採用の願書を交付した。一日だけで約一二〇〇枚の願書が品切れになった。安国洞《アングッドン》の事務室から曹渓寺《チョゲサ》の入り口まで、願書を受け取る受験生たちが列をなした。寒い冬の日、夕暮れ時まで列が短くなることはなかった。窓の外のその光景を眺めながら、事務局の人々は感激し、また緊張した。新しい新聞に対する世の中の期待を雄弁に語る光景だった。全部で八〇〇〇人が入社試験を受けた。修習記者二三人、修習社員一〇人など三三人が採用された。キャリア記者とキャリア社員もこのとき採用した。

難しいことで名高いハンギョレの入社試験の伝統は、公募採用第一期のときから始まった。当時、一般教養試験の中に次のような問題もあった。

「パレスチナの作家であり、アラブ世界の卓越した小説家として一九七二年殺害された。代表作は中編『ハイファに戻って』や小説集として『太陽の男たち』がある。この作家の名前は何か。

① ガッサーン・カナファーニー ② マフムード・ダルウィーシュ ③ タウピーク・チャヤード ④ ハリム・バラカード」

時代の流れを反映する問題も出た。

「最近の韓国における資本主義の性格についての論争（社会構成体論争）で論議された内容と最も距離があるのはどれか。

① 土台および上部構造に及んだ広範囲な半封建性が分析されなければならない。

② 周辺部性という韓国の資本主義の特殊性を指し示すこと。

③ 植民地規定は解放〔日本による植民地支配からの解放という意味。一九四五年八月一五日を指す〕以前の時期にだけに限定する。

④ 韓国の資本主義の普遍的側面として国家独占資本主義の規定が検討されなければならない。」

このような問題を解いて熾烈な公募採用に合格した第一期の修習社員たちは、三月二日から正式に出勤した。解職記者出身、キャリア記者出身、在野団体出身、公募採用出身などが一緒に集まった編集局は創刊号発刊前から熱気で満ち溢れていた。毎朝、事務局に出て他の新聞の紙面を検討し、引き続いてセミナー、講義、討論、会議を進めた。これを笑い話にして「視角矯正プログラム」と呼んだ。過去の新聞制作の慣習を完全に捨てて、まったく違う新聞をつくる方法に知恵を絞り思いをめぐらせた。

❖ハンギョレの長い伝統、討論文化

紙面の方向性などについての討論会はいつも激論になった。ある日、論議が激しくなり事務局時代から嫌な仕事を全部引き受けてきた夏聖奉《ハソンボン》がすっくと立ち上がった。「制度言論で経験した記者職も記者といえるのですか。それがそんなにすごい経歴として主張できるものなのですか」。修習記者だった夏聖奉の言葉にキャリア記者出身たちが激怒して一悶着《ひともんちゃく》起こった。

世界の終わりが来たかのように激しく討論しても、たちまちのうちに意見が一つにまとまった。定期刊行物日刊紙登録済証明書の交付を要求するデモにグループで参加し、団体として〔当局に〕連行されもした。大統領選挙直後、九老《クロ》区役所不正選挙への抗議デモ（＊2）が繰り広げられた。二泊三日の団結大会を終えて戻ってきたハンギョレ社員が、デモ参加のために九老区役所に立ち寄ったところ、皆〔警察官に〕取り押さえられた。公募採用第一期だった金玄代《キムヒョンデ》のポケットには創刊関連資料とメモがぎっしり詰まっていた。見つからないかビクビクしながら書類をこっそり捨てた。ひと苦労だった。

日が暮れたら酒宴が催された。工場地帯である楊坪洞《ヤンピョンドン》の社屋の近くには、いい居酒屋がなかった。小さな店の前に椅子を置いて酒を飲んだ。激論はここでも続いた。安《アン》貞淑《ジョンスク》はサーカスを文化面で扱うかどうか徹夜で議論した記憶がある。李相起《イサンギ》は解職記者の先輩たちの武勇伝にすっかりはまってしまったが、些少なことで言い争いになり、先輩と取っ組み合いのケンカをした記憶がある。

成漢鏞《ソンハニョン》は、その頃にある同僚が言った言葉が鮮明に記憶に残っている。「解職記者の先輩たちが方向を決めたら、われわれは仕事だけを考えて一生懸命やればいい。われわれは働き手としてここに入ってきた」。

一九八八年三月はハンギョレ社員たちが勉強していた時期だ。三月九日から二五日まで社員全体研修が続き、この時期に修習社員たちの研究も平行して行われた。毎日午後、講義が開かれた。宋建鎬《ソンゴノ》代表取締役をはじめとして兪弘《ユホン》濬《ジュン》、李效再《イヒョジェ》、鄭雲暎《チョンウニョン》〔経済学者。マルクス経済学を韓国に

紹介〕、趙英来《チョヨンネ》、崔烈《チェヨル》〔市民運動家〕、崔章集《チェジャンチプ》〔政治学者。韓国における革新（現状を改革しようとする立場）勢力を代表する学者〕などが講師を務めた。

その絶頂は三月一一日からの江華島摩尼山《カンファドマニサン》の産業画廊研究所で開かれた二泊三日の団結大会だった。二〇〇余人の全社員が参加した。この席で新聞製作方針などに関して討論した。韓国ジャーナリズム史上初めて個別の報道機関が制定・宣布したハンギョレ新聞倫理綱領案もこのとき提出された。慎洪範《シンホンボム》が主導してつくった。メディアの現実に比べて高すぎる水準ではないかと少し心配した者もいた。実際に討論会が開かれるとすぐ、若い記者たちはもっと強く規定しようと注文した。

しかし、新聞は討論だけでつくられるものではない。内外に公表した五月一五日に合わせて創刊号を出すには、それまでに終えなければならない仕事が多かった。一九八八年三月二八日、取締役会で朝刊八面体制の全国総合日刊紙発行を最終決定した。それまでに発行媒体の形態について多少の議論があった。

はじめは夕刊新聞を出そうとした。一九八七年一〇月に作成された事業計画では、まず夕刊のみを発行し、その次に朝刊と夕刊をセットで出す方向に変えるという構想が出ていた。朝刊を出すには販売店の確保など販売網構築が必須だった。販売店管理にはお金がかかる。そこで街頭販売に期待をかけて夕刊発行を念頭に置いた。しかし、新聞の影響力という面では朝刊が格段に上だった。ハンギョレは制度言論と全面的に勝負をしたかった。結局、朝刊を出す方向に変えた。

日曜版の形態の朝刊新聞から出し、後で日刊紙に転換しようという主張もあった。「週刊紙優先発行論」は一九八七年の大統領選挙前に、どんな形でも発行しなければならないという論理で始まった。大統領選挙が近づいてくるにつれ国民募金運動は停滞し、日刊紙の創刊に対する憂慮が広まっているときであった。翌年の一九八八年には輪転機とコンピューター組版システム（ＣＴＳ）などの整備が遅れて、週刊新聞でもよいから早く出そうという主張が再び出た。

しかし、編集局の多数の意見は、五月一五日の創刊日に合わせて日刊紙を出すことに集中する方針に傾いていた。ただ、一二面で発行する計画は少し遅らせて、とりあえず八面で出すことにした。輪転機の状況が一二面発行を許さなかったのだ〔「虫眼鏡14」参照〕。

❖ 一九八八年五月一四日午後四時、「出てくる、出た！」

三月三一日から四月二三日まで創刊号発行のための試験制作が続いた。創刊号発行の秒読みが始まった。創刊特集号は三六面でつくる予定だった。当時の輪転機では、これを一日で刷り上げることはできなかった。発行一五日前から記事の締切りと編集が始まった。いろいろと気苦労をしたが、新聞発行は最後の瞬間まで薄氷を踏むような作業だった。当初五月一四日午後二時頃には印刷を終える予定の創刊号発行がしきりに遅くなった。史上初となるハングルの新聞コンピューター組版システムが発行をてこずらせた。

沈埰鎮《シムチェジン》が率いる初代編集校閲部の記者たちが、この日一番忙しかった。沈埰鎮は「韓国経済《ハングクキョンジェ》」編集部次長として働きながらハンギョレへ合流した。彼の経験と年齢のおかげで、草創期ハンギョレの紙面編集を整えることができた。尹由錫《ユンユソク》、王吉南《ワンギルナム》、白炫基《ペクヒョンギ》、宋宇達《ソンウダル》などの編集経験のある記者を取り揃えた実力者だった。しかし、創刊号を出す日ほど大事な日はなく、きちんとしなければならなかった。

創刊号三六面のうち、九面から三六面まではあらかじめつくられていた。問題は一面から八面だった。ＣＴＳの核心部品が楊坪洞《ヤンピョンドン》の社屋に入ったのも創刊号発行の一五日前だった。日本の技術者がそのプログラムを設置して安定化したのは五月一二日の夕方だった。創刊号発行まで四八時間もない状態だった。いったんプログラムを構築することはしたが、プログラムと出力機が合わなくてずっと小さい誤作動が続いた。ＣＴＳを活用した本格的な試験を一度もできずに、創刊号制作日を迎えた。

記事の締切りはすでに昼の一二時に終わっていたが、実際の編集作業は順調ではなかった。ＣＴＳがトラブルを起こしたのである。機械が正常に動くのを待つだけだったら、新聞発行が遅れるところだった。結局、創刊号紙面の一部は伝統的な「くっつけ」でつくった。キャリア記者出身の編集者たちが東奔西走した。〔記者が〕記事を原稿用紙に書き、オペレーターがタイプしてこれを鋏《はさみ》でカットして、新聞台帳に貼り付けた。新聞台帳を撮影してフィルムをつくって、これを輪転機で印刷した。午後二時に街頭で配る予定だった創刊号は、午後四時になってようやく発行された。それでもなんとかその時間に出すことができて、沈埰鎮はほっとため息をついた〔創刊号発行当時のエピソードは

〔「関連資料・コラム4」参照〕。

このようにしてつくられたハンギョレ創刊号を、五〇万人の読者が受け取って読んだ。一九七五年軍事政権の言論弾圧以後、一三年ぶりに解職記者たちが主導してつくった。全国民的募金運動が始まって半年が経っていた。ジャーナリズム史上初めての国民株新聞だった。唯一無二の自由言論だった。

▲1988年5月14日午後、ハンギョレの人たちはたったいま輪転機から刷り上ったばかりの創刊号を手に取り喜びあった。前列左から任在慶《イムジェギョン》、李敦明《イドンミョン》、宋建鎬《ソンゴノ》とともに、後列には鄭雲暎《チョンウニョン》、李富栄《イブヨン》などの顔が見える。

❖ハンギョレの未来がこもった創刊号の特集記事

三六面の創刊号はハンギョレの未来がそのまま盛られている。一面の白頭山《ペクトゥサン》天池《チョンジ》の写真の横に宋建鎬《ソンゴノ》の創刊の辞がある〔資料編「創刊の辞」参照〕。

「われわれは感激で震えながら今日この創刊号を発行した。（中略）ハンギョレ新聞は（中略）一途に国民大衆の利益と主張を代弁するという意味において、真の国民新聞であることを自認する。（中略）決してある一部の特定政党や政治勢力を支持したり反対することを目的としないのであり（中略）終始一貫この国の民主主義実現のために、奮闘努力する」。

創刊事務局時代である一九八七年一〇月、新たな新聞創刊計画書を確定しながら、ハンギョレ社員たちは新聞編集について、いくつか原則を決めた。「制度言論の惰性的編集態度自体を再検討して、新しい体制と内容を確立する。官辺〔権力〕から民辺〔民衆〕へ取材源を移し、ハングルの横組とわかりやすい表現で編集者の特権意識および独断主義を排除する。読者の反論権を保障し、政治権力と資本から独立する。深層報道および総合編集を志向し、教育面と読者面を重点的に編集する……」。

創刊号はこの原則を紙面に現した。総合日刊紙史上初めて導入したハングル横組編集は、読者たちのメディアへのアクセス権を保障するためのものだった。ハンギョレ倫理綱領を載せて、権力と資本から独立する意志を宣布した。読者の声をスペースを設けて紙面に載せ始めたことも、韓国では初めてのことだった。教育に関する格別な関心を注ぎながら光州《クァンジュ》抗争、国家保安法、権言癒着（＊3）などタブー視されていた議題を暴いた。

主要企画記事には、以後、ハンギョレが扱う代表的な議題がすべて網羅されていた。韓国政治と民主化（一二・一三面）、国際情勢と朝鮮半島（一四・一五面）、光州抗争（一七面）、経済改革（一八面）、労働者・農民・貧民（一九面）、国家保安法と人権（二一面）、真の教育と教育革新（二三面）、制度言論の実状（二五面）、大量生産体制と環境（二九面）、医療福祉改革（三〇面）、女性問題（三一面）、文化民主化（三四・三五面）などが扱われた。

当時の良心と知性を代表する人物たちも、ハンギョレの紙面を借りて発言した。創刊論説委員である李泳禧《リヨンヒ》、鄭《チョン》雲暎《ウニョン》、趙英来《チョヨンネ》をはじめとして、金寿煥《キムスファン》、金大煥《キムテファン》〔社会学者。資料編「人物略歴」参照〕、金洛中《キムナクジュン》〔統一運動家〕、金芝河《キムジハ》〔詩人、作家、思想家。資料編「人物略歴」参照〕、金晋均《キムジンギュン》〔社会学者〕、朴炯圭《パクヒョンギュ》、白楽晴《ペクナクチョン》、宋月珠《ソンウォルジュ》、李富栄《イブヨン》〔政治家、在野運動家。資料編「人物略歴」参照〕、李五徳《イオドク》〔児童文学作家。資料編「人物略歴」参照〕、黄晳暎《ファンソギョン》〔作家。資料編「人物略歴」参照〕、玄基栄《ヒョンギヨン》〔小説家。資料編「人物略歴」参照〕などが創刊号に寄稿した。高銀《コウン》は祝辞を、張壹淳《チャンイルスン》は祝賀揮毫を、李喆守《イチョルス》は祝賀版画を送った。

一四日に制作された総合面と社会面などでは南北問題、中小企業、農民、良心囚、大気汚染などと関連して発生した事件などを報道した。社会面である七面には修習記者のチェ・ボウンが締切り直前に単独で取材した現代建設労働組合幹部懐柔工作に関する記事も載せた。創刊編集局が、これからどのような報道をするのかを雄弁に語る紙面だった。

ハンギョレを代表する画伯たちは、この新聞の未来に対する予知的な絵を描いた。金乙昊《キムウルホ》が描いた七面の四コマ漫画で、〔主人公の〕ミジュアルは「太陽が昇っても暗い世の中、口があっても話せない歳月、今日からちょっと話してみよう」と叫んだ。朴在東《パクチェドン》の二面の一コマ漫画には〔旧約

▲ゴリアテ（＝独裁政権）に立ち向かうダビデ（＝ハンギョレ）。朴在東《パクチェドン》作。

聖書をモチーフにして」独裁の兜と非民主の鎧で武装して暴力の剣を振り回すゴリアテ〔巨人兵士〕の前に小石一つを持ったダビデ〔羊飼いの少年〕が立っている。ハンギョレは以後二〇年間、その通りの道を歩いた。

一九八八年五月一五日明け方、この新聞を受け取ったキム・ビョンヨンは、今も創刊特集号を持っている。黄色く色が褪せてしまったが、書斎の片隅に大事に飾っている。子どもたちは着実に育ち、それぞれ望む勉強をするために大学に通っている。今、子どもたちがハンギョレを読んでいる。創刊以後、今まで倦《う》まず弛《たゆ》まず株を買った。二〇年が過ぎた二〇〇八年五月、一六四〇万ウォン分、三二八〇株のハンギョレ株式を持つようになった。「公正で正確な新聞を期待しながら投資したんですよ。それをお金だと考えたことはありません。全部、私の心の財産ですよ。倦まず弛まず頑張ってつくってきたハンギョレを尊敬しているだけです」。

＊1　**サツ回り**　韓国では、日本による植民地支配時代の用語がそのまま残っているケースがある。「サツ回り」などのマスコミ業界用語もその一つである。日本では「サツ回り」とは、「警察回り」つまり警察から事件・事故情報などをとるために記者が主に警察官の自宅などを訪問取材（「夜討ち朝駆け」とも言う）することを指す。韓国の「サツ回り」は、担当している警察署をまわることを表し、警察官の自宅訪問は基本的にしない。

＊2　**九老《クロ》区役所不正選挙への抗議デモ**　一九八七年一二月一六日に第一三代大統領選挙が行われた。その投票所であった九老区役所で、不正選挙（偽装投票）が行われた。不正選挙を目撃した市民たちが抗議し、選挙無効化闘争委員会を組織。同日夕方から市民約五〇〇〇人が区役所に籠城し、抗議は三日間続いた。最終的に、大量に投入された武装警察官によって鎮圧され、一〇〇〇名近くが連行された。

＊3　**権言癒着**　本来ならば権力監視をその使命としているジャーナリズムと、政治権力または経済権力が、持ちつ持たれつの馴れ合いの関係になること。

虫眼鏡4

配達しない新聞

新聞制作に成功したといっても、やるべきことが終わったわけではなかった。読者が新聞を受け取り読めるようにしなければならなかった。創刊時から今に至るまで、ハンギョレの人たちがずっと苦労してきた問題だ。一九八七年一〇月、新聞社の青写真を盛り込んだ最初の事業計画書で徐《ソ》炯《ヒョン》洙《ス》は支社・支局および販売店管理にかかる費用を最小化すると説明した。彼の頭の中には日本の「赤旗《あかはた》モデル」があった。

赤旗は日本共産党の財政的支援を受けながら、編集権を完全に独立させている日本の左派日刊紙である。一九二八年に創刊、八〇年代中盤には三五五万部を発行し、今も二〇〇万部程度を発行する。日本の主要日刊紙には及ばないが、固定購読者の確保に成功した。赤旗の配給方式は少し変わっている。党員と支持者たちに多量の新聞を発送し、彼らが購読者の家を訪問して隣近所の読者たちに渡すという方法だ。

創刊準備段階でこのようなモデルを念頭に置いていたのには理由がある。韓国の新聞は、販売店を通して新聞を配達してきた。本社と契約を結んだ販売店が一定地域の新聞配達について責任を持つ方式だ。普通の業種ならば販売店が営業をしてその利益の一部を本社に渡すが、韓国の新聞市場はまったく違うのである。

草の根運動家たちが参加する支局運営

韓国の新聞社は販売収益ではなく広告収益で企業を運営する。このせいで、発行部数の絶対量を増やすことが一番重要である。部数が多ければ広告価格を高く設定することができるからである。これが理由で、本社は販売店の部数拡張を督促する。販売促進のための各種資金を支援する一方、目標量を達成すると成果給を支給する。

ハンギョレはそのような方式で販売店を管理する資金はなかった。資本が不足する本社を信じてきぱきと販売店運営に乗り出す人はいないだろうと考えた。苦肉の策であった「赤旗《あかはた》モデル」は、実際には適用しなかった。しかし、大統領選挙での民主化勢力敗北以後から、ハンギョレの販売店を引き受けるという人々があふれだしたからだ。

創刊当時、ソウル市鍾《チョン》路《ノ》区《ク》の第二販売店を引き受けたチェ・ミョンチョル販売店長もその中の一人である。成《ソン》均館《ギュンガン》大学に通っていた彼は、大統領選挙が終わった後、安国洞《アングッドン》創刊事務局を訪ねて販売店を引き受けると言い張った。「販売店を引き受けるならば、保証金六〇〇万ウォンを本社に支払わなければならない」という説明を聞いて、彼は怒った。創刊精神を支持して新聞普及を先駆けるというのに、なぜ保証金が必要なのかと問い詰めた。結局、大学の先輩と友人から金を借りた彼は、五倍の競争率を突破して販売店長として選抜された。販売店を開設するときに助けてくれた友人と一緒に、創刊前から「ハンギョレ新聞便り」を持ち、道路を縫うようにハンギョレ創刊を知らせた。

創刊時、支社および販売店を引き受けた彼らの相当数が、（前記と）同じケースだ。ハンギョレの販売店長は、「運動家」の役割を兼ねるという認識が強かった。全国各地の草の根運動家たちが、ハンギョレ支社および販売店運営に大挙して参与した。競争が熾烈になり、販売店長を選ぶときには所定の審査を経た。販売店長審査が公正ではないとして裁判を起こすケースもあった。

創刊時、ハンギョレ釜山《プサン》支社の主役は文在寅《ムンジェイン》（資料編「人物略歴」参照）だった。彼は、地域で名高い人権派弁護士だった。女性解放運動をしていた具聖愛《クソンエ》（資料編「人物略歴」参照）が釜山支社の総務を引き受けた。盧武鉉《ノムヒョン》もハンギョレ釜山支社の創立メンバーだった。創刊後、販売代金問題を相談しようと本社職員たちが釜山支社を訪問したとき、盧武鉉は「このような方式で本社がひどく搾取したら、支社はどうやって運営すればいいんですか」と言った。

熱心な支持者たちのおかげで、創刊一年も経たない一九八九年二月には、ハンギョレは全国二二八の販売店、一一〇の分局を整えた。新生メディアとしては比較的容易に全国配達網を構築したわけである。販売店長の中には、自ら「〇〇販売店新聞」をつくって読者たちに配布したり、販売店内に図書室を設置して住民のための文化講座を開くなど、自発的な広報活動に熱心な人が多かった。

しかし、行き過ぎた情熱のために摩擦を起こした場合も少なくなかった。大学街《テハンノ》販売店の配達員の中には運動圏の学生も多かったが、彼・彼女らは、劣悪な労働条件を理由にストライキ籠城を始めた。もっぱらハンギョレでのみ起こることだった。販売店長たちのデモも同様に起こった。新聞の論調などを問題視する販売店長たちが、団体として声明文を発表したり、本社へ訪ねて行き、代表取締役の執務室前で連座籠城を始めることもあった。販売店長と配達員が街頭デモに一緒に参加し、皆、警察に逮捕されて何日間か拘留されたこともあった。理由はどうあれ、（これらストライキによって）読者たちは新聞配達サービスをきちんと受けることができず、本社に対する読者の抗議が続いた。

古い輪転機も配達事故を引き起こした。発行時間が遅れて毎度配達が延びた。時間になんとか間に合わせようと、販売店の人たちが駆けずり回らなければならなかったが、そのせいで不幸な事故がたくさん起こった。一九八八年一〇月二一日、光州《クァンジュ》支社北光州《ブククァンジュ》販売店配達員のチョ・フンシク君（一六歳）が早朝、交通事故に遭い死亡したことをはじめとして、ソウル貞陵《ジョンヌン》販売店長のイ・ヨンヒョン（三七歳）、全羅北道《チョルラブクド》長水《チャンス》販売店長のチン・ビョンフン（三六歳）、ソウル漢江路《ハンガンロ》販売店総務コ・ソンデ（二三歳）、蔚山《ウルサン》販売店総務のキム・ジョンホ、済州《チェジュ》支社配達員のカン・ヒスク（二二歳）、京畿《キョンギ》漣川《ヨンチョン》販売店の配達員ノ・ソンボク（一七歳）、大田《テジョン》儒城《ユソン》販売店配達員のイム・ベソプ（一九歳）などが一九八八年から一九九一年の間に配達または販売促進活動の道半ばで、事故または過労で亡くなった。

「景品による販売促進」に立ち向かう「分かち合いによる販売促進」

ハンギョレは創刊の時から他の新聞とは違う販売促進政策を標榜した。無料配布と値引き配布を禁止する一方、本社が販売店に部数拡張を一方的に割り当てることも控えた。しかし、野心的な韓国の新聞市場の秩序の前では、その原則がきちんと守られない時もあった。

ハンギョレが保守新聞の不法・過当販売促進を批判していた二〇〇三年の初め、朝鮮日報《チョソンイルボ》は紙面を通して「自転車を（新聞購読の）景品として提供し始めたのは、ハンギョレ新聞が最初」という記事を掲載した。この頃、民主言論運動市民連合が、ソウルの五つの新聞社、一〇九の販売店を対象に調査した結果を見ると、一三の販売店を除いたすべての販売店が（購読者へ）無料配布するかまたは景品を渡していた。朝鮮日報は三〇カ所中二八カ所、中央日報《チュンアンイルボ》は二二カ所中二〇カ所、東亜日報《トンアイルボ》は二〇カ所中一九カ所が、新聞の無料配布と景品譲渡を同時に行っていた。ハンギョレは二〇カ所中五カ所、京郷《キョンヒャン》新聞は一七カ所中一〇カ所がこれに該当した。

乱れた新聞市場の状況にならって、ハンギョレの販売店の中にも景品で販売促進をするケースがなくはなかった。大々的な物量攻勢を浴びせる保守新聞社の販売店に対して、対抗する広報をしたわけだったが、販売倫理の次元において創刊時の原則を外れる状況を放置するようになったことも事実だった。一定の販売部数を確保できないと広告収益を出すことができないが、絶対多数の新聞読者たちが、販売促進用の景品によって購読媒体を選択する現実も、ハンギョレの人にとっては大変だった。

何回かの試行錯誤の末に、ハンギョレは重要な事実を知るようになった。理念だけで市場を開拓することはできないし、景品による販売促進によって情熱ある読者を確保することもできないという点だ。二〇〇八年二月から本格的に始めた「ハニヌリ」サービス（ハンギョレによる読者サービス。http://nuri.hani.co.kr/）は、ハンギョレ（を購読すること）でもっとよい人生を送ることができるという信念を、読者に伝えようという新しい試みだ。

「ハニヌリ」会員になると、地球環境を考える体験学習、動画による論述講座、経済・ビジネス情報、自己啓発講座、著者との対話、公演や旅行の情報交換など多様なサービスを楽しむことができる。新聞を配達するところで終わりにするのではなく、これまでの二〇年にハンギョレが構築してきたコンテンツを読者たちに提供することが目標だ。保守新聞の景品による販売促進に立ち向かうハンギョレの「分かち合いによる販売促進」だ。

関連資料・コラム2

「自らを欺く記者にならないために」

「記者として書かなければならないこと、書きたかった話を伝えねばいけないと考えてハンギョレ新聞社へ来ました。私の前の会社では『必ず載せねばならない』と考える記事が漏れる例がいつものことでした。そうするたびに『こんなやり方で記者生活をして何になるのか』と考えたんです。言い換えれば『これ以上人間が壊れる前に決断を下さねばいけない』と考えました」。

「私の場合は制度言論の中でも〝親与党的〟な新聞社に二年半ほどいて、結局誤った構造の中では自分の意図と違って記者は『権力の応援団』に転落せざるをえないということをひしひしと感じました。ためらわずに転職することができました。なお去年の六・二九宣言以後、既存のメディアがみせた行動で、既存メディアにこれ以上期待することは何もないという確信がさらに強くなりました」。

「何年か前、新聞社に入社した時に新入社員アンケート調査で『一〇年後を占うことはできないが、記者として自分自身を欺く人にはならない』と答えました。しかし韓国の言論状況は記者に自分の良心を欺くように強要しています。『記者（欺自）にならない』という言葉に対して責任をもつためにハンギョレに来ました」（「記者」も「欺自」もハングルではともに「기자」と表記し、同音異義語である）。

「ハンギョレ新聞社に転職する決心をしてから辞表を出す時まで周辺の『説得』につらい経験をしました。経済的な悪条件にあえて転職する必要があるのか、赤ちゃんもいたし、新聞がまともに出ることに悲観論もあったんです。しかし多くの仲間の記者たちが『現在のジャーナリズムの現実を見るとハンギョレが大きな意味を持つようになる』と励ましてくれたことが大きな力になりました」。

「心配する人が多かったのですが、激励と祝福のメールを送ってくれた人のほうがもっと多かった。友だちは終始一貫して『よかった』という反応でしたよ。『毎日心の中からふつふつと湧き出てくるのですが、私の考えに合うところを選んだなんて嬉しい』という話がありました。それとともに、ほとんど同時に出た話は『今は酒代は全部私たちが出す』という感激的（？）な提案でした。ハンギョレ新聞社の本給が少ない噂はもう広がっていますね」。

「仲間は大きな力ですが、周りの期待がとても大きくて、はたして私が十分に答えることができるか心配でもあります」。

「報酬が少ないという理由で心配そうに見つめる母、これを安心させようと四〇〇万ウォン分の株を私の名前で買ってくれた兄、忘れていた友だちを捜して励ましてくれた運動圏の友だち、『あなたの好きなようにしてください』と言いながらも今後何年間の練炭の火（生活のこと）を心配する妻、その中でも『（今の会社を）お前は辞めると思った。（ハンギョレで）頑張ってみろよ』と言ってくれた前の勤め先のある先輩の言葉が生々しく思い出されます」。

「移る前は先輩や仲間の反応が冷淡でした。しかし、いざ移ってみると皆が祝い、励ましてくれますね。この間、個人的に親しかった取材先の人たちには連絡もしていませんが、（ハンギョレに）移ったことがわかって電話をしてきましたよ。定期購読をするとか多くの情報をくれるとかいう約束でした」。

「入社して感じたことですが、いくら大義名分が明らかなことでも結局は生活費の問題を度外視することはできないと思います。そうした面から見れば、ハンギョレ新聞社はいわゆる『良い職場』ではありませんが、数十年間のジャーナリズム界の慣行となってきた『寸志』は断固拒否するしかない」。

「この年末にハンギョレ新聞社に合流しましたが、生活規模（給料）を急に減らしてみると大変なことが少なくないです。しかし実際に数カ月が過ぎて、金遣いは自然に荒くなくなりました。ハンギョレ新聞社に移る時に心配したことはやっぱり給料問題でしたよ。給料が半分以下に落ちるのはお金が支配する資本主義社会では大きな問題ではないですか。しかし記者という領域はお金よりも正義を追い求めなければならないじゃないですか」。

（李寅雨《イイヌ》・沈山《シムサン》『世の中を変えたい人たち――ハンギョレ新聞一〇年の話』（ハンギョレ新聞社、一九九八年）所収コラムより）

関連資料・コラム3

「投獄の経歴も経歴だ」

民主化運動の渦中に監獄に入っていた期間は職歴ではないのか？　創刊初期にハンギョレの人たちに起きた奇想天外ながらもまじめに取り上げられた論戦の一つが、民主化運動と関わって投獄された期間を号俸算定で認めるかどうかというものだった。

今思えばあきれかえる論戦だといえるが、当時はそれなりに十分な議論の根拠があった。一九八〇代年は多くの学生は軍事独裁のもと民主化運動を展開して投獄され、あるいは手配されて強制的に拘束された。ハンギョレ新聞社の記者・社員たちの中では学生運動・労働運動・社会運動と関連してこのような「経歴」を経験した人が少なくなかったのだ。当時この非常に珍しい論戦は兵役を算定に入れねばならないか、入れなくてもいいのかというものから、「男女平等」論まで加わり火花を散らした。一九八八年五月の初めての社員賃金小委員会の論議の場をしばし見てみよう。

A：ハンギョレ新聞社も一つの企業だ。いくら献身的に民主化運動をしたといっても受刑期間を職務と関連した経歴として認定することはできない。また監獄に入らなくても、それに劣らず労働現場に身を投じるとか長期間（軍事政権から指名）手配を受けつつ民主化に献身した人たちも多い。彼らと比べて平等の対応とはいえない。

B：軍隊の経歴も現在の職務と関連している。軍隊に行くすべての期間を認めたなら受刑期間も認めなければいけない。なおかつ軍隊に行かなかったのではなく（監獄暮らしのため）行けなかったのだ。ハンギョレが、民主化運動で監獄にいる期間を認めないなら、誰が民主化運動に誇り持つというのか。

C：そうだ。軍隊がもっと問題だ。

兵役期間を特別に経歴として認める必要があるのか？

Ｄ：そうした論理に問題がある。兵役は憲法上国民の義務だ。そのため大韓民国のあらゆる公職と私企業も兵役期間を認めるのだ。ハンギョレも当然このような慣行に従うことが正しいことだ。

Ｅ：投獄の経歴や兵役が問題になっているのなら、軍部独裁のもとで制度言論に携わったことも経歴として認めなければならないのか？

こうした盛り上がった論戦に非常に哲学的な（？）方式で問題に近づく熱心な女性社員もいた。

「男たちに軍隊の経歴を認めることは正しくない。男女平等に違反しますよ。女性の出産期間はどうなのか？もし女性が出産をしなければ男の軍隊の経歴も基本的に生まれないのではないですか？」

すべて真摯さは真摯で臨み、爆笑には爆笑に正面から応じた後に下った結論は、民主化運動から始まった受刑生活に限って投獄期間を一〇〇％認めて「兵役期間は三年の範囲で七五％認める（後日一〇〇％認定）」というものだった。「獄中生活三年を超えるのはハンギョレの号俸」という誰かの言葉にみんながひとしきり転げまわるように笑いながら下った結論だった。

ほとんどすべての新聞社と企業が新入社員採用で学生運動の経歴を忌避してはじめから受験の機会さえ与えなかった当時の風土で、ハンギョレの「受刑の経歴」という号俸算定は長らく人々の話題になった。

（李寅雨《イィヌ》・沈山《シムサン》『世の中を変えたい人たち——ハンギョレ新聞一〇年の話』（ハンギョレ新聞社、一九九八年）所収コラムより）

투옥 경력도 경력이다

関連資料・コラム4

「二人の珍客」

創刊号発刊の日、ハンギョレ新聞社は「大切なお客さん」二人を迎えた。当時民主党総裁金泳三《キムヨンサム》と平民党（平和民主党）総裁金大中《キムデジュン》の二人だ。金泳三はこの日の午後、編集局を訪問して宋建鎬《ソンゴノ》と成裕普《ソンユボ》などの役員と新しい新聞創刊の志をともにした。そして金大中は輪転機の匂いがむんむんと漂う創刊号が刷り上った夕方にハンギョレ新聞社を訪ねた。

金大中は輪転機の部屋に下りて創刊号を作った役員たちとそれぞれ握手をした。

「本当に苦労しました。これからの期待は大きいものがあります」。

宋建鎬はインクの匂いがぷーんと鼻に突く創刊号を一部、金大中に渡した。

「記念に一部持って行ってください。まだいろいろなことでやらねばならないことが多いでしょうが」。

満面の笑みを浮かべ創刊号をめくっていた金大中の顔色が少しこわばったが再び表情は緩んだ。表情の変化は極めて短い瞬間だった。しかし随行した補佐官たちの表情には硬さが長く残った。創刊号の二面に、その日午後ハンギョレ新聞（創刊を）祝うために訪問したライバル金泳三の写真が記事と一緒に載っていたからだ。

金大中と金泳三……二人は当時韓国の野党を代表する指導者だった。二人の間には共通点も多かったが違いも多かった。一人は輪転機が実際に回っている時に訪問することを選択したが、一方は輪転機が回る前に訪問することを選択した。その結果、一人は創刊号に自分の写真が出るようになったし、一方は相手の写真が載った創刊号を広げて見るようになったのだ。

問題は金大中が帰った後に起きた。販売局長文永熹《ムンヨンヒ》が編集局長成裕普のところにすぐさま駆けつけたのだ。文永熹は東亜日報《トンアイルボ》解職記者出身で成裕普の先輩だった。「成編集局長、新聞をこんな編集にしておいてどう商売をせよというのですか？　第一版は湖南《ホナム》（全羅道《チョルラド》）に配られることがわかりますか？　ところで湖南版に金大中の写真がなくて金泳三の写真だけ載っているなんてありえない。金泳三の写真をすべて抜いて、金大中の写真も同じように一緒に入れてほしい！」。

一理ある提案だった。販売の戦略側面でもそうだったが、この前にあった大統領選挙と国会議員選挙を通して地域感情（支配する嶺南《ヨンナム》（慶尚道《キョンサンド》）と支配される湖南（全羅道）という地域対立構造のこと。かつての支配地域が慶尚道を中心とした新羅《シルラ》と全羅道を中心とする百済《ペクチェ》の対立に見出されるとするのは固定的でない。朴正熙政権以降、慶尚道出身者で固められてきた政治体制に見出される）の怒りが現われ始めたときであったので、記事の均衡性という側面でも考慮しなければならない問題だった。

輪転機が直ちに稼動した。すでに印刷された新聞の発送が中断された。二人の訪問のニュースが載った新聞がまた制作された。おかげで一部地域では配達遅延事故まで起きるという笑うに笑えないハプニングが生じたりした。

（李寅雨《イイヌ》・沈山《シムサン》『世の中を変えたい人たち――ハンギョレ新聞一〇年の話』（ハンギョレ新聞社、一九九八年）所収コラム。一部略）

두 사람의 珍客

ハンギョレ論争一　紙面の性格と経営方針

ハンギョレの志向性とは何か。この問題は創刊以来、議論の場に浮上し続けている話題だ。将来も正確に結論を出すことのできない論争ネタであるかもしれない。

創刊当時、ハンギョレは対外的に「大衆的正論紙」を標榜した。このときの「大衆」は、少数の特権層に対する反対語だった。金をもうけて強大な権力を持っている者たちが読む新聞ではなく、汗を流して働く者の誰もが簡単に購読でき、報道内容を理解できる新聞をつくろうというのが趣旨だった。

したがって、大衆的正論紙の「大衆」は、一九八〇年代の「民衆」の概念と相通じることになる。純ハングルだけを使って簡単な表現にすると主張したことも、国内で最初に横組編集を導入したことも、単純にデザイン上の美観を考えて結論づけたのではなかった。漢字を知らない人を含めて、誰もが新聞を容易に読めるようにしようという思いが強かった。

■大衆紙と高級紙の境界で■

一九八八年四月二八日に出た「ハンギョレ新聞便り」二面は、創刊時の紙面方向を研究した任在慶《イムジェギョン》、慎洪範《シンホンボム》、権根《クォングン》述《スル》、成漢杓《ソンハンピョ》、趙成淑《チョソンスク》、朴雨政《パクウジョン》など編集企画チームの討論内容を載せた。その中で参加者の一人が「（ハンギョレの）対象読者は、韓国社会の良識があり、汗を流して仕事をする健康な人すべてということで設定しなければならないんじゃないですか。つまり、ハンギョレ新聞は大衆的正論紙を志向しなければならないという意味です。われわれの新聞は、外国のクオリティーペーパー（quality paper）が照準を定めている知識人中心の読者層という想定はできないのではないかと思います」と言った。

大衆的正論紙の「正論」は、扇情・歪曲報道をやめて、真実と事実報道のために権力の外圧をはねつけるという意味だった。当時、多数のメディアは、読者が知らなければならない事案やジャーナリズムとして当然知らせる価値がある事案まで、隠したり歪曲したりして報道したりした。主に軍事政権による外圧が問題だったが、記者自らが飼い馴らされる側面も強かった。したがって「正論」という概念には、公正で客観的な報道とともに権力から独立した自由なメディアになるという意志が込められていた。

ところで、創刊の主役たちの心の中にはもう一つの概念があった。「高級紙」がそれである。対外的には大衆的正論紙を標榜したが、ハンギョレ紙面の青写真を描いた彼らは、ニューヨークタイムズ、ルモンドなど欧米の権威ある高級紙を多く参考にした。これらの新聞は一九八〇年代まで、イラストはもちろん写真さえ本当に必要でなければ載せなかった。編集の技巧も最小化した（レイアウトもシンプルだった）。解職記者世代が中心となったハンギョレ創刊の主役たちは、これら高級紙を頭の中に描いていた。正論という概念には西欧高級紙の志向も一緒に溶け込んでいたのである。

創刊前の一九八七年一一月につくられた事業計画書をみると「大衆紙と高級紙の図式的二分法を克服し、階層と地位を網羅する大衆を基盤とするが、決して瞬間的、表面的に迎合しない大衆的高級紙を志向する」と書いてある。結局、創刊時に標榜した「大衆的正論紙」という志向の中には、一般民衆と知識層を同時に念頭に置いた姿勢が共存しており、これは創刊以後もずっと議論の対象になった。

以下、関連して興味深い調査結果がある。創刊前の一九八八年一月三一日、ハンギョレ創刊基金を出した株主たちを中心として三八七七名の市民たちへ世論調査をした。体系的な世論調査というよりは、臨時のアンケート調査だったが、ハンギョレの編集方向について「水準が高い高級紙がのぞましい」と答えたのは一〇・九％にとどまった。代わりに「大衆的な中立紙」が七〇％、「理念志向型新聞」が一九・〇％、「興味中心の新聞」が〇・二％だった。

大衆、正論、高級などの紙面概念は創刊世代にとっては特別に重要な問題ではなかった。彼らが見てきた既存メディアとは違う新聞をつくるという精神が幅広い共感帯をなしていた。反独裁民主化、民族統一、自由言論、生活保障などの概念でハンギョレ創刊世代の志向を表現することができる。しかし、以後、紙面革新を追究する特別機構がつくられるごとに、ハンギョレ紙面の志向は一番最初に解決しなければならない問題として浮上した。大衆、革新、正論、高級などの概念がその時ごとに登場し、しのぎを削った。

一九九二年に会社発展企画委員会はハンギョレの志向を「革新正論紙」と規定した。一九九六年に誕生した経営・編集革新のための特別委員会では「革新大衆紙」という概念でハンギョレを規定した。反面、同時期の一九九五年の経営企画案では「高級正論紙を志向すると明確にしなければならない」と書かれている。革新志向を強調する側と高級志向を強調する側が緊張関係にあった訳である。

この中でも、一九九六年に構成されて活動してきた経営・編集革新のための特別委員会は、ハンギョレ内部の高級紙志向を一番強く批判したケースだ。経営・編集革新のための特別委員会報告書には次のような題目がある。「韓国の時事日刊紙市場は、欧米先進国の概念から見れば、事実上の高級紙市場である。国内のすべての総合日刊紙は、正確性・専門性・正論性など高級紙の特徴をすべて備えていると掲げている。高級紙概念は、韓国の新聞市場の特徴に対する認識が十分ではないと見える」。

■ 革新的高級紙として方向性を掴んだが ■

しかし一九九〇年代中盤からは「高級紙」という概念がより多く登場した。このときの「高級」は、他の新聞と質的に区別される「違う新聞」または「よりよい新聞」の意味が強くなった。二〇〇二年、革新推進派はハンギョレの本紙を革新正論紙として独立させ、他の特別分野を専門紙にするというように、セクション分け（別刷り）しようと提案した。

二〇〇六年、戦略企画室は初めて「高級紙」概念を全面化した。他の新聞と明らかに区分されるハンギョレの座標は、深層性を持った高級コンテンツだと認めた。大衆紙市場から脱皮して、ハンギョレの独自性を出す高級紙として生まれ変わろうという意味だった。これはハンギョレの読者層分析に従った結論でもあった。

創刊以来、ハンギョレの読者の多数は大学を卒業して専門職、事務職などに従事する三〇~四〇代の高所得層だった。他の新聞と比較すればこのような特徴がより目立っている。戦略企画室は、革新を土台とした公正性および深層性を持った「品格ある新聞」として生まれ変わってこそ、ハンギョレの主要な読者を維持しつつ新しい読者を引き込むことができると分析した。

市場分析に基礎を置いた提案にもかかわらず、社内で決着はつかなかった。社会的弱者から目をそらして、少数知識層へだけ享有される米国式権威主義のモデルに従っていくのかという批判が提起されたのだ。「大衆紙」概念を放棄する場合、(汗を流して)働く人々に対するハンギョレの関心が小さくなるのではないかという憂慮もあった。

しかし、全体的に見て、創刊以後のハンギョレ紙面が「大衆(民衆)」の要素より「正論(高級)」の要素が次第に強くなっていったのは事実だ。高級紙という提案は、新しく導き出されたというより、一九九〇年代中盤以後にハンギョレが自ずから構築してきた紙面の志向の一部を再び確認したということなのである。ハンギョレが高学歴・高所得ホワイトカラーに多く読まれる新聞という事実を否定するのは難しい。「大衆紙」という概念がハンギョレ創刊の主役たちが意図していた「民衆」という言葉と遠くなり、むしろ扇情的なイエロー・ジャーナリズムに似合う言葉になってしまったことも影響を与えた。

革新紙、高級紙、正論紙などの概念がどのように理解されるべきかは変化し続けた。創刊の主役たちが考えた高級紙というものは、証券表とスポーツ記事を掲載せず、各種のコラムとオピニオンを大きく増やすことだった。一面にハンギョレ論壇を載せて、二面に社説を出し、四面にコラムを載せる創刊初期の編集もここから始まった。しかし、二〇〇〇年代以後の高級紙論議は、ある方向に偏るのではなく、深層的な情報を多く提供しようという方向へ焦点が合わされていた。一九八〇年代のルモンドのように、各種のコラムとオピニオンをたくさん載せて新聞を出せば、二〇〇〇年代のハンギョレの読者はこれを高級紙ではなく、政治的な派閥色の濃い新聞として、悪いほうに受け取るかもしれなかった。

革新紙という概念も変化した。創刊当時のある記録を探ってみると、「革新」という単語は登場しない。むしろ「自由言論」、「民主言論」などの表現が一般的だった。韓国で革新という概念自体が、社会主義圏崩壊以後の一九九〇年代初めから広く使われ始めた点を考慮する必要がある。実際にハンギョレを革新紙と関連させて認識したのは創刊世代ではなく、一九九〇年代にハンギョレに入社したいわば「三八六世代」（一九九〇年代に三〇代で一九八〇年代に大学で学生生活を送った一九六〇年代生まれの人たち。第三部「ハンギョレ論争三」を参照）である。彼らがハンギョレ新聞社の主軸となり、一九九〇年代中盤以後、代表取締役と編集委員長就任の第一声はいつも「革新メディアとしてのハンギョレの姿を守ろう」だった。二〇〇〇年代高級紙議論もいったんはこのような革新志向を内包していた。二〇〇二年の革新推進団は紙面のアイデンティティと関連して「一九九〇年代中盤を過ぎつつ、ハンギョレが志向する革新のイメージを正しく再確立しなければならなかったのにできなかった」と指摘した。ハンギョレの強みは革新性にあると見て、（この強みを）再び打ち立てて強化しなければならないという提案も出した。二〇〇六年に戦略企画室も高級紙の要素を強調しながらも「革新高級紙」という概念を一緒に使った。

しかし、ハンギョレが志向する革新が何を含んでいるのか不鮮明だという点は解決されなかった。内容のない革新は、空虚な掛け声となる可能性もあった。このせいでハンギョレの人々の中には、革新紙を強調することが実際にはこれといった効果がないと考える人たちもいた。反面、たやすく革新の価値を捨てて市場の誘惑に妥協するのはいけないと考える人たちも少なくなかった。

一九九〇年代中盤以後、「大衆」という概念がハンギョレの紙面志向論議で次第に消えていく裏では、経営と関連した問題があった。一九九一年七月、ハンギョレ新聞社社外報「ハンギョレ家族」に、当時全国言論労連委員長のクォン・ヨンギルが寄稿した。

「ルモンドなどは扇動的記事を徹底的に排撃する高級紙だ。ところで、これらの新聞の主な読者は少数のエリートだ。エリート中心の国であるから、エリートを相手とする新聞が権威を持っている。これに対してハンギョレは商業的記事を排撃しながら同時に大衆的だ。いわゆる民主化運動を支えた知識人と民衆の代弁紙になろうとする新聞だ。ハンギョレは、知識人から労働者に至るまで読者層が多様な世界唯一の新聞だ。このような点がハンギョレの経営を現在のようにしている。しかし、経営がこういう（悪い）状態だといっても創刊精神を変えることはできないのではないか」。

創刊精神を変えるほどではないにしても、経営の難しさが紙面志向に影響を与えることは事実だ。ハンギョレが二〇〇六年に「高級紙」概念を公式的に掲げたのもこの問題と関連が深い。労働者、農民、貧民が主に読む新聞より、世論主導層と知識人層が多く読む新聞のほうが広告主にとってはより魅力的である。

■紙面のアイデンティティと経営論争■

解職記者出身として、テホン企画で仕事をしていた姜正文《カンジョンムン》が、一九九二年一一月「ハンギョレ家族」に寄稿をした文がある。

「すべての消費者を満足させる商品がないのと同じように、すべての読者を満足させる新聞はつくることができない。その読者層が小さくても、企業を存立させることができる最小限の投資財源を蓄積できる規模にはならなければならない。また、提供される情報サービスがその集団に受容される汎用性はなければならない。そのような意味において、ハンギョレの目標顧客は、あまりにも狭量ではないのか」。

彼は紙面の志向が経営方式と密接した関係にあることを見抜いていた。この問題は二〇〇〇年代に入っても依然として論議されていた。この問題をどのように解くのかによってハンギョレの未来が決まるのである。力なく貧しい者たちを代弁し、彼らに広く読まれる新聞。時代を熟慮し世論を主導する人たちに深く読まれる新聞。この二つ（の統合）はハンギョレがまだ達成できていない「理想形」に近い。

紙面で表した志向を守って（読者を）拡大する問題は、経営論争へつながる。よい新聞を出し続けようとすれば経営戦略が必要だからだ。草創期にはいわば「起債論」と「自立論」が対立した。ハンギョレが新聞市場に安着するためには金融圏の融資を受けてでも輪転設備をはじめとした製作、編集部門に投資をしなければならないという立場が起債論だった。一方、金融機関の融資を受ける場合、事実上、金融が当局に支配されている韓国では、政治権力にこびて頭を下げるようになることだという批判した立場が自立論だ。

創刊直後には自立論が多少優勢だった。軍事政権時代には銀行から金を借りることの危険性が実際に存在していたからである。そのような種類の弾圧を自ら経験した解職記者たちが主軸をなしていたという理由もあった。批判を恐れずに起債の有用性を立証する有能な財務専門家も気に食わなかった。

「発展基金一〇〇億ウォンが現金で入って来たのだが、これを知っていろいろな銀行支店長たちが自分の銀行に預金してくれと訪ねて来ました。社屋の敷地と預金などをひとつにまとめて二〇〇億ウォン程度を融通してこれを社屋の建設に使うと、財産として活用できると思いました」。この論争が広がった頃についての鄭泰基《チョンテギ》の回顧だ。

しかし一九九一年八月に開かれた株主読者懇談会で金鍾澈《キムジョンチョル》はこのように言った。「銀行の金を借りて大資本家や権力の懐に入ってしまうと、その日でハンギョレは死にます。東亜日報《トンアイルボ》は一時、自由言論を実践しようとしましたが、大資本の手の内に入って銀行の金を多く使う弱点があり、その限界を露わにしました。ですから、ハンギョレが大資本または銀行のお金から独立しなければならない理由は重要です」。

この問題を置いて取締役会は結局結論を出すことができなかった。この論争は一九九〇年代初め以降に自然に消えた。文民政権出帆以後は、銀行を通じた政府の圧力を必要以上に心配する必要がなくなったためだ。今日的観点から見れば自立論があまりにも消極的だと思えるくらいである。一九九〇年代中盤以降、ハンギョレは金融機関との取引を通して「正常な企業」が試みる多様な資金運用を繰り広げている。

■ 生存のために投資するというジレンマ ■

時代の変化は結果的に起債論に勝利をもたらしたようだが、この論争が完全に終わったわけではなかった。一九九〇年代中頃以降は、少し変形した形で続いていた。適切な投資を通して新しい事業を広げて媒体または事業を多角化しなければならないという共感がハンギョレ（の内部）に明らかに存在していた。しかし、投資の規模と速度について、ハンギョレの人たちの間に異論があった。

果敢で迅速な投資の必要性を強調する人たちは、「ハンギョレ21」「シネ21」などの成功を手本としてあげた。反面、慎重で保守的な投資に重きを置いている人たちは、ハンギョレリビング（第三部第四章「企業ハンギョレ」を参照）と「ハーストーリー（her story）」（第三部第四章参照）の失敗を例にあげた。銀行に借金をして投資をすることはできるが、ハンギョレはいつも後にとらなければならない責任を考えるしかなかった。生まれ持った弱点である脆弱な資本のせいだった。

資本が豊かではないので、変化が多くて見当がつかない市場に対して適材適所に果断な投資をしなければ、会社としての存立があやういと考えることができる。同じ理由で、脆弱な資本ゆえ危なっかしい冒険的投資を自制しなければならないと見ることもできる。この問題は、強力で持続的な経営圏拡大を強調する立場と、経営権の独走を制御する監視と統制を強調する立場の議論の対立として再び続いた。

ハンギョレは民主主義を組織運営の基礎としている。これは単純に代表取締役、編集委員長などの選出制度に関連したことではない。紙面をどのように運営するのか、経営方針など組織全体の志向性と未来を問題としてハンギョレの人々はいつも議論をしてきた。株主総会、取締役会、役員会議、編集会議、公聴会、討論会などが途切れない。

公共圏で論理的弱点をさらけ出した主張は多数からそっぽを向かれる。時間が過ぎてその不適切さが立証された主張も公共圏から退出される。ハンギョレの様々な問題は結局公共圏を通して解決されてきた。これがハンギョレ式民主主義の要諦だ。ハンギョレを取り巻く重要な問題の中で、論争の対象にならない問題はほとんどない。

第二部

打ち負かされない自由言論

第一章　いまだ冬

ピンと張った緊張感が流れた。非常対策委員会は、つい先ほど終わった会議で三つのことを決定した。

第一に、任意同行や出頭要求に対しては一切拒否する。第二に、適正手続に従った勾引の場合、物理的抵抗はしない。第三に、集会場所に酒を搬入したり、酒を飲んで〔集会場所に〕入らない。

白いハチマキをしたハンギョレの社員約四〇〇人が、固い表情で非常対策委員会の決定事項を聞いた。胸には「拘束・連行した記者を釈放せよ」と書かれたリボンが付けられていた。

社屋の一方では輪転機の音が聞こえてきた。一九八九年四月一八日午後七時、第一版の発行が終わった編集局は、そのまま籠城の場へと変わった。曺永浩《チョヨンホ》企画担当理事、成《ソン》裕普《ユボ》管理局長、慎洪範《シンホンボム》論説主幹、高喜範《コヒボム》労組委員長、鄭《チョン》尚模《サンモ》記者評議会議長などが非常対策委員だった。李相現《イサンヒョン》記者が非常対策委員会のスポークスマンを引き受けた。

❖「安全企画部を接収して社屋を建てよう」

非常対策委員会の下に社内小委員会、対外小委員会を置いた。社内小委員会には調査宣伝班、物資輸送班、組織動員班、日誌記録班、事務進行班があり、対外小委員会にはメディア担当班、社会団体担当班、販売店担当班、激励訪問担当班、海外担当班があった。この日は非常対策委員会が主催する「ハンギョレ弾圧封鎖　第四次決議大会」だった。

重い雰囲気を破って文化公演が始まった。鄭泰春《チョンテチュン》がギターを掴んだ。「言論弾圧に立ち向かった今回の闘いは、ハンギョレが跳躍するためのチャンスです。皆が幸せに暮らす、真の自由世界をつくるために一緒に努力しましょう」。彼は「光州川《クアンジュチョン》」、「離れていく船」、「仁寺洞《インサドン》」を歌った。「歌を求める人たち」〔グループ名〕が後に続き、「君のための行進曲」、「焼けつく喉の渇きで」を歌った。申東曄《シンドンヨプ》詩人の妻である印炳善《インビョンソン》、歴史学者の李離和《イイファ》、美術評論家の兪弘濬《ユホンジュン》などが激励のコメントをした。

宋建鎬《ソンゴノ》社長が編集室の中央に出てきた。「解放以後、韓国ジャーナリズム界の三大事件があります。一九六五年の京郷《キョンヒャン》新聞の強制売却、一九七五年の東亜日報《トンアイルボ》の広告弾圧、そして一九八九年すなわち今日のハンギョレ弾圧です。私は常にその渦中にいました」。

普段と違い、彼の声のトーンは高かった。「一九六五年の京郷《キョンヒャン》新聞事件の時は、外部の支援がありませんでした。一九七五年の東亜事態のときは、社長が権力と内通していました。しかし今、ハンギョレは、一般の民衆が支援してくれています。踏みにじられて新聞を出せなくなったとしても、社長である私は権力と内通しません。今回の闘いは〔今までと〕すべて条件が違います。必ず勝利します」。

拍手と歓呼がわき起こった。誰かが「安全企画部を接収して社屋を建てよう」と叫んだ。今度は笑い声が一緒にわき上がった。創刊一周年が一カ月先に迫っていた。

❖ 未完の北韓《プッカン》訪問取材計画

三カ月前の一九八九年一月初め、楊坪洞《ヤンピョンドン》の社屋二階の論説委員室に李泳禧《リヨンヒ》論説顧問と任在慶《イムジェギョン》副社長、張潤《チャンユン》煥《ファン》編集委員長、鄭泰基《チョンテギ》開発本部長の四人が集まった。一九八九年の一年間の事業と紙面運用計画を議論する席だった。創刊一年の企画事業がすぐに必要だった。張潤煥がソ連、中国、東欧など共産圏の企画取材構想を明らかにした。取材対象には北韓《プッカン》（＊1）も含まれていた。

参席者の皆が大きく賛成した。その席で、李泳禧は北韓取材団一員となり、自ら引率すると言った。この日からハンギョレの北韓取材準備が始まった。社内でもトップシークレットだった。

ハンギョレの北韓取材計画は他の新聞社に一歩遅れたものだった。盧泰愚《ノテウ》大統領は一九八八年七月七日に、いわゆる「七・七宣言」を発表した。南北間の平和共存原則を明らかにしたこの宣言には「政治家、経済人、ジャーナリストなど南北同胞間の相互交流を積極推進する」という内容が入っていた。この宣言に刺激された新聞社が、競うように北韓取材を始めた。

一九八八年一二月九日、韓国日報《ハングクイルボ》と中央日報《チュンアンイルボ》がそれぞれ、米国支社所属の記者たちを平壌《ピョンヤン》に送った。〔米国支社の記者たちは〕米国市民権を持っていたので、在米同胞の北韓観光団に加わって北韓に入った。中央日報は一二月一二日から、韓国日報は一二月一七日からそれぞれ平壌発の記事を連載した。朝鮮日報《チョソンイルボ》は一九八九年一月九日に米国市民権者である米国支社の記者を平壌に送り、関連記事を掲載した。

他の新聞社の素早い対応にハンギョレ社員たちは慌てふためいた。創刊の時から同胞による自主的平和統一を掲げてきたハンギョレが、北韓取材競争ではまさに置いてきぼりの状況に置かれたからだ。いま北韓取材をするとしても、他の新聞社とは少し違う企画を準備しなければならなかった。観光団に混じって平壌の街の感想を述べる〔程度の〕記事では満足できなかった。ハンギョレは、北韓最高位の当局者、特に金日成《キムイルソン》〔資料編「人物略歴」参照〕主席のインタビュー〔実現〕に骨を折った。李泳禧が先頭に立った。

一九八九年一月一二日、李泳禧は日本へ渡り安江良介〔一九三五~九八年。岩波書店元社長〕に会った。安江は岩波書店の常務であり、有名な雑誌「世界」の編集長を務めた人物だ。編集長時代に安江は北韓を四回訪問し、そのたびに金日成主席と単独会見をした。韓国の民主化運動を支持してきた安江は、李泳禧ともよしみがあり、李泳禧からハンギョレの北韓取材計画を聞いて、うまくいくように助けるつもりだと言った。安江は、具体的な取材意図と計画を書面に書いてくれるよう李泳禧に頼んだ。

後に公安当局が決定的証拠物として出したその手紙を、李泳禧は一月一七日にハングルと日本語で二種類書いて安江に渡した。

「……今や民族内外の条件と政治状況の変化に歩調を合わせて、北の同胞および社会とのより積極的な理解の拡大および促進を必要としています。南韓《ナマン》〔韓国〕の世論を先導する新聞がその開拓者的役割をしなければならないと核心しています。……北の党・政府における、一定の責任ある方たちと面談が許されるのであれば、論説委員級を団長として取材記者団を引率します。……望ましいことは南北間に展開されている状況変化の総合的・全般的方向と政策の理解促進のために、尊敬する金日成主席閣下と少しの間だけでも直接対話をする貴重な時間を許していただきたいと思います」。

後に当局は「尊敬する金日成主席閣下」という言葉に着目してこだわり続けた。面談を許してもらうという状況下で、相手の感情を損なわないように北韓が使う公式的な典礼用語を使うのは当然だと李泳禧は考えていた。史上初の金日成主席インタビューを達成するためのレトリックを、当局は国家保安法上の「鼓舞・賞賛罪」に値すると主張した。

一九八九年三月五日、日本の高崎宗司〔歴史学者。津田

塾大学教授。日朝関係史の専門家として著書多数〕がソウルに来た。高崎は安江と親交があるだけではなく、創刊直後の一九八八年一一月に「日本はどこへ行く」というテーマの連載記事を送ってくれたハンギョレの筆者の一人でもあった。高崎は李泳禧へ電話をかけて、北韓訪問取材は可能だと思うと伝えた。

当時、ハンギョレ編集局は、北韓訪問取材団として李泳禧論説顧問の他にも権根述《クォングンスル》編集委員長代理、文学振《ムンハクジン》民権社会部記者、そして民族国際部記者一名、写真部記者一名など総勢五名を考えていた。北韓訪問時期は五月初めに予定した。〔李泳禧は〕このような内容を高崎を通して安江に伝え北韓の反応を待った。

しかし、予定は狂った。一九八九年三月二五日、文益煥《ムンイクファン》牧師一行が平壌を電撃訪問した。南北民間交流の入り口を開く歴史的事件であったが、少なくともハンギョレの北韓訪問取材には悪影響を与えた。各報道機関の平壌取材を問題視せず、鄭周永《チョンジュヨン》〔資料編「人物略歴」参照〕現代《ヒョンデ》グループ会長の北韓訪問（一九八九年一月二四日）まで許容していた当局は、今や態度を完全に変えた。政府は、この事件をきっかけに公安体制をつくった。盧泰愚《ノテウ》の七・七宣言で南北平和ムードがつくられるという期待も消え失せた。

ハンギョレもやはり北韓訪問取材を中止した。南北民間交流を容共勢力の跋扈《ばっこ》だと規定した政府が、ハンギョレの北韓訪問取材を承認するわけがなかった。日本側からも、取材要請に対する返信が来ていなかった。役員会議で正式な議論をできないまま、ハンギョレは北韓訪問取材を諦めなければならなかった。

❖ 安全企画部の露骨な弾圧

ハンギョレ社員の脳裏から忘れ去られたこの件が、一九八九年四月に再び登場した。四月一二日早朝六時一〇分頃、公安合同捜査本部（*2）の捜査員たちが李泳禧《リヨンヒ》を自宅から連行した。文益煥《ムンイクファン》牧師一行の北韓《プッカン》訪問を斡旋した鄭敬謨《チョンギョンモ》〔南北統一運動家。資料編「人物略歴」参照〕について聞きたいというのが彼らの要求だった。問題になることはないと考えて、おとなしく連行に応じた。安全企画部に到着してからは、捜査員たちは北韓取材計画を執拗に聞きだそうとした。安全企画部は一四日早朝、李泳禧を拘束した。

李泳禧拘束直後である四月一四日朝六時、安全企画部の捜査員七名が任在慶《イムジェギョン》の自宅に押し寄せた。ノート、手紙、本などを押収した後、任在慶を連行した。同じ時刻、張潤煥《チャンユンファン》編集委員長の家にも捜査員が押し寄せて捜索・押収を繰り広げた。一方、公安合同捜査本部は、この日午前一〇時、午後一一時など二度にわたって新聞社編集局へ電話をかけ、張潤煥に任意同行に応じることを要求した。ハンギョレはこれを拒否した。

公安合同捜査本部は、李泳禧などが反国家団体の首謀者を鼓舞・称揚し、事前の許可なく反国家団体の支配下にある地域へ脱出することをあらかじめ密かに企てたとして、国家保安法六条五項「脱出予備」および七条一項「称揚・鼓舞・同調」に該当する罪を犯したと主張した。

ハンギョレ側にはまったく思い当たることがなかった。すでに三月初めに取材計画自体をやめた状態だった。取材チーム長を引き受ける予定だった権根述《クォングンスル》は、事件が起こった四月でさえパスポートを準備していない状態だった。李泳禧などが連行された四月一四日朝になって、張潤煥は北韓訪問取材を推進してきたことを役員会議で初めて説明した。

北韓訪問取材を途中で放棄したのには大きく二つの理由があった。

まず、中間の連絡を引き受けた日本の安江良介などから三月五日以降、連絡がなかった。北韓訪問経路、ビザ、取材人員、面談日時など具体的に決めなければならないのに、これを進捗させるようなメッセージはなかった。後で明らかになったことだが、当時、安江たちは李泳禧が送った手紙を北韓側に渡すことができず、保管していたのだった。

文益煥の北韓訪問も決定的だった。北韓が取材許可をしたとしても韓国政府が北韓訪問を許さないことは明らかだった。北韓が取材を拒否するかどうかわからない状況で、〔政府に〕北韓訪問承認を得るということも理屈に合わなかった。元々、ハンギョレの北韓訪問取材団が構想してきたシナリオは、北韓の取材承認を受けた後にもしも韓国政府が訪問許可を出さなかったら、取材を計画したのに挫折したという一連のプロセス全体を報道するというものだった。

この問題によって他の報道機関とのバランスも狂った。すでに北韓訪問取材を成し遂げた新聞社に対して当局は「彼らは米国市民権者を送り、ハンギョレは国内記者を送ろうとしたから、ケースが違うのだ」と強硬に主張した。

中央日報《チュンアンイルボ》や韓国日報《ハングクイルボ》などの平壌《ピョンヤン》発の記事に刺激をうけた他の報道機関が、ハンギョレのように北韓訪問取材を準備していた状況で、当局は唯一ハンギョレだけを問題視した。

結局、新聞社の最高幹部を国家保安法〔違反〕で逮捕すると宣言したも同然だった。来るときが来たという悲壮さが〔ハンギョレ社員の間で〕広がった。その日の夜にすぐ非常対策委員会をつくった。安全企画部が鄭泰基《チョンテギ》、張潤煥に任意同行と出頭を催促したが、二人は拒否した。任意同行に応じたら自ら犯罪だと認めるのと同じであり、そのような誤解を呼び起こす憂慮があったからである。

一四日に連行された任在慶が、一六日朝六時に不拘束立件処理〔書類送検〕されて釈放された。すぐに楊坪洞《ヤンピョンドン》のハンギョレ社屋に向かい、徹夜で籠城中だった社員たちに駆け寄った。安全企画部は〔ハンギョレが〕事前承認なく北韓訪問取材を強行しようとしていたのかと聞いてきたと、〔任在慶は社員たちに〕伝えた。任在慶の不拘束立件は多少の希望的観測をもたらした。国家保安法違反の嫌疑はでたらめに罪を押しつけたもので、公安当局は簡単には立証できないでいるという証拠だった。

一九八九年四月二〇日の昼間、ついに張潤煥と鄭泰基が安全企画部に連行された。午前一一時頃、勾引状を発付された安全企画部の捜査員たちが楊坪洞の社屋を訪ねてきた。〔張潤煥と鄭泰基は、捜査員たちに〕連行に同意するので社外で待てと伝えた。捜査員たちは約三〇分の間、玄関の案内所のソファーで待った。

その間にハンギョレの役員は「民主言論守護決意大会」を開いた。「ハンギョレ新聞に対する弾圧は、現政権の過ちである在野・労働界・教育界などに対する弾圧と軌を一にするものであり、ジャーナリズム界全体に対する重大な挑戦行為である」という全社員名義の声明書を朗読した。

昼の一二時三〇分頃、張潤煥と鄭泰基が自ら編集局を出た。二階事務室を出てきた階段の最後で少し動きを止めた。二人を囲んだハンギョレ社員たちと国内・国外の記者たちの前で、二人は手をとり高く掲げた。ハンギョレの人たちが「先駆者」を歌った。

安全企画部の捜査員たちは、二人を黒いロイヤルサロン乗用車と黒いソナタ乗用車に一人ずつ乗せた。写真記者二人が車の前で撮影をしようとしたが、捜査員たちがそのまま車を出発させた。自分たちに車をぶつけようとしてきたと感じて興奮した記者二〜三人が、安全企画部の車両の窓ガラスを足で蹴り、カメラで窓ガラスを叩いて粉々にしてしまったので、後にハンギョレがこれを弁償した。安全企画部の車両は追いかける取材陣を振り払おうと道路の中央線を越えて走り、対向車とぶつかった。幸いにも大怪我をした人はいなかった。

❖ 民主勢力の総本山になる

任在慶《イムジェギョン》連行の事実などを初めて知らせた四月一五日付ハンギョレは、午前九時が過ぎる前にソウル市内のすべての街売りで売り切れた。北韓《プッカン》訪問取材計画にかこつけた政府のハンギョレ弾圧で韓国社会全体が沸き立った。言論弾圧、南北民間交流活性化、時代錯誤的な国家保安法、公安合同捜査本部の超法規的地位などが瞬く間に主要争点として浮かび上がった。各階各層の糾弾声明とデモが続き、盧《ノ》泰愚《テウ》政府の正当性を問題視する反政府デモが全国へ広まった。

ハンギョレの社員たちが徹夜籠城を繰り広げた四月一四日から約一週間、楊坪洞《ヤンピョンドン》の社屋は民主勢力の総本山になった。全国言論労働組合連盟、韓国記者協会などメディア関連団体はもちろん、韓国《ハングク》放送、文化《ムンファ》放送、キリスト教放送、平和《ピョンファ》新聞、韓国日報《ハングクイルボ》など、ほとんどすべての報道機関の労組が政府を糾弾してハンギョレを支持する声明を発表した。各界を代表する重鎮八九人の宣言をはじめとして、約一四〇の民主・在野団体たちも声明を出した。一九八九年当時、名前を掲げて活動したほとんどすべての団体がそこには網羅されていた。

編集局には読者たちの激励の訪問が続いた。一日に平均五〇余人が新聞社を訪ねて来た。永登浦《ヨンドンポ》署記者クラブに所属している各メディアの記者たちも、夜勤取材を理由に集団で楊坪洞の社屋を訪ねてきた。「永登浦出入記者一同」という名義で訪問録に文章を残した。「ハンギョレ、同志愛で君を見守ろう」。

労働組合、校友会、学生会などの集団訪問も多かった。食料を差し入れる人もいた。籠城の場に座り、記者たちと討論を繰り広げる人もいた。一〇〇本を超える激励電話が毎日かかってきた。新聞には市民たちの激励広告が続いた。

外国メディアも競ってハンギョレの弾圧事態を報道した。四月二〇日、任在慶が外国メディアに対して記者会見を開いたが、共同通信、ＤＰＡ通信〔ドイツ〕、ニューヨークタイムズ、ワシントンポスト、毎日新聞、朝日新聞、ＣＢＳ、

NBC、NHKなど世界の有力報道機関の記者たちの多くが参席した。

張潤煥《チャンユンファン》と鄭泰基《チョンテギ》は、ソウル中区《チュング》芸場洞《イエチャンドン》の安全企画部庁舎へ引っ張られた翌日の四月二一日、不拘束立件となり釈放された。四月二二日夕方七時、社員総会が開かれた。李泳禧《リヨンヒ》は依然として囚われの身だったが、九日間続いた徹夜籠城をいったん終えて中長期的な闘争へ体制を転換した。以後、李泳禧の釈放のための大々的な署名運動が繰り広げられた。二カ月後には二万二四五一名がここに署名し、各界各層から釈放要求が続いた。李泳禧は拘束から五カ月後の一九八九年九月二五日、執行猶予を宣告されて釈放された。

❖第一次北韓《プッカン》訪問取材の試みの秘密

一連の事態が一段落する間、ひそかに気をもんでいた人たちがいた。社会教育部編集委員の金斗植《キムドシク》、警察担当チーム長の高喜範《コヒボム》と文学振《ムンハクジン》だった。三人は誰にも言えない秘密があった。一九八九年の初めに推進していた北韓《プッカン》訪問取材計画とは別に、彼らは一九八八年夏に独自に北韓訪問取材を試みたことがあった。

盧泰愚《ノテウ》の七・七宣言直後だった。高喜範と文学振が北韓訪問取材を推進したいと進み出た。金斗植は意欲にみなぎる後輩記者たちを前にそっぽを向くことはできなかった。彼は張潤煥《チャンユンファン》編集委員長にだけ密かに伝えた。「こうして伝えはしましたが、張先輩はまったく知らなかったことにしましょう。事が起これば俺が捕まればいいのですから」〔と金斗植は張潤煥に言った〕。一九八八年八月、高喜範と文学振が出国した。日本と香港を往来しながら、北韓当局との接触を試みた。

二人の記者が長い間編集局に出てこず、行方を気にした同僚記者たちがいた。金斗植は、「四・三抗争（*3）取材をしに、済州島《チェジュド》に長期出張した」とごまかした。「再び生きて会えないかもしれない」と金斗植と悲壮な挨拶を交わした高喜範と文学振は、一五日後にソウルに戻ってきた。北韓側と接触できず、徒労に終わった。つまり、結局のところ一九八九年一月に李泳禧《リヨンヒ》、張潤煥、鄭泰基《チョンテギ》、権根述《クォングンスル》などが企図した北韓訪問取材計画は「第二次北韓訪問計画」ということになる。

事件の中心にいたのではなかったが、ハンギョレ社員の記憶に残るもう一人の人物がいた。ハンギョレ初代貞陵《ジョンヌン》

〔ソウル市城北区《ソンブクク》〕支局長のイ・ヨンヒョンだ。彼は、過労と持病が重なり入院して治療を受けていたが、ハンギョレの幹部たちが安全企画部に連行されたというニュースを聞き、病気にもかかわらず気をもみ心を焦がした。「俺がこのように寝ていたらだめだ。こんな時こそ早く支局に出て仕事をしなければ」。

周囲の人たちが思いとどまらせて、代わりに支局に電話をかけることにした。当局の弾圧以後、ハンギョレの講読申請はむしろ増えて支局にも激励の電話がかかり続けているという話を聞き、イ・ヨンヒョンは涙を流した。彼は事件の真っただ中の一九八九年四月二〇日にこの世から去った。遺言に従って彼の墓にはハンギョレ創刊号と死んだ日付のハンギョレが一緒に入れられた。

❖ 世界の報道機関に類例のない編集局捜索・押収

北韓《プッカン》訪問取材を夢見たハンギョレ記者たちは一息ついた。合法的かつ正当に新聞社をつくり、法に従って運営するということがハンギョレの人たちの心づもりだった。些《さ》少《さい》なことをきっかけにして自由言論を弾圧する権力の性質を誰よりもよく知っていた。政権に弾圧の理由を与えることを避けようと苦労した。そうしてこそ、政権をきちんと監視・批判することができるからである。しかし、安全企画部は動き〔弾圧〕をやめなかった。

一九八九年六月二八日、平和民主党の徐敬元《ソギョンウォン》委員が拘束された。一年前の一九八八年八月、平壌《ピョンヤン》を訪問して金《キム》日成《イルソン》主席などに会った事実を自ら告白して安全企画部に自首した。盧泰愚《ノテウ》の七・七宣言で鼓舞された彼は、党指導部と事前の相談なく独自に訪問を決行した。農民運動家であり〔ハンギョレ〕創刊発起人でもあった徐敬元は、政治家というよりロマンチストだった。

安全企画部は待っていたかのように徐敬元の拘束とともに公安体制を強化した。徐敬元の北韓訪問の事実を知りつつ捜査機関に通報しなかったという理由を挙げて、現役議員を含んだ徐敬元の周囲の人間を国家保安法違反の嫌疑で連行・拘束した。

尹在杰《ユンジェゴル》ハンギョレ民権社会部編集委員補も、安全企画部の標的になった。尹在杰は一九八九年二月、平和民主党の金大中《キムデジュン》総裁一行の欧州歴訪に同行取材した。このとき、徐敬元と話をして北韓訪問の事実を聞いた。どんなことがあったのかをきちんと知るために、帰国後である一九八九年三月末、尹在杰は国会議員会館で徐敬元を単独インタビューした。

ただ、インタビュー内容については、徐敬元あるいは平和民主党が事実を公式発表する前まで報道を延期することにした。とにかく敏感な問題であったし、エンバーゴ〔embargo：報道解禁のこと。特定の情報について、各メディアと情報源、あるいはメディア同士が報道規制を敷き、時間を約束して解禁する取り決め〕要請を認めない場合、国家保安法を盾に取る安全企画部によって取材源である徐敬元が困難な事態に陥るかもしれないという判断だった。結局、徐敬元が自首するまで取材内容は紙面に掲載しなかった。

一九八九年七月二日、安全企画部は尹在杰の自宅と入院中の病室に対する捜索・押収に着手した。徐敬元の北韓訪問事実を知っても当局に申告しなかったことが国家保安法上の不告知罪に当たるというのが安全企画部の主張だった。

当時、尹在杰は腰の手術をして入院三週目だった。記者が取材源から聞いた情報を当局に密告するはずがなかった。尹在杰は、実定法遵守と取材源秘匿のうち一つを選べと言われたら、当然後者が優先すると判断した。これは世界中のジャーナリストが共感する取材倫理の基本である。

ハンギョレは七月三日、もう一度非常対策委員会を構成して社員臨時総会と徹夜籠城に突入した。イ・ジョンウク編集副委員長が非常対策委員長を引き受けた。激励訪問、激励広告、糾弾声明なども再び続いた。安全企画部は七月三日夜に宋建鎬《ソンゴノ》に電話をかけ、尹在杰が徐敬元から受け取った写真三、四枚と取材手帳などの提出を求めた。ハンギョレはこれを拒否した。報道のために得たり作成したりした資料および記録は、報道以外の目的では公開または提供することはできないと説明をした。

いくら安全企画部とはいっても、公開を拒絶した取材資料のために、編集局を捜索・押収することはできないだろうというのが世間の大多数の意見だった。法的な助言をしてくれた趙英来《チョヨンネ》も「職業倫理に従って提供するのが困難な資料について、それも新聞社編集局を相手にして、裁判所が捜索・押収令状を発付することはないだろう」と見込んだ。しかし、安全企画部は常識を覆した。七月一〇日、ハンギョレ編集局に対する捜索・押収令状が発付された。ハンギョレ社屋全体が捜索の対象だった。

韓国はもちろん、世界のジャーナリズム史上、類を見な

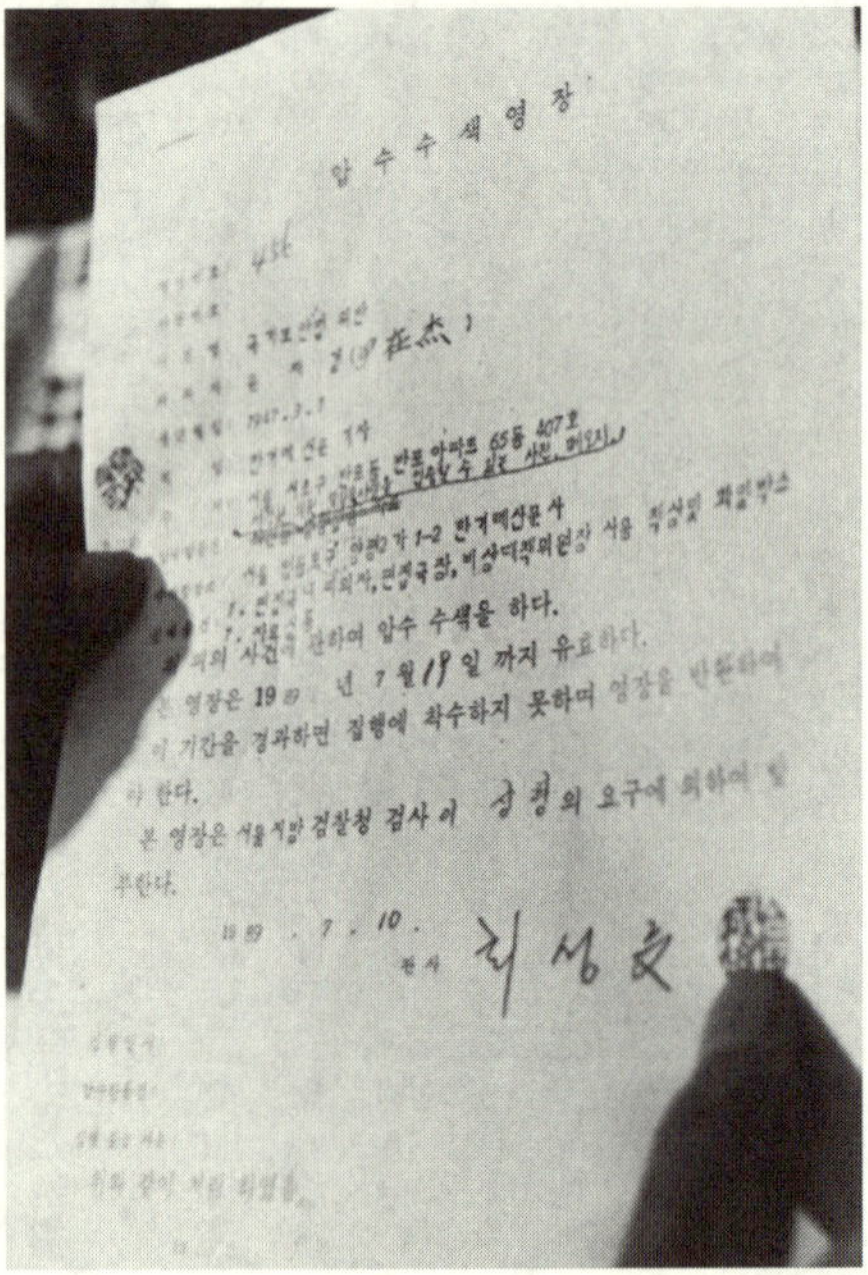

◀一九八九年七月一二日午前七時、国家安全企画部の捜査員、私服逮捕組、警察官などが楊坪洞《ヤンピョンドン》のハンギョレ新聞社社屋正門に押し寄せて二階編集局に向かう階段前に立ち並び、すぐに鉄製の鎖などで編集局の鉄の門を壊した。写真下は当時張り出された捜索・押収令状。

い編集局への捜索・押収が一九八九年七月一二日午前六時から開始された。安全企画部の捜査員七〇余名、戦闘警察官四五〇名、私服逮捕組（私服警察官）三〇〇余名などが動員された。白骨団と呼ばれていた私服逮捕組は、ソウル市警機動隊から選出された精鋭部隊だった。捜査課長が現場を指揮し、永登浦《ヨンドンポ》署の署長がこれを手伝った。

彼らは社屋の周辺を取り囲み、車両の進入を規制した。包囲が終わるやいなや安全企画部捜査員が編集局へ電話をかけ、非常対策委員長であるイ・ジョンウクを探した。「七時ちょうどに正門で会いましょう」。徹夜で籠城に参与した社員たちが緊急対策会議を開いた。「粗暴な暴力を絶対に使わない〔非暴力に徹する〕」という原則を再び確認した。

❖「〝障害物〟を除去しなければ」

イ・ジョンウクが正門へ出て行った。安全企画部捜査課長が捜索・押収への協力を要請した。イ・ジョンウクは拒絶した。このとき、緊急連絡を受けて新聞社に出勤していた任熙淳《イムヒスン》編集委員が現れた。彼が社屋の中へ入ろうと正門を少し開けた瞬間、待っていたかのように私服逮捕組、戦闘警察官、安全企画部捜査員たちが楊坪洞《ヤンピョンドン》の社屋前の庭へ入ってきた。あっという間の出来事だった。

この日の早朝、社屋の「警備組」を引き受けた編集局・工務局所属の白炫基《ペクヒョンギ》、パク・ヘジョン、文学振《ムンハクジン》、ユク・イルジョン、イ・ビョンオクなどが二階編集局へ向かう鉄製の門を閉めた。すると警察官がハンマーと電動ノコギリで二階の門を壊し始めた。門が開くやいなや、今度はガラス扉が現れた。警察官が待機させていた専門家が万能鍵ですぐに開けた。午前七時一六分頃、ハンギョレ編集局を守っていたすべての門が開かれてしまった。

白炫基などの警備組がスクラムを組んで警察官たちの前を遮った。安全企画部捜査官長が言った。「永登浦《ヨンドンポ》署長はどこにいったんだ。〝障害物〟を除去しなければならないんだ」。私服逮捕組が職員たちを一人ずつ連行した。当時、編集局の中には夜勤の人および取材記者が何人か残っていた。警察官との衝突を憂慮して、最低数の役員だけが編集局を守っていたため、門を壊して入って来た警察官たちは悠々と編集局の書類箱をひっくり返し始めた。安全企画部の捜査員が手を挙げて「見つけた！」と叫んだ。尹在杰《ユンジェゴル》の取材手帳と徐敬元《ソギョンウォン》が渡した写真だった。

捜索・押収は終わったが、私服逮捕組が狼藉をはたらいた。当直勤務中だったクォン・オサンを連行しようとしたのを金成杰《キムソンゴル》などが猛烈に抗議して辛うじて止めた。私服逮捕組による捜索・押収の状況を取材していた他の放送局の記者も連行されるところだったが、やはり記者たちの制止で失敗した。七時二五分ごろ、安全企画部の捜査員たちが編集局を出ていくとすぐに警察官たちも社屋を出ていった。警察のバスへ連行されて監禁されていた一二名の「警備組」社員たちも解放された。

私服逮捕組の捜査員が「反抗する奴らはぶん殴って叩きのめさなきゃ」と暴言を吐いたことが、ハンギョレ社員たちの耳に鮮明に残っている。非常連絡を受けた社員たちが遅れて駆けつけたとき、楊坪洞の社屋は廃墟と化していた。

緊急役員会の非常対策会議などが続けて開かれた。午前九時、編集局で「言論自由蹂躙糾弾大会」が開かれた。国内外の記者への記者会見を兼ねていた。高喜範《コヒボム》労組委員長が司会をした。宋建鎬《ソンゴノ》社長、任在慶《イムジェギョン》副社長、クォン・ヨンギル全国言論労働組合連盟委員長などが史上初めての編集局の捜索・押収を糾弾した。

予定されていた発言がすべて終わるやいなや、張潤煥《チャンユンファン》が個人的な声明書を読んだ。当初の予定にはなかったことだった。「ハンギョレ新聞編集局の責任ある立場にある人間として、新聞社の心臓である編集局の尊厳を最後まで守ることができず、独裁政権の軍靴に踏みにじられたことについて……」。張潤煥は今にも泣きだしそうだったが、準備した文章を最後まで読んだ。「株主と読者、ハンギョレの社員へ深く謝罪をし、続いて私の責任を痛感し、編集委員長職と取締職を辞退します」。

張潤煥は韓国ジャーナリズム史上初めて社員の直接選挙で選ばれた編集委員長だった。激烈な掛け声を叫んでいた社員たちが、一瞬沈黙した。続いて、イ・ジョンウクも編集副委員長職を辞退すると言った。沈痛な雰囲気の中、任在慶が万歳三唱を提案した。「ハンギョレ新聞万歳、民主言論万歳、民主主義万歳」。

編集局への捜索・押収以後、安全企画部は尹在杰に対する取調べを事実上中断した。入院中だった尹在杰に安全企画部は、事前拘束令状〔被疑者をすぐに拘束できないときに、検察が裁判所に要求する令状〕延長期限が終わるごとに繰り返し再延長を請求したが、一九八九年一二月三〇日を最後に、それ以上延長を請求しなかった。最初から大した事件ではなかったが、盧泰愚《ノテウ》政権はどうにかしてハンギョレを威嚇しようとしたわけである。

❖ 安全企画部、弾圧でハンギョレを助ける

安全企画部を先頭にした政府のハンギョレ弾圧は、その後も続いた。編集局への捜索・押収直後の一九八九年九月、安全企画部は全国にまたがるハンギョレ読者の性向と販売店の状況を密かに調査した。「ハンギョレ新聞の地方普及所〔販売店・支社〕運営実態把握」という公文を全国のすべての安全企画部分室に出すように通達し、報告書作成を指示した。

購読者の性向、購読者の階層別・年齢別現況、読者の反応、現地の世論、普及所の人的構成、運営資金の調達方法、創刊以後の変動事項、地域駐在記者の性向および取材活動、特異動向、定期購読部数、街頭販売部数など二一項目を一

つ一つ調査して報告するよう指示した。安全企画部の捜査員たちは各市、各郡と警察などを動員して情報を集めた。一部の捜査員たちは身分を隠してハンギョレの支社に直接電話して関連情報を根掘り葉掘り聞き出すこともした。ハンギョレは一九八九年一〇月九日付紙面にこの事実を暴露した。

一九八九年も暮れてきた一一月、安全企画部が再びハンギョレの足首を掴んだ。ハンギョレは一九八九年一〇月六日、中央《チュンアン》大学安城《アンソン》キャンパス総学生会長の李来昌《イネチャン》が不審死直前に安全企画部の職員と同行していたと単独報道した。イ・ゴンスン記者の特ダネだった。

李来昌は去る八月一五日、全羅南道《チョルラナムド》麗川《ヨチョン》郡《グン》徳村《ドクチョン》里《リ》の海水浴場で息絶えた状態で発見された。当時、李来昌は文《ムン》益煥《イクファン》の北韓《プッカン》訪問事件などと関連して当局の指名手配を受けていた。大学総長との面談などの約束があるのにもかかわらず、縁もゆかりもない地域まで李来昌が行く理由がなく、解剖の結果、外傷を負った事実が明らかになるなど、死亡原因に強い疑問が提起された。

イ・ゴンスンは李来昌を島まで乗せていった船の船長を取材した。船長は李来昌と同行した女性の顔を詳細に覚えていた。李来昌の死に関与していると疑われていた安全企画部のある職員の写真を見せると、船長は同一人物だと証言した。一行が立ち寄った喫茶店の女性従業員も同じ証言をした。安全企画部の職員が李来昌と一緒に人里離れた島まで行き、その直後李来昌が息絶えた状態で発見されたのであり、彼の体には外傷まであった。一連の事実が雄弁に物語っていた。

しかし、安全企画部は事件の真実を隠蔽することに汲々とし、さらにハンギョレの特ダネ報道に決定的役割をした船長と喫茶店従業員が当局の尋問中に当初の証言を翻した。イ・ゴンスンは彼らと再び会って取材しようとしたが、当局が執拗に邪魔をした。証言を翻した過程にも強い疑惑が提議されたが、当局は急いで捜査を終えて李来昌が足を踏み外して海に転落して死んだと発表した。

当局の捜査発表直後である一九八九年一一月二九日、李来昌と同行したと目星をつけられた安全企画部職員が、ハンギョレを相手にして五億ウォンの損害賠償を求める民事・刑事訴訟を起こした。国家情報機関の捜査員が直接高額の訴訟をし、真実の報道を遮ろうとしたのは前例がないことだった。長い公判の末に、一九九六年、最高裁判所は「そのように信じることができる根拠や疑惑があり、公共の利益のための報道だった」とハンギョレの無罪を言い渡した。この事件は、今にいたるまで実質的な真実が明らかになっていない代表的な疑問死事件として残っている。

　一九八九年一二月二七日には、ハンギョレ東京駐在通信員であったイ・ジュイクが金浦《キンポ》国際空港で安全企画部の捜査員たちに、令状なしに不法連行された。イ・ジュイクは結婚準備のために帰国の途だった。安全企画部は、イ・ジュイクが一九八九年三月二三日に、北韓訪問直前の文益煥牧師に東京で会い、インタビューしてハンギョレ紙面に掲載したことについて、四カ月も経って問題にしたのだ。

　イ・ジュイクの記事は、文益煥の平壌《ピョンヤン》訪問を知らせる海外メディアの報道後にハンギョレに掲載された。インタビュー直後に記事を書いたならば世界的特ダネになっていたが、自身の北韓訪問時まで報道を延ばしてくれという文益煥の注文を受け入れた。イ・ジュイクはやはり取材源との信頼関係をより重視したのだが、北韓訪問計画を事前に知りつつ当局に知らせなかったと安全企画部が言いがかりをつけたのだ。イ・ジュイクは不法監禁から二五時間後に解放された。

　一九八九年の一年の間に定期読者が六万人ほどに増えた。新しい社屋と高速輪転機を準備するために、一九八八年九月から発展基金募金運動を繰り広げていたが、安全企画部の弾圧が始まった一九八九年四月からは募金額が爆発的に増えた。はじめは一日五〇〇〇万～七〇〇〇万ウォン程度だった募金額が、ハンギョレ弾圧事態直後から一日に一億～二億ウォンに急上昇した。一〇〇億ウォンを目標にしていた募金は一九八九年六月に終わった。合計一一九億ウォンが集まった。

＊1　**北韓**《プッカン》　日本では朝鮮半島の北部にある国を指す呼称として「北朝鮮」が使われているが、これは地域名であり、国名の正式名称は「朝鮮民主主義人民共和国」である。後に本文にも出てくるが、「北韓」はハンギョレが使い始めた呼称であり、「韓半島（＝朝鮮半島）」北部という意味である。朝鮮半島北部を指す呼称問題が本書では重要なファクターを占めることを考慮して、日本語訳版である本書でも朝鮮民主主義人民共和国および朝鮮半島北部を指す言葉として「北韓」を使うこととする。

＊2　**公安合同捜査本部**　盧泰愚政権は、文益煥牧師の北韓訪問事件を契機に、韓国社会から共産主義勢力を一掃するという名目のもと、安全企画部・検察・

警察によって構成された公安合同捜査本部を設置し、在野および学生運動に対する全面的な監視活動、捜査、摘発を開始した。

＊3　**四・三抗争**　済州《チェジュ》四・三事件とも言われる。一九四八年四月三日に済州島の住民が起こした武装蜂起に対して韓国政府が組織した討伐隊（武装隊・警察・右翼青年団）が武力鎮圧をし、済州島住民の一一～一四％（二万五〇〇〇～三万人）が犠牲になった事件。一九四八年五月一〇日の朝鮮半島南部のみによる単独選挙に反対した南朝鮮労働党の若手党員による蜂起であったが、討伐隊による「焦土化作戦」によって多大な人命が失われた。韓国では、軍事独裁政権下により長らくタブー視され隠蔽されてきたが、四・三抗争の真実を明らかにするという目的のもと、一九八八年三月、済州新聞内部に「四・三取材班」（班長は梁祚勲《ヤンジョフン》）が設置され、本格的に取材を開始した。一年の取材後、済州新聞は一九八九年四月三日から紙面に「四・三の証言」を連載した。済州新聞社内の民主化運動が社主によって弾圧される（済州新聞事態）とともに、一二月に五七話をもって連載は中断された。その後、梁祚勲は済民日報創刊に合流し、済民日報紙面に「四・三は言う」という題名で四・三抗争の連載を始める。この連載は、一九九九年八月に中断されるまで約一〇年間続いた。同連載は同題名で韓国で五巻まで出版された後、日本語訳され『済州島四・三事件』（文京洙《ムンギョンス》・金重明《キムジュンミョン》ほか訳、新幹社、二〇〇四年）の題名で全六巻出版されている。また、

文京洙『済州島四・三事件――「島（タムナ）のくに」の死と再生の物語』（平凡社、二〇〇八年）は、四・三抗争の全体像のみならず、四・三抗争以降の済州島の再生についても論じている。

安国洞《アングッドン》、楊坪洞《ヤンピョンドン》、孔徳洞《コンドクトン》

虫眼鏡 5

ハンギョレ社員が初めて仕事を始めた場所は、ソウル鍾路区《チョンノク》安国洞《アングッドン》だった。創刊事務局が安国《アングッ》ビルにあった。青瓦《チョンワ》台《デ》（韓国大統領官邸）、政府庁舎などに近い市内の中心であり、交通の便がよく、通行人も多い場所だった。財政状況に合わせてもっと安い部屋を探そうという話もなくはなかったが、事務局を主導していた鄭泰基《チョンテギ》は「きちんとした事務室を構えてこそ人々は新たな新聞の創刊を信じる」と考えた。

新聞社がつくられたときは、ソウル市永登浦《ヨンドンポ》区《ク》楊坪洞《ヤンピョンドン》に敷地を得た。比較的新しく建てられた建物にもかかわらず、賃料がそれほど高くなかった。元々は倉庫として使われていた建物の二階に編集局を構え、輪転機を入れた。一九八八年四月一〇日、安国洞から楊坪洞へ引っ越した。

鉄粉、洪水とともに歩んだ楊坪洞時代

楊坪洞《ヤンピョンドン》の社屋一階にはイルソン精密という小さな工場が入っていた。鉄を削るときに機械から出る鉄粉と仕上げのときに起こる騒音が、一日中ハンギョレ社員を悩ませた。楊坪洞は洪水が恒常的に起こることでソウルでも有名な地域だった。雨が降れば川の底土に鉄粉までが合わさって、社屋周辺の道がすっかりぬかるみになった。梅雨の時には輪転機が浸水するかもしれないと、輪転部の社員は夜通し輪転機を守った。

楊坪洞の事務室を借りた当初は、スペースが足りなくて広告局・販売局・株式管理室などが安国《アングッ》ビルの事務室にそのまま残っていた。しかし、一九八九年五月一一日、会社の所在地を安国洞《アングッドン》から楊坪洞へ完全に移して登記をした。一部の事務機能を安国洞に残すという話もあったが、曺永《チョヨン》浩《ホ》企画取締役は「いくら不便で難しくても、社員が一カ所に集まって一緒に仕事をしなければならない」と一蹴した。

一九八九年二月、鄭泰基《チョンテギ》を本部長とする開発本部が発足した。高速輪転機導入、業務電算化などとともに、新社屋建設が開発本部長の主任務だった。創刊時にそうだった

ように、もう一度ソウル市内の土地を探した。汝矣島《ヨイド》（ソウル市麻浦区《マポク》）、新水洞《シンスドン》（ソウル市麻浦区）、漢南洞《ハンナムドン》（ソウル市龍山区《ヨンサンク》）などが候補として挙がったが、結局、麻浦区孔徳《コンドク》洞《トン》に落ち着いた。

交通の便がよくて市内の中心部と近かった。同じ麻浦区にありながらも、孔徳洞の土地価格は麻浦大通り周辺の三分の一にすぎなかった。地方に新聞を輸送するためには鉄道が近くになければならないが、ソウル駅が車で五分の距離にあった。高速輪転機を入れるために地下階が深くなければいけないという条件にも合った。坂道の傾いた立地のおかげで地下階をつくるために土地を深く掘るという作業の必要もなかったので、その分工事費用も節約できた。

一九八九年五月、孔徳洞の土地を買った。その後、周辺の土地を少しずつ買い足しながら総八〇〇坪程度の敷地に社屋がつくられることになった。一カ月後の六月、キサン建築事務所（代表チョ・コンヨン）と社屋設計契約を結んだ。施工はブグッ建設が引き受けた。

しばらく工事をしたが「セメント問題」が発生した。所定時に建設現場にセメント供給が滞った。建設会社は労働者の賃金さえ支給できなくなった。一九九一年三月、孔徳洞社屋の工事が中断した。滞った賃金支給を要求して労働者たちが仕事をしなくなった。四月には工事を引き受けていたブグッ建設が最終不渡りを出した。

当時、代表取締役をしていた金命傑《キムミョンゴル》は、今度こそハンギョレが潰れるのではないかと気をもみ悩んだ。創刊以後、赤字が累積して状況が最悪の局面へ向かっていたからだ。しかし、建設会社の不渡りは結果的にけがの功名となった。工事が遅れたことに対して建設業界組合から七億ウォンの保険金がおりたからである。この資金のおかげで疲弊し続けていたハンギョレの運営が息を吹き返した。

紆余曲折の末、一九九一年七月にテファ建設に社屋建設を委託し、一二月に工事が終わった。一九九一年一二月一四日、ハンギョレ社員全員が孔徳洞の新社屋に移った。新社屋への移転を祝して金大中《キムデジュン》、金泳三《キムヨンサム》、金鍾泌《キムジョンピル》（資料編「人物略歴」参照）、鄭周永《チョンジュヨン》、朴泰俊《パクテジュン》（資料編「人物略歴」参照）など有力政治家がハンギョレを訪問した。

変化を重ねた孔徳洞の社屋

孔徳洞《コンドクトン》の社屋は二本の腕で世の中を抱くような姿をしている。東側の三角塔は正論を書くペンを表している。外壁はスプレーコート（コーティング材）で整えた。費用節減のための選択であったが、結果的には重厚な雰囲気を高める効果があった。建物を設計したキサン建築事務所代表のチョ・コンヨンは「歴史と社会を腐らせない唯一の処方である反抗の象徴として、ハンギョレ社屋を建設した」と言う。ハンギョレの孔徳洞社屋は一九九一年に韓国一〇大建築の一つに選ばれた。

最初は九階建の建物として設計されたが、実際は四階建になった。資金不足が一番大きな理由だが、決定過程で様々な議論があった。銀行の融資を受けてでも社屋の規模を大きくしなければならないという主張もあった。

孔徳洞の社屋は、一九九〇年代中頃から外観を変えてきた。一九九六年四月にさらに三つの階を増やし、一九九九年一二月には新館を増築した。一九九一年に地下三階地上四階、延べ面積二〇三一坪の規模だった社屋は、二〇〇八年に地下三階地上八階、延べ面積三六九一坪の規模となった。

一つしかない社屋なので、建物を手入れして活用することに労使が競って情熱を発揮した。二〇〇一年六月には労働組合が主軸となって六階のバルコニーに庭を整えた。社員たちが直接木を切って椅子とテーブルをつくった。当時、一番年下だったイユ・ジュヒョン（＊1）記者の提案で、社屋の壁にはわせるように蔦《つた》を植えたのもこの頃だ。二〇〇一年一二月には会社が九階の屋上駐車場の敷地に土を敷いて庭園をつくった。二〇〇五年には韓国都市ビオトープ研究センター（Biotop：生物空間、生物生息空間を表すドイツ語）に依頼してこの庭園に生態湿地までつくった。

一九九四年、ハンギョレが京畿道《キョンギド》坡州郡《パジュグン》交河面《キョハミョン》（現在は坡州市交河邑《ウプ》）下支石里《ハジソクリ》一帯に三二一二坪の土地を購入しようとしたことがあった。将来、坡州出版団地が入るところだったが、この土地に大規模輪転施設を入れて第二工場を建てようとした。しかし、（経営）状態が悪くなって新たな輪転機導入が難しくなった。

敷地購入のために契約金まで払った状態だったが、この土地をどうするつもりなのかという議論が再び起きた。今すぐ必要ないとしても、未来のためにいったん買っておこうという意見と、会社が営業活動と本来関係のない不動産投資をしてはいけないという意見が対立した。結局、議論の末に土地を放棄した。

一九九五年五月、ファン・ソンジュ諮問委員が文化事業のために使ってくれと全《チョル》羅《ラ》北《プク》道《ド》郡《グン》山《サン》の小さな建物をハンギョレに寄贈したことがあるが、これをハンギョレの資産とみるのは難しい。地域の草の根運動団体が、各種行事を行うために共同で使用している〔からだ〕。

二〇〇八年現在、ハンギョレ新聞社が保有している不動産はソウル市麻《マ》浦《ポ》区《ク》孔徳洞一一六の二五番地にある社屋だけだ。一九六〇年代以後、韓国のほとんどすべてのメディアは全国各地の土地を売り買いしながら大きく稼ぎ、勢力を強めた。ハンギョレは新聞制作のために必要な建物ひとつだけを保有している。

＊1　韓国では、名前において父性を名乗ることが一般的だが、女性解放運動の影響や自らの思想信条に従って両親の姓を両方名前に用いる人がいる。この場合は、李（イ）と柳／劉（ユ）の組み合わせで「李柳」または「李劉」となると思われる。

第二章　やっぱりハンギョレ

❖「ハンギョレだからさらに殴られた」

ソウル市南部《ナムブ》警察署の前で、同僚の労働者の釈放を要求するデモが始まった。警察官がデモに参加した女性労働者の髪の毛をつかんで、こぶしで顔を殴った。取材していたキム・ソンホ記者がこれを止めようとしたが、警察官に殴られて気絶し、警察署の講堂に二〇分ほど閉じ込められた（一九八八年九月一七日）。

警察の私服逮捕組捜査員たちが籠城中だった市民を引きずって行きながら、めちゃくちゃに殴打した。これを取材していたキム・ソンギュ記者が私服逮捕組捜査員に殴られた。キム・ソンギュの鼻の骨が折れ顔が血だらけになり、病院に運ばれた（一九八九年二月二六日）。

ストライキの現場に投入される救社隊を反共青年会が組織するという情報提供がなされた。イ・ホンドン記者が取材のためにソウル市中区《チュング》将忠洞《チャンチュンドン》大韓《テハン》反共青年会事務局を訪ねた。反共青年会の幹部たちは「報道したらただじゃおかない」と脅し、イ・ホンドンを一時間監禁した（一九八九年三月一五日）。

カク・ユソプ記者がソウル市鍾路区《チョンノク》から全国教職員組合所属の教師たちのデモを取材していた。「ハンギョレの記者からカメラを奪って捨てろ」。四、五人の戦闘警察官たちがカク・ユソプを囲んで集団リンチを加えた（一九八九年七月一〇日）。

ソウル大韓劇場前の道で、学生たちのデモが始まった。取材していたイ・ゴンスン記者を私服逮捕組捜査員四人が取り囲んだ。ハンギョレの記者だと身分を明らかにしたが、「この××（「野郎」などの罵りだと思われる）は何だ」と暴言を浴びせかけて脇腹や胸などをめちゃくちゃに殴った（一九九〇年五月一〇日）。

平壌《ピョンヤン》民族音楽団員がソウルを訪ねて統一送年音楽会公演をした。出発する姿を取材していたチン・ジョンヨン記者に安全企画部捜査員一〇人がとびかかり、公演会場地下室へ連行し、ドアに錠をかけて閉じ込めた。他のメディア記者たちがドアを叩きながら抗議している間、安全企画部の捜査員たちはチン・ジョンヨン記者の胸や脛をむちゃくちゃに蹴飛ばして気絶させた（一九九〇年一二月一三日）。金基卨《キムギソル》遺書代筆事件（＊1）に関係がある人物の潜伏場所を見つけた。キム・イギョム記者がその家を訪ねていったが、近所で見張りをしていた刑事が令状なく不法にキム・イギョム記者を連行した。ハンギョレの記者だと身分を明かしたが「強姦事件が発生したのでお前を被害者と突き合わせなければならん」とキム・イギョム記者を強姦容疑者として追い立てて、交番に一時間閉じ込めた（一九九一年七月一八日）。

京畿道《キョンギド》光明《クァンミョン》市で強制撤去作業を取材していたユ・チャンハ記者を、撤去作業に従事していた組織暴力団一〇人が足で踏みつけ、殴った。警察官は目撃しつつも制止しなかった（一九九一年九月四日）。一〇日後、同じ場所で取材していたユン・チャンハを、今度は光明市役所の職員二〇人がとびかかって集団暴行をした。これを止めた新聞輸送部のパク・サンジンも顔をこぶしでやたらに殴られた（一九九一年九月一四日）。

創刊初期、取材活動中に暴行、脅迫、監禁を受けたハンギョレ記者たちは数え切れないほど多かった。社会部、写真部記者たちがたくさん暴力を受けて怪我をした。ハンギョレの記者という身分を明らかにすると、さらに殴られた。大部分の官公庁はハンギョレに対して敵対的だった。

メディアも同じだった。既存メディアの記者たちは、ハンギョレ記者たちが記者室に入ってくることを拒んだ。ハンギョレはそれでも他のメディアが報道を拒む真実を発掘して報道した。しかも、ハンギョレの記者たちは記者室ではなく現場にいた。

❖ 労働者の傍らを監視する

創刊特集号五〇万部はすべて売り切れた。週末一日を休んで、一九八八年五月一七日、ハンギョレ二号が発行された。この日から特集号ではない日常的なハンギョレ紙面が顔を見せた。一面トップ記事の見出しは「野党勢力、良心囚の全面釈放を要求」だった。その横に長期企画「光州《クァンジュ》抗争、悲劇の中の歴史性」の連載一回目が掲載された。社会面のトップ記事はチョ・ソンマンの投身事件だった。明洞《ミョンドン》聖堂構内のカトリック教育館三階の屋上でチョ・ソンマンが落ちる刹那の写真をその横に大きく載せた。現場にいた西江《ソガン》大学学報《ハクホウ》の記者が撮影し、ハンギョレにだけ提供した。

草創期のハンギョレの紙面を雄弁に語るこの日の新聞以

降、他のメディアでは読むことができない記事がほとばしるように出た。創刊号の社会面を飾ったチェ・ボウンの「現代《ヒョンデ》グループ労働組合幹部拉致事件」を筆頭にしてハンギョレだけの特ダネ、ハンギョレだけの企画が紙面を満たした。

一九八八年七月一七日、京畿道九里市橋門洞《キョンギドクリシキョムンドン》三一二の一四番地、アン・チョンジュ記者がチョン・クンボクの家に〔足を〕踏み入れた。チョン・クンボクと彼の妻は写真撮影を拒否した。チョン・クンボクは何日か前に「自身の病気と関連して民事訴訟上・刑事訴訟上のどんな問題も提起しないという覚書を書き、会社から六〇〇万ウォンを受けとることになったので、取材に応じることはできない」と言った。チョン・クンボクは歩くこともできず、部屋で横になり過ごしている状態だった。アン・チョンジュはおよそ三〇分の間説得した。真実を世の中に知らせて六〇〇万ウォンではなく六〇〇〇万ウォン以上を補償として受け取らなければならないと説明した。

引き続いて、京畿道南楊州郡芝錦里《ナムヤンジュグンチグムリ》に住むソ・ヨンソンを訪ねた。彼は両足と片手がまったく動かなかった。言葉も発することも、自分の力で座ることもできなかった。お手伝いの仕事をして留守中の彼の妻の代わりに、息子が父の口にラーメンを入れてあげたが、それさえも飲み込むことができず、ずっと床にこぼしていた。

彼らは、レーヨン糸をつくる源進《ウォンジン》レーヨン工場から強制退職させられた。勤務十数年の間に、工場で発生した神経毒物質である二黄化炭素によって中毒になった。重症麻痺患者になった彼らを、会社は補償もせずクビにした。監督当局〔労働部〕も目をつぶっていた。

アン・チョンジュは保健大学院に通っていたので産業保健学の授業を聞いたことがあり、「二黄化炭素職業病」についても学んだ。アン・チョンジュは専門的な素養があったため、チョン・クンボクやソ・ヨンソンのケースが普通の問題ではないと直感した。一九八八年七月二二日、ハンギョレ社会面にこの事実が報道された。労働部が遅まきながら真相調査に乗り出し、レーヨン工場の経営陣を立件した。

この後、六年あまりにわたって労働界と保健医療界の志ある人士たちが集まり政府を相手に労働災害の補償金を受けるための闘いを始めた。職業病の危険にさらされながら放置された労働者の権利を、ハンギョレは特ダネ報道で認めさせた。

一九八八年一一月一二日、権言癒着の実態が現れた。京郷《キョンヒャン》新聞社が、社長の直接指示で全斗煥《チョンドファン》政権の長期執権報告書を作成し、これを安全企画部に提出したという事実をハンギョレが特ダネ報道した。発端になったのは「八八年平和的政権交代〔盧泰愚《ノテウ》大統領による第六共和国が始まる〕のための準備研究」という文書だった。当時、第五共和国〔一九七九～八七年〕の犯した過ちについて国会聴聞会で追及する過程で、この報告書の内容が議論の的になった。二〇〇〇年まで全斗煥は実質的な統治権を掌握するために、後任大統領は民正党副総裁にし、全斗煥自身は党総裁を引き受け続けるということが報告書の骨子だった。

このような報告書の存在は一部には知られていた事実だった。一九八七年五月、月刊「マル」に関連記事が載ったことがあった。しかし、どのようなプロセスで作られたのかは完全にベールに包まれていた。ユン・ソクイン記者は国会でこの報告書が取り上げられると昔の記憶をよみがえらせた。彼が韓国キリスト教社会問題研究院で仕事をしていた一九八六年頃、内容に接したことがあったのだ。

ユン・ソクインは、当時この報告書を自分へ渡してくれた人たちを逆追跡すれば、作成者を明らかにすることができるだろうと考えた。即座にキリスト教運動団体の知人何人かへ電話した。「〇〇〇さんに会ってみろ」と彼も知っているカトリック運動家が教えてくれた。教えられた人物へ電話をかけて「お茶を一杯飲みましょう」と持ちかけた。報告書の話を引き出すと、すぐに前後の事情をすらすらと話してくれた。

取材の結果、一九八四年二月、当時京郷新聞社長だった鄭九鎬《チョングホ》の命令で、主筆と編集局長など最高幹部たちが実務チームを構成し、このチームで問題の報告書をつくったという事実を明らかにした。軍事政権による永久執権のシナリオをジャーナリストが、それも新聞社の社長・主筆・編集局長など最高幹部たちが直接作成して提出したという記事は、ハンギョレの特ダネであり反響を呼んだ。

❖拷問技術者、工作技術者の首根っこを押さえる

一九八八年一二月一九日午後六時、ソウルキリスト教会館地下の喫茶店で文学振《ムンハクジン》記者がキム・グンテと向かい合って座った。キム・グンテの妻であるイン・ジェグンが同席した。民主化運動青年連合議長だったキム・グンテは、一九八五年九月、各種デモを背後で組織した嫌疑で連行さ

れて拘禁された。南営洞《ナムヨンドン》の治安本部対共〔共産主義者対策〕分室に連れて行かれて水と電気による拷問を受けた。この事実をイン・ジェグンに話した。一九八五年一二月、キム・グンテの弁護団が拷問した警察官などを告発した。ただ、〔拷問した人物の〕名前がわからなかったので、告発状には「名前がわからない電気拷問技術者」と書いた。告発から三年が経っても当局は捜査どころか微動だにしなかった。話が自然に拷問のことになった。

文学振が「その拷問技術者の名前はいまだに分からないのですか」と尋ねた。キム・グンテが「少しは分かったのだけれど、イ・グン何某というらしい。現在、京畿道《キョンギド》警察の対共分室長だという話があるが……。確認したわけではない」と答えた。文学振はふと思った。すぐに京畿地域の担当である裵炯録《ペギョンノク》記者に電話をかけて確認を頼んだ。「京畿道警察の対共分室長は金　某《なにがし》だが、公安分室長の名前は李根安《イグンアン》」と裵炯録が少し後で知らせてきた。

文学振は自分の担当である治安本部〔現在の警察庁にあたる〕へ駆けて行き、警察の人事ファイルを求めた。李根安の居住地など人物事項と一緒に薄い写真のコピーがあった。キム・グンテを訪ねてその写真を見せた。キム・グンテは言葉が出ずしばらくの間〔写真を〕見つめていた。「そうです。こいつです」。文学振は李根安から拷問を受けた他の人々にも繰り返し確認した。

公募採用第一期として入り、東大門《トンデムン》署に出入りしていたアン・ヨンジン記者が、李根安の住所のある洞《ドン》事務所〔末端行政単位の「洞」に置かれている役所〕へ走った。洞事務所の職員が差し出した住民登録台帳に李根安の近影の証明写真があった。洞事務所の職員が止める暇もなくあっという間にその写真を取り外したアン・ヨンジンは、編集局へ突っ走った。後でアン・ヨンジンはその写真を返すために再び洞事務所を訪ねた。

一日半弱の猛烈な取材の末、一九八八年一二月二一日に「名前がわからない拷問技術者　李根安」という記事がハンギョレの一面に掲載された。噂だけがあった拷問技術者について、その名前と写真が世の中に初めて公開された。アン・ヨンジンが手に入れた鮮明な写真が大きく載った。この記事が掲載されて以降、李根安は姿をくらました。彼から拷問を受けた人たちの情報提供と告発が続いた。拷問が軍事政権の人権蹂躙を代表する社会的争点として浮上し、世論に押されて警察当局が捜査に入った。李根安は一一年間の逃避生活の後、一九九九年に自首し、懲役七年の判決が言い渡された。

李根安事件の特ダネで「助演」を引き受けた褒揃録は、一九八九年一〇月一九日、安全企画部のハンギョレ読者性向調査を特ダネ報道した。最初の情報提供は地方紙の記者からだった。果川《クァチョン》市役所に出入りしていたある記者が、公報室で問題の公文書を発見して褒揃録にそっと知らせた。果川市役所へ駆けて行った褒揃録が市長と担当局長を厳しく問い詰めた。「いや、われわれがおそれ多くもどうやってこんな仕事をするんですか。ただ〔文書が〕上から降りてきたんですよ」と苦しい立場の局長が答えた。褒揃録は、指示をしてきた機関を明らかにしろと繰り返し要求したが、局長は「絶対に私の口からは言えない」と譲らなかった。

いろいろと調べたところ、安全企画部が命令したことは確実だったが、より明確な確認が必要だった。困り果てた褒揃録を助けたのはむしろ安全企画部だった。ハンギョレの取材事実を知った安全企画部が緊急対策会議を開いた。報道の留保を要請しようと安全企画部の捜査員が褒揃録を訪ねてきたからだ。その訪問自体が決定的な証拠だった。

この事件について、ハンギョレ幹部たちも対策会議を開いた。安全企画部がハンギョレの読者たちを探り出しているという事実が分かったら、株主と読者が不安になるのではないかという憂慮が出た。安全企画部の勢いが恐ろしいほど強い時期だった。情報機関の横暴を恐れて読者たちがハンギョレの講読をやめる事態になるかもしれないと心配になった。しかし、報道することに決めた。困難があったとしても、真実の報道で突破しなければならないと結論を出した。

❖ 専らハンギョレだけが書ける記事

以前には新聞で見ることができなかったこのようなニュースが、ハンギョレを通して世の中に知らされた。書くたびに特ダネだった。草創期ハンギョレの特ダネ報道には一定の類型があった。まず、当局の反人権状況に対する告発記事が多かった。法の上に君臨していた情報機関、捜査機関などが常に登場した。

取材過程では、速戦即決方式を採った。情報提供を受けて取材の糸口を掴んだら、その足で現場へ駆けつけ、一日または二日〔の取材〕で関連した事実の全貌を把握した。

夜討ち朝駆けで公務員と情報提供者と被害者に会って取材した。今日の基準で見れば、当時の権力機関の横暴はひどくおおっぴらであったため、やればやるだけ十分にその実態を究明することができた。この数十年間に他のメディアの記者たちが知らないふりをしていたことを、ハンギョレの記者たちが食いついて暴いた。

今までこのような告発報道に接したことのなかった権力者たちは当惑し始めた。これまでは寸志《すんし》（＊2）を渡したり供応接待をすれば十分だった。記者が頑固で言うことを聞かなくても、編集幹部を接待すれば、報道を遮《さえぎ》ることができた。編集幹部が頑強であれば社主をそそのかして問題を解決した。

今やそのような方法でなだめすかすことはできない記者たちが現れ、権力者たちはこの事実を受け入れるのに時間がかかった。権力者たちは、ハンギョレ記者たちが骨を惜しまず攻撃的に取材を続けることに、どのように対応すればいいのかよく分からなかった。知らぬ存ぜぬの態度を頑固にとり続ける公務員たちも、失敗や油断の果てにハンギョレ記者へ弱点をさらけ出した。

読者たちも権力機関の蛮行をありのまま暴露する記事に生まれて初めて接したのだ。

ハンギョレのすべての読者が、事実上の良心的情報提供者となった。自分が勤めている組織の腐敗や不正を知るようになったとき、彼らはハンギョレ記者を訪ねた。

市場に例えるならば、草創期のハンギョレは、世論という市場の特定領域で独寡占を形成した。ハンギョレでなければきちんと報道できないという、ハンギョレだけの領域があり、他は競争相手にならなかった。短くは一九七五年以降約二〇年間、長くは解放以後半世紀の間、目の前で行われた力ある者の不当な態度について、事実をありのままに報道するメディアがなかった。しかし、今やありのままに報道する新聞が誕生したのだ。権力がメディアの社主を保護し、ジャーナリズムが権力者の恥部を隠した権言癒着の季節も終わったのだ。

おかげでハンギョレは創刊と同時に安全企画部、検察、警察など最高権力機関の警戒対象第一号になった。しかし、最高権力者たちがむしろハンギョレ記者たちの監視を受ける立場になった。彼らの一挙手一投足がハンギョレの紙面で公開された。

治安本部の対共捜査団が密かに新しい建物に入居

し、水拷問に使った浴槽数十個を動かして設置していた（一九八八年六月一〇日）。警察が幽霊タクシー（＊3）を走らせながら、市民たちの会話を盗み聞きして情報を収集していた（一九八八年七月五日）。市民たちの足を隔日制運行（＊4）で縛っておいて、ソウル市長自身はナンバープレートを変えて隔日制を避けた（一九八八年九月二二日）。高校教師を国立大学の教育研究士という肩書きで配置して、学生の行動を監視させた（一九八八年一〇月二一日）。盧《ノ》泰愚《テウ》政府が第五共和国の報道指針と違いのない「メディア調整活動」を始めた（一九八八年一二月一三日）。青松《チョンソン》刑務所〔慶尚北道《キョンサンブクド》青松郡にある刑務所〕の被監護人〔受刑者〕を刑務官たちが殴り殺した（一九八八年一二月一五日）。盧泰愚政府が国民たちをよりがんじがらめにする統合電子身分証をつくろうとしている（一九八八年一二月二八日）。

初代警察チーム長だった高喜範《コヒボム》は、その時期を天国に例えた。「昇天した義侠心で完全に一つになったので恐れるものはありませんでした。同じ志を持った人たちが一つの旗の下に集まって歴史と社会のために何をすべきか悩みましたが、まさにそれが天国だと私は考えました」。

新聞社を天国としたのは、公権力依存の取材を最初から拒否したことが決定的に寄与した。結果的には他のメディア記者たちもこれを助けることになりはしたのだが、彼らはハンギョレ記者を官公庁の記者室に入らせないようにした。おかげで他のメディア記者たちが記者室で報道資料を受け取って記事を書くときに、ハンギョレ記者たちは終日現場に行くしかなかった。

❖「ハンギョレ記者は入れません」

一九八八年一〇月初め、二代目の警察チーム長だった金《キム》炯培《ヒョンベ》がソウル市警察局（現ソウル市警察庁）記者室に足を踏み入れた。警察はハンギョレ記者の記者室出入りを遮っていた。他のメディア記者たちもこれに同調した。警察幹部懇談会のときは、ハンギョレ記者の同席を妨害した。妨害した記者の中には、一九八〇年に朝鮮日報《チョソンイルボ》から解職される前まで旧知の仲だった記者と警察官幹部たちもいた。金炯培はこんなことするなと何回も警告した。

記者室に入れなかった金炯培は、当初は市警局長の事務室に入って局長の机の横で記事を書いた。しかし、記者室の出入りは便宜供与ではなく情報アクセスの次元から必ず解決しなければならない問題だったから、この日は最後までやってやろうと決心した。

金炯培は何も言わずに記者室に入った。そのまま歩いていき、各メディアの机とブースを壊した。驚いた記者たちはただ呆然と見守った。金炯培は引き続きすぐ横にあったソウル市警公報課事務室に入っていった。事務室の器具をこぶしと足で壊した。

晴天の霹靂だったソウル市警の幹部と記者クラブ所属の記者たちが緊急会議を開いた。自分たちの間違いを認めざるをえず、ハンギョレ記者の記者クラブ加入を認めることとした。市警の出入制限措置が解けるやいなや、一線にいる警察署の障壁も崩された。創刊六カ月後の一九八八年一一月から、ハンギョレ警察チーム記者たちは、警察が提供する主要情報を他の記者たちと一緒に受け取ることができた。

事情は国防部も似ていた。チャン・ジョンス記者がハンギョレの初代国防部担当記者だった。記者クラブは彼に記者室の出入りを禁止する旨を通報した。「そうですか？大丈夫です。私は不便なことはないですから」。チャン・ジョンス記者は取材の初日から記者室ではなく国防部スポークスマン室に行って席を占めた。どうせ国防部は記者室とスポークスマン室を除いては出入りが制限されていた。スポークスマンの顔が青ざめた。電話通話の内容、報告および指示事項などを横の席に座ったチャン・ジョンスがすべて聞いた。

このままではいけないと考えたスポークスマンが隣の部屋の会議室を明け渡してくれた。スポークスマン室より広くてきれいだったし、専用電話もあった。チャン・ジョンスだけのための特別記者室というわけだった。チャン・ジョンスはこの会議室でずっと特ダネ記事を書いた。すぐ横のスポークスマン室に随時出たり入ったりできるためだった。我慢できなくなったスポークスマンが記者クラブに事情を説明し、創刊三カ月目の一九八八年八月からハンギョレ記者の国防部記者室出入りが許された。

❖「便宜施設は必要ないので、出入証だけください」

韓国のジャーナリズム界の「記者クラブ」文化は独特だ。ほとんどすべての官公庁に主要報道機関の記者たちだけで構成される記者クラブがあった。一九六〇年代までは権力層に対抗する記者の結社体のような役目を果たした。しかし、朴正熙《パクチョンヒ》政権以後、権力の恥部を隠し、その対価として記者個人とメディア企業の利益を得る談合の温床となった。記者は公務員がくれる寸志を受けて、重要な事件について見て見ぬふりをした。官公庁が流した各種の開発情報を、メディアは金儲けに使った。〔権力の〕共謀者になったので不正腐敗があってもきちんと報道できるはずがなかった。

ハンギョレの登場は彼らには大きな脅威だった。〔記者クラブの〕中堅記者たちと高位公務員たちがハンギョレ記者の記者室出入りを邪魔したことは、「権言癒着をそのまま維持したいから、お前らはこのカルテルに入ってくるな」という意味だった。創刊時から倫理綱領を採択して「金品や供応を受け取ってはいけない」と宣言したハンギョレ記者は、記者クラブにとって目の上のたんこぶだった。

しかし、ハンギョレは初志貫徹した。公共機関の記者室は国民の税金で運営されている場所だった。恣意的に結成された記者クラブが個別記者の出入りを決定するどのような権限もなく、国民の知る権利のための取材過程で必要ならばいつでも記者室を使用するのがすべてのハンギョレ記者の原則だった。

官公庁に比べて政党と企業の記者クラブの障壁は高くなかった。平和民主党、民主党などはハンギョレ記者の取材に友好的だったし、民主正義党〔当時の与党〕も向こう見ずなハンギョレを突き放すことはできなかった。しかし、青瓦台《チョンワデ》〔韓国大統領官邸〕はとうとう〔記者クラブの〕門戸を開かなかった。ハンギョレ創刊当時、青瓦台には総合日刊紙六紙をはじめとして全部で一七のメディアの記者が出入りしていた。ハンギョレの初代青瓦台担当は李元燮《イウォンソプ》記者だったが、青瓦台は、李元燮に出入証を発給しなかった。

ハンギョレは創刊号発行前である一九八八年五月九日、青瓦台出入要請書簡を送った。一向に返事がなかった。これに対して何回も抗議して、七月二九日についに、青瓦台の洪性澈《ホンソンチョル》秘書官名義の返事が来た。「総合的に対策を検討していますが、貴社の要請にすぐに応じることができないことを遺憾に思います」ということだった。

問題を穏便に済ませようとするような返答をそのままやり過ごすことはできなかった。一九八八年九月九日、宋建《ソンゴ》鎬社長が盧泰愚《ノテウ》大統領宛に直接手紙を送った。やはり返答はなく、九月二一日付新聞にその内容を載せて読者たちに公開した。

「ハンギョレ新聞は、他メディアとまったく同じように、ニュースがあるすべての機関および団体に自由に出入りし、取材する必要があります。出入り自体を拒否してニュースソース〔情報源〕への接近さえ許容しないことは、善意を持って解釈しても公平ではない仕打ちだと考えます。われわれが要求するものは、記者室や特別な便宜施設の提供ではなく、ニュースに対するアクセス権自体であるという点を、機会があるたびに明らかにしてきました」。

当時、青瓦台は今日のブリーフィング室である春秋館《チュンチュ》を建てていたが、既存の記者室がひどく狭くハンギョレ記者が入れないので春秋館が完成するまでは出入りできないと強弁した。ハンギョレは「記者室に席を準備してくれとは言っていない。取材源にアクセスすることができる出入証だけくれればよい」と説得したが、徒労に終わった。結局、ハンギョレは春秋館が完工された一九九〇年九月三〇日から青瓦台〔記者クラブ〕に出入りできるようになった。創刊以後二年六カ月余りの間、青瓦台を担当した李元燮は、青瓦台〔記者クラブに〕一度も出入りできないまま取材部署を異動した。

❖生活の現場に密着する

記者室への出入問題が草創期のハンギョレの人たちをそれほど苦しめたわけではなかった。国家機関が提供する報道資料ではなく、生活の現場に密着する記事を書こうと初めから決意した人もいた。創刊初期の主要企画連載記事と固定コラムがこれを雄弁に物語っている。

当時、ハンギョレの紙面は乱れていると思われるくらいに企画記事をたくさん掲載した。まず、軍事政権時代に起きた各種事件の全貌を知らせる企画記事を載せた。「光州《クアンジュ》抗争　悲劇の中の歴史性」（一九八八年五月）、「日曜特別企画、真相　韓国の政治事件」（一九八八年九月）、「八〇〔年〕〔言論〕大虐殺、その後の第五共和国におけるジャーナリズムの実状」（一九八八年一一月）、「問題の公安事件を点検する」（一九八八年一二月）、「未完の五月光州」（一九八九年五月）、「激動の八〇年代変革運動」（一九八九年一一月）、「八〇年代をふり返って見る」（一九八九年一二月）などが代表的だ。ハンギョレでなければ報道することができなかった過去を掘り起こす歴史物だった。

労働、農民、貧民などいわゆる低階層と生活・生計の現場を深層取材した企画物も多かった。「不当労働行為の現場」（一九八八年六月）、「来たる上半期、労働現場の点検」

（一九八八年七月）、「農業をするのかしないのか」（一九八八年八月）、「炭鉱村、その暗い現場」（一九八八年七月）、「現場診断、韓国の農村の今日」（一九八八年一一月）、「障がい者、その実態と対策」（一九八八年一一月）、「疎外されたコミュニティーを探して」（一九八九年一月）、「破綻の危機の農村」（一九八九年三月）、「賃金交渉の現場を歩く」（一九八九年五月）などだ。

鄭錫九《チョンソック》、尹在杰《ユンジェゴル》、金成杰《キムソンゴル》などが書いた「ソウル、日陰と日なた」（一九八八年九月）はその中でも独特だったが、お使い代行業（＊5）、結婚相談所（＊6）、九老《クロ》工業団地の鶏小屋（＊7）、彌阿里《ミアリ》占星村（＊8）、蘭芝島《ナンジド》（＊9）、結核村（＊10）など、〔韓国の〕陰の部分を探し訪ねて庶民の生活を紙面に載せた。

国家機構と法制度の問題を正面から問う企画記事も連載した。「反民主悪法熱戦」（一九八八年五月）、「司法省〔日本の法務省にあたる〕、新しく出直さなければ」（一九八八年六月）、「社会安全法〔一九八九年廃止。代案法として同年、保安観察法が制定された〕の犠牲者たち」（一九八八年一一月）、「監獄ではない教化現場　西ドイツの刑務所」（一九八八年一一月）、「第五共和国の過失を真相追跡」（一九八八年一一月）、「日常化した反文明的暴力、拷問」（一九八八年一二月）、「デモの現場、私服逮捕組の白骨団」（一九八九年二月）などがあった。

「新しい秩序の要所に立つ世界経済」（一九八八年六月）、「中小企業を生かさなければ」（一九八九年四月）、「家、分配の正義で解決しよう」（一九八九三月）、「土地　公概念の虚と実」（一九八九年一二月）などは経済分野の代表的企画記事だった。民衆の経済に注目しながらも中小企業と不動産問題に深く食い込むハンギョレの経済ニュースの特長がこの時から始まった。

長期連載企画の中で「発掘　韓国現代史の人物」も読者の反応が大きかった。一九八九年一〇月六日から毎週金曜日に連載し、一九九一年二月まで一〇二人の現代史の主要人物を紹介した。歴史資料を単純に引用せず、記者たちが直接人々に会い、現場を訪ねて過去の人物の現在における意味を新たに明確化した。

ルポルタージュ形式を加味した独特なこの記事は、高《コ》宗錫《ジョンソク》、趙善姫《チョソニ》、金栄徹《キムヨンチョル》、李周憲《イジュホン》など文化部記者を中心として金種求《キムジョング》、文学振《ムンハクジン》、朴賛洙《パクチャンス》など編集局記者たちが参加して一緒につくった。反応がよく、〔書籍化して〕一九九一年一一月から一九九二年五月まで同じタイトルで三巻〔上・中・下〕を出版した。後ほど日本語版も出した（＊11）。

❖北韓《プッカン》を北韓と呼べなかった時代

草創期ハンギョレの企画記事の共通点は韓国社会のタブーに触れたところにあった。その中でも鮮明な印象を残したのが南北および米韓関係と関連した企画だった。「西ドイツの同胞チョ・ミョンフン博士の紀行文　一六年ぶりに再び見た北韓《プッカン》」（一九八八年六月）、「統一論議、昨日と今日」（一九八八年七月）、「朝鮮半島と核の現在」（一九八八年六月）、「米韓行政協定　何が問題なのか」（一九八八年九月）、「朝鮮半島　核危機の実状」（一九八八年一一月）、「チームスピリット」（一九八八年一月）、「東北アジア軍縮と在韓米軍」（一九八九年六月）などが代表的な連載企画記事だった。

記事の内容に先立って、記事の語彙《ごい》がさらに話題になった。ハンギョレは韓国メディアの中で初めて「北韓」という表現を使った。それ以前は、すべての新聞と放送が金日《キムイル》成《ソン》、北傀（＊12）、中共（＊13）などと表記していたのを、ハンギョレは金日成主席、北韓、中国などと使った。イデオロギー的敵愾心《てきがいしん》を注入した北韓関連用語を表記するのは、盲目的な反共〔反共産主義〕理念の残骸《ざんがい》だ。今では当然なこととして受け入れられているが、北韓を北韓と呼べない時期が長かったせいで、ハンギョレを「左傾容共」メディアと認識する人々がなくはなかった。

一九八八年九月一五日午前一一時三〇分、編集局に編集会議の招集ベルが鳴った。朝の編集会議が終わって三〇分も経っていなかった。理由が気になった編集委員たちに急な知らせが伝えられた。少し前「民族正気振興連盟」という団体の会員を自負する者が、編集局に電話をかけてきたというのである。

「特別付録に天然色で表した北傀の写真を出したのを見た。お前らは明らかにアカ（＊14）に違いない。今日の夜九時から一〇時の間にわれわれ会員一五〇名がお前ら新聞社を叩き壊しに行く。待っていろ」〔という内容だった〕。編集局全体が緊張し、万が一の事態に備えていたその日の夜一〇時半、その男から再び電話が来た。〔男は〕「今、俺は安国洞《アングッドン》のお前ら新聞社の前にある公衆電話から電話をかけている。お前らは運がいいと思え。ここまで来たが、引き止める会員たちもいるので今回は我慢してやる」〔と言った」。当時、ハンギョレ新聞は楊坪洞《ヤンピョンドン》にあった。

右翼の人間がハンギョレを叩き壊したいと思った原因である北韓の写真は、一九八八年七月二六日に紙面に紹介された。日本の写真作家である久保田博二〔写真家集団マグナム・フォト（Magnum Photos）所属の写真家。ハンギョレ創刊号一面の白頭山天池《ペクトゥサンチョンジ》の写真も撮影〕が撮った北韓の絶景を全面編集して「手招きする北側の山河」というテーマで紹介した。白頭山、金剛山《クンガンサン》、鴨緑江《アムノッカン》、豆満江《トマンガン》、蓋馬《ケマ》高原など自然風景を撮った。はじめは白黒紙面に配置した。輪転機の調子が良くなかったからだ。内外から要請が殺到して、一九八八年八月一〇日からカラー面に掲載した。

反共イデオロギーに染まって「北韓」という言葉を使うことさえタブー視されていた当時の状況で、この連載企画は大きな関心を引き起こした。読者たちの高い熱気と反応に助けられて、年末には全国の主要都市で「北側の山河」写真展を開き、同じ題名の写真集も発刊した。

一九八八年一〇月からはスウェーデンのグナルソン記者が平壌《ピョンヤン》で撮影した写真を連載した。スウェーデンの有力紙であるイエテボリポスデン〔Goteborgs-Posten〕のアジア特派員である彼は、約八〇〇枚の写真をハンギョレに無償で提供した。「南北に分断された民族がお互いを正確に理解すること。この資料がその助けになることを祈っています」。まったく見知らぬ韓国の新聞にたくさんの写真を任せた理由だった。

タブーを越えた報道について話すとき、ハンギョレの運動部を外すことはできないだろう。創刊時にはハンギョレには運動部がなかった。スポーツニュースを扱わないことが正論紙にふさわしいことだと考えたからだ。しかし、一九八八年夏のソウルオリンピック開幕が近づいていた。この複雑で巨大な「事件」をどのように扱えばいいのか悩んでいた。

一九八八年八月九日、編集局内に運動部を新設した。文《ムン》永熹《ヨンヒ》が編集委員長を引き受けて、高光憲《コグァンホン》〔教師、社会運動家を経てハンギョレ新聞記者。ハンギョレ新聞社第一四代社長〕、鄭泳武《チョンヨンム》などが記者として配属された。さらに、金鍾澈《キムジョンチョル》論説委員を団長として、オリンピック特別取材団がつくられた。各部署から派遣された記者を含めた約三〇人が取材団を構成した。八月三一日に彼らの座談会を紙面に掲載した。ハンギョレがオリンピックをはじめとしたスポーツイベントをどのように報道するのかを討論した内容だった。オリンピックの負の部分まで含めて公正に報道し、エリートスポーツを乗り越えて、民間主導の国民スポーツに重点を置き、軍事文化の残骸である戦闘用語をスポーツ記事に使わないことなどを話した。

ハンギョレはその決意どおり、オリンピックの始めから終わりまで、他メディアとは明らかに異なるスポーツ記事を書いた。オリンピックの商業主義、選手たちの薬物中毒、国際貴族〔国際オリンピック委員会における王族グループのこと〕たちが左右するオリンピック委員会の実状などを報道した。さらにはオリンピックに埋もれた政治争点を喚起させる記事まで載せた。当時、特別取材団はおそろいのシャツとジャケットを着ていたが、記事だけではなく身なりでもハンギョレの運動部記者たちは他のメディア記者と明確な違いを持っていた。

❖ ハンギョレの特ダネについて知らないふりをするメディア

創刊初年の一九八八年、様々な特ダネと企画にもかかわらずハンギョレの紙面は多少混乱していた。ハングル横組編集がまだ定着しておらず、輪転機の調子も良くなかった。長い間現場を離れていた記者が新聞をつくったせいで、記事のスタイルをきちんと守らない記事も出た。在野、労働、学生運動勢力に寄りかかった単純な発表記事も少なくなかった。在野団体結成が一面トップに上がったこともある。事実の伝達ではない主張だけを並べたコラム型記事も案外あった。大学の学生新聞みたいだとか、在野団体へ誘う新聞のようだという読者の指摘もなくはなかった。

しかし一九八九年以後、企画記事と固定コラムが定着した。編集も体裁をそろえ出した。発表記事、発掘記事、企画記事などが各紙面別にバランスよく配置された。創刊時とはまた違う意味で官庁の核心に食い込む大型の特ダネがこのときから登場した。内部告発を決意した人たちがハンギョレを訪ねた。

一九九〇年四月初め、李奉洙《イボンス》記者宛の電話が編集局にかかってきた。李奉洙はハンギョレ経済部草創期のメンバーとして財閥、不動産、政経癒着などを暴いた企画記事を書いてきた。匿名の情報提供者は李奉洙に会って伝える話があると言った。世宗《セジョン》文化会館の横の喫茶店で二人は向かい合って座った。

監査院が、財閥の非業務用不動産に対する国税庁の課税実態を調査し、間違いを明らかにしたが、財閥のロビー活動を受けた上部の外圧で突然監査が中断されたということが、情報提供の内容だった。相手は関連資料も一部持って来ていた。

「この資料がメディアに流出すれば、あなたは公務員の風土からして裏切り者と烙印を押され、現職にずっといられないと思いますが」〔と李奉洙は言った〕。情報提供者が少し躊躇しつつ「すでに覚悟しています」と答えた。李奉洙が「本当にそうならば……どうせなら資料をもっとたくさん持って来てください」と言った。李文玉《イムンウク》監査官は何日か後、財閥グループ所属の二三社の企業の非業務用不動産取得実態と国税庁の課税実態関連資料を丸ごと李奉洙に渡した。

資料を渡された李奉洙は李泓東《イホドン》と一緒に京畿道龍仁《キョンギドヨンイン》一帯の土地登記部の謄本を確認するなど追加取材を経て一九九〇年五月一一日付一面に関連記事を特ダネ報道した。非業務用不動産を持った財閥の中には、三星《サムソン》が含まれており、監査院に直接外圧を加えた人物も三星グループの副会長だった。〔公務員の規律や秩序を守る〕最高機関である監査院すら財閥がほしいままにして超法規的な富を蓄財してきたという事実がわかった。

連日ハンギョレの特ダネ報道が続いても、他のメディアは沈黙した。むしろ李文玉監査官の個人行動を問題視し、公務員が機密を漏らしたと世論を取り繕った。十数年後の二〇〇七年三星《サムソン》の機密費問題（*15）に対する金勇澈《キムヨンチョル》弁護士の内部告発のときも同じことが起こった。

李文玉は結局公務上の機密漏えい罪で拘束された。法廷で李文玉は「なぜとりわけハンギョレに情報提供したのか」という質問を受けた。「ハンギョレには、一番大きな圧力団体として君臨する財閥の圧力が通じないし、名節〔お盆など〕のときに長官たちが新聞社幹部たちに送る贈り物も、〔送り主に〕送り返すんです。今まで重要な選択と決断をしなければならない時があったのですが、ハンギョレを選択して意思表示してきたような、〔あの時ほど〕格好いい選択が〔これから〕あるだろうかと思います」〔と李文玉は答えた〕。

ハンギョレを選択した人たちはさらにいた。一九九〇年一〇月四日、ユン・ソクヤン二等兵が国軍保安司令部の民間人査察実態を暴露した。軍の捜査機関である保安司令部が軍人ではない市民を相手に査察と政治工作をしていたという内容だった。ハンギョレがこの事件を特ダネ報道した。

ユン・ソクヤンは軍入隊直後、学生時代の組織事件と関連して保安司令部に連行された後、いわゆる「プラクチ」

（＊16）活動をするように提議された。二カ月間、保安司令部の仕事を手伝いながら一九九〇年九月二三日早朝、関連資料を持って脱出した。彼が最初に訪ねたのがハンギョレだった。

当時、警察チーム長の金種求《キムジョング》記者はユン・ソクヤンを自分の家に連れて行き、泊まる場所と食べ物を提供した。不安から時々震えているユンを慰めつつ資料を一つ一つ検討した。コンピューターディスク三〇枚に保安司令部の査察工作の具体的な内容が入っていた。保安司令部の民間人査察の対象者一三〇三名には金泳三《キムヨンサム》、金大中《キムデジュン》など政治家をはじめとして各界の有力人物が網羅されていた。誰がいつ誰と会ってどのような内容の話をしたのかまで把握していた。

保安司令部が情報収集のために運営しているカフェがソウル大学の前にあることを発見するなどハンギョレの特ダネが連日続いた。保安司令部は以後、機務司令部と名前まで変えて不法査察機関の汚名をそそごうと努力した。しかし機務司令部の悪事を再びハンギョレが暴いた。

一九九二年三月二〇日夜一一時、社会部で夜勤中だった李炳孝《イビョンホ》が電話を受けとった。「歩兵九師団の将校ですが、軍の不在者投票に問題が多く情報提供をしようと思います」。三〇分後に、イ・ジムン中尉がハンギョレ新聞社に到着した。軍部で進行している不在者投票に機務司令部がいろいろな方法で介入し、政権党支持票をつくろうとしているという内容だった。

李炳孝は内部告発以後に味わうであろう状況をイ・ジムンに説明した。「少しでもはばかられる点があるならば記事を書きません」。イ・ジムンは決意を固めた。証言の信用性を高めるために記者会見を自ら申し出て開いた。この席でイ・ジムンは「これは内部告発ではなく常識と良心に従った至極当然の事実報告」と言った。数十年間、公然の秘密として取り扱われてきた軍の不在者不正選挙が白日のもとにさらされた。

ハンギョレを通した内部告発は、ハン・ジュンス忠清《チュンチョン》南道《ナムド》燕岐郡《ヨンギグン》の郡守《グンス》（「広域市」または「道」の傘下にある地方公共団体「郡」の行政最高責任者。日本の市長などにあたる）の官権選挙暴露へと続いた。第一四代総選挙で、政権党である民主自由党候補の当選を助けなかったという理由で郡主職を剥奪されたハン・ジュンスが、孫圭聖《ソンギュソン》記者へ関連事実を教えた。一九九二年八月六日の社会面に報道されたこの記事が政治界へ大きな波紋を投げかけ、九月に入ってからは、政府と政権党の全体的な官権選挙の事実が一つずつ明らかになった。

❖信頼度一位の新しい新聞

様々な特ダネ記事がほとばしったが、草創期のハンギョレは記者たちへ特ダネ賞を準備しなかった。分厚い賞金で扇情的な速報競争を引っ張る特ダネ制度は商業主義的だというのが、ハンギョレの人たちの考えだった。創刊の翌年である一九八九年二月になって初めて特ダネ賞をつくり、定期的な表彰を実施したのはその年の一〇月からだった。寸志を拒否することをやめず、会社が出す報奨金まで断って、権力に立ち向かって民衆の生活を探る取材報道にだけ没頭する記者たちが初期のハンギョレを引っ張った。

既存メディアの幹部たちはハンギョレを見て「創刊後、半年以内に潰れる」と悪態をついた。創刊後、半年が過ぎた一九八八年一一月、韓国言論学会誌に韓国新聞の信頼度を測った論文が発表された。教授、医師、弁護士、研究員など知識人四〇〇人と大学生八五〇人などを対象として実施された調査で、ハンギョレに対する信頼度は三七・六%と一番高かった。二位が東亜日報《トンアイルボ》で信頼度は二七・三%にとどまった。

一九八九年二月、韓国ギャロップ〔調査専門会社〕はハンギョレが発行部数四三万部（街版を含む）で新聞市場占有率四位を獲得したという調査結果を発表した。この発表で他の新聞社がてんやわんやの大騒ぎになった。四大紙〔この当時の「四大紙」は朝鮮日報《チョソンイルボ》、東亜日報、中央日報《チュンアンイルボ》、韓国日《ハングクイル》報《ボ》〕のカルテルを形成してきた巨大新聞社は自尊心が傷ついた。調査が偏向しているのではないかと何の関係もない韓国ギャロップをいじめた。韓国ギャロップの人たちはひどい侮辱を受けた。最高の信頼度、四大紙の規模の市場占有率は以後二〇年の間揺らぐことなく維持された。ただ、創刊初期の勢いをそのまま続けることはできなかった。問題は内部にあった。

*1 **金基卨《キムギソル》遺書代筆事件**　一九九一年五月、全国民族民主運動連合（全民連）社会局部長の金基卨が西江大学本館屋上から「盧泰愚政権は退陣せよ」と叫んで焼身自殺した。検察は以後、金基卨の死と以下関連した遺書が疑わしいという理由で国立科学捜査研究所に金基卨の遺書の筆跡鑑定を依頼した。その結

果、遺書は当時全民連の総務部長だった姜基勲《カンギフン》が代筆したものだと発表した。姜基勲は金基卨に自殺をそそのかしたという嫌疑で拘束・起訴され、懲役三年を宣告された。その余波を受けて、多くの支持を受けていた一九九一年の全民連は、団体の性格に問題があるという評価を人々から受け、急速に衰退した。しかし、二〇〇七年に新しく公開された事実は、①一九九一年当時、国立科学捜査研究所で鑑定したのは一人であるにもかかわらず、共同鑑定をしたと書類を偽造したうえ、法廷でも虚偽の証言をしたこと、②検察が当時、弁護人の接見なく姜基勲を徹夜で取り調べるなど強圧的な捜査を行ったこと、③検察が遺書代筆疑惑を提起し捜査を開始した後、金基卨の遺族たちが「遺書は金基卨の字に間違いはない」と陳述を翻したこと、などがある。これによって最終的に遺書は金基卨本人が書いたものに間違いはないと推定される。

＊2　**寸志《すんし》**　「御礼」「お車代」などの名目で金品を渡すこと。一般的には金一封など比較的少額とされているが、「寸志」と「賄賂」が厳密に区別されているわけではなく、寸志も賄賂の一部と見なすことも十分に可能であろう〔「虫眼鏡12」参照〕。

＊3　**幽霊タクシー**　警察官がタクシー運転手になりすましてタクシーを運転し、乗客の会話を通して情報を収集したこと。

＊4　**隔日制運行**　ソウル市内の交通事情（渋滞など）改善のため、車のナンバープレートの数字によってソウル市内に入ることのできる日を制限した制度。

＊5　**お使い代行業**　金をもらって他人の小さい仕事を代行する仕事。ここでいう「小さい仕事」とは、主に煩雑で厄介な仕事を指す。一九七〇年代後半から貿易業の好況によって生まれたが、このときは主に貿易と関連した書類を探すために、該当官庁に本人の代わりに行くなどの業務を行った。その後、時代の移り変わりとともに、国民の請願に関する業務代行、各種商品の購買代行などの小さい仕事をしていた。合法的代行業務は決まっており、法的な義務や権利事項は代行できない。しかし、官庁の監督と規制が体系的ではないという盲点をついて、不法行為と私生活の侵害、犯罪などと関連した仕事を代行するケースも時々ある。

＊6　**結婚相談所**　結婚に関する問題を相談したり、見合いをするところ。一九四〇年にソウル市に初めてできて、主要業務は結婚適齢期の女性と男性の出会いを取り持つことである。開業は個人が税務署に登録する申告制である。結婚の相手を探す人はここに問い合わせて登録し、出会いを持った後に婚姻が成立すれば、成婚謝礼費を支払うシステムである。

＊7　**九老《クロ》工業団地の鶏小屋**　九老工業団地に居住する労働者が非常に狭い住宅に住み、貧しい生活をしていることを例えた言い方。

＊8　**彌阿里《ミアリ》占星村**　一九七〇年代初めにソウル市城北区《ソンブクク》敦岩洞《トンアムドン》彌阿里峠にできた占い師集団の村である。彌阿里は、ソウル市の中心と町はずれの中間に位置し

ており、過去、彌阿里峠を通るバスのせいで公害がひどいところだった。交通は便利だが、居住地域としては不適切であるため、土地価格も安かった。彌阿里峠と接している地域は、ソウルの中でも暮らしが苦しい人が多く、不確実な未来に対する相談を望む人、すなわち占い師を訪ねる需要も多かったと思われる。現在でも盛況であり、韓国では現在も常用語句として神通旁通《じんつうぼうつう》〔未来を予知すること〕の場所という意味で「彌阿里占い店」という表現を使う。

＊9 **蘭芝島**《ナンジド》　ソウル市麻浦区《マポク》上岩洞《サンアムドン》蘭芝島。ソウル市で出た生活ゴミを集めていた場所。現在は埋め立てて蘭芝公園となっている。

＊10 **結核村**　結核にかかった人たちが集まって暮らす村として、ソウル市恩平区《ウンピョンク》亀山洞《クサンドン》にある。一九六〇年代にここにあった西北病院が結核専門病院に変わり、全国から結核患者がここへ集まり、近くの山に蔦張りをして、集団村が形成された。二〇〇四年に住居環境改善事業としてここに賃貸アパートが初めて建てられた。現在も結核患者と結核後遺症患者が住んでいる。

＊11 日本語版は『山河ヨ、我ヲ抱ケ――発掘・韓国現代史の群像』（ハンギョレ新聞社編、高賛侑《コチャヌ》訳）として、上巻は一九九三年に、下巻は一九九四年に解放出版社から出版されている。

＊12 **北傀**　朝鮮半島北部を非合法占領する傀儡政権という意味。朝鮮半島北部に事実上存在している朝鮮民主主義人民共和国という国を、韓国政府は「敵」とみなして国家として認定しなかったためこのような表現が用いられた。

＊13 **中共**　中国共産党の略称であるが、当時韓国と国交のなかった中華人民共和国を指す言葉として、韓国内で用いられた言葉。日本でも、一九七八年に日中平和友好条約が結ばれ中華人民共和国を国家承認する前は、主要メディアなどで同国のことを「中共」と表現していた。

＊14 **アカ**　社会主義者、共産主義者の蔑称であるが、韓国では必ずしも社会主義者・共産主義者でなくても、国家政策に反対したり反権力的な言動をする人物・団体に対して、一種のレッテル貼りとして用いられた。

＊15 **三星**《サムソン》**の機密費問題**　二〇〇七年一〇月三〇日、三星グループの元法務チーム長だった金勇澈《キムヨンチョル》が、カトリック正義具現司祭団と一緒に、三星グループの秘密資金約五〇億ウォンを自分が管理してきたと暴露した。さらに、当時三星グループ会長だった李健熙《イゴンヒ》が検察および市民団体に対するロビー活動を直接指示したという文書類も公開された。

＊16 **プラクチ**（露：fraktsiya）　ある目的のために身分を隠して他団体・他組織に潜入し活動すること。韓国では、一九四九年の「国会プラクチ事件」以後、使われるようになった。

虫眼鏡 6 給与と寸志

ハンギョレ草創期を代表する特ダネの中に「保険社会省寸志事件」がある。保険社会省の出入記者たちが海外取材にかこつけて、記者クラブで旅行をした。その経費名目で大宇《テウ》財団と峨山《アサン》財団から巨額の後援金を受けて、それでも足りずに製薬・製菓・化粧品会社へ寸志を要求して受け取った。

ところでこの金を記者たちだけで分ける過程で問題が生じた。ある記者が寸志の一部を横領したという疑惑が出た。真偽を確かめるために、記者クラブで会議を開いた。海外旅行に加わることもできなかった保険社会省担当の成漢鏞《ソンハニョン》記者はその席に参加してすべての内容を聞いてメモした。

世論媒体部編集委員の鄭東采《チョンドンチェ》がこの件の報告を受けた。鄭東采は一九八〇年に解職される前、志を同じくする同僚記者たちと集まりをつくって、受けた寸志をすべて労働団体などへ寄付したことがあった。問題になった保険社会部の担当記者の中には昔の同僚もいた。しかし、報道することに決めた。世論媒体部記者の朴根愛《パククネ》が記事を書き、一九九一年一一月一日、社会面に掲載した。

記者たちの寸志授受を公にする

ハンギョレの特ダネ以降、問題になった記者たちが辞表を出した。各メディアが競って国民向けの謝罪声明を発表した。公然の秘密だった記者クラブの寸志授受が、史上初めて公になった。当時、保健社会省記者クラブに所属していた一九名が集めた金は、八八五〇万ウォンだった。秋夕《チュソク》(旧暦八月一五日。日本の盆にあたる)の餅代、海外旅行経費、済州島《チェジュド》旅行経費、懇親会費などに使った。各自四六五万ウォンずつ分けて使った計算だ。その時期、ハンギョレ記者の給料を一年間集めても(四六五万に)届かないくらいの額だった。この特ダネはハンギョレ記者たちの道徳性を国中に知らしめた。

創刊直前の一九八八年三月、ハンギョレ新聞社給与体系委員会がつくられた。職種別、部門別の代表者がすべて集まって自分たちがもらう給料の額を決める席だった。編集部門と業務部門に分けて、各五名の代表で委員会は構成された。修習社員まで参加した。社員自ら給料を決めるというこの委員会は世界の企業史上に前例がない。

編集部門では修習記者、公募採用のキャリア記者、女性記者、一九八〇年解職記者、一九七五年解職記者などの代表が各一名ずつ参加した。業務部門では事務職男性、事務職および電算制作職女性、工務発送職、販売広告職、人事部員などが一名ずつ参加した。委員会構成方式から創刊初期の民主主義秩序をのぞくことができる。取締役会は彼らがつくった給与体系をそのまま承認した。

このときにつくられたハンギョレの初給与体系は記者・営業・事務職社員を第一職群、工務・技術職社員を第二職群、放送通信社員を第三職群として区分した。第一職群の一号棒（職階によって決められた給料の等級）が三三万ウォン、第二職群と第三職群の一号棒が二三万ウォンだった。代わりに扶養家族一人当たり五〇〇〇ウォンずつ支給した。

キャリア社員の場合、経歴一年当たり一万二〇〇〇ウォンずつを追加支給したが、この経歴には解職期間、良心囚として投獄された期間などが含まれていた。軍服務者は、服務期間の七五％のみ経歴として認定した。後に軍服務期間は一〇〇％を経歴として認定するようになったが、創刊初期の規定は軍隊に行って来た人よりも監獄に行って来た人をより待遇した。

ボーナスはなかった。創刊以後しばらくは（社員の家族への）学費補助はもちろん、職務職責手当てもなかった。代わりに昼食費がすべての社員に月額三万九〇〇〇ウォンずつ一括支給された。外勤記者および外勤社員へ支給される交通費が月に五万～一三万ウォン程度だった。創刊直後である一九八八年六月、公募採用第一期として入社し編集局で働いたキム・ヒョンソンは、税金などを除いて（月額）三五万八七六〇ウォンを受け取った。やはり公募採用第一期として入社した経営部門の張《チャン》昌徳《チャンドク》は、三〇万九八七〇ウォンを受け取った。

少ない給料でも寸志を受け取らない人たち

ところで、この給与体系を労働組合が問題にした。職群を分けずにハンギョレのすべての社員を同等に取り扱う「単一給料等級制」を採択しなければならないというのが労働組合の判断だった。記事を書く編集局記者、広告営業をする広告局社員、新聞を売る販売局社員、取材車両を運転する輸送部社員まですべてハンギョレのために各自の責務を果たしているのだから、その給与体系も同じでなければならないという哲学がもとになっていた。記者職を優遇する既存メディア（の慣習）には従わないという意思でもあった。

　これを主張していた初代労働組合委員長は高喜範《コヒボム》だった。一九八九年四月、ハンギョレの最初の賃金交渉が開かれた。労組が単一給料等級制案を提示した。経営陣はその席で同意した。高喜範が冗談半分に「でも経営陣が反対したり修正したりしなければなりませんよ。労組が提示した賃金案をそのまま受け入れる経営陣なんてどこにもいませんよ」と問い詰めた。代表取締役だった宋建鎬《ソンゴノ》がただ笑った。

　このときからハンギョレは単一給料等級制を導入した。職群と性別を選り分けるのではなく、すべての社員の給与体系を同一に適用した、単一給料等級制を導入した後、記者職・事務職の月給が少し削られた。あまりない資金を分けたために生じたことだった。

　単一給料等級制は今でも続いている。高喜範は後に広告局長になると業務実績に従った差別成果金支給を主張した。労働組合幹部が「単一給料等級制は先輩がつくったんじゃないんですか」と聞いた。今度は高喜範が「そうだな、そのときなぜ単一給料等級制をつくったんだろうか」と笑って答えた。

　創刊初年度である一九八八年、ハンギョレ社員は皆、新しい体系のボーナスを受け取った。夏季休暇費として七万ウォン、秋夕《チュソク》費用として七万ウォン、年末には特別賞与金として（月給の）五〇％を受け取った。そうしてやっと一五万ウォンを超える金額となった。翌年である一九八九年には資金状況が難しく、その上にまた休暇費も完全になくなった。年末になって特別賞与金五〇％を受け取った。

　最高経営陣はどのくらい給料を受け取っていたのだろうか。一九八八年九月、創刊後初めての株主総会を開いたが、この席で取締役および監事の報酬金額を決定した。宋建鎬代表取締役は月に一〇六万二〇〇〇ウォン、任在慶《イムジェギョン》編集人は九八万三五〇〇ウォン、張潤煥《チャンユンファン》編集委員長は九一万八四〇〇ウォンを受け取った。平社員と同じ方式で給料等級を算定して給料を受け取った。非常任取締役（社外取締役）と監事ははじめから報酬を受け取らずに仕事をした。

　一九八八年七月、記者協会報は全国のメディアの月給および年俸統計を報道した。中央日刊《チュンアンイルボ》記者の年平均は一〇〇〇万ウォンだった。一カ月に少なくとも八〇万ウォンをもらっていた計算になる。ハンギョレ記者の月給の二・五倍であり、ハンギョレの取締役の給料と同等だった。

ハンギョレ社員は、給料が少ないにもかかわらず不当な利益を受け取らなかった。これがハンギョレの道徳性の根本だ。創刊号準備が絶頂だった一九八八年五月五日、楊《ヤン》坪洞《ピョンドン》の編集局で倫理綱領および倫理綱領実践要綱宣言式が開かれた。編集人の任在慶がその全文を朗読した。続いて、記者をはじめとしたすべての社員が自分の名前を大型の白紙に書いた。慎洪範《シンホンボム》が初案をつくり、社員皆が討論して確定させて内容だった。

「新聞制作と関連した金品およびその他の不当な利益を得ない」という一文がハンギョレ倫理綱領にある。実践綱領に従えば、善意の些少な贈り物のみ例外としており、すべての金品は辞退するか送り返さねばならない。この場合の善意の贈り物というのは五万ウォン以下の金品のことである。これを超えると無条件に本社の倫理委員会に申告して処理しなければならない。一般的に承認された取材便宜を別にして、(基本的に)取材経費は自分たちで負担し、やむをえない場合を除いて他人の費用で出張・旅行・研修をしないという内容も実践要綱にあった。今もハンギョレ記者たちは、取材便宜を提供された海外出張には、倫理委員会の承認を受けなければならない。

草創期だけでも、寸志を受け取らないというハンギョレの宣言を理解できない官公庁と企業が多かった。郵便で送る贈り物をことごとく返すことにも費用がかかった。ハンギョレはこのような贈り物を集めて、養護老人ホームなどへ預けて処理・管理などを頼んだ。報道資料などに寸志が挟みこまれており、知らずに受け取ってしまった場合もあった。このようなときは、寸志をくれた人の名義で新聞購読料として処理し、新聞を配達するようにした。

一九八九年初め、ハンギョレの記者の中で寸志を受け取った人がいるという情報提供があり、取締役会の次元で真相調査を始めたこともあった。調査結果、事実無根であることが明らかになった。このようなことが外部に知られて、一九九〇年代からはハンギョレの記者へははじめから寸志を渡さないというのが主要(官公庁)機関の慣行となった。

メディア界の寸志文化は根が深かった。(日本による植民地支配からの)解放直後からあった。記者クラブで名節(旧正月や秋夕のこと)や行事があるたびごとに記者たちに分け与えた。全斗煥《チョンドファン》が執権した一九八〇年代からその金額が増えた。選挙が終わると、政党に出入りしている記者たちが家を一軒建てるという話は、笑い話ではなかった。その対価として、記者たちは書かなければならない記事を書かなかった。

ハンギョレは韓国のジャーナリズム界で、個別のメディアとして初めて倫理綱領をつくった。会社が所属記者の不正腐敗行為を直接、監視・監督した。保険社会省寸志事件以降、他のメディアもハンギョレの後を追って個別に倫理綱領などを採択するようになった。しかし、真の意味で寸志を拒否して自らの倫理意識を点検するメディアは今もハンギョレしかない。

ハンギョレにも賃金闘争はあった

賃金は少ないが寸志は絶対に受け取らないというハンギョレの人々の暮らし向きは、今や少しましになったのだろうか。創刊以後、ハンギョレの給与体系は着実に改善された。一九九二年四一・五%の賃金引上げを達成した後、持続的に年俸水準を引き上げた。基本給とボーナスを上げて、各種手当ても引き上げた。一九九四年五月に出帆した第七期労働組合は賃金と福祉を特に強調した。創刊号が出た日、新聞を持ってワンワン泣いて感情を爆発させた宋宇《ソンウ》達《ダル》が労組委員長だった。この頃から労組が先頭に立って社員たちの賃金問題を積極的に処理した。

一九九七年五月、ハンギョレ労働組合は創業以来初めてストライキを決意した。経営陣のボーナス削減案に反対する一種の賃金闘争だった。公募採用第一期の中でも、後輩たちの信望が厚かった金炯善《キムヒョンソン》が労組委員長だった。当時、社員の中には、国民株の新聞であるハンギョレではストライキがあってはならないと反対意見を言う人もいたが、結局多数がストライキを支持した。しかし、実際にストライキは行わなかった。ハンギョレの労使がお互いに譲歩して、土壇場で賃金交渉を妥結したからだ。

一九九〇年代中盤以後、賃金すなわち投資だという認識がハンギョレにも広まった。勤務年数が長くなるほど、大企業の賃金水準との格差が広がったが、創刊時と比較すればハンギョレの人たちの給料は非常に多くなった。中央メディアの中で一番少ない給料だという汚名もそそいだ。二〇〇八年現在、ハンギョレ新入社員の初任給は、（従業員を）五〇〇人以上をかかえる大企業の初任給の八〇%だ。

虫眼鏡 7

6万6743名の主人

二〇〇八年五月現在、ハンギョレ株主は合計六万六七四三名だ。彼らが保有した三一一億三七九五万ウォンの株式がハンギョレの資本金だ。株主全体の九五・二八％が二〇〇株以下だ。一〇〇〇株以下の小額株主は全体の九九％だ。これらの小額株主が保有した株式額は一八二億ウォンを超える。

ハンギョレ二〇年史は株主変遷史と脈を同じにする。一九八七年一二月一五日、新聞社設立登記をするとき一二億五〇〇〇万ウォンの発行資本金を集めたが、約七〇〇〇名の株主たちがこのお金を出した。一九八八年二月二五日、創刊基金五〇億ウォンをすべて集めたとき、全部で二万七二二三名が参加した。彼らが創刊株主だ。

六万名の国民株主の新聞社、ハンギョレ

創刊直後、発展基金募金運動を再び始めた。一九八八年一二月、株主が三万八二一七名に増え、資本金も七四億ウォンになった。その後にも国民株募集を通した増資を着実に推進した。このときからハンギョレを「六万国民株主の新聞」と呼んだ。

二〇〇一年まで二〇〇億ウォンに少し満たない資本金を持っていたハンギョレは、二〇〇二年一二月、資本金を大きく増やした。会社が経営危機に直面し、社員が退職金を株に変えた。株主数には大きい変化がなかったが、資本金は一九八億ウォンから三一一億ウォンへ大きく増えた。ハンギョレの現役社員たちが保有している株は、二〇〇八年現在、全体の二九％程度だ。退職した社員たちの保有した株を加えれば、その割合はさらに高まる。

毎年二月または三月に開かれる定期株主総会は、国民株新聞社ハンギョレを象徴する。各界各層の株主たちが一カ所に集まり、ハンギョレを叱咤激励する。創業後に初めて開かれた一九八八年九月一〇日の臨時株主総会を見て、高《コ》銀《ウン》は詩を書いた。題名は「ハンギョレ株主総会、万歳」だ。

「……それは株主総会ではなく国民大会でした。国民の代表者大会でした。私ははっきり見ました。今まで存在したことがない、まったく新しい資本主義を見ました。それはこの地の結《ゆい》（村落共同体などで農繁期に協力して共同作業するための組織のこと）資本主義でした。いや、それは、同じく独裁へ駆け上がった全体社会主義を溶かして、人類社会の共同体を継いだ新しい社会主義でした。株主三万名は各地域、各階層、各階級を代表する一人一人の権力でした。ハンギョレ株主総会万歳、万々歳」。

新しい資本主義と新しい社会主義を実験してきたハンギョレは、創業以来ただの一度も株主たちに利益を配当することができなかった。ハンギョレの株がまだ株式市場に上場していないために、ハンギョレの株主たちは、その株を売り買いして利益を上げることを期待できない。ハンギョレの株主は普通の株主とは少し違う。彼らが期待するのは、金銭上の利益に先立つ正しいジャーナリズムだ。

一九九二年三月二八日、ソウル市松《ソン》坡《パク》区の重量挙げ競技場で第四回定期株主総会が開かれた。創業後、赤字が累積し続けるという会社内部の苦労もあり、他の年より株主たちの関心が高い総会だった。この日、株主たちは経営陣にこんな質問を投げかけた。

「固定欄に掲載されるデパート情報、プロスポーツ情報などは、創刊主旨から外れるんじゃありませんか」、「広告紙面が増えましたが、このせいで記事の紙面が少なくなる憂慮はありませんか」、「統一に備えてハンギョレの記者を平壌《ピョンヤン》に常駐させる計画はありませんか」、「論調が特定政党と特定地域に偏向しているという指摘に対してどのように考えますか」、「昌原《チャンウォン》からやってきた大韓光学《テハンクァンハク》の労働者です。三〇日余りの間、上京闘争を繰り広げ、ハンギョレに報道してくれと要請もしましたが、まだ記事になっていません。なぜですか」。

「創刊精神を忘れるな」

過ぎし二〇年の間、ハンギョレの株主たちの一途な要求は、創刊精神を忘れないこと、正確で公正な報道をすること、疎外された者を見守る紙面をつくること、などの注文だった。創刊直後である一九八八年八月末、無作為で一一四四名の株主を選んでアンケート調査を実施した。ハンギョレの株を買ったのは経済的な期待とは無関係だと答えた株主が六七・九％だった。収益が出ても株を売らないつもりだと答えた株主が八二・九%だった。ハンギョレが増資する場合、また株を買うと答えた株主は八三・一%だった。大資本が参与する心配があるので（ハンギョレが）株式上場するのに反対すると答えた株主も五八・四%だった。

一九九一年に入って第三回発展基金を募金すると同時に、全国の地域別株主懇談会を開いた。創刊以降、初めてハンギョレの幹部たちが直接株主たちに会って対話する席だった。六月から一二月まで全国の主要都市を回りながら四五回の懇談会を開いて、二三〇〇名の株主たちが参席した。宋建鎬《ソンゴノ》代表取締役、金泰弘《キムテホン》株式担当取締役、崔星民《チェソンミン》（韓国放送公社（KBS）を経てハンギョレへ。後に論説委員）労働組合委員長、金槿《キムグン》論説委員などが懇談会に同席して株主たちの質疑に答えた。ハンギョレが頼りにするものは国民株主しかなく、（アイデアを）考えた金泰弘が積極的にこの行事を推進した。

この懇談会を契機として、一九九二年六月に全国読者株主代表者集会がつくられた。創刊株主であるキム・テクジュン、申孟淳《シンメンスン》、チャン・ムンハなどが共同代表を引き受けた。「ハンギョレ全国読者株主集会」というニュースレターも発行した。会社経営陣も株主集会結成を後援した。元々は、株主たちの参与意識を高めて、全国に散らばった株主読者を一つにまとめて発展の原動力と見なすという構想だった。しかし、国民株主が会社経営にどのような方式で参与できるのかに対しては、詳細な答えを準備できなかった。「世界唯一の結《ゆい》資本主義であり、新しい社会主義」に基礎を置いて、メディア企業経営の安定性と効率性を極大化する最善の道をハンギョレの人たちは依然として探している。

創刊当時、五人の姉妹がアパートを売って創刊基金を出したことがあった。ハンギョレの人たちは彼女たちを「五姉妹」と呼んだ。創刊一周年記念式のときは、宋建鎬《ソンゴノ》代表取締役が直接、創刊功労感謝の盾を手渡した。ところで、新聞の志向と経営方式に対する議論が巻き起こり、五姉妹たちは代表取締役室を占拠して籠城を繰り広げた。真のジャーナリズムが生まれることを期待して基金を出したのに、ハンギョレがその志と違う道を進んでいるということだった。ハンギョレを愛する心が強すぎたためだったが、当時、金命傑《キムミョンゴル》代表取締役をはじめとした経営陣としては当惑した出来事だった。

どうやって六万人の株主の声を盛り込むのか

一九九三年に株主代表者会の主導で、株主総会の結果を問題とする訴訟が起こったのも、似たようなケースだった。考え方が互いに違う約六万の株主たちが出した健全な対案と批判をハンギョレの紙面と経営にどのように盛り込むのかということが、依然として課題となっていた。ただ、過ぎし二〇年間、国民株主たちの間にもある共感が形成されていた。経営の安定性を損なう方式で株主の権利を行使することは、むしろハンギョレの創刊精神の実現に障害となるという判断だ。

二〇〇四年五月、「第二の創刊」を宣言したハンギョレは再び全国株主会を開いた。翌年の二〇〇六年四月まで釜《プ》山《サン》・慶尚南道《キョンサンナムド》をはじめとして、ソウル・仁川《インチョン》・京畿《キョンギ》、大邱《テグ》・慶尚北道《キョンサンブクド》、大田《テジョン》・忠清南道《チュンチョンナムド》、光州《クァンジュ》・全羅南道《チョルラナムド》、清州《チョンジュ》・忠清北道《チュンチョンブクド》などを回りながら、地域株主会を再び始め、鼓舞した。

国民株主がハンギョレを生んだ。ハンギョレが苦難に陥ったときごとに助けてくれた。孔徳洞《コンドクトン》の社屋二階の玄関をくぐると、ハンギョレの主人である彼らが客を迎える。七〇個の銅版に約六万の株主たちの名前が一人一人彫りこまれている。

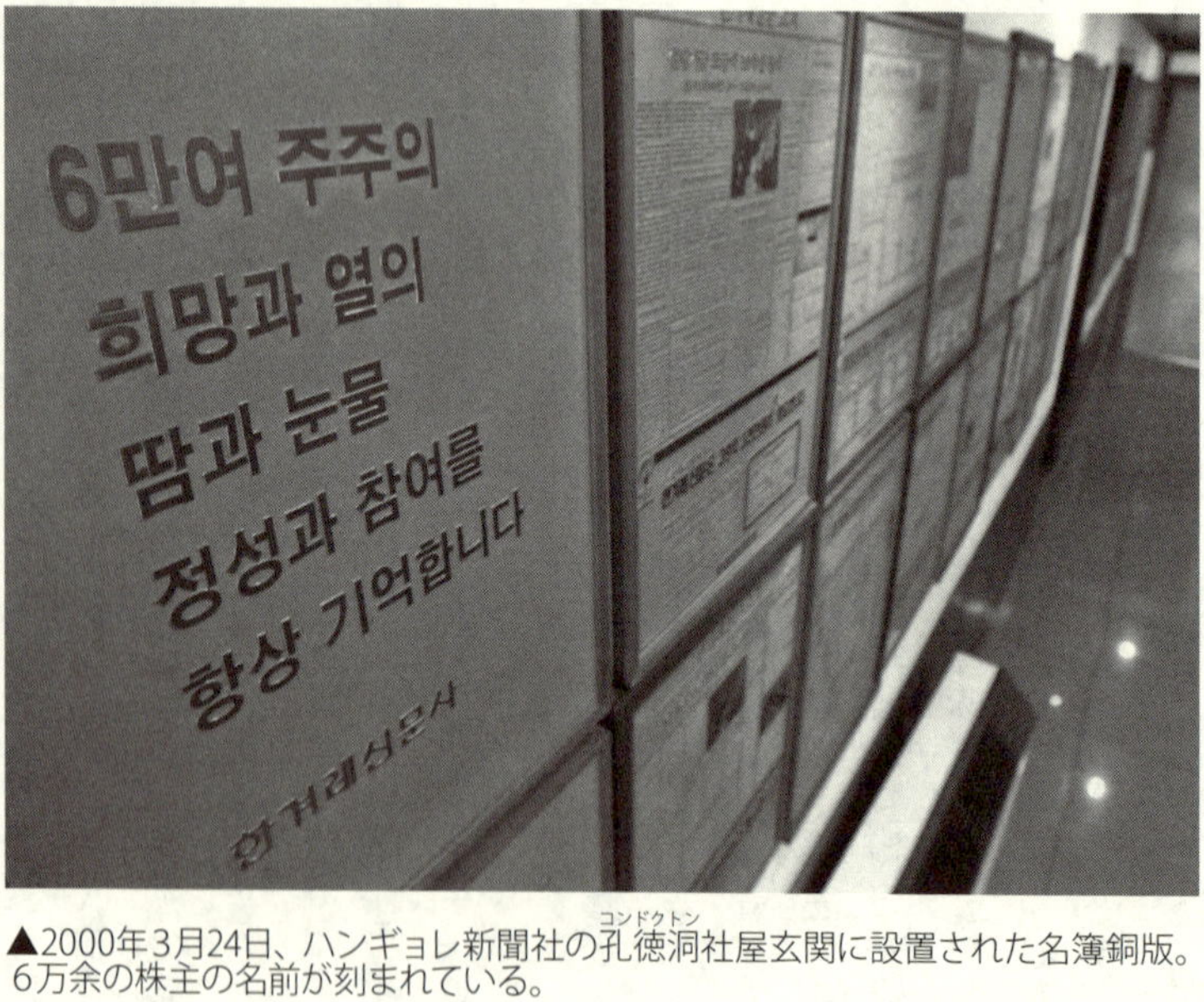

▲2000年3月24日、ハンギョレ新聞社の孔徳洞《コンドクトン》社屋玄関に設置された名簿銅版。6万余の株主の名前が刻まれている。

第三章　行く道を問う

一九八九年六月、新しい社屋の建築と高速輪転機導入のための発展基金募金が終わった。

一一九億ウォンの巨額資金が集まり、国民が集めた現金が銀行口座に預けられていた。利子が少しでも高いところへ資金を移そうという話が取締役会で出た。反対意見も出た。正論を標榜するハンギョレが他メディアのような資金運用はできないというものだった。

当時、管理局長の成裕普《ソンユボ》が発展基金募金および管理を引き受けていたが、この分野での経験がなく、簡単に決断を下すことができなかった。成裕普は発展基金募金を最初に提案したメンバーの一人だった。提案者が責任をとれという言葉に強く押されて、管理局長になった。以後、発展基金募金を成功裏に終えたが、今は基金運営の責任まで引き受けていた。

議論を重ねるのに数カ月間を費やし、結局、試験的に基金運用をすることにした。ちょうど外部から移ってきた経理部長が出社し始めていた。資金運用実務を請け負った〔それまでの〕経理部長が適任ではなく、外部から特別採用した人物だった。彼に仕事を委ねたが、事件が起こった。企業手形を買ったが該当企業が不渡りになり、約二億ウォンの損失が発生したのである。

❖ 資金管理できる人がいない新聞社

遅れて取締役会に関連事実が報告された。残高証明書など〔当時、韓国社会では入社時の身分保証として求められる場合があった〕の入社書類をきちんと受け取らないまま採用した経理部長が、取引過程で不当なコミッション（賄賂）を準備したという事実も発覚した。問題の経理部長は行方をくらまして出てこなかった。結局、取締役会全員が共同責任をとることにした。取締役たちの名前で銀行から金を借りて損失分を補填した。

借金に対する利子を苦労して返したものの、取締役の個人負担が大きくなった。成裕普《ソンユボ》が責任をとると申し出た。元々、彼は資金運用分野の経験がなく、仕事を引き受けられないと固辞したが、他の取締役たちが無理強いしたので責任者を引き受けたのだった。解職以後、ろくな職業を持ったことのない彼は、ハンギョレの中でも一番貧しい部類に属した。彼の困窮な暮らし向きでは返すことのできない額だった。成裕普は月給と退職金全部を損失の埋め合わせに使った。

このことは草創期ハンギョレの組織風土を象徴する。経営の専門家が不足し、資金の流れを把握してきちんと運用する人がいなかった。会社の資金管理を受け持つ実務者ですら適任者がいなかった。そのような実務者を採用するときはどのような書類を準備しなければならないのかさえわからなかった。問題が起こったらすぐに個人の責任を問い質した。その結果、誠意を捧げて最善を尽くした創刊の主役たちが、一人また一人と傷ついて会社から去った。彼らが去り、そのうえ会社の事情を知っている人たちがさらに少なくなって、再び経営管理に空白が生まれた。

経営戦略の混乱は、新しい社屋建設過程でも現れた。当時の地方税法では大都市に工場を新しく建てる場合、重課税を免除できるだろうと判断された。創刊のときも実状に合わない法令を相手にうまく乗り切ったし、新聞社登録などを貫徹したという経験があった。関連法を見ても内務部(今日の行政安全部)長官が主務部署と協議して重課税適用外を置くことができる施行令があった。権力との談合を図るのではなく、正当な手続を経て税金減免措置を受ける道だった。

実際に政府は大都市の真ん中に工場が入っても不可避な事情を検討して、税金免除措置を取ったことが何例かあった。数十年ぶりに初めて新聞社が生まれた状況で、ハンギョレこそその例外になるだろうと判断された。万が一政府との合意が達せられないならば、実情に合わない法令自体の改正をも要求するかもしれないと考えた。しかし、他の取締役たちは反対した。政府にとって目の上のたんこぶのようなハンギョレには重課税例外規定を適用しないだろうと判断した。実定法の例外を念頭に置いて、税金を払わないことを前提としては、「この問題は」解決できないと反駁した。

結局、重課税納付問題に対する明確な方針が定まらなかった。その状態のまま時間が流れた。取締役たちのほとんどがこの問題に大きな神経を使っていなかった。一九八九年一二月末、三億ウォンの重課税といっしょに、期限日までに納入しなかった場合は加算税六〇〇〇万ウォンを出さなければならないという告知書が会社に送られてきた。

この事態に際して遅まきながら責任論争が紛糾した。税金を初めから納めたならば加算金は払わずに済んだという主張が出た。今からでも遅くないから、重課税回避方針を推し進めて加算税を出す理由はないとしようという反駁も出た。適切な時期に明確な方針を定めることができなかったハンギョレは、結局、加算金まで含めてすべて払った。

加算金納付を取り巻く議論紛糾が大きくなったのは、新しい社屋建設をめぐった意見対立が完全に解決しなかったことも大きかった。創刊事務局を主導していた鄭《チョン》泰基《テギ》は、創刊直後に開発本部を出帆させて新しい社屋建設および輪転機導入事業を推進したが、必要資金額がかなり高額だった。およそ一〇〇億ウォンの発展基金を集めはしたが、当初構想していた水準の輪転機と社屋を準備するためには、もっと多くの金が必要だった。

❖ 経営を取り巻く混乱、増える赤字

この時の状況に当てはまるのが「起債論」と「自立論」だ。銀行の金を借りても資金を準備しなければならないという主張と、ハンギョレが大資本に隷属してはいけないという主張が対立した。経営の経験が豊富だった鄭《チョン》泰基《テギ》のような人物は、新聞社設立初期に「規模の経済(economies of scale)」(＊1)を準備してこそ持続的な成長が可能だと判断した。反面、解職記者時代に在野運動を引っ張ってきた金鍾澈《キムジョンチョル》のような人物は、ハンギョレが大資本に隷属する場合は権力の圧力で創刊精神を維持できないだろうと判断した。議論が膨らみつつ、経営管理部門の次長級以上の幹部三四人が開発本部の独走を批判する声明を出した。結局、当初の事業規模を縮小して輪転機導入と社屋建設を推進することで落ち着いた。

経営を取り巻く混乱は続いた。ハンギョレは創刊初年である一九八八年に七億七〇〇〇万ウォンの赤字を出した。翌年の一九八九年には一七億五〇〇〇万ウォンの赤字が出た。赤字は一九九三年まで続いた。一九九一年に九〇〇〇万ウォン、一九九二年に八億二〇〇〇万ウォン、一九九三年には七億七〇〇〇万ウォンの赤字で、創刊五年間で六一億ウォンの累積赤字となった。創刊資本金五〇億ウォンを超える規模だった。

一九九〇年代初め、ハンギョレは重大な岐路に立たされた。黒字を出す方法を探せなかったら、いつ死ぬのかが決定づけられている人生と違いがなかった。経営の危機と混乱が重なりつつ、創刊の主役たちが一人ずつハンギョレ新

聞社を離れていった。

❖編集局の人事問題

一九九〇年一一月一日、成裕普《ソンユボ》編集局長が編集局の人事案を出した。次長級三名と平記者二名の所属部署を移す内容だった。初代編集委員長であった成裕普は、編集委員長直接選挙制の実施以後、少しの間編集局を離れていたが、一九九〇年七月に四代目編集委員長として再び選出された状態だった。成裕普が人事案を出してから二日後の一一月三日、役員会議はこの人事案を訂正した。成裕普は、人事権の侵害だとして職位辞退書を出した。

一一月八日、編集委員会が遺憾を表す立場を発表した。「今回の事態で編集権独立が大きく侵害された」ということが主な内容だった。同日、キャリア記者四二名、公募採用第一期記者一七名、公募採用第二期記者一〇名などが連名で声明を発表した。やはり役員会の決定が編集権独立を否定したという内容だった。

次の日である一一月九日には事態の拡大を警戒する労働組合の声明が発表された。記者たちの声明とは違う内容だった。編集局記者の人事に対する最終権限は役員会にあるのであり、手続と等級を無視した反発は組織の安定性を損なうという指摘だった。結局、経営陣と編集陣が対立し、労働組合と平記者たちが分裂した姿になった。

一一月一〇日、声明に参加した記者たちを中心に「編集局総会準備委員会」がつくられた。呉亀煥《オギファン》、趙弘燮《チョホンソプ》、崔《チェ》永善《ヨンソン》、李泓東《イホンドン》などが先頭に立った。一一月一五日夕方、編集局総会が開かれた。郭炳燦《カクホンチャン》、チェ・ボウン、シン・ヒョンマン、鄭尚模《チョンサンモ》、パク・ヘジョン、高昇羽《コスンウ》など一二名が公式討論者として出席して論争した。なんと六時間の間、総会は続いた。

討論会直後、今回の事態が編集権侵害なのか適正人事なのかを問う投票が実施された。記者一六七名のうち一一六名が投票に参加した。多数が編集権の侵害だという意見を出した。一二月四日には成裕普編集委員長の信任を問う投票が開かれた。信任投票を主導したのは平記者たちだったが、成裕普もこれを望んだ。ピンと張り詰めた意見対立の中、記者たちが自分を再信任するならば、編集局に対する正当な人事権を継続して行使することができると見ていた。一〇九名が投票に参加して一〇二名が成裕普に対する信任の意思を明らかにした。編集委員長の人事案をそのまま貫徹しなければならないという意味だった。

編集局記者たちのこのような行動を批判する声が続いて出てきた。編集委員長信任投票自体が内規にもない不当な手続であり、これを根拠に最初の人事案を強行しようとしてはいけないという反駁があった。結局、曺永浩《チョヨンホ》、金泰弘《キムテホン》など一部の取締役たちが職位辞退届を出した。取締役会の権限の中で正式に決まった人事案審査結果が再びひっくりかえってはいけないという意思を明らかにした。年を越えた一九九一年一月五日、李仁哲《イインチョル》、金槿《キムグン》、イ・ジョンウク論説委員は「再び生まれ変わらなければならない同胞の新聞」という題名の長文の公開辞表を出して、成裕普の編集局人事案と記者たちの集団行動を批判した。

一月中旬には、広告局の職員一三名がこれに思いを同じくして集団月極め休暇を申請した。同じ時期、全羅南《チョルラナム》道《ド》・光州《クァンジュ》・全羅北道《チョルラプクド》およびソウル東北部支局長たちが共同声明を出したり、本社に抗議の訪問をした。ある支局長は三日間断食籠城までした。匿名と実名の声明書が会社の壁に毎日張られた。他のメディアの週刊誌、月刊誌などがこの事件を取材して記事を書いた。

論争の発端は経営権と編集権の関係設定だった。編集局を引っ張る編集委員長の人事権をそのまま尊重してこそ編集権の独立を達成できるという立場と、すべての人事に対する最終決定権は、代表取締役を含む役員会議にあるのが正しいという立場が対立した。

❖紙面構成についての路線の違い

しかし、論争にはより根本的な問題があった。ハンギョレの紙面の方向および論調についてのものだった。発端になった人事案は、ある政治部記者を社会部へ異動させる内容が含まれていた。政治的偏向が強い記者を政治部にずっと置いておけないというのが編集委員長の判断だった。反面、政治的偏向をどのように露わにしたかが具体的でない状態で、主観的・曖昧な基準で記者の人事をむやみにしてはいけないという反論も提起された。この議論は「金大《キムデ》中《ジュン》問題」と連結していた。

〔「金大中問題」とはこうだ。〕当時、編集局には、独裁に立ち向かう民主勢力の結集のために金大中のリーダーシップを評価しながら、これをハンギョレが適切に導いていかなければならないという立場と、記者個人の政治的志向とは別に、ジャーナリズムは公正と中立を守らなければならないという立場が対立していた。創刊以後、この二つの流れは健全な緊張関係を維持しつつ、〔この緊張関係そのものが〕躍動的な紙面構成のもとになったのだが、編集局の人事案をめぐった論争が大きくなり感情的な対立が深まった。

一九九〇年一一月の「編集局人事問題」以前と以後では、多くのことが変わった。個人性向の違いが、会社運営をめぐる主導権競争へ拡大した。今まで潜在していたすべての問題が一度に水面上に浮上した。正当な意見の違いが対立的な葛藤の構図として広がった。この問題は編集委員長の辞表とその受理で一旦収まったが、もっと大きな暴風が近づいていた。

❖ 経営陣選出をめぐる葛藤も

一九九一年三月、定期株主総会を前にして、役員のメンバー構成で議論が発生した。誰を取締役に選任するのかという問題で内部調整が非常に難航した。以前にはなかったことだった。当時、ハンギョレは創刊委員会が役員メンバーを推薦して株主総会の議決を経て、最後に社員たちの投票で確定する役員選出制度を持っていた。激しい議論の末に、宋建鎬《ソンゴノ》代表取締役を含む新しい役員メンバーが確定した。株主総会でも承認された。しかし一九九一年四月八日、社員の同意投票で、新しい役員陣は否決された。初めてのことだった。

株主総会ですでに決定した取締役メンバーをここに来て変更することはできなかった。ただ、取締役メンバーのそれぞれの役割を変更することは可能だった。熟議の末に、金命傑《キムミョンゴル》取締役を代表取締役とする役員メンバー修正案を決めて社員投票に再びかけた。しかし、やはり否決された。会社が再び混乱に陥り、創刊以後、初めて最高経営陣の空白状態がもたらされたわけである。社員たちの多数が、初代代表取締役だった宋建鎬のリーダーシップを疑わしく思っていた結果だった。一方で、一部の記者たちが意図的に経営陣に揺さぶりをかけているのではという批判の声も出て、再び社内対立が起こった。

社内の統合を主張して労働組合第三期委員長になった金《キム》栄徹《ヨンチョル》などが、仲裁案準備のために東奔西走した。結局、宋建鎬を取締役会会長とし、金命傑を代表取締役とし、金命傑が実質的に経営について責任を負うような取締役会メンバー構成案が提案された。社員投票でもこの構成案が通過した。株主総会が終わって一カ月が経過していた。以後、一年あまりの間、経営陣選出制度、経営方向、労働組合などに渡る議論が紛糾した。すでに編集権の問題ではなく経営権の問題になっていた。

一九九三年六月一九日、ソウル江南区《カンナムク》三成洞《サムソンドン》韓国総合展示場で、新しい取締役会構成のための株主総会が開かれた。任期が終わった金命傑の後を引き継いで、金重培《キムジュンベ》〔ハンギョレ新聞社第五代社長。資料編「人物略歴」参照〕前東亜日報《トンアイルボ》編集局長を新しい代表取締役に選出する場だった。

株主総会が始まった直後の午前一〇時五〇分、宋建鎬が会場から抜け出た。総会に参加できない国民株主たちは、取締役会に議決権を委任してきたが、この日、宋建鎬は全体の委任株の八一%を任されていた。彼が会場の議決に参加しなければどんな議案も通過しえなかった。この日提出された新・取締役会の名簿には宋建鎬の名前は入っていなかった。株主総会前日にこれを知った宋建鎬は「取締役会のメンバー案に同意できない」として初めから総会に参加しないつもりだったが、幹部たちの説得により会場に来ていた。

「まだ案件の審議が終わっていないのにどこに行かれるのですか」と張潤煥《チャンユンファン》論説主幹が宋建鎬を追いながら聞いた。

「総会に出たくなかったが、私が参加しなければ総会が成立しないと聞いて……」「それならば、議決権だけでも会社側に残さねばなりませんよ。金命傑代表取締役に委任したことにしてもいいですか」「そうしてください」「わかりました。ありがとうございます」。

当時、宋建鎬は、社内の混乱に責任ある他の取締役はそのまま取締役会に残り、創刊の代表取締役だった自分だけが急に会社の外へ放り出されるのが無念だったという。遺族たちの回顧だ。

宋建鎬の退場以降、取締役会構成について少し議論があり、最後に表決が始まった。会社がつくられて以降、株主総会で賛成・反対投票を行ったのは初めてだった。それまでは会社が提出した原案のまま満場一致の拍手をして通過させた。株主総会の議決権について、投票を通して行使しなければならない事態が発生したのだった。株主総会進行を引き受けた李柄《イビョン》次長が自宅に電話をかけて宋建鎬と話した。再委任の可否をもう一度確認した。結局、表決の最後に、新しい取締役会構成案が原案のまま通過した。

株主総会三日後の六月二二日、取締役会構成案に批判的であった一部の株主たちが宋建鎬の自宅を訪ねた。「無責任な再委任をした」と株主たちは抗議した。宋建鎬は「誰にも株主総会の議決権を委任したことはないし、会社の誰も私に対して株主議決権を委任してくれと頼んできたことはない」と言った。宋建鎬はその席で、議決権を〔取締役会へ〕委任した事実はないと確認書を書いた。

これを根拠として全国読者株主代表者会所属の株主の一部が、七月二二日、金重培代表取締役など新しい取締役会に対して株主総会議決無効確認訴訟を提起した。再委任を同意しなかった国民株主たちの議決権で、不当に新・取締役会を構成したので、そもそも〔新・取締役会の成立自体が〕無効だという趣旨だった。創刊後、初めてハンギョレの経営権が法的正当性の危機に瀕した。

❖一部の株主、経営陣の正当性を問う

一九九三年秋、ソウル西部地方裁判所法廷の証人席に宋《ソン》建鎬《ゴノ》が立った。初代代表取締役が、新任の代表取締役の権限無効について争うために、証言しなければならないという惨憺たる場だった。法廷記録に残るその日の証言に宋建鎬の複雑な心境が含まれている。

「五回の株主総会では一度も表決に持ち込まれずに満場一致の形で案件が通過したので、今回の株主総会でも満場一致の形で取締役と監査が選任されるだろうと信じていました。ですから、誰にも株主総会の議決権を委任しませんでした。（取締役選任案について）個人的には不満ですが、多数決で決定したら従うしかないと思いました」。

「株主総会に参加できない株主たちが、会社の役員へ議決権委任をする場合が多いが、その株主たちの意思は会社が準備した原案に同意するということであり、会社の案に反対する株主たちは、株主総会に直接参加して反論を述べることがこれまでの慣行です。（取締役選任案について）心の中では反対しましたが、表決をしてまで会社の案に反対する意思はありませんでした。（今回の事態が解決されるために）〔原告は〕訴えを取り下げるのがハンギョレ新聞社の名誉のためだと思いました」。

しかし、訴訟は取り下げられなかった。表面的には経営権選任手続を問題としたが、その裏にはハンギョレ経営陣構成に積極介入しようという一部の株主たちの判断があった。彼らは〔当時の〕ハンギョレが創刊精神に背いていると批判した。これを制御するためには、地域別に株主の代表たちが出て経営権を直接組み立てなければならないと考えた。

この訴訟はハンギョレの〈組織〉支配構造に対する根本的な問いと関連するものだった。たとえ「理想論」に近いとしても、国民株でつくられたハンギョレで約六万の株主が経営に参加するという主張は根拠がないものではなかった。しかし、事態の進行は合理的討論の代わりに破局へ向かった。法的正当性を問うた訴訟が提起された瞬間から、冷静な議論をする余地は残されていなかった。

訴訟を提起した一部の株主たちは、初訴訟が進行中だった一九九四年八月、その年に開かれた株主総会手続を問題視して、また別の訴訟を提起した。一連の事態を経て、ハンギョレ社員の大多数は訴訟を提起した株主たちに批判的立場となった。

訴訟が提起された直後の一九九四年一月、金重培《キムジュンべ》代表取締役など新・取締役メンバーの全員が緊急社員総会で辞任を宣言した。「われわれは、法廷であろうと権力であろうと資本だろうと、その主体が誰であろうと、われわれの命運を外部からの支配に委ねることはできません。他律の結果に一喜一憂することはできないし、われわれの命運が他律で決められる事例を残したらいけないということが、われわれの確信です」。経営権の安定のために代表取締役の金重培が選んだ決断だった。この日の取締役陣の辞任で経営陣の権限を問題とした訴訟の〈そもそもの〉理由がなくなった。次の株主総会のときまで「代行体制」として経営を続けることができる道も開かれた。

裁判は結局、最高裁判所までいったが、各裁判所がすべて同じ判決を出した。ハンギョレの取締役会が勝訴した。一九九五年二月二四日、法廷闘争に最終的な決着がついた。この日最高裁判所は、株主代表者会側の訴訟を棄却した一、二審の判決を確定した。論争の的になった取締役陣たちがすべて辞任した状態で、株主総会の決議無効を成してもその実益がないというのが主な理由だった。

❖編集権・経営権問題の波及が後に暴風となった

訴訟の初めから終わりまで、宋建鎬《ソンゴノ》は訴えを提起した株主と、混乱をきたしている会社の間で苦労した。宋建鎬はハンギョレ創刊の時から二つを念頭に置いていた。〈その一つは〉「新聞をつくる人たちが他の商売をしたら、政府の顔色を伺うようになり絶対に正論を言うことができない」ということであり、普段から周辺の人たちに強調していた。一九七〇年代、八〇年代に韓国の新聞社の堕落を見て確信した信念だった。彼のこのような考えは新聞社の拡大成長を試みる人たちと摩擦を起こす理由になった。もう一つは「国民が苦労して集めたお金だ。軽々しく使ってはだめだ」という考えだった。この考えは、全国を行脚しながら直接国民募金運動を繰り広げてきた時期から固めていたものだった。このせいで国民株主一人一人の指摘と叱責に敏感に反応した。

会社の内外で問題が次々と発生した後には、無力感をよく訴えた。「どうしてそんなに喧嘩するのか分からない。皆で一緒に進まなければならないのに、誰かを排除することはハンギョレを健全に保つために良くない。なぜ俺をこんな問題の渦中に置くのか」。代表取締役時代、彼に会って話をした社員たちは当惑することが少なくなかった。ある人の話を聞いて「その話は正しい」と言いながら、もう一方の人の話を聞いて「それが正しい」と言った。代表取締役が問題を解決できず、むしろ大きくしたという指摘がこのような状況から始まった。

健康を害していたことも彼の明確な判断を曇らせていた。軍事政権時代、彼は何度も当局に引っ張られて辛苦をなめた。特に、新軍部クーデター直後である一九八〇年に経験した拷問の後遺症が大きかった。当時、五〇代中盤だった彼は、角材で太ももを殴打されるひどい拷問を一五日間受けた。一九九〇年代に入ってからは、取締役会の席で居眠りをしたり、細かいことを覚えられない症状もしばしば出た。議決権委任可否について争ったときには、記憶力まで鈍り、宋建鎬の容体が当時の状況に少なくない影響を与えていた。

株主総会問題の直後、宋建鎬の病気がさらに悪化した。手足の筋肉が硬化し始めた。アルツハイマー病だった。倒れる直前である一九九五年夏、彼は生涯集めた一万五〇〇〇あまりの本を寄贈しようと決心した。彼の本を受け入れてきちんと運用するとハンギル社が提案した。母校であるソウル大学図書館も寄贈候補だった。しかし、宋建鎬はハンギョレを選んだ。準備作業の最後である一九九六年九月三日、孔徳洞《コンドクトン》のハンギョレ社屋四階に彼の号を取って名前をつけた青巌《チョンオム》文庫が開設した。その日、宋建鎬は車椅子に乗って会社を訪ねてきた。権根述《クォングンスル》代表取締役が車椅子を押した。株主総会問題以後、三年ぶりのハンギョレ新聞社訪問であり、最後の訪問でもあった。

二〇〇一年一二月二一日、宋建鎬は長い闘病の末に世を去った。二〇〇二年一月、後輩の記者たちと遺族たちが故人の志を称えた青巌言論財団をつくり、ハンギョレは二〇〇二年五月一五日、創刊記念日に合わせて社屋の玄関入り口に彼の胸像を建てた。ハンギョレ新聞社と青巌言論財団は、宋建鎬言論賞を一緒に制定して二〇〇二年以後、毎年、志あるジャーナリストへこの賞を与えている。

初代代表取締役だった宋建鎬を中心に据えて、編集権および経営権の問題で混乱・紛糾したハンギョレの人たちも、深い傷を負った。一年六カ月余り継続した訴訟のせいで、会社の最高幹部たちがぞろぞろと法廷の証人席に出て行った。宋建鎬がハンギョレを去るようになるとすぐ、一連の事態に抗議する意味でユ・ジョンピルが辞表を出した。

何人かの社員たちは訴訟を提起した株主たちと思いを一緒にして、経営陣と編集陣を公開批判したが、混乱を収めて立て直そうという思いから、金斗植《キムドシク》代表取締役が彼らの中で崔星民《チェソンミン》と朴海鐫《パクヘジョン》記者を停職処分にした。懲戒処分を受けた以降も会社の方針に対する批判活動を続けた彼らは、結局解雇され、これを問題とした訴訟の後に、そろって復職となった。

国民株による新聞社で、国民株主たちと訴訟を始め、解職記者たちがつくった新聞社で記者を解雇する事態が起こってしまったことは、この頃のハンギョレの大混乱を物語る。初代編集人で副代表取締役だった任在慶《イムジェギョン》は「あの事態のままもう一年を過ごすとしたら、俺が死ぬかもしれなかった」と当時の苦しい思いを回顧した。

結局、創業と創刊を引っ張ってきた人たちが、そろってハンギョレを去った。これ以上、混乱の主人公になるのを避けようという苦肉の策でもあった。初代編集人の任在慶は一九九一年三月に辞表を出した。初代経営取締役の李《イ》炳注《ビョンジュ》と初代編集取締役の慎洪範《シンホンボム》も同じ時期にハンギョレを辞めた。初代管理取締役だった鄭泰基《チョンテギ》は、これより前の一九九〇年五月に辞表を出した。初代企画取締役だった曺永浩《チョヨンホ》も一九九一年六月にハンギョレを離れた。初代編集委員長の成裕普《ソンユボ》は一九九一年三月に辞表を出した。創刊の時から経営実務を引っ張ってきた徐炯洙《ソヒョンス》は一九九二年五月にハンギョレを辞めた。新しい新聞をつくるときに力を合わせた指導級の人たちが、すべてハンギョレから離れた。

＊1　**規模の経済**　経済学の専門用語。企業活動において、製品あたりの固定費負担などの平均費用が減少する結果、利益率が高まる傾向のことをいう。

女性編集人会

虫眼鏡 8

ハンギョレにはいろいろな社員の集まりがある。その中でも一番最初につくられたのが女性の集まりだ。一九八八年一月八日、ハンギョレ新聞女性発議者会が開かれた。創刊事務局の女性で、解職記者とキャリア記者たちが参加した。この日の集まりには、これからの記者人事では両性平等の原則を守り、編集局の中に「女性部」をつくって、各紙面の女性関連記事を検討しようという意見が集まった。

女性部は編集局の中に女性問題について専門的に担当する一種の小編集委員会を置こうという発想から始まった。各部署で女性関連記事を作成し、女性部編集委員が両性平等の立場からこれを点検するデスクの役割をしようということだった。同時に、各部署に女性関連記事の取材を指示して主導する役割を兼ねることも期待した。

〝すべての記事は女性部編集委員を経由せよ〟

この提案が実際に具現化することはなかった。この構想に従おうとすれば、すべての記事は各部署のデスクを経由した後にもう一度女性部編集委員の検討を経由しなければならなかった。そのような時間を確保できる制作状況ではなかった。しかし、その精神は創刊以後も受け継がれた。

創刊事務局時代の女性記者会を土台として創刊直後「女性編集人会」がつくられた。ハンギョレの人々は短縮して「女編」と呼んだ。創刊初期、女性編集人会には趙成淑《チョソンスク》、池永善《チヨンソン》、申蓮淑《シンヨンスク》〔「シネ21」理事など歴任〕、権台仙《クオンテソン》、趙善《チョソ》姫《ニ》、チェ・ボウン、朴根愛《パククネ》、金禾鈴《キムファリョン》、金美瓊《キムミギョン》、クウォン・ジョンスク、ムン・ヒョンスクなどが参加した。

彼女たちは不定期的に集まりを開いた。各部署ごとに女性記者を均等に配置すること、新入社員募集時に性差別なく能力に従って選ぶこと、女性社員にも家族手当を支給することなどを提案した。これらは、ハンギョレの組織運営にそのまま反映された。

メディアには、夜間の状況を司る夜間編集委員長および夜間編集委員たちがいる。創刊初期、ハンギョレでは「女性配慮」の観点から女性記者たちを夜勤から除外した。創刊号が出て幾日もたたず、女性編集人会が「特別保護待遇を望まない」とこれを問題視した。その後から、女性記者たちも夜勤を始めた。

ハンギョレの女性記者たちが、活発に動くのには理由があった。一九八〇年代まで各メディアは女性を差別待遇した。まず、入社の機会が与えられなかった。朝鮮日報《チョソンイルボ》から解職される当時、金善珠《キムソンジュ》は会社で唯一の女性記者だった。当時、東亜日報《トンアイルボ》では女性記者が結婚すれば会社を辞めなければならなかった。

〝差別も配慮も拒否する〟

ハンギョレははじめからこうではなかった。創刊初期、記者全体の中の一六%が女性だった。前例を探すのが難しいほど女性記者の比率が高かった。創刊初年度である一九八八年、ハンギョレ紙面には女性または両性の平等と関連した連載が多かった。「女性、今日と明日」（一九八八年九月）、「女性、女性、女性」（一九八八年一一月）、「夫婦が一緒に働く」（一九八九年一月）、「若い家庭、社会を変える」（一九八九年五月）、「お父さんの育児日記」（一九八九年一〇月）などが代表的だ。

道半ばで休刊することになってしまったとはいえ、二〇〇三年一一月、新しい概念の女性月刊誌「ハーストーリー（her story）」を創刊したことは、女性の人材がハンギョレにいたからこそ可能なことだった。公募採用第一期のチェ・ボウンは、修習を終えるや否や記者として政党への出入りを開始したが、当時、それはすべてのメディアをひっくるめて政党に出入りするほとんど唯一の女性だった。申蓮淑《シンヨンスク》は後日、メディア産業本部長を引き受け、池永《チヨン》善《ソン》とムン・ヒョンスクは編集局副局長に昇進した。趙善姫《チョソニ》は、「シネ21」の初代編集長、金美瓊《キムミギョン》はインターネットハンギョレのニュース部長と「ハーストーリー」の初代編集長を引き受けた。金善珠《キムソンジュ》は二〇〇四年二月に言論界最初の女性論説主幹になった。権台仙《クォンテソン》は二〇〇二年春、総合日刊紙史上最初の女性社会部長になり、二〇〇五年三月には総合日刊紙史上最初の女性編集委員長になった。

二〇〇〇年一月三〇日、ハンギョレの女性会が公式に出帆した。そのときまで編集局女性会、業務職女性会、電算職女性会などがそれぞれ活動していた。金善珠が初代顧問、権台仙が初代会長を引き受けた。二〇〇〇年代以後、ハンギョレの公式採用入社の半分程度が女性であり、ハンギョレ女性会の会員数は増え続け、二〇〇八年現在、一三〇人となった。

男性たち、女性会のおかげで育児休暇を得る

女性たちの活発な活動は男性たちにも恵みをもたらした。編集局の権福基《クォンボッキ》は二〇〇〇年五月、二番目の娘の出産直後、一カ月の間、育児休暇をもらって家族の面倒を見た。国内のジャーナリズム界では初めてのことだった。大多数の企業で男性の育児休暇規定は死文化しており、その上、メディアでは想像できないことだった。二〇〇一年五月には「ハンギョレ21」の金昌錫《キムチャンソク》(「シネ21」の記者も担当)、二〇〇一年九月には情報資料部のチェ・ミンスなどがそれぞれ二カ月間の育児休暇をもらった。この後、ハンギョレの男性の中で育児休暇の「喜び」を享受する人がどんどん増えた。両性の平等を強調するハンギョレでは、男性も育児休暇対象の例外ではない。

第四章　跳躍を夢見て

一九九一年八月、韓国日報《ハングクイルボ》が嶺南《ヨンナム》〔慶尚道《キョンサンド》〕現地での印刷を始めた。東亜日報《トンアイルボ》は一九九一年九月、嶺南はもちろん湖南《ホナム》〔全羅道《チョルラド》〕での現地印刷を始めた。朝鮮日報《チョソンイルボ》は一九九二年三月、新聞社の中で初めて全国各地域にまたがって同時印刷網を取りそろえた。中央日報《チュンアンイルボ》は一九九二年初めから終わりまで江南《カンナム》社屋、大邱《テグ》工場、光州《クァンジュ》工場、安山《アンサン》工場の順に竣工して全国の現地印刷準備を終わらせた。

地方印刷のためには新聞制作システムの正常化が必須だった。韓国日報が一九九二年九月にCTSを電撃導入するとすぐ、朝鮮日報も一カ月後にCTS開発を完成させた。同じ年、中央日報もCTSを全社に導入し、東亜日報は一九九四年四月、CTS全面編集を始めた。彼らが採用したCTSはハンギョレが創刊の時に導入したCTSより一歩先のものだったが、新聞編集はもちろん記事入力段階からコンピューターを活用した。

❖新聞社の物量競争が始まった

朝刊は韓国日報《ハングクイルボ》・朝鮮日報《チョソンイルボ》、夕刊は東亜日報《トンアイルボ》・中央日《チュンアンイル》報《ボ》というように二つに分かれていた新聞市場も混沌とした状態になった。韓国日報が一九九一年一二月、朝刊と夕刊をセット販売した。朝刊市場だけにとどまるのではなく、夕刊市場まで攻略するという意思だった。そうすることで、夕刊新聞が対抗した。一九九三年四月、東亜日報が朝刊に転換した。一九九五年四月、中央日報も朝刊に変えた。当然、自分の縄張りだと思っていた朝刊市場を脅かされた韓国日報は、結局夕刊発行を中止した。結果的に主要日刊紙はすべて朝刊市場で競争するようになった。

増ページ競争も始まった。一九九三年四月、朝鮮日報、東亜日報、韓国日報、中央日報など四つの全国紙が一日に三二面発行を決めた。行き過ぎた増ページを防ぐため、適正ラインで妥協をしたわけだが、長くは持たなかった。一九九四年七月、姉妹紙の中央経済新聞を吸収した中央日報は九月から総合ニュース、経済、スポーツなどに分けた合計四八面の三つの別刷りにした新聞を毎日出した。他の新聞社も続いて紙面を増やした。

〔各新聞社は〕販売部数を増やし始めた。地域ごとに世帯購読者市場は限定され、各販売店に販売促進割り当て量を与えた。目標に達しなかった場合には販売店長をすげ替えた。各新聞社の販売店は、自身の新聞部数を少しでも増やそうと、不法な販売促進活動をした。何カ月かの間無料で新聞を配達したり、新聞を購読してくれた人には高い景品を提供することもした。誰も制御しない販売促進競争が繰り広げられた結果、一九九六年、朝鮮日報販売店長と中央日報販売店長の争いが起こり、殺人事件になった（＊1）。

韓国の新聞価格は製作原価にまったく見合っていなかった。新聞を発行すればするほど損失が出た。販売部数が増えれば赤字がさらに大きくなった。これを補填するのが広告で、莫大な資本を投入して設備に投資し、出血するのが当然な〔損することが当然な〕販売促進競争を始めた後にまず最初にやることは、広告をとってくることだった。新聞社ごとに広告受注競争が続いた。ハンギョレが創刊された一九八八年、主要日刊紙の紙面に広告が占める比重は四〇％程度だった。一九九〇年代に入ると、その比率は六〇％に上がった。増ページ競争で紙幅は厚くなったが、記事より広告が増えた。

❖ 空腹は我慢できても……

輪転機に代表される大規模装置が必要な産業である新聞社は、ある程度の物量競争を避けることができない。ハンギョレもこれに備えた。一九八九年二月に発足した開発本部は新聞社の跳躍を後押しする物的土台を準備〔設備投資〕する意味を含んでいた。鄭泰基《チョンテギ》が本部長、イ・チャンファが建設チーム長、徐炯洙《ソヒョンス》が施設チーム長、コ・サンベが基本計画チーム長をそれぞれ引き受けた。彼らは創刊時の中古輪転機と楊坪洞《ヤンピョンドン》の工場の貸与事務所では、事業の伸びが期待できないと考えた。開発本部長は発展基金を元手に事業拡大をはかろうとした。発展基金募金運動を始めた一九八八年一〇月、主要日刊紙に掲載された広告でハンギョレの人たちはこのように言った。

「日が沈めばポケットに焼酎一杯を飲むお金もない貧しいハンギョレ記者たち。日が昇れば独裁政権の銃剣も怖くないというハンギョレ記者の毅然とした態度。給料をたくさんくれるよい職場や新聞社をすべて放り出し、薄給でもいいとカラカラ笑いながら自ら集まったハンギョレ記者たち。飲みたい酒も我慢できますし、女房の冷たい視線も我慢できます。しかし、輪転機の状態が良くなければ新聞発行が遅くなります。速報性が生命である新聞印刷が遅くなります。志ある方々へ助けを請います。新しい輪転機を買ってください」。

　このようにして集められた発展基金は創刊基金より多くなった。創刊基金は一九八七年一〇月から翌年の三月までに五〇億ウォン、発展基金は一九八八年九月から翌年の五月までに一一九億ウォンが集まった。その資金で新しい輪転機を購入し、新しい社屋を建てた。開発本部は、創刊時に構築したCTSに代わる新しい電算システムを開発して、業務全体を電算化する計画を立てた。しかし、開発本部の構想は完全に実現できたわけではなかった。社屋と輪転機を新しく準備することにも、資金を惜しんで使わなければならなかった。運営資金計画が最も急を要したからである。

　創刊から約四カ月後の一九八八年一〇月から運営資金が底をつき始めた。その後は、毎月約二億ウォンずつ赤字が発生した。当初、五〇億ウォンで新聞社をつくるという構想で、賃金などに対する考慮は大きな比重を占めていなかった。その時予想していた社員数は一五〇〜二〇〇人程度だったのが、創刊一年後には四〇〇名を超えた。他の日刊紙の二分の一にも満たない給料だったが、約四〇〇人を賄うには相当の資金が必要だった。新聞用紙とインクを購入し、各種施設と最小の販売網を維持するための固定費用も継続して増えていき、発展基金として確保した資本が緊急に使われた。設備投資の余力はそのぶん減った。二〜三年の間、〔人事問題など〕社内の混乱を経験したため、戦略的投資を推進する人材も、責任を進んで引き受ける適任者もいなかった。その間、他の新聞社が販売部数競争を始めた。

　一九九一年九月六日、本格的な販売部数競争を目の前にした東亜日報《トンアイルボ》は編集局長を変えた。粘り強い金重培《キムジュンペ》編集局長は、血眼になって事業拡大をはかる社主の信任を失い憎まれた。突然解任された金重培は、離任式でこう言った。

「ジャーナリズムは今や権力との闘いより、新聞社を制約している資本との厄介な闘いまで始めなければならない時期に差しかかりました」。

　自身が予測したそのままに、以前にはなかった大規模な市場競争が絶頂に達した一九九三年四月、金重培はハンギョレ編集委員長になった。その後すぐの六月、金重培はハンギョレの代表取締役に就任した。彼の右腕として金斗《キムド》植《シク》常務がついた。金斗植は近い将来、金重培に続いて代表取締役になる。資本との困難な闘いを始めていくハンギョレの新しい布陣がこの時に整えられた。

❖ 中長期発展戦略の前進基地、会社発展企画委員会

一九九二年七月二〇日、会社発展企画委員会が出帆した。金命傑《キムミョンゴル》代表取締役の時期だった。金斗植《キムドシク》常務が指揮する直属機構だったが、事実上は労使合同機構でもあった。労働組合が特別機構の出帆前からスタートを促し、発足以降には積極的に応援した。

会社発展企画委員会は創業後初めて、中長期発展戦略を研究するためにつくられた特別機構だった。創刊当時のハンギョレは、メディアの片輪である経営マインドをほとんど整えられずにいた。毎日・毎月を心配しながら生きた。会社発展企画委員会出帆は近視眼的な経営慣行を抜け出そうという初めての試みだった。

この機構のもう一つの目的は、社内の統合だった。編集局人事問題などで混乱している社内のいくつかの流れを一つに集めようとした。当時、代表取締役だった金命傑は、百家争鳴が勃発した多様な声の前で、徹底的に中立を守ろうとした。主張せずに聞くことに心を砕いた。彼は社内混乱の緩衝材の役割を自任した。「社内統合に神経を使うために、俺が元々しようとしていた多くのことも、自ら中止した」と彼は回顧した。

当時、労働組合委員長は尹錫仁《ユンソギン》だった。彼は一九九一年八月に任期一年の労組委員長になり、会社発展企画委員会出帆四日前の一九九二年七月一六日に再選された。尹錫仁は最初の任期のときから経営権と編集権の関係設定など会社の懸案に対する対案を研究して、経営陣へ提示していた。ハンギョレ的経営モデルを整えるための特別機構設置も提案した。そのまでの労組は経営陣と癒着するとか、強硬対立するという極端な状況を繰り返していた。尹錫仁は経営陣を適切に牽制しながら一歩先を引っ張る態度を取った。

会社発展企画委員会を実際に運営した金斗植は、東亜《トンア》闘委出身だった。東亜日報から始まった一九七〇年代の自由言論運動の中心人物の一人で、東亜日報労働組合設立をリードした。一九七五年の解職後は就職の道が塞がれ、江南《カンナム》に不動産仲介事務所を開いたり、南大門《ナンデムン》で服屋を経営したりしたが、どちらも失敗した。考えうるかぎりの仕事をして生計を立てた。彼はハンギョレで社会教育部と経済部編集委員を経て一九九一年から広告局長および広告担当取締役

を引き受けていた。ハンギョレの経営事情を誰よりもよく知っていた。金斗植は、一九九二年五月、社外報「ハンギョレ家族」で次のように言った。「今はハンギョレの根本的な枠を作らなければならないときです。議論と推測だけで経営はできません」。

会社発展企画委員会が二〇〇〇年代のハンギョレまで見据えた戦略企画をつくるのは、このような背景があった。混乱が続く間にも金命傑と尹錫仁が経営陣と労働組合の中心を掌握しており、金斗植が未来戦略構想を推進した。特別機構で仕事をする人たちは金斗植が直接選んだ。

会社発展企画委員会の実務は朴泳昭《パクヨンソ》、李泓東《イホンドン》、呉泰奎《オテギュ》、イ・テホなど編集と経営部門の若い社員たちが引き受けた。朴泳昭は人事部門のキャリア社員を募集するという情報を聞くやいなや、五年間働いた三星《サムソン》に辞表を投げつけてハンギョレへ入社した。イ・テホは、本の虫として定評があったが、経済・経営関連書籍を渉猟しながら経営企画分野で多様なアイデアを出していた。李泓東と呉泰奎はキャリア記者出身としてハンギョレ創刊に合流したが、当時六〜八年目だった彼らは解職記者世代を中心に始まった社内の紛糾・混乱に批判的だった。朴泳昭は人事・教育部門、イ・テホは長期経営計画、呉泰奎は経営権創出、李泓東は経営権と編集権の関係設定などを引き受けた。金斗植は彼らの独自的活動を補強した。

❖合理的組織運営の原理を導入する

出帆三カ月後の一九九二年一〇月、会社発展企画委員会の報告書が輪郭を現した。会社発展企画委員会は、株主代表制を基礎としつつ、社員中心の経営権創出方案を初めて提示した。このとき提起された原則は、以後ハンギョレの経営陣選出制度が変更になる度に深い影響を与えた。

同時に、社員の持分率を高める社員株主制度および自主株主組合の推進を提案した。創刊時から大部分の社員がハンギョレの株を持っていたが、社員株主を一つにまとめる枠はなかった。会社発展企画委員会の提案直後の一九九二年一二月、ハンギョレの自主株主組合が初めてつくられた。ただ、その持分率が微々たるものであり、社員株主制度の実現には影響を与えなかった。会社発展企画委員会の構想は、二〇〇〇年代に入って現実化した。

経営権と編集権の関係設定に対しては、編集権を包括する経営権概念を提案した。代表取締役と編集委員長が別々に離れ島のように存在していてはいけないという意味だった。この点は二〇〇〇年代以降にも継続して議論された。大きく見れば、代表取締役の権限を強化する方向へ制度が変わったのである。

人事制度、教育制度をはじめとして各種の社内規約を整備したことも会社発展企画委員会の成果だった。人事管理規程、人事評価規程、昇進管理規程、海外研修規程、海外出張旅費規程、地方駐在社員管理規程、安全保健管理規程などがこのとき初めてつくられた。創刊五年が過ぎるまでこのような規程がなく、臨機応変に組織を管理していたのである。原則のない人事管理が社内混乱の一つの要因であるという判断に基づいて、このような規程が整備された。

このときから、良心囚として服役していた期間も経歴として算定していた規程がなくなった。社会運動家ではなくジャーナリストまたは経営人を採用するという意思の表れだった。タブー視していたが明確な原則なく行われていた海外研修についても明文化した規程をつくった。社員たちに自己啓発の機会を与え、公正に審査して管理するという意図だった。経営企画室の下に戦略企画部、人力開発部などを新しく設置した。これからも継続して戦略的経営を推進するという意思だった。

会社発展企画委員会が提示した戦略的経営の志向は「構造の高度化」だった。大規模投資と飛躍的成長を期待してはいけないし、適正範囲の投資を通して事業多角化を計りながら経営状態を少しずつ改善しなければならないということだった。何年か過ぎた一九九〇年代後半、ハンギョレは大規模投資がどのような危険な結果をもたらすのかを実感しながら会社発展企画委員会の警告を反芻した。

会社発展企画委員会は未来の新規分野も提示した。たとえば、記事とこれを再加工した情報のインターネットサービス、週刊および月刊の総合雑誌創刊、週刊および月刊の専門誌創刊、イベントおよび広告企画事業、旅行事業、学術事業などを構想した。以後およそ一五年間、ハンギョレはこの中の一部を成功させ、一部は失敗し、一部は試さなかった。

一九九二年一二月一五日、会社発展企画委員会が提出した報告書を実際に執行する会社発展推進委員会がつくられた。代表取締役をはじめとして新聞社のすべての役員が委員として参加した。形としては役員会と似ていたが、実際には会社発展企画委員会で提示された方案を執行する特別機構の役目を果たした。

会社発展企画委員会は「創刊精神」だけ打ち出していたハンギョレに、科学的、合理的組織運営の原理を導入した初めての試みだった。他の新聞社の物量攻勢に立ち向かう民族・民主・民衆言論の創刊精神を守ることのできる戦略的経営方法を悩みながら提示した。会社発展企画委員会が整えた構想と内容は、以後すべての戦略機構で使われ続けた。〔しかし〕残った問題があった。これを具現する経営・編集のリーダーシップが必要だった。

❖ 金重培《キムジュンベ》のリーダーシップ、半分の成功

一九九一年に東亜日報《トンアイルボ》を辞めた後、金重培《キムジュンベ》はハンギョレの社外取締役に就任した。一九九三年四月にはハンギョレ編集委員長になった。ハンギョレの中堅、若手記者たちが彼をハンギョレに連れて来た。金重培の迎え入れに努力した社員には共通点があった。彼らの大部分は他のメディアで記者修行を終えてハンギョレ創刊に合流したキャリア記者出身だった。創刊以後、主に社会部などで活躍した。

何年も現場を離れていたために新聞制作のノウハウが不足していた先輩記者や、在野運動に打ち込みすぎて理想論に酔った先輩記者の姿に、彼らは失望した。派閥を形成して経営に影響を及ぼそうとする雰囲気も理解しがたかった。このような混乱を片付けるためには、ハンギョレ社員すべてを包容できる強力なカリスマが必要だと考えていた。金重培は、現役記者を対象にした一九九一年の韓国記者協会によるアンケート調査で、「最も影響力のあるジャーナリスト」として選ばれた人物だった。当時は彼がジャーナリズム界の良心を象徴していた。

ハンギョレ内部には金重培が来ることを望まない雰囲気がなくはなかった。創刊世代の中には、同僚たちが解職されたときに金重培が現職にそのまま残っていたことに抵抗を感じる人たちもいた。いくら難しくてもハンギョレ内部でリーダーを選ばなければならないのに、なぜ外部の人を連れて来るのかという反論もあった。しかし、内部の葛藤を解決できる適任者は金重培だという意見が編集局を中心に勝った。解職記者世代の主導権競争に嫌気がさした若い世代が、特に金重培のリーダーシップを信頼した。彼は多数の支持を受けて編集委員長になった。ハンギョレ編集委員長時代、彼は一番早く出勤していた。

しかし、編集委員長の席に長くいることはできなかった。三カ月目にハンギョレ代表取締役として迎えられたから

だ。一九九三年六月、経営陣推薦委員会で金重培が代表取締役候補として選任された。当時、経営陣推薦委員会の議論の中で、李泳禧《リヨンヒ》が代表取締役候補として挙がったが、李泳禧本人が強く固辞した。「俺に恥をさらせということか」とひどく怒って大声で叱りつけた。ジャーナリストに専念するという意思だった。

「ハンギョレは資本主義の土壌の上に革新正論紙を追求しなければならない宿命を持って生まれました。そのジレンマを抱いたハンギョレは、事業の伸張より生存のための現状維持に重点を置くしかありませんでした。しかし、生存のための現状維持は、すなわち停滞の別表現に過ぎません」。

金重培は代表取締役の就任の辞で会社の拡大発展計画を明らかにした。ただ、この頃の拡大発展構想は創刊初期のそれとは多少区別される。大規模投資を避けつつ適正範囲の投資を通した事業多角化を企図した。金重培は就任直後から週刊誌創刊事業を積極的に推進した。これは、近い将来に「ハンギョレ21」創刊として結実することとなった。カラー輪転機を追加導入するなど会社の設備投資にも意欲を見せた。

しかし、金重培は自分の意志をすべて貫くことはできなかった。初めから骨の折れる仕事をたくさん行った。彼が代表取締役として就任した一九九三年六月の株主総会は、一部の株主たちの訴訟で「就任自体がそもそも無効」の脅威に直面していた。当時、訴訟を提起した側〔原告側〕は、金重培代表取締役の権限を停止させなければならないと主張した。

金重培は一九九四年一月一〇日、自分を含んだ役員陣総辞職を宣言した。勝負をかけて経営権の尊厳を守ったのである。このため経営陣選出の正当性を問題視する訴訟が原因無効となってしまった〔第二部第三章「経営陣選出をめぐる葛藤も」以下参照〕。

二カ月後の一九九四年三月、経営陣推薦委員会は金重培を代表取締役として再び選任した。株式総会の承認さえ受ければ議論の余地がない経営権を確保する道が開けた。しかし、編集委員長任命同意投票過程で発生した事案によって彼はハンギョレを離れた。

新しい代表取締役候補が新しい編集委員長候補を推薦すれば、編集局記者たちがこれに対する同意投票を実施することになっていた。ところが、金重培が推薦した編集委員長候補が毎回否決された。編集局人事問題以降の内部葛藤が、選挙に際して再び表面に出てきたのだった。「強力なリーダーシップ」を主唱していた金重培を心よく思っていなかった人たちもこの期間に増加していた。

金重培は編集委員長の同意投票否決を自分に対する不信任と見て、株主総会の直前に代表取締役候補職を辞任した。家に閉じこもって外出しなかった。役員陣はもちろん、労働組合幹部をはじめとした幾人もの社員が直接訪ねて行き、復帰を要請したが、〔金重培は〕首を縦に振らなかった。金重培は原則を決めて綱紀を直した後にリーダーシップを発揮するスタイルだった。代わりに、思いどおりにならない時は、未練なく席を放り出した。

❖「仕事を中心に団結しよう」

経営危機状態を立て直そうと代表取締役を外部から連れてきたが、社員たちがこれを排斥して再び経営の空白が生じた。金重培《キムジュンペ》を連れて来た人たちと、金重培を排斥しようとした人たちの間の葛藤の火種が完全に消えていないためだった。彼が辞表を提出して二日後の一九九四年三月一六日、「ハンギョレ21」が創刊された。

金重培の空席は社内統合の重要性をもう一度自覚するきっかけになった。この時期以後、社内の紛糾・混乱を引き起そうとする行動に対する嫌悪感が、ハンギョレの人たちの中に広く行き渡った。「仕事を中心に団結しよう」という話が公然と広がった。退いた金重培の代わりに金斗植《キムドシク》常務が代表取締役代行になった。金斗植は金命傑《キムミョンゴル》代表取締役時代から経営を実質的に総括してきた人物だった。一九九四年六月、株主総会で金斗植は正式に代表取締役に就任した。

一九九五年一月、前年度経営実績が出た。一二億ウォンの黒字となり、売上額が四三％上がった。新聞部門と週刊誌部門すべて期待以上の収益を上げた。〔韓国〕ジャーナリズム史上最大の好況期として評価される広告市場拡大の影響が大きかった。しかし黒字情報に接したハンギョレの人たちの気持ちは特別なものだった。創刊から七年目、初めての黒字だったからだ。

＊1　一九九六年当時、京畿道高陽市《キョンギドコヤン》で朝鮮日報販売店員と中央日報販売店員の間で新聞普及の争い（一種の勢力圏争い）が激烈になっていた。その結果、同年七月一五日に中央日報販売店員が朝鮮日報販売店員一名を刃物で殺害し、さらに重傷者一名を出す事件となった。

論客の騒々しさ

虫眼鏡 9

コラムがあるからハンギョレを読むという人が少なくない。創刊の時からそうだった。「ハンギョレ論壇」はハンギョレの草創期を代表する固定コラムだ。一九八八年五月一九日、崔一男《チェイルナム》（小説家）をはじめとして毎週木曜日ごとに一面に李泳禧《リヨンヒ》、辺衡尹《ピョンヒョンユン》、趙英来《チョヨンネ》など四人が交代で寄稿した。コラムを一面に目立つように編集したアイデア自体も画期的だったが、もともと文章自体がよかった。

ハンギョレ論壇の人気が高かったため一九八九年七月には、今まで出た文章を単行本にまとめ、発刊した。一九九一年一一月三〇日を最後に、一面のハンギョレ論壇がなくなった。これに次ぐ創刊初期の名コラムが、世論面に掲載された「このように見る」だった。後に「ともに考えながら」へコラム名を変えたが、執筆人を固定せずに有力知識人たちの文章を交代で載せた。

知識人たちへ紙面を開放する

論説委員たちが社説とコラムを全部引き受けて書くのは、ハンギョレ以外の新聞の慣行だった。ハンギョレは社内論説委員を最小化する代わりに、紙面を知識人たちに開放した。我こそはと思う物書きの大部分が、ハンギョレの紙面を借りて世の中に出た。このおかげでハンギョレは韓国の革新論壇の産屋であり中心となった。

知識人たちに多くのコラムや論説を任せるのには内部事情もあった。ハンギョレを創刊した解職記者の中には在職中に論説を書いたことのある人がほとんどいなかったのだ。例外は韓国日報《ハングクイルボ》論説委員出身である任在慶《イムジェギョン》くらいだった。

論説委員室を編集局部署の一つとし、事案が出てくるときごとに担当記者が論説を書くようにしようという意見もあった。創刊時のいくつかの革新路線と軌を一にする発想だったが、平記者へ論説を任せるという提案は当時としてはあまりにも奇想天外のことだった。

結局、名声ある外部の人を論説委員として集めることに決めた。記者の特権意識を排除して読者のメディアアクセス権を高めるという創刊精神にも合致する方法だった。任在慶と権根述《クォングンスル》が初代論説委員の構成に責任を果たした。

彼らが交渉した初代論説委員の顔ぶれは豪華だ。李泳禧《リヨンヒ》と崔一男《チェイルナム》は当時すでに名高いジャーナリストだった。李泳禧は国際と政治を、崔一男は文学と文化を引き受けた。労働分野の金錦守《キムグムス》、政治分野の崔章集《チェジャンチプ》、経済分野の鄭雲暎《チョンウニョン》、法律分野の趙英来《チョヨンネ》なども論説委員だった。社内の人物の中では金鍾澈《キムジョンチョル》・慎洪範《シンホンボム》が初代論説委員になり、権根述《クォングンスル》編集理事が論説幹事を引き受けた。さらに代表取締役の宋建鎬《ソンゴノ》と編集人の任在慶が論説とコラムを時々書いた。

彼らの中でも李泳禧は韓国社会の無批判な冷戦反共意識に立ち向かって大きな闘いを繰り広げた。ハンギョレ論壇を代表する筆者だった。韓国のマルクス主義経済学の基礎を築いた鄭雲暎は膨大な知識の上に鋭利な観点をもって経済問題を掘り下げた。一九九〇年に四四歳で世を去った趙英来は、短い時間ではあったがハンギョレの紙面を通して人権と労働問題を掘り下げた。彼らが土台を固めたおかげで、ハンギョレの論説とコラムは時代を読む知的談議が事欠かなかった。

初代論説委員の後に続いて、過ぎし二〇年の間、個人の固定コラムを引き受けたハンギョレ内部の筆者たちが多かったが、特に鄭淵珠《チョンヨンジュ》、金善珠《キムソンジュ》、洪世和《ホンセファ》（作家）などに対する読者の信望が厚かった。彼らは各自の時代を反映する光り輝くコラムで名前を知らしめた。

鄭淵珠は二〇〇〇年代初め、保守メディアに対する一喝で大きな反響を起こした。二〇〇〇年一〇月、「韓国の新聞の粗暴な形態」という題名のコラムを書いたが、このときから「粗暴メディア」という言葉が保守メディアを指し示す固有名詞となった。同じような時期、孫錫春《ソンソクチュン》（東亜日報《トンアイルボ》を経てハンギョレへ。開かれた社会研究所代表）も「世論を読む」という固定コラムを書き、淡白な文章に明快な論理を盛り込んで主要懸案を明らかにした。彼の文章は特に若い読者に人気があった。

金善珠は、他の執筆者とは区別される独特な文体を駆使する。些少な日常から社会と人生の本質を汲み上げて読者の心を虜にした。大統領候補時代の盧武鉉《ノムヒョン》は、一番好きなジャーナリストとして金善珠を挙げた。洪世和は一九九九年からハンギョレに「赤い信号」などの固定コラムを書いた。『私はパリのタクシー運転手』（日本語版『コレアン・ドライバーは、パリで眠らない』米津篤八訳、みすず書房、一九九七年）を発行して有名になった彼は、素朴でありながらも明快な筆致で疎外された人たちの人生を主に探った。

一九九〇年代中盤まで地域主義を正面から扱うメディアは多くなかったが、社内論説委員の中で金鍾澈と金槿《キムグン》が「湖南《ホナム》問題」の本質を掘り起こした。高宗錫《コジョンソク》とイ・ジュヒョンは、ハンギョレ文化部記者として出発し、着実に実力を積んだ後、文化分野における代表的コラムニストの地位を掴んだ。高宗錫は、自分の文章に誰かの手を入れられるのを嫌い、締切りが切迫し始めてから原稿を出した。イ・ジュヒョンは美術評論分野で独自の地位を築いた。

ハンギョレと共に歩む物書きたち

過去二〇年間、ハンギョレに固定コラムを載せた名望家をすべて挙げることはできない。ハンギョレを経ない革新論客はいないと考えなければならないだろう。朴元順《パクウォンスン》、朴虎聲《パクホソン》などは、非常任論説委員を受け持った。李五徳《イオドク》は韓国語についてのコラムを書いた。経済・労働分野に特に名コラムニストが多かった。姜守乭《カンスドル》、金基元《キムギウォン》、金大煥《キムテファン》、金《キム》秀行《スヘン》、朴玄埰《パクヒョンチェ》、辺衡尹《ビョンヒョンユン》、張夏成《チャンハソン》、鄭雲燦《チョンウンチャン》、趙淳《チョスン》などこの分野を代表する学者たちがハンギョレに寄稿した。

文化界では、高銀《コウン》、都正一《ドジョンイル》、朴労解《パクノヘ》、朴婉緒《パクワンソ》、白楽晴《ベクナクチョン》、宋基淑《ソンギスク》（資料編「人物略歴」参照）、申庚林《シンギョンリム》、梁貴子《ヤンキイジャ》、廉武雄《ヨムムウン》、兪弘濬《ユホンジュン》、尹静慕《ユンジョンモ》（作家）、殷熙耕《ウンヒギョン》、蔣正一《チャンジョンイル》、趙世熙《チョセヒ》、趙廷来《チョジョンレ》、黄芝雨《ファンジウ》、玄基栄《ヒョンギヨン》などが多くの寄稿をした。レベルの高い文化評論はハンギョレの自慢の一つだ。ハンギョレに固定コラムを書いていた李孝仁《イヒョイン》、鄭聖一《チョンソンイル》、イ・ミョンイン、カン・ホンなどが大衆文化評論の流れを変えた。人文学および社会科学界では、姜萬吉《カンマンギル》（資料編「人物略歴」参照）、金東椿《キムドンチュン》（社会学者）、金禹昌《キムウチャン》、朴明林《パクミョンリム》、宋斗律《ソンドユル》、申栄福《シンヨンボク》、安炳旭《アンビョンウク》、張乙炳《チャンウルビョン》、曺国《チョグク》、趙韓恵貞《チョハンヘジョン》、趙孝済《チョヒョジェ》、韓勝憲《ハンスンホン》などが常連の筆者として登場した。

一九九〇年代後半からは「新世代の論客」がハンギョレの紙面を借りて世の中に知られた。康俊晩《カンジュンマン》、キム・ギュハン、朴露子《パクノジャ》、陳重権《チンジュングウォン》、韓洪九《ハンホング》（資料編「人物略歴」参照）などが代表的だ。該博な知識と急進的な観点で世の中の偏見をひっくり返した彼らの挑発的な文章は、若い人たちに特に注目された。

コラムニストの伝統的な形状を壊す新しいタイプの論客もハンギョレを通してデビューした。（彼らは）人文学や社会科学の分野の知識人ではないながらも、具体的な暮らしに密着した文章を書いて読者の共感を得た。地方の医者パク・ギョンチョル、バスの運転手アン・ゴンモ、映画人オ・ジヘ、科学者チャン・ジェスン、労働運動家ハ・ジョンガン、旅行家韓飛野《ハンビヤ》などはハンギョレとともに有名コラムニストとして成長した。

いくつかある韓国メディアの中で、唯一ハンギョレを偏愛する（ハンギョレに好んでコラムを書く）外国人コラムニストもいた。APとワシントンポスト特派員出身の国際問題専門家であるセリグ・ハリソン、東京大学名誉教授であり日本を代表する知識人の和田春樹、フィリピン大学教授で反グローバル化運動の代表的理論家であるウォルデン・ベロー、世界システム論で有名な社会科学界のゴットファーザーであるイマニュエル・ウォーラーステインなどが代表的だ。

ハンギョレの論客のアイロニー

論説委員をはじめとしたハンギョレの論客の中には、ハンギョレを離れる時にしこりを残すケースが多かった。自己主張を明らかにして読者の愛を受けたけれども、すぐにそのせいで様々な批判を受けた。ハンギョレ社内が混乱していたときは、自分の思いとは無関係に特定意見のグループを代表する人物として目星をつけられた。傷ついて自ら（ハンギョレを）辞めたり、強くはじき出されるようにハンギョレを去った人もいた。名コラムを書いた人の中には、講演や著述など対外活動を広げたケースが少なくなかった。これがむしろ退職の原因となった。経営危機で切迫するたびに、最初にハンギョレを辞めなければならなかった。（生計を立てる）他の「方法」があるという理由だった。

鄭雲暎《チョンウニョン》は一九九九年末に非常任論説委員を解雇された。本人はハンギョレにもっと原稿を書きたかった。このせいで、晩年になってハンギョレに対する残念な気持ちが深くなった。孫錫春《ソンソクチュン》も二〇〇四年末に、似たようなプロセスを経てハンギョレを辞めた。固定コラムをハンギョレに書けなくなり心が傷ついた。論説主幹を引き受けた金善珠《キムソンジュ》は二〇〇四年末、他の論説委員たちの名誉退職を薦めながら、自分も辞表を書いた。論客が集まるハンギョレで、論客として書き続けることは簡単ではなかった。

ハンギョレ論争二

政派と派閥の境界

一般企業の株主がその最高経営者および社員たちに要求するのは単純なことだ。収益を上げ投資した金に応じて利益を配当すること、そして、企業の市場価値を高めて株取引に従った儲けを図ることなどだ。

一九九四年四月、ハンギョレは約六万人の株主を相手にアンケート調査をした。回答した九六三一名の株主のうち、八六・二％が「民主言論に参与するためにハンギョレの株主になった」と答えた。「投資の目的で株主になった」という回答は三・八％にとどまった。ハンギョレの株主は普通の企業の株主と違う。収益志向ではなく、価値志向である。世界のどの企業でもこのような株主たちを探すのは難しい。

株主たちがこのような考えを持つようになったのには、ハンギョレ創刊の主役たちの役割が大きい。創刊時から民族・民衆・民主言論を掲げ、解職記者たちがつくる新しい新聞という点を強調した。国民株募金で編集の独立性を守ると公言した。収益を出して金でお返しするという約束はおそれ多くも言えなかった。結局、利益の出ない徒に対して投資を導いたというわけだ。ハンギョレというメディア企業をつくった解職記者たちもやはり価値志向的だった。

■ 価値志向のジレンマ、何を優先するのか ■

株主も社員も価値志向的であるハンギョレは「効率と利益」より「道理と原則」が常に重要だった。道理が受け入れられなければ、どんなことも成すことはなかった。これがハンギョレ内部に様々な意見と問題をつくった根本的な要因だった。会社運営や編集方針を誰かが代わりに決めるとか、是非を判断してもらうことを期待することもできなかった。支配権を発揮する大株主がいないので、経営・編集の全権を大株主が特定の人に委任することは絶対に不可能だった。

限られた資源をどこに使うのかを決定しこれを強制する力を権力というとき、ハンギョレを動かす権力ははじめから民主主義に基礎を置くしかなかった。その根本は株主民主主義であり、その実質は社員民主主義だった。民主主義に基礎を置いた企業という点で、ハンギョレは古今東西、空前絶後の実験だった。その実験は、多くの失敗と傷を伴った。

創刊時のハンギョレは誰彼なしの（平等な）共同体に近かった。創刊事務局がつくられた一九八七年九月から創刊号が出る一九八八年五月までの半年を、ハンギョレ創刊の主役たちは一番美しかった時期として記憶している。個人の利益と職責に恋々とせず、新しい新聞を出すのに各自がどのように寄与できるか苦心惨憺《さんたん》した。

「考えの違い」が膨れ始めたきっかけは、編集委員長直接選挙制をめぐる議論だった。一九八八年四月に出帆した記者評議会は初仕事として編集委員長直接選挙制導入を推進した。当時としては編集権独立のための先進的な制度だった。しかし、初代取締役会はこの提案を拒否した。社主が別途いるわけではない、国民株主によって承認された代表取締役がいるのに、編集委員長選出のために、無理矢理に別個の選挙を行う必要がないという理由だった。すべきことが山積していた創刊初期に組織運営の効率性を高めなければならないという思いもあった。

■ 論争の始まり、編集委員長直接選挙制 ■

取締役会の決定について、記者評議会執行部が大きく反発した。抗議の意味で取締役会の決定も認めなかった。結局、取締役会が再討議し、編集委員長直接選挙制を実施するようになった。この議論を通して、ハンギョレの経営・編集について互いの考え方の違いが決定的に明らかになった。創刊時を覚えている多くの人は、編集委員長直接選挙制の導入過程と導入以後に展開されたことを「争いの始まり」だったと記憶している。

その根っこには、権力に対する欲望があった。創刊の理念は高かったが創刊の実務は苦しかった。どの人をどこに配置するのかを決めなければならなかった。この過程で、創刊を主導したグループとそれ以外のグループに亀裂が生まれ、誤解と緊張が生じた。

創刊主導グループが当初構想したのは「少数精鋭組織」だった。ジャーナリズム分野の専門性を備えている記者約一〇〇人とこれら記者を支える最小限の実務組織で新聞社を切り盛りしていく考えだった。脆弱な資本を考えれば、自然に発生した考えといえた。これを現実化しようとすれば、すべての解職記者を受け入れることはできなかった。キャリア記者と公募採用の社員も採用しなければならなかった。創刊主導グループの考えでは、数百名に達する解職記者たちすべてが一緒に働くということは、理屈に合わないことだった。解職記者の中の玉石を新聞社での働き手として選ぼうとした。反対側から見ればこのような玉石区分論理は、少数の人が排他的人事権を振り回す試みとしか映らなかった。明らかな採用基準がない状態で、創刊実務を主導した人たちと親しいか親しくないかによって、ハンギョレへの合流が決められていると見えた。実際に解職記者の中でも、ハンギョレへの入社が延期になったり拒否されたケースがなくはなかった。解職記者の正統性を継承すると公言した新聞社でありえないことだという批判もあった。

この緊張は、二種類のレベルに区分できる。まず、実務的に見て創刊に実際に貢献した人と、貢献できなかった人が明確に存在した。新たな新聞創刊を初めて提案したとき、相当数の解職記者たちは懐疑的だった。そのような悲観は気にしないと粘り強く押し続けた少数の人がいた。実際に国民募金が進められて新聞創刊が現実化すると、すぐに〔新聞創刊に〕加わった懐疑的だった人たちについて、あまりにも遅れて合流してきたというのが創刊主導グループの考えだった。

しかし、また違う考えもあった。ハンギョレは一九七〇年代以後に展開された自由言論運動に根を張り、その正統性と正当性を継承する唯一の言論である。しかし、創刊論議が始まった一九八七年夏と秋にかけて、解職記者たちの相当数は新たな新聞創刊より、その年の冬に行われた大統領選挙により大きな関心を持った。彼・彼女らにとっては、〔韓国〕史上初めて民主政府を立てることが新たな新聞をつくる一歩だった。

したがって、自由言論運動には献身的ではあったけれども、自由言論創刊には主導的に参与できなかった人たちも多くいた。〔創刊に〕加わってはいないが、〔大統領選挙関連の〕違う次元の仕事〔を通して自由言論運動〕をしていたのだ。それを、新聞制作に途中から加わった人は自由言論運動に遅れて参加した人だと批判的に見るのは、〔ハンギョレが〕自由言論という看板のみを掲げ、実際には自由言論運動の正統性を継承すること自体を排除することではないか、という疑いを抱いた人が出てきたのである。

もう少し根本に近づいてみると、実際に二つのグループの志向は少し違った。解職記者たちは一九八〇年代の民主化運動の要ではあったが、彼らは当時の民主化勢力が持っていた政治的意見をそのまま反映していた。〔大統領選挙における〕「候補単一化論」と「批判的支持論」〔候補単一化論と批判的支持論については、第三部「ハンギョレ論争三」の注1を参照〕をめぐった解職記者たちの判断が互いに食い違った。

この問題はハンギョレ創刊以降にも重要な論争の種になった。批判的支持論者たちは民主勢力の動向に敏感に反応した。ハンギョレが民主勢力の発展に、より直接的に寄与しなければならないと考えた。それが自由言論運動の正統性を継ぐハンギョレの務めだと考えた。

反面、批判的支持論と距離を置いていた集団は、ジャーナリズムそれ自体の固有の地位を強調した。公正な報道を通して、野党はもちろん在野からも独立した地位を守りながら、大多数の読者の信頼を得るのが自由言論の役割だと考えた。

二〇〇〇年代の目でこの論争の構図を完璧に理解するのはたやすくない。しかし、当時はこの問題が歴史に対する良心的知識人の根本的態度を決定した。創刊世代の誰もが、自身の信念を曲げようとはしなかった。

民主主義の秩序に基礎を置いた組織を運営するハンギョレで、この優劣を判断するのは選挙だった。多数の支持を得ようと熾烈な争いを繰り広げた。ハンギョレ初期の意見対立は、新聞社の進むべき道を論じ、その主導権を握ろうとする政治過程と同義だった。そのような点で、草創期ハンギョレの意思決定過程は政党と似ている側面があった。多数の支持を得るためにお互い論理争いを繰り広げ、その争いが激化し、勢いを得て相手方を激しく責め立てた。一九七〇年代、八〇年代の在野運動の流儀がハンギョレにもそのまま移されたのだった。

これらの意見が対立するグループ（以下、「意見グループ」という）によってハンギョレの公的決定の柱が揺れ始めた。合理的討論によって民主的意思決定をするのではなく、数の勢いをかりた多数決の弊害が目立ち始めた。選挙は承諾の始まりではなく、後日の選挙の始まりとなってしまった。

■政治争いに巻き込まれる■

代表的な例が、一九九一年の選挙だ。一九九一年初め、ハンギョレは四カ月の間少なくとも六回以上の選挙を行った。一九九一年一月三一日に、第三期労働組合委員長選挙が開かれた。朴聖得《パクソンドク》、金栄徹《キムヨンチョル》、柳鍾珌《ユンジョンピル》など三名の候補者が出馬して争った。社内の三つの意見グループをそれぞれ代表する人物だった。金栄徹が当選した。

続いて三月二三日定期株主総会が開かれた。総会の場で、取締役会の構成について議論が繰り広げられ、特定の意見グループの影響が作用した取締役推薦案だと陰口をたたく者もいた。選挙はなかったものの、意見グループの間の緊張が高潮した。

四月二日には編集委員長選挙があった。金鍾澈《キムジョンチョル》と成漢杓《ソンハンピョ》が二次投票まで進み、金鍾澈の辞退で成漢杓が編集委員長に当選した。二人もやはり社内の特定グループをそれぞれ代表していた。四月八日、株主総会で承認された取締役の中から代表取締役を選任する社員同意投票が進められた。取締役会は宋建鎬《ソンゴノ》を代表取締役社長として提案したが、社員たちはこの案を否決してしまった。

取締役会は四月一〇日、金命傑《キムミョンゴル》代表取締役専務案を再び提案したが、やはり否決された。四月一五日には労働組合が臨時総会を開いて社内争点について決議案を提案して、組合員の賛成反対の投票を進めた。結局、四月二六日、理事会が提示した宋建鎬代表取締役会長と金命傑代表取締役社長案が社員の同意投票で可決された。

投票のときごとに意見グループが動いた。この頃の政治争いは恐るべき状態だった。各種の壁新聞が毎日のように社内のあちこちに貼られた。記者五〜六人が編集委員長の前に並んで、紙面の方向について批判声明書を大きな声で読み上げることもあった。そのようなことが可能だったくらい、熾烈な政治争いだった。

先立つ選挙で志したところを貫徹できなかったら、次の選挙で再びひっくり返した。一旦選挙争いが本格化すると、合理的な討論よりも勢力拡大が重要になった。新聞製作が終わると、三々五々集まって次の選挙を準備し、若い社員たちを個別に呼んで、内密に話を聞かせた。

さらには、部署別にその志向がはっきりと区分された。該当の部署長の考えに所属部員たちが従ったり、はじめから考えがあう記者を部署に連れてきた結果だった。このようなグループ別区分は広告局・販売局などにも影響を及ぼした。社内葛藤が一番ひどかった一九九一〜九三年頃には新聞社組織のあちこちで事実上各意見グループの〝ゲットー〟が生まれた。

政派争いは、ハンギョレの紙面の志向性・経営方針・組織原理などすべてにまたがって展開された。討論なしで決定できることは一つもなかったので、ハンギョレ初期に政派構図が成立したのも当然のことだと言えた。

しかし、勢力争いによって、能力のある人材がハンギョレを離れたり、特定意見グループの利害関係に従った経営、編集、人事の重要な事案が決定されるという問題が発生した。一生懸命仕事をしたら、むしろ反対グループへ密かに通報されて、最初に批判の的《まと》になるケースもあった。

一九九一年一月五日に李仁哲《イインチョル》、金権《キムグオン》、イ・ジョンウクなどが「再び生まれ変わらなければならない同胞の新聞」という公開辞表を出し、社内主導グループを批判した。その内容の中にこのような題目がある。

「派閥が組織内に存在すれば、その派閥に抵抗し批判する集団が存在してしまうのが当然であり、この批判集団が、もう一つの派閥のように映ってしまうのです。……いくら考え直してみても、その人たちの言動は、昨日と今日でまったく違い、論理にもまったく一貫性がないのです」。

興味深くも創刊の主役の相当数はこの声明書に登場した論理をそのまま自分のことだと思った。自分の立場は正当な原則があり、相手の立場は派閥的利害関係に従った没常識的なことだ。そのくらいハンギョレの進むべき道に対する各自の信念が強く、自らの歩みに対する自負心も強かった。

■「アルファベット選挙を拒否します」■

二〇〇三年二月、第一一代代表取締役選挙を目の前に控えて、社内の掲示板に壁新聞が貼られた。公募第一〇期社員の何名かが名前を載せた。題名は「アルファベット選挙を拒否して」だった。「選挙を目の前に控えた社内には、人物と政策、反省とビジョンはなく、いわゆるA、B、Cと関連したうわさだけが多くはびこっています。皆内密にしていますが、厳しい現実があり、この組織を病気にしている幽霊のような暗雲が再び前面に登場したのです。私たちはアルファベット選挙を拒否します。既存の派閥構造の再生産ではハンギョレが迎える危機を克服できません」。

ここでいう「アルファベット」とは、社内グループのあだ名を比喩的に用いた表現だった。ハンギョレの社論を主導した三つの勢力はそれぞれA派、B派、C派と呼ばれた。名付け親ははっきりしなかったが、様々な席で便宜上読んだ名前が固まった。

A派は批判的支持論に政治的な根っこを置き、民主勢力の執権に大きな関心を寄せていた。在野および民主勢力との連帯に関心を示した。B派は候補単一化論に同情していながらも、基本的にはジャーナリズム固有の公正性を失ってはいけないという考えだった。東亜《トンア》闘委および湖南《コナム》（全羅道《チョルラド》）出身が主にA派を形成し、朝鮮《チョソン》闘委および嶺南《ヨンナム》（慶尚道《キョンサンド》）出身が主にB派を形成していたが、出身別に明確に区別できるものではなかった。C派は、A・B二つの派を批判して一九九一年頃登場したが、独自の立ち位置を持つというよりは、両論併記的な姿勢を取った。（C派は）懸案によってA派またはB派と連帯した。

一九九〇年代後半に入社したハンギョレの社員たちは、このように区分された社内争いの構図自体を批判した。若い社員たちによって、政派争いの弊害が広がる土壌が消え始めた。一九九〇年代中盤から代表取締役、編集委員長、労組委員長などの選挙が行われる度ごとに、すべての候補が「社内統合」を主張した。結局、一九九〇年代後半以後、ハンギョレの派閥争いは大きく弱体化し、二〇〇〇年代中盤以後、事実上影をひそめた。

派閥争いの一方であったA派が、社内の政治争いで事実上敗北したことも背景にあった。一九九三年の株式総会問題がその山場だった。一部の株主たちが、金重培《キムジュンベ》代表取締役の就任を承認した株主総会の結果を、そもそも無効と主張する訴訟を起こしたとき（第二部第四章「金重培のリーダーシップ、半分の成功」参照）、社内の主導グループに批判的だったA派はこの株主たちと歩調を合わせた。国民株主の結束を通して創刊精神回復運動を始めるという建前だったが、非妥協的なA派の活動方式のせいで、社内の多数がかえって背を向けた。

創刊世代が夢中になった論争ダネの大部分が、時代が流れるに従って自然に解消した点も見逃せない。一九九七年一二月の大統領選挙で金大中《キムデジュン》が大統領に当選したことで批判的支持論は現実性を失った。在野ではなく、政権党になった政治勢力に対して、ハンギョレが友好的な姿勢をとるという論理は、成り立ち難かった。金大中政府の出帆に大きな意味を付与したA派の一部はジャーナリズムの世界から去り政治の世界へ移ったが、これが結果的にA派の弱体化を促した。

争いには必ず勝敗がつきものである。韓国唯一の革新正論紙の行く道について大論戦を起こした当代最高のジャーナリストたちが、規範と論理と政治力で大きな争いを繰り広げた。これと関連した議論の経験は、ハンギョレの体質をより強化したが、実際にその当事者たちはほとんど例外なく深手を負い、また負わせた。互いに深い無念をいまだに持っている。

「そのような問題のせいで一九八七年以後、民主勢力がつくったすべての組織がバラバラになりすっかり消えてしまったじゃないですか。ところでハンギョレはそうではありませんでした」。創刊事務局の時からハンギョレで働いていた安貞《アンジョン》淑《スク》の話だ。「ハンギョレには意見が違う人が集まっていました。そのせいで派閥も生まれました。そしてお互い血みどろの争いをしました。しかし、この経験を通して組織を健全につくりなおし、すべての傷を乗り越えて新聞をもっときちんと作り出そうとしました。ですから、少しも恥ずかしいことではありません」。

■ 血みどろの闘いの末に得た大切な教訓 ■

創刊期の葛藤構図は消え去ったが、二〇〇〇年代に入って新しい緊張が形成された。革新の速度について、働き盛りの三〜四〇代の世代と若年社員の間に異なった意見があった。若年世代の中でも、企業合理性を強化しなければならないという意見と革新志向を強化しなければならないという意見に分かれた。ハンギョレ組織運営の根本原理である民主主義の具体的方法についても意見が分かれた。意見の違うグループに対して、新しい派閥の登場ではないかという危惧がなされもした。

しかし、過去とは違い、このような意見の相違がただちに本格的な派閥の発生にはつながらなかった。それには理由があった。多様な議論を通して、意見を分かちあい、最終決定がなされた後にはその決定に従い、邁進していく文化が形成されたのである。二〇〇八年二月、二人の候補が出馬した代表取締役選挙は、歴代のどの選挙より平和裏に、そして友好的な雰囲気で進められた。統合を強調して実際に統合した。

何よりも政派と派閥の違いが時には白紙一枚よりも軽い〔大した違いがない〕ということをハンギョレ社員たちが理解するようになった。同調者をこっそり集めて勢力を誇示し、相手を屈服させるという姿勢は、結局のところ合理的主張の基盤を自ら壊すことになるということを、過去二〇年の間切々と味わった。今ハンギョレには派閥はなく、民主主義だけがある。

第三部

再び一歩

第一章　他のメディアにウイングを広げ

面接で訪れた高経太《コギョンテ》（後に「ハンギョレ21」スタッフ、マガジンチーム長）はそのような光景を生まれて初めて見た。ファックス二台からは終始紙が吐き出され、整理するのも恐ろしいほどのファックス用紙がおびただしく積まれていた。ハンギョレ新聞社出版局のスタッフは抗議の電話で忙しかった。「どうもファックスは故障しているのではないのか？　送ることができないんだよ。ずっと通話中だよ」。ファックスは正常だった。ただファックスを送る人があまりにも多かったのだ。

一九九四年一月五日から一月一六日までの一二日間に二万五〇四一人が新しい週刊誌のタイトル公募に応じた。様々なところから注文とアドバイスを寄せる人が多かった。外国の週刊誌の動向を分析して提案書を送るケースもあった。事務所は一日に数千通の郵便物とファックス文書が舞い込み埋め尽くされた。（理由は）タイトルに応募した人全員に朴在東《パクチェドン》画伯のカレンダーを贈ると告知したからだ。カレンダーを二万五〇〇〇個作る費用はばかにならなかった。

大騒ぎをよそに面接をすませた高経太は新しい週刊誌チームの新米記者として入社した。彼の初めての業務はその郵便物とファックスを整理することだった。

❖ 月刊誌の見通しは暗い？　だから時事週刊誌なのか？

一九九四年元旦の新聞一面頭《あたま》の記事は読者たちの関心に火をつけた。

「単純な事実の伝達者であることを拒否します。厳密な分析と合理的な代案、そして明確な主義主張を提示することです。新たなジャーナリズムの旗手として佇立《ちょりつ》します」。

新しい時事週刊誌創刊を知らせる記事のタイトルは「二一世紀を見つめるニュージャーナリズム宣言」であった。「ハンギョレ21」は、自信満々にして挑発的な文言《もんごん》でその誕生を予告した。

呉亀煥《オギファン》、郭炳燦《カクビョンチャン》、朴泰雄《パクテウン》、金相潤《キムサンユン》、李泰昊《イテホ》、朴圭奉《パクキュボン》などが新しいメディアの青写真を示した。代表取締役金《キム》重培《ジュンペ》、専務理事金斗植《キムドシク》、運営企画理事成漢杓《ソンハンピョ》が積極的に支えた。高永才《コヨンジェ》が初代編集長になり創刊スタッフを率いた。

彼らは韓国ジャーナリズムの水準を一段階引き上げる「ハンギョレ21」を構想、企画、創刊したのである。

週刊誌の夢はハンギョレ創刊時からあった。創刊〔準備を進める〕事務局時代の一九八七年一〇月に作成された事業計画書には、日刊紙、週刊誌、月刊誌などを早々に一斉に発行する構想があった。当時夢であった週刊誌は日曜版新聞の概念が強かった。平日は二面立ての新聞を出し、日曜日には三六面ほどの週末版新聞を発行する構想であった。ところが複数の媒体発行は将来のことになった。新聞発行だけでもなかなか手に負えることではなかったからだ。

一九九二年に入ると、新たなメディア発行に共感する人が少しずつ広がっていった。その年の春、月刊「社会評論」がハンギョレに一つの提案をした。経営危機に陥った月刊「社会評論」を引き受けてハンギョレの月刊誌として発行してほしいという提案であった。

月刊「社会評論」は進歩的な時事大衆誌を基本としながらも学術誌の性格をもつ月刊誌で、当時の代表者はハンギョレ創刊から因縁が深い姜萬吉《カンマンギル》高麗《コリョ》大学教授〔歴史学者〕であった。一九九二年六月、取締役会は〔ハンギョレが〕引き継いで発行しないという最終結論を出した。結局、月刊「社会評論」は一九九三年月刊「道」に統合されたが、経営悪化のため一九八八年一一月無期限の休刊に入った。

しかしこうした一連の動きはハンギョレの新たなメディア創刊に拍車がかかったといえる。経営実務者たちは既存の月刊誌を引き継ぐより斬新な月刊誌〔の創刊〕を取締役会に報告したのだが、月刊誌の市場の展望がそれほど良くない点も付け加えた。「それでは週刊誌はどうか」となったのだ。

当時金命傑《キムミョンギョル》代表取締役を補佐していた金斗植専務がこの問題に取り組んだ。月刊「社会評論」を引き継ぐことを放棄することを決めてから二カ月たった一九九二年八月、初めて「時事週刊誌発行計画案」が取締役会に報告された。「ハンギョレ21」の未来を描いた最初の市場調査報告書であった。しかし、増加する赤字を憂慮してきた経営陣はこの構想の実現をのばした。

ところが、会社発展企画委員会が再び火をつけた。一九九二年末には戦略報告書でいくつかの新規事業を提案した。その中で最も現実性が高いものが週刊誌発行であり、時事週刊誌の制作が徐々に勢いづいた。こうして一九八八年五月の新聞創刊以後初めて、ハンギョレは自らの領土を広げることを始めた。

❖ ニュージャーナリズムを標榜する時事週刊誌

一九九三年に入り再び市場分析作業にとりかかった。一九九三年八月、編集の郭炳燦《カクビョンチャン》と経営の金相潤《キムサンユン》が草案を作った。二カ月前の一九九三年六月、代表取締役に就任した金重培《キムジュンベ》が提案に快く同意した。一九九三年一〇月、週刊誌準備チームが構成され、当時の編集、業務で最高の実力者と認められた人たちが取り組んだ。

呉亀煥《オギファン》と郭炳燦は取材力、企画力、文章力などでは編集局内で自他ともに第一人者と認める敏腕記者であった。呉亀煥は朝鮮日報《チョソンイルボ》を辞めてハンギョレに入社し、郭炳燦はソウル新聞に辞表を出しハンギョレに合流した。呉亀煥は「社会問題」によく長け、郭炳燦は「政治通」で、二人は高等学校の先輩、後輩の間柄だった。〔経営陣を見ると〕パク・テヨンは記者として入社したが、後に自ら業務職に転じた取材と経営の心を兼ね備えた人物だった。李泰昊《イテウ》、パク・ギュボンもハンギョレの経営を代表する若き人材だった。

週刊誌準備チームの勢いが増したのは、精神的支援を受けた金重培が代表取締役就任直後から週刊誌創刊の先頭に立ったからだ。

創刊を前にした三月三日から一二日にかけて全国五都市を巡回する特別文化講演を開いた。全役員が定期購読者を確保するキャンペーンに打って出た。会社創立以来初めてテレビ広告も出した。映画俳優オ・ジャンへが「ハンギョレ21」創刊を広報するモデルだった。

週刊誌準備チームが掲げたのは「ニュージャーナリズム」だった。一九六〇年代以後アメリカのジャーナリズムで広がったニュージャーナリズム運動からインスピレーションを得た。〔ニュージャーナリズムは〕現実的なバランスを強調する客観主義を乗り越えて、編集者の視点と立場を明らかにすることであり、政治的に偏向することではなかった。単なる報道を越えて深い分析と展望を提供することを意味した。

良質なジャーナリズムを表す概念として「正論」以外にふさわしい単語すらないという時代である。他の新聞社が発行する週刊誌はセンセーショナルな報道が多く、正論誌を標榜することによってのみ他誌との違いを表わすことができた。

韓国メディアの中でニュージャーナリズムを表明したの

は「ハンギョレ21」が初めてで、一歩先んじた。週刊誌準備チーム内ではニュージャーナリズムを全面に表す題字として「ニュー（NEW）」にしようとする意見が強く出され、ジャーナリズムの新たな戦法を示すことが当初からの作戦であった。

❖ 出版デザインが伝説になる

ニュージャーナリズムと創意工夫したマーケティングが達した結論は編集にデザインの概念を導入することだった。週刊誌を単なる〔文章の〕「編集」に終わらせず、デザインを加える〔ことによって視覚的に伝える〕——それは深層報道の内容を読者に効果的に伝えるには最適の方法であった。

実力あるデザイナーが「ハンギョレ21」に合流した。イ・ジェヒョンがアートディレクターを務めた。朴銀珠《パクウンジュ》〔ハンギョレ編集局デザイン担当で以降活躍〕、チェ・チニ、白成《ペクソン》原《ウォン》、イ・ナムスク、裵正熙《ペチョンヒ》がデザインチームを構成した。「ハンギョレ21」はデザイナーがリードした編集体制を整えたが、国内の時事週刊誌でデザインが編集の中心になったのは初めてだ。

「シュピーゲル」〔ドイツ〕、「オプセルヴァートル」〔フランス〕などヨーロッパの週刊誌を主に参考にして編集デザインを構成した。「時事《シサ》ジャーナル」、「週刊朝鮮《チョソン》」など既存の時事週刊誌よりさらに大きく、五七判（一五二×二一二センチメートル）の判型を選んだ。斬新で創意的なデザインの雑誌づくりのためだ。

時事週刊誌では初めて卓上出版システム（DTP）を早くも導入し、記事作成から編集・制作までコンピューターを使った〔のも特徴の一つだ〕。ちょうどそのころマッキントッシュが韓国で導入されたのだが、「ハンギョレ21」編集・デザインチームはこのマッキントッシュを積極的に受け入れた。デザイン中心の編集が容易になり、当時としては型破りのイラストレーションを誌面に登場させることができた。

以後「ハンギョレ21」は出版デザイン界で伝説となった。〔社会、政治問題など〕真剣な内容を扱う週刊誌でも、〔正論誌として〕時代の先頭に立つ週刊誌でも洗練されたデザインは可能であることを自ら立証した。「ハンギョレ21」はデザインを教える大学と専門学校で教材として使われ、「ハンギョレ21」の判型とDTP制作方式およびイラスト技術は以後すべての週刊誌の模範となった。

❖ベスト中のベストが集まる

「ハンギョレ21」の初代編集長は編集局で政治部長を経験した高永才《コヨンジェ》だ。彼はハンギョレと京郷《キョンヒャン》新聞を行ったり来たりして苦悩多き人生を経験してきた。一九八〇年、京郷新聞で言論の自由を求める運動を主導して解職された。一九八八年のハンギョレ創刊のころ、京郷新聞では昔の解職記者が再び集まり過去の野党紙の伝統を再建する流れが起きた。一九八〇年に京郷新聞に解職された〔記者の〕中で、洪秀原《ホンスウオン》、朴雨政《パクウジョン》、朴聖徳《パクソンドク》などはハンギョレに合流したが、高永才は京郷新聞に戻った。

しかしこの新聞社が韓化《ハンファ》グループに入る直前の一九八九年一二月、京郷新聞から再び解職された。当時労働組合委員長であった高永才は結局一九九〇年一月、ハンギョレに入社した。後にハンギョレ編集委員を経て「独立言論」を標榜する京郷新聞の代表取締役になった。

編集局政治部長は様々な部長の中で最も重要なポストだ。新聞の政治部長を週刊誌編集長に任命することそのものが「ハンギョレ21」の編集陣〔の充実ぶり〕について察しがつく。創刊時の取材チームは公然と「最高の中の最高〔のスタッフ〕」と呼んだ。他の新聞社は日刊紙をより重視するのだが、ハンギョレはそうした風土とは違って編集局の精鋭を配置した。崔鶴来《チェハンレ》編集委員長も快く就任した。

特徴を出した「ハンギョレ21」創刊に取り組んだのは呉《オ》亀煥《ギファン》、郭炳燦《カクビョンチャン》だ。それぞれ取材チーム長と取材チーム次長を担った。二人は創刊期の各種の企画と特集をリードした。取材現場には公募出身の敏腕記者を配置した。金玄《キムヒョン》大《デ》、余峴鎬《ヨヒョノ》〔後のハンギョレ政治部長、民族国際担当編集長〕、李《イ》逢鉉《ボンヒョン》、鄭在権《チョンジェグオン》〔社会部を経て「ハンギョレ21」へ〕、姜皙云《カンソギュン》〔教育事業部長など歴任〕、朴泰雄《パクテウン》の各記者が創刊号をつくった。

感覚的なタイトルと編集は金龍基《キムヨンギ》、尹承日《ユンスンイル》〔後に編集局を経て情報専門紙メディア・オヌルへ〕、高経太《コギョンテ》が担当した。金龍基は月刊「オブザーバー」出身で、「ハンギョレ21」創刊期の取材チームをリードした。尹承日は大学を中退し労働運動を経て乙支路《ウルチロ》の印刷街で出版の編集を身につけた。高経太は学報《ハクホウ》社〔大学で新聞発行する機関のこと〕編集長を経て全国大学新聞記者連合会幹部になった。

彼らの選んだ「寸鉄、人を刺す」ような表紙のタイトルは、以後「ハンギョレ21」の象徴となった。DTPの実現は編集チームに貢献した。金善奎《キムソンギュ》、辺載聖《ビョンチェソン》、李禎鏞《イジョンヨン》〔ハンギョレ、「ハンギョレ21」で写真記者、一九九七年フォトジャーナリズム賞など受賞〕、李恵貞《イエジョン》〔「シネ21」などで写真担当〕などは写真取材を担当した。彼らは多少の負傷をいとわないほど骨身を惜しまず現場に近づく攻撃的な取材で、すでに名前を高めていた。

「ハンギョレ21」は当初から海外取材網を固めた。国際ニュースの比重はそれほど大きかった。当時編集局に所属していたワシントンの鄭淵珠《チョンヨンジュ》、東京の金考淳《キムヒョスン》特派員を活用すると同時に高宗錫《コジョンソク》をパリ駐在記者にした。ここに宋斗律《ソンドユル》（ベルリン）、李鐘源《イジョンウォン》（東京）、沈載鎬《シムチェホ》（ニューヨーク）、李旭淵《イウギョン》（北京）、崔瑛哲《チェヨンチョル》（エルサレム）、パク・ソウオン（ロンドン）、金昌鎮《キムチャンジン》（モスクワ）など一〇余名の海外特別寄稿家、および通信員を固めた。

「ハンギョレ21」の海外通信員は以後随時交代し、大小の特集と大型企画に秀で名前を上げた。尹成柱《ユンソンジュ》（ボストン）、權恩禎《クォンウンジョン》（ロンドン）、チェ・ヨング（パリ）、崔宇成《チェウソン》、キム・ソンファン（北京）、チョン・ジナ（インド北部のワーラーナシー）、ク・スジョン（ホーチミン）などが一九九〇年代の「ハンギョレ21」の海外取材を務めた。

海外通信員を通して構築した取材網が二〇〇〇年九月結実し、「アジアネットワーク」が誕生した。「ハンギョレ21」に絶えず記事を送ってきた紛争専門記者のチョン・ムンテを中心にしてアジア各国の記者二〇余名が結成した。

アジアネットワークは一種のシンジゲート記者集団で、「ハンギョレ21」と直接的な関係はない。しかし「ハンギョレ21」は彼らがアジアの各地から送る記事をほとんど独占的に紙面に載せ、事実上の「ハンギョレ21」の外部の取材チームを担った。西洋のジャーナリズムは「ヨーロッパ中心主義」を普及させているが、〔一方〕アジアをアジアの目で見てその価値を見つめることは今日において一層重みを増している。「ハンギョレ21」は創刊時から既存のジャーナリズムにはない新たな取材・編集の領域を絶えず開拓した。

創刊と同時に「ハンギョレ21」は週刊誌の動向を変えた。ニュージャーナリズムを標榜した「ハンギョレ21」に対する関心は爆発的だった。特に表紙に掲げた記事は深層報道ジャーナリズムの嚆矢《こうし》であった。白熱した問題を様々な角度から扱って長い期間かけて深く探った。「ハンギョレ21」が〔問題を〕掲げると、他の新聞と放送がその後を追い企画記事を書いた。

深層報道ジャーナリズムを掲げた記事は既存の新聞、放送報道に対してうんざりしていた読者を惹き付けたようだ。創刊号トップ記事では、すべてが秘密裏にされた金泳《キムヨン》三《サム》大統領の息子金賢哲《キムヒョンチョル》問題〔第三部第三章参照〕を扱った。主な記事が政治家の泥仕合である既存の週刊誌とは違い、社会、文化、国際分野を扱う点で新鮮であった。大胆にして斬新なデザインは新たな読者を掘り起こした。

一九九四年三月二四日に創刊号が出た。創刊三週目で約二万五〇〇〇人の定期購読者を確保し、創刊四カ月には定期購読者が三万五〇〇〇人を超えた。創刊号の一〇万部がすべて売り切れたことはもちろんだが、書店、街頭販売などで他の週刊誌の二倍以上に達する販売部数を記録し売上一位の地位を譲ることはなかった。

二年ほど黒字が続くことは予想もしていなかったことであり、発刊九カ月で損益分岐点に到達した。創刊の年から収支が合う業績を残した。「ハンギョレ21」はハンギョレが新聞部門でなしえなかった夢をまず実現した。発行部数、実際に読まれている数、影響力、品質などで週刊誌部門のメディアで一位の座を占めた。自信を得たハンギョレは確かな仕事を作り上げたのだ。

❖ 世界に前例がない良心的週刊誌

趙善姫《チョソニ》とチョン・ソンイルが向かい合って座った。一九九四年一二月下旬のある日のことだ。映画人たちがよく出入りするのはソウル市忠武路《チュンムロ》の極東ビル地下の喫茶店だった。趙善姫はハンギョレ文化面の映画担当記者であり、チョン・ソンイルはハンギョレ文化面の映画コラムの筆者だった。気が合いこれ以上申し分ない関係だったのだが、少なくともこの日は違った。すでに趙善姫はハンギョレが作る新しい映像メディアの準備チーム長であり、やがて編集長になるはずだった。チョン・ソンイルは〔ハンギョレとは別の〕映画専門月刊誌を準備し、すでに記者たちを集めている際中だった。

映像メディア準備チーム長として発令を受けた一九九四年一二月一九日、趙善姫はチョン・ソンイルが新しい映画雑誌作りのための事務室を準備する話を聞いた。韓国映画市場はまだ零細であり高級映画雑誌を二つも作る水準ではなかった。しかもチョン・ソンイルは新たな映画雑誌の主要な筆者になると、〔趙善姫が〕大きな期待をした人物であった。

趙善姫は二つの〔雑誌〕のうち一つは創刊を諦めねばなら

ないと心に決め、チョン・ソンイルを呼んだ。交渉は失敗した。趙善姫は中止してほしいとする話すら持ち出さずに、お互いにあたりさわりのない言葉をかけただけにとどまった。チョン・ソンイルはすでに四カ月前から準備を始め、彼の熱意とそのための努力はハンギョレ新聞社にひけをとらないほどだった。彼は映画マニアに焦点を合わせた月刊「キネ」を必ず発刊するつもりだった。この段階で比べればむしろハンギョレ新聞社が一歩取り残された状態だった。

「シネ21」創刊準備では少なからず紆余曲折を経験した。「ハンギョレ21」は既存の時事週刊誌市場に飛び込んだが、「シネ21」は自らが映画週刊誌の市場を開拓せねばならなかった。当時の市場では一〇代の女子高校生の感性に絞った興味本位の芸能週刊誌が幅を利かせ、映画雑誌といっても月刊または隔週発刊だった。国内は無論のこと世界的にも映画週刊誌の戦略はなかった。高級映画雑誌を掲げる週刊誌が読者に歓迎されるとは、確信をもって言うことができなかった。このために市場分析には苦労した。実務チーム〔映像メディア準備チーム〕がまとめた報告書に役職陣は難色を繰り返した。

新たなメディアを一つずつ実現しようという話が役職級の委員から最初に出たのは一九九四年一〇月で、「ハンギョレ21」創刊の下絵を描いた運営企画室の金相潤《キムサンユン》が提案した。当時三〇代前半の彼は広告会社を辞めてハンギョレに入社し、すぐに運営企画室で仕事を始めた。運営企画室の職員は彼を含めて三人だった。一人は新聞販売、もう一人は新聞広告分野を受け持った。

❖みんな反対した、ただ一人を除いて……

金相潤《キムサンユン》は気の毒にも押し付けられたのではなく、新たな事業に全身全霊で取り組んだのだ。彼は「ハンギョレ21」、「シネ21」、ハンギョレ文化センターなどのアイデアを続々と出し仕事をした。「新聞社で仕事をしたいのではない。ハンギョレで仕事をしたいのだ」と金相潤は回顧する。

彼は映画週刊誌創刊を提案する報告書を作成し役員会議に提出した。〔会議では〕すべての参席者が反対した。ハンギョレが映画にしろ映像にしろさらに違ったメディアを出すのは創刊の精神からはずれるのではないかというのが理由であった。少しは触手を動かす人でさえ週刊誌を出すほど韓国の映画市場が成長しているのかという疑問をもっていた。ただ一人、金斗植《キムドシク》代表取締役だけ賛成した。「ハンギョレ21」創刊時に専務理事であった彼は、一九九四年六月から代表取締役に就任していた。

金斗植はこの問題を研究するチームを編成するよう指示をした。一一月、新たな実務検討チームを設けた。販売の張《チャン》昌徳《チャンドク》、広告の黄忠淵《ファンチュンヨン》などに市場調査をさせた。新たな映画情報誌の読者の需要が高いことをここで確認した。

しかしこの報告書に対しても懐疑論が多かったが、金斗植は反対を押し切って結論を出した。一二月に二人を新しい映像メディア準備チームの専従にする発令を出した。編集局文化部の趙善姫《チョソニ》、運営企画室の金相潤がこの仕事を担った。こうして新たな映画週刊誌発行が具体的に動き出した。

専従の準備チームを結成して一カ月後の一九九五年一月二三日、ハンギョレは一面で映像メディア創刊を知らせる記事を出した。「映画では目が肥えた鑑賞者が多いが、高級映画雑誌がない。若い映画世代はいるが、若い映画雑誌はない」。準備チームは知的にも感覚的にも映画世代のための高級誌戦略を選んだ。

初代編集長は趙善姫が就任した。当時ハンギョレ文化部には映画担当記者として安貞淑《アンジョンソク》と趙善姫の二人がいて、安貞淑は一九八〇年の解職後再び学業に戻り、ソウル芸術専門学校で映画学を学んでいたため映画に造詣が深かった。ハンギョレ創刊期の文化部は書評、学術などを重視し、映画、音楽などを軽くみる傾向がないわけではなかったが、このような雰囲気を安貞淑は変えた。

映像メディア準備チームの話が出るや安貞淑は映画を担当して二年程度過ぎた趙善姫を推薦した。趙善姫は連合通信に入社後、社会部記者として本格的な訓練を受けたが、ハンギョレ創刊を知るとすぐに合流した。彼が新たな挑戦を前にして、ひるむことなく情熱を発揮する能力を安貞淑は注意深く見ていた。

小説を書きたいと口癖のように言っていた趙善姫も映像メディア準備チームの話を聞き積極的になった。誰かに気軽に任せられずに彼がこの役目を背負い込んだのだ。安貞淑は後輩の趙善姫に続いて「シネ21」の二代目編集長になった。

❖ 映像時代を狙った高級誌戦略

創刊取材チームはキム・グァンチョルが指導した。金泳《キムヨン》辰《ジン》、金昭希《キムソヒ》〔「ハンギョレ21」、「ハーストーリー」の記者も担当〕、呉銀河《オウンハ》、金英嬉《キムヨンヒ》、金昌錫《キムチャンソク》、金恵利《キムエリ》が取材を担当した。取材チームの中で金英嬉、キム・チャンソクは新聞の編集局出身であったが、取材チーム長をはじめとする大部分の取材陣は外部から引き抜いた。当時タブロイド版映画・映像雑誌で高い質の文章を書いてきた人たちだ。

キム・グァンチョルは映画雑誌の編集長出身である。許《ホ》文瑛《ムニョン》は「文芸中央《ムネチュンアン》」で記者をしていたし、呉銀河は毎日《メイル》経済《キョンジェ》記者出身だ。金恵利、金昭希、金泳辰、南洞鉄《ナムドンチョル》〔後に「シネ21」編集長〕も映画雑誌の記者または評論家として活躍していた。写真チームでは辺載聖《ピョンチェソン》チーム長とともに孫弘周《ソンホンジュ》、鄭振桓《チョンチンファン》、呉桂玉《オゲオク》が仕事をした。「ハンギョレ21」と同じくデザインに精魂を込めたのだが、「ハンギョレ21」創刊を導いた李在鎔《イジェヨン》が「シネ21」のアートデレクターを再び引き受け、申智喜《シンチフィ》、張炳仁《チャンビョンイン》、権銀営《クォンウニョン》、ウス・ヒョンがデザインチームに合流した。

「シネ21」の創刊号が出たのは一九九五年五月二日だ。週刊誌は公式の発行日より何日か前に印刷されるため、ハンギョレの人たちは四月末に創刊号を手にした。写真チームの孫弘周は難しい交渉で安聖基《アンソンギ》〔韓国を代表する映画俳優。一九五七年デビュー以来話題作に出演〕、文盛瑾《ムンソングン》、蔡時羅《チェシラ》など映画界のスターの写真を表紙に登場させた。他の映画雑誌では主に外国映画俳優を表紙に載せたのに比べて破格ともいえる構成であった。「シネ21」は韓国映画の復興に寄与するという志《こころざし》も入っていた。

「映像文化を動かすベスト五〇人」という特集記事を組んだ。孔枝泳《コンチヨン》、都正一《トチョンイル》、李孝仁《イヒョイン》をはじめとして世界的な映画批評家であるトニー・レインズ（Tony Rayns）の文章も載せた。金泳辰、金恵利、金昭希など次世代の韓国の映画批評を代表する「シネ21」の記者たちが創刊号に記事を載せた。創刊号発行と同時に第一回ソウル映画祭を開き、五月八日から一四日までソウル市忠武五街《チュンムオガ》で封切り予定の話題作と優秀短編映画を上映した。

❖三年で最高の映画週刊誌に

しかし趙善姫《チョソニ》は満足しなかった。創刊号が出た夕方、権根述《クォングンスル》代表取締役、朴雨政《パクウジョン》出版局長、キム・ソンジュ論説委員らが慰労の席を設けた。「創刊号がひとまず出たのだから、もう大丈夫だ」と権根述が話した。彼は「ハンギョレ21」の創刊準備作業がまさに進行中の一九九五年三月に代表取締役として就任した。「シネ21」は代表取締役の権根述が産み出したものともなった。しかし、〔「シネ21」は創刊の精神から外れると〕正論を主張するキム・ソンジュの考えは違った。「正直に話しますと、『シネ21』はトンインジ（小規模な定期刊行物）なのかわからない」。

創刊号は売り切れたが、市場で安定するまで時間を要した。社内外の反応も違った。取っ付きにくいと評する人もいれば、「やぼったい」と言う人もいた。創刊の年の一九九五年に五億七〇〇〇万ウォンの数字を残しただけで、以後二年間「シネ21」は収益面ではそれほど良い成果を出さなかった。「『シネ21』のためにハンギョレ新聞社が倒産するはめになりそうだ」。大きな体をした孫弘周《ソンホンジュ》が新聞社のエレベータ内で泣き出しそうな様子だったことを趙善姫は記憶している。

ハンギョレの人たちは情緒的にも「シネ21」を馴染みが薄いと思っていた。週刊誌のタイトルとして慣れないから誤って読み「シネリ」と発音した（「21」をハングルの「리《リ》」と錯覚）。これは親しみからくるものだったが、タイトルに外来語を使うことはハンギョレにふさわしくないと不快感を示す人も少なくなかった。編集局出身ではなく外部から来た記者の面々も彼らにカルチャーショックを与えた。「シネ21」スタッフの金昭希《キムソヒ》、金恵利《キムエリ》、金泳辰《キムヨンジン》、呉銀河《オウンハ》、南洞鉄《ナムドンチョル》などは精神的には（外部出身の記者と）同じような思いであり、（ハンギョレ）創刊世代、第二世代の人たちとは違っていた。個性的であり感覚的であった。短いチマ（朝鮮民族の民族衣装で、上着のチョゴリと対となる長いスカート状のもの）の女性記者、口髭をたくわえた男性記者、自由奔放なヘアスタイル、派手なコスチュームに至るまで、どれ一つとってもハンギョレの記者とは似たところがなかった。「シネ21」記者たちのアバンギャルド（なスタイル）は、今も依然として大時代的なハンギョレ記者たちのはるか前方にいる。

「シネ21」の記者は彼らのやり方で献身した。創刊号発行直後から毎週新たな週刊誌を創る心意気で仕事をした。趙善姫はカリスマと独裁を戒《いまし》めながら、「シネ21」の記者たちはフル回転して作った。

創刊二カ月余の一九九五年七月三一日、判型を大きくした新たな編集デザインを初めて公にした。事実上の再創刊であった。大型の判型の企画が終わればまた異なる企画に挑み、呉銀河は取材と締め切りに追われて過労で倒れ、救急車で運ばれるはめになったりした。ハンギョレの記者たちは豊かな予算で仕事をしたが、「シネ21」の記者たちは寒々とした大地にいる自らを嘆いたものだ。

創刊三年余をへた一九九七年、「シネ21」は六億ウォンの当期純益を出し、以後、安定的な経営基盤を続けた。創刊直後から好調だった「ハンギョレ21」との比較から肩身の狭い立場にあったが、二〇〇〇年代に入って「ハンギョレ21」よりはるかに収益をあげた。創刊初期の「シネ21」の人たちは月刊「キノ」（の充実した執筆陣などの編集で）「知的劣等感」を抱いてきたのだが、その月刊「キノ」は経営的に行き詰まり、二〇〇七年七月、九九号を最後に廃刊した。二〇〇〇年代に入り異なる映像週刊誌が誕生したが、「シネ21」は販売部数、影響力、閲読率などでこの分野の一位の地位をしっかりと固めている。

❖ 孔徳洞《コンドクトン》社屋屋上仮事務所の二人の苦学生

「ハンギョレ21」はニュージャーナリズムを標榜した。「シネ21」は「高級映画雑誌」という概念を作った。人々はあらゆることに関心をもつものだが、二つの雑誌は深層性、専門性などを整えて報道することで他誌とははっきりと区別されていた。市場でも好意的な反応を得て最高のメディアの座を失うことはなかった。マーケットの概念を取り入れて事前に緻密な市場調査行ったことも、ハンギョレ路線の新たな経験であった。

二つの週刊誌は創刊以後の二〇年間でハンギョレが出した最も成功したメディアだ。金重培《キムジュンペ》、金斗植《キムドシク》、権根述《クォングンスル》を引き継ぐ一九九〇年代の代表取締役たちが合作した。ハンギョレの人たちはこの二誌と比べる雑誌が以降発行されていないのを残念なことだと思っている。

一九九六年四月、孔徳洞《コンドクトン》の社屋三階に入るまで「ハンギョレ21」と「シネ21」は立派な正式の事務室をもつことなく過ごした。短くて一年、長くは二年間も五階の屋上の仮建物の中で働いた。孔徳洞の屋上の仮の部屋で二人の苦学生が仕事をしたということになる。風雨にされる中で作った二つの週刊誌は日刊紙ハンギョレの翼の役目をした。

▲「ハンギョレ21」（左）と「シネ21」（右）の創刊号表紙

ハマダとケバウの変身

虫眼鏡10

ハンギョレが「金持ち新聞」でないことは、輪転機を見ればわかる。一九八八年五月一五日の創刊号を刷った輪転機は新聞印刷用ではなく雑誌印刷のために製作されたものだった。一九八八年三月、京《キョン》畿《ギ》道《ド》坡《パ》州《ジュ》にある工場で保管中のものを投入し、これを急いで修理して新聞を印刷した。

すべての輪転機は製造所名を付けて呼ぶ。「ハマダ輪転機」、「ケバウ輪転機」とするやり方だ。ところでハンギョレ創刊号を刷った輪転機は「命名」が難しかった。日本のハマダ工業社が作った機械の部品が中心になったのだが、別の製作所の部品も様々な箇所で使ったからだ。正確な製造年度を明らかにすることが難しいほど古いものであった。

製作から二〇年過ぎていることは明らかだった。一九八〇年代後半、韓国と台湾では新しい新聞社が数多く生まれ、日本製の中古の輪転機は価格がつり上がった。だからハンギョレでは〔まだ安価な〕雑誌用の輪転機で代行した。

新聞を広げた時の用紙の大きさを大判と呼ぶが、輪転機はこの大判四面を一度に印刷する。したがってすべての輪転機は四面、八面、一二面と、四の倍数の紙面のみ印刷することができる。ハンギョレは最初は毎時二万四〇〇〇部を印刷する二台の輪転機を使った。このために創刊初期には八面立てで印刷した。最初の計画では毎日一二面を出す予定であったが、輪転機の〔能力から〕無理だった。

「こうしても機械は回るんですね」

一九八八年三月一〇日、輪転機の試し刷りに成功した。この日、「ハンギョレ新聞便り」七号をこの輪転機で刷った。創刊号を刷るために導入した日本製の中古輪転機の最初の作品であった。「ハンギョレ新聞便り」を刷る場所を探すため〔ソウル市内の〕印刷所が集中する忠《チュン》武《ム》路《ロ》の路地裏を歩き回る苦労も〔ようやく〕終わりになった。

一九八八年八月、ハマダの中古の輪転機二台を追加で持ち込んだ。輪転部の社員はこの機械を連結した。八面を印刷する輪転機二台のうち一台を半分に切り離して、残る一台に付け加えれば一二面を印刷することができるという発想だった。初代輪転部の社員たちがこれを現実のものにした。一二面印刷が可能な輪転機のラインを完成し、一九八八年八月二〇日、試験稼働に成功した。一〇日後の一九八八年九月一日から一二面を発行した。

のちに輪転機点検のために日本の技術者がハンギョレを訪ね、稼働中のハマダの中古輪転機「ハンギョレバージョン」を見て開いた口がふさがらなかった。「いや、こうしてくっ付けて使う方法もあるのですね。こうやっても機械は回るんですね」。

ハンギョレの二代目輪転機は東京機械が作った。やはり一九七一年に製作された古いものだったが、それでも新聞用輪転機だった。台湾で最大部数を誇る(日刊紙)「連合報」が使ったものを一九八九年二月にハンギョレに導入する契約を結んだ。その年の夏、徐炯洙《ソヒョンス》、李吉雨《イギルウ》、尹英秀《ユンヤンス》、張《チャン》箕善《ギソン》などが現地に赴き輪転機を調べて解体して船に積んだ。

発展基金を使って買うことになったこの輪転機は一九八九年一〇月に釜山《プサン》港に着いた。しかしハンギョレの人たちがこの輪転機を実際に見るようになったのはしばらくしてからだ。建設会社の不渡りで麻浦区《マポク》孔徳洞《コンドクトン》の新社屋工事が遅れたからだった。仕方なくソウル永登浦区《ヨンドンポク》堂山洞《タンサンドン》の露天の積み場に輪転機を保管した。約一年半間放置されて、一九九一年五月に新社屋骨組工事が終わったあと、雨風を遮《さえぎ》る屋根の下に輪転機が収まった。

東京機械の輪転機で新聞を初めて印刷したのは一九九一年一二月一三日のことだ。モノクロ一六面基準で、毎時一〇万部から一五万部ほどを刷り出したが、思ったより鮮明度が悪く印刷速度も遅かった。もともと活版用に作ったものを台湾の技術者がオフセット用に改造したものだが、持ち込んだ輪転機を点検すると印刷ローラーが台無しになっていた。搬入後に野外に置かれているうちに一部の部品がさびついたことも問題で、運転部と発送部の社員たちが大変な苦労をした。

輪転機のインクの噴射がうまくいかず、輪転部の社員たちが一晩中噴霧器で吹き付けて調整したりしたのだが、(結局)刷り出した新聞の中で完全なものだけ選んで発送することになり、多くの新聞用紙を無駄にしてしまった。当時崔鶴来《チェハンレ》常務が輪転機安定化の責任を負い、約一カ月間、輪転部の社員たちとともに夜を明かした。ある日の夜明け、心臓に負担がかかり倒れて社員たちが驚いて駆け寄ったが、（崔常務は）「大丈夫。輪転機が回るまで死ねない」（と制した）。製作局長であった朴魯成《パクノソン》（東亜《トンア》放送局プロデューサーをへて製作畑を歩む）はキリスト教の教会の長老でもあり、動きが止まった輪転機に（手を）添えて祈ったりした。

しかし輪転機事故はたびたび起こり、発送時間が遅くなった。当時、地方に配達する新聞は汽車に乗せて送らねばならなかったのだが、発送部の社員たちがソウル駅の関係者たちと襟首をつかむことまでしながら（構内から）出て行こうとする汽車にしがみついて新聞を載せようとした。汽車に乗り遅れれば仕方なく貨物トラックに乗せて夜明けに高速道路を走った。その費用はばかにならなかった。

苦労した東京機械の輪転機は一九九二年二月頃には安定化した。一九九三年九月には京郷《キョンヒャン》新聞が保有していた東京機械カラー輪転機を追加して取り入れて補った。一九七二年に製作され、一九九二年から稼動しておらず倉庫に眠っていたものだった。

中古時代を終わらせたドイツ製の新型ケバウ輪転機

他社の中古輪転機を使わなければならなかったうんざりする時代が一九九六年に終わった。一九九四年一二月、ドイツのケバウ社と新型高速輪転機導入を契約した。一三〇余年間、輪転機だけを作ってきたケバウ社はこの分野で世界的に最高の会社だった。ハンギョレが導入することにした輪転機はカラー八面を含み全三二面の新聞を毎時七万部ずつ刷り出す最新式機械だった。

製作局長朴聖徳《パクソンドク》、総務部長李勲雨《イフヌ》、企画部長尹錫仁《ユンソギン》、電気チーム長張箕善《チャンギソン》などがドイツ製のケバウ輪転機導入を進め成功させた。新型輪転機を持ちこんだことは創刊以後初めてのことで、日本製より性能が優れていた。

輪転部の社員たちがドイツ（製品を）探す短期研修を受け、輪転機を設置するときは三人のドイツのケバウ社員が孔徳《コンドク》洞《ドン》の社屋まで来て手伝った。ケバウの輪転機がやって来て輪転部社員の苦労が少しばかり減った。それまでは轟音《ごうおん》を出す輪転機の横で直接作業をしていたのだが、ケバウの輪転機導入からは四方がガラスに囲まれた防音室の中にいてコンピューター制御で輪転機を調整することができた。輪転機を変えてからは発送装備も最新式に入れ替った。スイスのムルロマティニ社が作った新型発送装備は新聞を包みで縛り包装する全工程を自動に処理した。

一九九六年九月、ついにケバウ高速輪転機一号機が入った。翌年の一九九七年四月に二号機まで導入した。この輪転機は二〇〇八年現在まで高速輪転ラインの屋台骨を背負っている。二〇〇六年五月にはカラー紙面が増えるために東京機械輪転機を加えてケバウと合体したが、この東京機械輪転機は中古製品だ。ハンギョレ輪転部の人たちは輪転機合体分野ではおそらく世界最高の技術をもち、ドイツ製輪転機と日本製輪転機の結合、稼動を成功させた。

第二章　チャムサリ〔暮らしを支える〕事業

人びとは承知済みかのように挨拶をした。「専門家が来られたから期待が膨らみます」。ハンギョレは約五年余の間に三カ所の出版社で編集長をしていた専門家を迎え、事務所の片隅に机一つを差し出して仕事をさせた。公募第一期で入り販売営業を担当した朴政洙《パクチョンス》は同じチームで唯一の仲間だった。一九九四年二月、李基燮《イキソプ》〔二〇〇六年ハンギョレ出版社社長〕はハンギョレ運営企画室出版チームでこうして仕事を始めた。

金重培《キムジュンベ》代表取締役は李基燮を見るなり口癖のように言った。「ハンギョレも『ムグンファの花が咲く』のような本を出さねばならない」。当時、核開発に対する国粋主義的な視線で書いた本が、様々な批判の渦中にあっても、最大のベストセラーになっていた。金重培の言葉は「売れる本」を出すことだったが、ハンギョレ出版が生涯背負う苦闘になった。

ハンギョレの名前を初めて掲げて出した本が『ハンギョレ論壇』だ。一九八九年九月に発刊した。創刊号から一面で連載された「ハンギョレ論壇」をまとめた。優れた論客の文章に対して読者の熱い反応があることを確認して出版した。一九九一年一一月には『発掘韓国現代史人物』を発刊した。一九八九年一〇月から三年をかけハンギョレに連載した記事を編集した。人気が高い一巻に続いて、二、三巻と発行し、全六万部以上印刷した。一九九三年四月には日本の解放出版社が『山河ヨ、我ヲ抱ケ』〔上・下巻、高賛侑《コチャヌ》翻訳〕のタイトルで日本語版として出した。

収益面では大きな成功を収めることはなかったが、人文教養の書籍市場が冷え込む中でこの二冊の本はその動向に左右されない反応を示した。新聞掲載の作品が本として広く読まれることを確認する契機となった。一九九三年二月、事業の多角化を苦闘したハンギョレが運営企画室のもと出版チームを作ったのもこのためだった。

一九九三年の出版チームが編集した中で代表的な本は九月に出版した『これだけは守ろう』だった。一九九一年五月から翌年の一〇月まで趙弘燮《チョホンソプ》〔環境問題を一貫して取材、専門記者となる〕と金敬愛《キムギョンエ》〔メディア事業本部などで活躍〕が各界の専門家とともに失われる生態系を探訪し編集した。

❖ 新聞の連載記事を本に——ハンギョレ出版の開始

李基燮《イキソプ》がハンギョレにやってきた時は、出版チームはまさに胎動期だった。一九九四年四月、ハンギョレ運営企画室のもとにあった出版チームが出版部の名前に変わり、本格的なハンギョレ出版の時代が始まった。「野蛮の時代を耐え抜く教養と知識の底辺拡大」がハンギョレ出版部のモットーであった。

ハンギョレ出版部出帆の最初の年である一九九四年に〔李基燮は〕『このようにしたら正しく書ける』を編集した。一九九五年には小説『インシャラ』も出した。解放五〇周年記念でハンギョレが長編小説を公募し、その当選作だった。大きな反響を呼んだ。『インシャラ』の成功を契機に一九九六年から「ハンギョレ文学賞」を設けて小説を公募し、のちに『私の美しい庭園』(二〇〇二年)、『サンミスパースターズの最後のファンクラブ』(二〇〇三年)などの当選作を出版し人気を集めた。

しかしハンギョレ出版部が独自のカラーを明確に打ち出し初めて結実したのが民族学者朱剛玄《チュカンヒョン》の『わが文化のなぞなぞ』の出版であった。〔『わが文化のなぞなぞ』出版までの経緯を概略すると、〕一九九五年春に兪弘濬《ユホンジュン》が書いた『私の文化遺産探査記』が人気を集めていた。〔その渦中に李基燮は〕運営企画室李炳《イビョン》の紹介で初めて朱剛玄に会った。「私は北韓《プッカン》の文化遺産探査記を書きたい」と自信にあふれやる気満々であった。話題は北韓文化にとどまらず民族文化全般に広がった。テーマを広げて朝鮮の文化全体を視野に入れて書き、新聞にいったん連載したものをまとめて本にすることにした。

話がまとまった次の日、朱剛玄が「わが文化のなぞなぞ」という題名をつけて〔企画書を〕ファックスで送ってきた。各項目別の題名と目次を見て李基燮は感嘆した。たった一日で新聞連載の企画案を作り上げる手腕に驚いたからだ。朱剛玄の文章は一九九五年五月から一二月まですべて新聞に毎週連載され、一九九六年夏から一九九七年春にかけて三〇万部売れた。ハンギョレ出版部初のベストセラーだった。

「ハンギョレ21」のデザインチームはこの本の発行の手助けしてデザインを受け持った。彼らは〔本書を通して〕時事週刊誌の新たなモデルを初公開することになった。単行本の編集経験がなく雑誌デザインの概念を多く導入したが、むしろそれが重要であった。単行本のデザインでもハンギョレの感覚が前に出たからだ。

ハンギョレ出版はこの分野でさらに異なる専門家である金洙永《キムスヨン》と公募社員の丁眞姮《チョンジナン》、趙宰姮《チョジェソン》三人を加えて一九九〇年代後半から本格的に新たな領域を開拓した。文学、人文、エッセー、子ども向けなど多様な分野にわたり総合出版社の性格を固めた〔ハンギョレ出版を二〇〇六年一月に独立子会社ハンギョレ出版を設立。以降の訳の「ハンギョレ出版」はハンギョレ新聞社の母体であるハンギョレ出版部も合わせて総称して用いた〕。

新聞社が経営する出版社の大部分が商業的な大衆書の出版に傾注している中で、ハンギョレ出版は人文・社会科学が大衆と出会う領域に食い込むことで賞賛と利益を同時に受けた。ハンギョレが品格ある新聞社の立場を保つことができたのは、大衆に高級な議論を持続的に提供するハンギョレ出版の役目が決定的であったといえる。

『わが文化のなぞなぞ』の成功は、以後ハンギョレ編集局、「ハンギョレ21」、「シネ21」、ハンギョレ出版などに大きな影響を与えた。日刊紙と週刊誌が良質の記事、連載を発掘して掲載し、その中で読者から好評を博した文章を選んで本として出版した。本を通じて読者層を確保した筆者は新聞または週刊誌に新たな文章を書き、講演活動などでハンギョレの影響力拡大に寄与した。こうした〔一連の〕過程を注目していた新たな筆者たちがハンギョレに快く文章を載せた。

❖ 革新的論壇の生産基地になる

〔革新的論壇の生産基地になるという〕考え方は洪世和《ホンセファ》〔南朝鮮民族解放朝鮮人民委員会参与など歴任、フランスに亡命、のちにハンギョレ企画委員〕がフランスから韓国に帰ってから固まった。ハンギョレは一九九五年から世界各国の政治、経済、社会、文化を振り返る短い連載を新聞に載せた。「私が見た日本、日本人」、「私が見たベトナム、ベトナム人」などのタイトルを掲げて中国、フランス、ロシア、モンゴル、オーストラリアなどを扱った。

洪世和はこの中で「私が見たフランス、フランス人」を編集した。一九九六年六月から一〇月まで三〇編を新聞に掲載した。彼は一九七九年に貿易会社の駐在員としてパリに赴任したが、韓国で起こった南朝鮮民族解放戦線準備委員会事件〔＊1〕で連座して亡命生活を始めた。一九九五年に出版した『私はパリのタクシー運転手』（創作と批評社（日本語訳『コリアン・ドライバーはパリで眠らない』米津篤八訳、みすず書房、一九九七年）で韓国でその名が知られるようになった。

ハンギョレ出版は洪世和の「私が見たフランス、フランス人」をもとにして『セーヌ川は左右に別れ、漢江《ハンガン》は南北に別れる』を出した。脱稿まで丸三年を要し、（この間）最後までハンギョレの人たちは苦労した。一九九九年四月に刊行し、二カ月後の一九九九年六月に洪世和は二〇年の亡命生活の末に初めて帰国した。

以後彼はハンギョレで「赤い信号灯」というタイトルでコラムを連載し、（その後渡欧し）英国から二〇〇〇年に帰国後、ハンギョレ企画委員として仕事をし、『悪役を引き受けるものの悲しみ』（二〇〇二年）、『赤い信号灯』（二〇〇三年）などをすべてハンギョレ出版の編集に一任した。

韓国の歴史と社会に対する新たな視線を提起した朴露子《パクノジャ》もハンギョレとハンギョレ出版を通して名前が知られるようになった。一九九九年五月、ハンギョレは外国人が見た韓国に関する連載を載せた。タイトルは「ソウルの虫眼鏡」。筆者は在米韓国人国際弁護士ロバート・ハルリ、ドイツの放送人イ・ハヌ、そしてロシア人教授のプラデミール・テイホノプであった。

テイホノプには朴露子という韓国の名前があり、二七年間韓国で生活し韓国語が流暢で韓国人より韓国の歴史と文化をよく知っていた。ハンギョレに執筆したコラムをベースにして『あなたたちの大韓民国』（二〇〇一年）をハンギョレ出版から出した。以後ハンギョレとハンギョレ出版、「シネ21」に続けてコラムを書き、『左右があっても上下はない』（二〇〇二年）、『真っ白い仮面の帝国』（二〇〇三年）、『弱肉強食の神話』（二〇〇五年）、『あなたたちの大韓民国二』（二〇〇六年）、『われわれが知らない東アジア』（二〇〇七年）などの作品を続々と世に送った。

ハンギョレ出版は時代の先頭に立ち、時代と相容れなかった知識人が大衆と出会う懸け橋の役割をした。韓国現代史を専攻した少壮の学者であった韓洪九《ハンホング》は二〇〇一年一月から「ハンギョレ21」に「歴史の話」を連載した。これをもとにして二〇〇三年二月、『大韓民国史』一巻を出した。読者の熱心な反応に支えられて二〇〇六年一二月までに、二、三、四巻と続けてハンギョレ出版で編集した。〈歴史の〉面白さ、知識、見方を提供し隠された現代史の真実の理解を助け、二〇〇〇年代の若者たちの必読書となった。

宋斗律《ソンドユル》は「境界人」という言葉が似合う知識人である。創刊直後からハンギョレに不定期ながら文章を載せ、二〇〇一年一月から固定のコラムを書いた。二〇〇三年、国家情報院〔国家安全企画部が金大中《キムデジュン》政権になり改名した組織〕は宋斗律を北韓《プッカン》の労働党政治局候補委員であると発表した。その容疑のために宋斗律は長い間苦労を味わった。ドイツで学び〔大学で〕講義した彼は、南北を往来して分断を越えてきた知識人であった。国家保安法の物差しで彼を評価するには無理が多かった。ハンギョレ出版は『統一の論理を求めて』（一九九八年）、『民族は消えない』（二〇〇〇年）、『二一世紀への対話』（二〇〇一年）、『境界人の思索』（二〇〇二年）などを編集し、宋斗律の真価を問うた。

また違った境界人である鄭守一《チョンスイル》もハンギョレを通して世に出た人だ。彼の生涯自体が一編のドラマだ。中国の延《ヨン》辺《ビョン》で生まれ北京大学東方学部を首席で卒業して、中国の外交官として仕事をした。三〇歳で北韓に国籍を変えて教授生活を送り、チュニジア、マレーシア、フィリピンなどをへて、フィリピン国籍の「ムハンマド・カンス」という名前のアラブ系外国人として韓国に来た。一九九六年に国家保安法容疑で拘束されたが、二〇〇〇年光復節《クアンボクチョル》の特赦で釈放された。彼は二〇〇五年一〇月から二〇〇六年九月までハンギョレに「シルクロード再発見」を連載した。シルクロードを背景に東西文明の交流を綴る彼の文は、二〇〇六年一一月に『シルクロード文明紀行』として編集し発行された。

〔一九九四年のハンギョレ〕出版部設立以来、ハンギョレ出版は収益の面ですべて成功を収めた。ハンギョレ出版というブランド自体が人文教養の書籍を求めようとする読者に信頼を与え、革新的な論議を渇望する人たちはハンギョレ出版が出す本を粘り強く捜し求めた。そうした人たちを求める革新的な知識人たちは持続してハンギョレ出版との関係を続けた。

ハンギョレ出版の成功はハンギョレの人たちに重要な教訓を与えたといえる。革新への深い理解、省祭した知性のコンテンツが大衆にも広く愛されることを確認したからだ。この分野で最も強い企業がハンギョレ出版であった。ハンギョレ出版は新聞、週刊誌、インターネットなどを通して掲載する様々な記事とコラムなどを改めて編集するだけで「価値ある商品」として再生し、収益を創り出し寄与することができることを示した。
大規模な投資で大きな成果を目指す冒険はしなかったが、明らかだったのは適性規模の持続的投資で新聞社の社会的価値と経済的収益を同時に達成することができたことだ。平凡ながらも少しでも現状を変えたいと望む市民に近づく「革新的な生き方のマーケット」が始まった。

❖ 価値と収益、二匹のウサギを一度に捕る

一九九四年初めから約一年間、特別な会議が不定期的に開かれた。名付けて「事業多角化会議」だ。取締役会および役員会議とは別に、ハンギョレ・コンテンツを土台に二種類の事業の方案を論議する場であった。金斗植《キムドシク》、文永《ムンヨン》熹《ヒ》、朴聖得《パクソンドク》、朴雨政《パクウジョン》、李炳《イビョン》、尹錫仁《ユンソギン》、李相勲《イサンフン》など当時の関連役員が一つの場に集い知恵を傾けた。

この席で映画、公演、展示、コンピューター通信、南北交流など各分野に及ぶ文化事業が論議された。文化事業の特性上、多額の資金が必要な場合が多く、一〇の論議をしても一つ成功させることすら難しいのだが、このような会議が継続して開かれたこと自体に意味がある。市民の皮膚〈感覚〉と触れ合う文化事業を通して新聞社の収益を増やし影響力を高めることができる戦略的思考の土台ができた。

一九九〇年八月一八日から一カ月間進行した「民族の歌」全国巡回公演が最初の文化事業である。ハンギョレ創刊に合流する前、様々な公演のイベントを受け持ち成功させた李炳注《イビョンジュ》常務理事が「民族の歌」事業団長を担当した。歌手金敏基《キムミンギ》が共同委員長兼実務総監督だった。

ハンギョレ創刊時から企画されていたこの文化事業の核心は「差違化」であった。既存の大衆歌謡、高踏的な国学、急進的な運動歌謡などと異なり、広く歌われ人生を見つめる「わが民族だけの歌」を発掘しハンギョレ創刊を鼓舞する意味で事業を進めた。放送局が主催する大学歌謡祭や、集会の場所で出合える民衆歌謡と区分したハンギョレだけの音楽行事を企画した。事業チームの当時の構成を最近の言葉で呼ぶと、音楽市場の「ブルーオーシャン」（*2）を探しに行ったようだ。

一九九〇年八月一八日、ソウルでの公演を皮切りし、光州《クァンジュ》、大邱《テグ》、釜山《プサン》、全州《チョンジュ》、大田《テジョン》など全国七都市で二二回公演を繰り広げ、五万人がこの公演を楽しんだ。海外同胞社会で歌い継がれた朝鮮民族の歌を集めて「民族の歌」として編集し、さらにその中で一二曲を選んだ「民族の歌」

というレコードを出して一〇万枚を売った。レコード制作過程で約一五〇人の各分野の音楽家が参加し、巡回公演では各地方ごとに音楽の団体が集い、延べ七〇余の文化団体、一五〇〇人が舞台に立った。

この時の経験を土台にしてハンギョレ事業部は「民族歌劇金剛《クムガン》」（一九九四年八月）、「レコードための自由コンサート」（一九九六年六月）、「平壌《ピョンヤン》サーカスソウル公演」（二〇〇〇年六月）、「人権コンサート」（二〇〇三年一二月）、「ああ　統一コリア二〇〇四」（二〇〇四年六月）などの文化公演行事を続けて繰り広げた。

❖ 革新的マーケットの持続可能なモデルを求めて

様々な公演行事は半分は成功裏に終えた。各行事がすべて好評だったのだが、いざ収益という面では目立った成果を出せなかった。野心満々に臨んだ企画の意図にもかかわらず、「民族の歌」事業は継続できなかったし、その後のいろいろな文化行事の大部分が単発で終わり、収益面で問題があった。

人々に革新的生き方のコンテンツを提供することは、マルチメディア企業ハンギョレの存在理由を示すことだ。コンテンツの提供を続け〔革新的な生き方を〕広げるためにも収益を出さねばならない。事業多角化会議が打ち出して結実することになったのが「ハンギョレ文化センター」であった。持続可能な革新的マーケットはハンギョレの人たちが創刊以後絶えず努力してきた目標であり、その解答の中の一つであった。

権根述《クォングンスル》代表取締役が公式に就任した一九九五年三月一三日がハンギョレ文化センターの開館の日だ。ハンギョレ出版に続いて知識・教養の底辺を拡大しようとするハンギョレの異った事業であった。

当時運営企画室は企画部と事業部に分かれていた。李《イ》炳《ビョン》が事業部長を受け持ち、姜秉洙《カンビョンス》、金相潤《キムサンユン》、李承哲《イサンチョル》などとともに仕事をした。事業はハンギョレ事業多角化の尖兵の役目を果たした。「ハンギョレ21」、「シネ21」を立案、成功させ、三回目の事業が文化センター設立であった。

事業多角化の最初の起案は金相潤が行った。これを実現し軌道に乗せる仕事は姜秉洙が受け持った。彼はハンギョレ文化センターの初代チーム長、さらに部長となり二〇〇一年までセンターの安定化に責任を担った。

ハンギョレ文化センターはソウル市麻浦区《マポク》老姑山洞《ノコサンドン》に講

義の場所を準備し社会人と学生を対象として行う専門講座、生活文化講座などを開設した。開館と同時に軌道に乗った。三カ月単位で講座開くと、主婦、大学生、社会人など一〇〇〇から二〇〇〇余人の受講生が集まり、講義の場所が手狭で多くの受講生を受け入れられない状態だった。

他の新聞社も文化センターを運営しているが、ハンギョレ文化センターほどの名声と権威を維持しているものはない。特に出版、言論、映像分野の映画演出、アニメーション、出版漫画、シナリオ、出版編集、新聞社入社養成講座などは、関連した志望生たちの間では「士官学校」として知られた。

読み書き分野はハンギョレ文化センターのまた別の強みだ。自由寄稿、校正校閲、文化批評、翻訳など専門的な読み書きは無論のこと、論説、討論、読書など青少年の読み書き分野まで多様な講座を開発した。

開館した最初の年である一九九五年、受講生を対象にして受講動機を調査したところ、回答した五八％が「専門的なことが学べるから」と答えた。ただ教養講座を聞くだけにすぎない一般の文化センターとは質的にも違う位相が認められるわけだ。大学でも正式に教えない専門講座を開発して二〇、三〇代の若い年齢層の中に入ろうとするハンギョレ文化センターの「教育哲学」は今も続けられている。

ハンギョレ文化センターはハンギョレのコンテンツの新たな「ハブ」の役割を果たしている。二〇〇四年から毎年三月になると、ハンギョレ文化センターと「シネ21」が共同でインタビュー特別講座を進めている。ハンギョレの重要な執筆者が読者たちと出会い、特定の取材に対して集中的に話し、その成果はハンギョレ出版が毎年本として編集している。

❖南北の民間交流の核、ハンギョレ統一文化財団

ハンギョレが広げた文化事業の中で収益と無関係に進められたものがある。統一事業だ。ハンギョレ統一文化財団は南北民間交流の中心的役割を果たしてきた。その推進役は企業人キム・チョルホが担った。

キム・チョルホは解放直後貿易会社を構え事業を起こした後、繊維事業、化学工業薬品製造業に飛び込み収益を得た典型的な企業家であった。しかし他の企業人とは違った。一九六八年、四〇代半ばで自身が起こした会社を後進に譲り、故郷である京畿道華城《キョンギドファソン》に帰り農場を経営し、この地に留まった。還暦を前にして一九八三年、農場のうち

二万五〇〇〇坪を〔韓国政府の〕労働部に寄贈し、方々に散らばっている労働者のための療養所を建ててほしいと頼んだ。

一九九〇年初め、彼は歴史問題研究所が発行する季刊誌「歴史批評」を読んだ。感動のあまり当時の歴史問題研究所を牽引する徐仲錫《ソジュンソク》西江《ソガン》大学教授、朴元淳《パクウォンスン》弁護士などと直接会い研究所の後援を約束した。歴史問題に遅れて目覚めた彼は全財産を理念戦争〔朝鮮戦争を含む激しい右派、左派の葛藤を含む用語〕で犠牲になった無実の御霊を慰めることに使おうと決心した。智異山《チリサン》〔天王峰《チョンワンボン》周辺の峰々をあわせたもの〕の老姑壇《ノコダン》〔全羅南道《チョルラナムド》求礼郡《クレグン》山洞面《サンドンメン》にあり、海抜一五〇七メートルの山〕を眺められる全羅南道求礼の山野を手に入れた。ここで分断の犠牲者のための納骨堂を建てようとした。

しかし〔納骨堂の〕場所を決めようとしたころ、癌の診断を受けた。徐仲錫と朴元淳に会い、余命いくばくもないことからこの事業を引き受けて続けてほしいと頼んだ。二人は悩んだ末にハンギョレ新聞社を紹介した。〔こうして〕キム・チョルホは一九五五年五月、一万二〇〇〇余坪の土地と現金五億ウォンをハンギョレに寄託した。

ハンギョレは寄贈したキム・チョルホの高い志を称え、単発の行事ではなく持続的な統一事業を始めることにした。一九九五年八月一一日、取締役会は寄託金を元金として統一事業を持続的に起こす国民財団を設立することを決めた。財団の構想はハンギョレ創刊の時のように、全国民が発起人として参加することだった。

ハンギョレ統一文化財団の推進役となったキム・チョルホは財団設立を見ることなく一九九五年一〇月二九日に他界した。亡くなる直前に現金二億ウォンを追加してハンギョレ新聞社に寄託した。「統一文化財団事業の結実を見たい」というのがキム・チョルホの遺言であった。

推進役の柱を担ったのは金栄徹《キムヨンチョル》で、民衆文化運動連合で活動した後ハンギョレ創刊に合流した。文化部を経て世論媒体部メディアチーム長として仕事をし、ハンギョレ統一文化財団設立で責任者となった。年齢、階層、党派を超越した全国民的なキャンペーンを始めることが彼の構想であった。

一九九六年一月九日、ハンギョレ一面でソ・テジ〔seotaji〕のインタビュー記事が載った。ハンギョレ統一文化財団の誕生を祝う内容であった。翌日の一月一〇日、ソ・テジのファンクラブの中で最も会員数が多い「ヨヨ・ファンクラブ」会長が新聞社を訪ねてきた。会員一〇〇〇余人すべてがハンギョレ統一文化財団の国民発起人として参加するというものだった。ソ・テジの他のファンクラブ「トレネ」も会員約四〇人が発起人として参加する意志を明らかにした。一日五〇本ほどかかってきた電話が一〇〇本に増えた。ソ・テジがハンギョレ統一文化財団発起人として参加する記事を見て「われわれも参加したい」と現れた青少年たちだった。

〔ソ・テジを発起人とすることは〕ハンギョレ統一文化財団設立推進本部事務局長の金栄徹が発表したアイデアであり、文化運動家の出身らしい展開をみせた。彼は財団に参加する国民の発起人募集に火をつけるには旧来の考え方を捨てねばならないと考えた。国民募集キャンペーンのための連続インタビューの最初の主人公として当時最高の大衆スターであるソ・テジに交渉した。

〔こうして〕ソ・テジを筆頭にしてパ・ニク〔panic〕、安聖《アンソン》基《ギ》、林権澤《イムグオンテク》〔映画監督、作品に「西便制《ソピョンジェ》」「祝祭《チュチェ》」。資料編「人物略歴」参照〕など文化人、芸術家が先頭に立った。政治圏でも与野党をこえて、李会昌《イフェチャン》〔自由先進党代表。資料編「人物略歴」参照〕、金鐘泌《キムジョンピル》、李寿成《イスソン》〔ソウル大法科大学長、国務総理、民族和解協力汎国民協議会代表常任議長など歴任〕、趙淳《チョスン》〔ソウル大経済学科教授、国会議員、ハンナラ党名誉総裁など歴任〕などを引き入れた。これらの人々すべてがハンギョレ統一文化財団の発起人として参加した。

金壽煥《キムスファン》、金廷漢《キムジョンファン》、宋眩燮《ソンウォルジュ》、徐英勲《ソヨンフン》、孫基禎《ソンギジョン》〔資料編「人物略歴」参照〕、韓完相《ハンファンサン》など各界の二三名をはじめとして三万二〇〇〇余人が財団の発起人となった。ハンギョレ統一文化財団は分断の犠牲者追悼事業のほか、南北離散家族の生死確認および調査〔事業〕、統一研究・教育事業、南北学術・文化交流事業を掲げた。

一連の過程はハンギョレ創刊の軌跡と似ており、設立許可問題で苦労したことまでまったく同じであった。財団発起作業は順調に進んだものの、統一部はハンギョレ統一文化財団設立を許可しなかった。統一部は財団が計画した分断犠牲者慰霊事業、離散家族調査確認事業などに対して国内情勢を理由に時期尚早と言いがかりをつけたのだ。統一研究・教育事業に対しては初等・中等課程の統一教育の内容と相容れない部分があると憂慮を主張し、ハンギョレが南北交流事業に直接関わることは認められないという考えだった。

紆余曲折の末、一九九七年六月にハンギョレ統一文化財団は政府の許可を受けて正式に出帆した。以後、ハンギョレ統一文化財団は南北の民間交流の開拓者の役割を勤めた。北の同胞の水害救済キャンペーン（一九九七年）、尹伊桑《ユンイサン》〔音楽家。資料編「人物略歴」参照〕統一音楽会（一九九八年）、南北経協アカデミー（一九九九年）、金剛山《クムガンサン》自転車平和大行進（二〇〇一年）、北韓《プッカン》美術特別展（二〇〇二年）、統一ジャガイモの花祝典（二〇〇三年）、龍川《ヨンチョン》郡爆発事故被害同胞救済キャンペーン（二〇〇四年）、北に木を送るキャンペーン（二〇〇五年）、北の水害支援キャンペーン（二〇〇六年）、平壌《ピョンヤン》子どものワークブック工場竣工（二〇〇七年）などの多様な事業を展開した。

特に一九九九年からハンギョレ統一文化賞を制定したが、この間、尹伊桑（一回）、姜萬吉《カンマンギル》（二回）、文正鉉《ムンジョンヒョン》、文奎鉉《ムンギュヒョン》〔平和と人権連帯共同代表など統一・平和運動などの代表〕（三回）、鄭周永《チョンジュヨン》（四回）、釜山《プサン》アジア大会北韓応援団（五回）、林東源《イムドンウォン》〔政治家。資料編「人物略歴」参照〕（六回）、開城工業団地（＊3）を作る人たち（七回）、朴容吉《パクヨンギル》〔歴史家〕、洪根洙《ホンクンス》（八回）、李泳禧《リヨンヒ》（九回）などが賞を受けた。

二〇〇〇年代に入り、南北交流推進事業だけでなく世界の平和の問題にも視野を広げている。二〇〇三年にはイラクの子どもたちに医薬品を送ったし、二〇〇五年からは世界各国の学者、市民運動家、政治家などが参加する「ハンギョレ―釜山国際シンポジウム」を毎年開いている。

ハンギョレ統一文化財団の人たちがもどかしいと思うことは、分断の犠牲者の援護を称える納骨堂建立工事だ。徐々に進んではいるものの、寄託資金として事業を始めたのだが、そもそも〔資金〕不足があった。財団建立以後運用資金の準備段階で気が焦せり施設竣工を遅らせる結果にもなった。二〇〇八年現在、仮称「ハンギョレ平和村」と名付けて霊園を造成中だ。

❖ 連帯と責任、失業克服国民運動

新聞社の社会的責任と連帯意識を発揮したもう一つの例は失業克服国民運動キャンペーンである。権根述《クォングンスル》代表取締役時代、編集局社会部長であった呉亀煥《オギファン》が積極的に推進した。国際金融危機〔IMF事態〕（＊4）時代直後の一九九八年初め、失業者教育訓練と就業斡旋を目標とした汎国民キャンペーンを始めた。〔韓国の〕労働部、ハンギョレ、

市民団体などがともに参加した。「ＩＭＦ事態で困難に陥っている庶民を助ける社会公益的事業であるなら、ハンギョレがその仕事を引き受けるのは最も理に叶ったことだ」と呉亀煥が振り返った事業だ。

この事業はジャーナリズム・政府・市民社会が共同で社会問題に取り組んでいくやり方のモデルとなった。ハンギョレの役割が最も大きかったが、紙面を通して関連した記事を持続的に報道し世論を喚起する一方、事業で示したものが別の政府機関と市民団体を結び付けて広がりを生んだ。成漢杓《ソンハンピョ》総括常務、鄭泳武《チョンヨンム》経済部次長、安永鎮《アンヨンジン》、権福《クオンボッ》基《キ》記者などが関連取材と事業の一〇カ月間にわたりすべてを受け持った。

数百億ウォンの寄付金を失業者の教育と就業斡旋に費やしたが、ハンギョレに入った収益は一文もなかった。しかしこれらの努力は二〇〇三年に「公益法人失業克服運動本部」の出帆につながった。「記者の職分をはたしてきたが、そのように多くの人たちに直接届く援助をしたことは一度たりともなかった」と鄭永武は回顧している。

「ハンギョレ21」、「シネ21」、ハンギョレ出版、ハンギョレ教育文化センター、ハンギョレ統一文化財団、失業克服国民運動などが一九九〇年代中盤のハンギョレ新聞社を代表するものになったのは偶然ではない。様々な理由で代表取締役が交代する混乱の中でも、ハンギョレの人たちの関心は新聞発行で蓄積されたハンギョレ固有のコンテンツをより多くの人たちに伝えることであり、多様な道を開拓した。こうしてマルチメディア企業のあらましが形づくられた。

＊1　**南朝鮮民族解放戦線準備委員会事件**　一九七九年一〇月一日、一六日、一一月一三日の三回にわたり韓国政府が摘発した事件。略称「南民戦事件」とも言われる。七八人で構成された朝鮮戦争以来最大の地下組織。一人が死刑にされ、一人は病気釈放後死亡、三九人は釈放された。

＊2　**ブルーオーシャン**　フランスの大学教授の著作『ブルーオーシャン戦略』から提唱された戦略のこと。企業生き残りのために既存の商品やサービスを改良、高コストの激烈な争いを繰り広げる既存の市場を「レッドオーシャン」、競争者がいない新たな市場発生前の無限に広がる可能性をもつ未知の市場空間を「ブルーオーシャン」という。新しい市場を創造し、ユーザーに高付加価値を低コストで提供することで、利潤の最大化を生む（ＪＭＲ生活総合研究所 http://www.jmrlsi.co.jp/mdb/yougo/my02/my0222.html

より）。

＊3　**開城工業団地**　朝鮮民主主義人民共和国の金《キム》正日《ジョンイル》総書記と現代グループ鄭夢憲《チョンムヒョン》が合意して北の労働力、南の技術力で開城に工業団地建設が決まり、二〇〇三年から第一期工事が始まり最終的には二〇〇〇万坪の開発が予定されている。現在（二〇一一年九月）団地内には韓国企業一二三社が入居し四万八〇〇〇人が働いている。

＊4　**国際金融危機〔IMF事態〕**　アジアの通貨危機が波及し、国際通貨基金（IMF）の緊急融資を受けIMF管理下におかれた事態を示す。韓国は一九九七年一月から企業倒産が相次ぎ、やがて株価とウォンの下落、対外債務の未払い事態を生んだ。IMFに五五〇億ドルの緊急融資を受けたが、この条件として、①経常収支の赤字をGNP（国内総生産）の一％以内に抑制、②対外債務返却のため外国資本を導入、③財閥の経営の透明性と借入金依存の経営体質の改善、④企業合理化のための従業員の整理解雇制導入――が主要四項目であった。生産の落ち込みなどで一九九八年はマイナス成長となったが、国民生活への影響は大きく、失業者は急増し、倒産企業が続出した。しかし経済成長がプラスに転じ、事態の改善したことから一九九九年一二月二七日、金《キム》大中《デジュン》大統領（当時）がIMF体制の終焉宣言を出した。

虫眼鏡 11 休暇なき時事漫画家

対向席の乗客がハンギョレを手にして読んでいる。朴在東《パクチェドン》は注意深くその姿をうかがった。一面を注意深く読み、二面をめくる。二面の下段に彼が描く「ハンギョレ絵画版」がある。乗客の視線が二面の上から下に降りた。しばしハンギョレ絵画版のまわりに視線をやったかと思うと、すぐ三面に移った。朴在東は自尊心が傷ついた。恨めしかった。ハンギョレ創刊からそれほどたたないある日、車体が揺れる地下鉄に座る彼は決心した。「一度、勝負してやろう。読者たちが何に注目しているのか」。朴在東は自分の絵画版と一面トップ記事を競わせ結びつけることを思いついた。

韓国時事漫画の新たな名前、朴在東《パクチェドン》

正確に判断することは難しいが、「ハンギョレ絵画版」はハンギョレに載ったどの記事よりも熱心に読まれており、賞賛に値することは、すべての人たちが認める事実だ。地下鉄で朴在東《パクチェドン》がたまたま遭遇した読者は例外であった。一九八八年五月から一九九六年五月まで、ハンギョレを広げる多くの読者たちが「ハンギョレ絵画版」から読み始めた。韓国の新聞社がハンギョレ以前と以後に分けられ（るのと同様）、韓国言論の漫画は朴在東以前と以後に分けられる。

彼はもともとは高校の美術の教師であった。子どもたちとともに過ごした生活は幸せであった。しかし、ふと不安になった。幸せに酔って絵の夢をあきらめることが恐ろしかったからだ。学校を辞めて出版社でイラストレーターの仕事を始めた。そのことを知った兪弘濬《ユホンジュン》がハンギョレ創刊の題字デザインを薦めてくれたのだが、挑戦したものの採用されなかった。気持ちが落ち込んでいると、美術家パク・プルドンが眠っている才能に火をつけた。「この前に見た漫画がいい。時事漫画に応募してみてはどうか」。

一九八八年二月、ハンギョレ招待時事漫画公募で金乙昊《キムウルホ》が選ばれ、四コマ漫画の担当になった。ところが一コマ漫画をやる人がおらず、一九八八年四月、朴在東が追加募集に応募して選ばれたのだ。

朴在東よりハンギョレ入社が先輩である金乙昊は韓国は無論のこと世界的にも類例がない女性時事漫画家であった。彼女は美術専攻ではなく、大学と大学院で仏文学を学びフランス留学準備中の文学の徒だ。ただ大学の学報《ハクホウ》に漫画評を描き、大学院時代を含めて八年間、一コマ漫画と四コマ漫画を描いた。ハンギョレが時事漫画家を公募するという話を聞いて自分の実力を試すため応募した。

女人禁制の領域を壊した「ビジュアル」金乙昊《キムウルホ》

ところが驚いたことに合格したのだ。

有力新聞で長い間「漫評」（一コマで世相、政治を批判する漫画の一種）を描いてきた実力者を押しのけてハンギョレ初代の時事漫画家になった。漫画が大好きだったから、留学の夢はその日を境にやめた。ハンギョレ創刊に参加すること自体が嬉しかった。

出勤最初の日、成裕普《ソンユボ》編集委員長が言った。「あなたが女性だから選べないのでは、という悩みが（解けずに心に）領していましたよ」。時事漫画は「女性作家禁止の領域」と思われていたからだ。

いざ、四コマ漫画の主人公の名前を何にするかの悩みもあった。親しい男性が言った。「ハンギョレ記者たちは一〇年以上も書きたくても書けない、話したくても話せない時代を送ったのだから、言いたいことがどれだけ多いことか」。それで誕生したのが「ミジュアル」だ。創刊号でその「ミジュアル」は「言うことは言う」と読者たちにあいさつした。

朴在東《パクチェドン》と金乙昊《キムウルホ》はこの分野の経験がまったくなかった。創刊号が出た五月一五日まで約一一カ月間、机を並べて描いた。朴在東は方々に出かけてアイデアを求めたが、金乙昊は静かに座って自分の課題に取り組んだ。

他の新聞では時事漫画家を一般社員として扱った。ハンギョレも初めはそうだったが、やがて二人を記者と呼んだ。朴在東記者と金乙昊記者は毎日漫画を描き休日がなかった。休もうとすればあらかじめ絵を描いておかなければならず、父親が亡くなった時、朴在東は喪服を着て編集局に出てきて絵を描いた。金乙昊は入社四年余で初めての休暇を取ったものの、休暇に備えて六カ月前から漫画を描いておかねばならなかった。実際には貯めておいた絵を仕上げたものの、ひどい頭痛が原因の通院のために休みをとった。朴在東は一九九六年、金乙昊は二〇〇四年に、それぞれ八ンギョレを去り大学などで活発な活動をしている。

エッセイ漫画を開拓した朴時伯《パクシベク》、練習生出身の四番バッター、チャン・ボングン

朴時伯《パクシベク》は朴在東《パクチェドン》の後を引き継ぎ、一九九六年から「ハンギョレ絵画版」を引き受けた。彼は一カットまたは四カットで表していた時事漫画を「随筆漫画」または「エッセイ漫画」に拡げた開拓者だった。しかし一カット「漫評」に満足しなかった。一九九七年から二〇〇一年までハンギョレに連載された「朴時伯の絵で見る世相」を日刊紙に連載した「随筆漫画」を本格的に取り入れて結実させた。

経済学を学んだ朴時伯は、大学時代有名な運動圏にいたが、人々は素朴で大人しい印象を与える彼の過去をなかなか信じなかった。それでも社会科学の学徒の面貌を遺憾なく発揮して、国際、経済、歴史、政治などを正面に押し立てて叙事性ある時事漫画を描いた。二〇〇一年に新聞社を辞めてからは歴史漫画などを発行している。

章峰君《チャンボングン》はどん底から「漫評」を始めた。練習生で初めて一軍四番バッターになった軌跡を歩んだ。彼はハンギョレの読者漫画で毎日作品を投稿した。「一週間に一日だけ休もう」と提言した朴在東は彼の絵に注目した。朴在東が休む日、章峰君がその日の「漫評」の責任者となった。毎週木曜日ごとに「招待席」という名前で「漫評」を描いた。人気が出て、しばらくは文化日報《ムンファイルボ》に移ったが、一九九七年からまたハンギョレに帰り「ハンギョレ絵画版」を引き受けるようになった。

彼は夜学を経て一年間工場で「現場活動」をして明洞《ミョンドン》聖堂で漫画グループをつくり、漫画運動をリードした。ハンギョレを通じてデビューするやいなや、時事漫画界の世代交代を代表する人物になった。後には「全国時事漫画作家会議」の初代会長を担った。

章峰君の本名は金周性《キムジュソン》だ。運動圏の経歴を知っている人たちは彼のペンネームである章峰君がもしかしたら「将《チャン》軍峰《グンボン》」の別名ではないかと疑ったが、真実はこうだ。ある書道雑誌に漫画を描いたが、雑誌編集長がペンネームの名づけ親なのだ。鋭くさっと整える書道の技法を意味する「章峰《チャンボン》」という言葉と、年下の呼び方である「君《グン》」をつけた。結果的には彼の作風を説明する絶妙の名前になった。

時事漫画の第二世代、ホン・スンウ、趙南俊《チョナムジュン》、チョン・フニ

ホン・スンウはハンギョレ時事漫画の第二世代を代表する。彼は一九九八年、ハンギョレリビングに「情報通の人たち」を連載し、一九九九年からハンギョレに「ビビムトン」とタイトルを変えて載せている。赤ん坊を育てる六コマ漫画だった「ビビムトン」は今や小学生になった兄妹の教育漫画に育った。ホン・スンウは兄妹がそれぞれ結婚して子どもを生むまでハンギョレに漫画をずっと描くつもりだ。

ハンギョレ第一世代の時事漫画家が寸鉄人を刺す漫評に代表されたとしたなら、第二世代の時事漫画家は叙事性あるエッセー漫画が大きなウエイトを占める。趙南俊《チョナムジュン》は一九九七年から二〇〇四年まで「ハンギョレ21」に「時事SF」を連載してこの分野の新しい地平を拓いた。デジタルコンピューターの画面で異彩を放つ彼の絵は既存の（タッチの）荒い時事漫画と確実に違ったものだった。政治、経済、社会、歴史など各分野を描いた。

これらとまったく違った漫画世界を築いたのがチョン・フニだ。「シネ21」に「漫画vs映画」を連載した。「シネ21」の創刊初期に時たま漫画を載せたが反応が良かったために一九九六年初めから連載を続けている。彼のパロディーは奇想天外ながらも力強く、われを忘れるほど笑わせるから「シネ21」を手に取るやいなや彼の漫画を探して読む読者が多い。

多くの時事漫画家たちは曲折に富む。浮き沈みを経験してハンギョレを経ていくのだが、キム・ヨンフンは創刊から黙々と筆をとってきた。ハンギョレ創刊の時から、挿絵、イラスト、時事漫画を描いた。二〇〇五年から「ともに教育を」の部門に「世の中を変える一〇〇種の驚くべき技術」という青少年漫画を連載するなどの新しい領域を開拓している

ハンギョレが有名な時事漫画家を擁することはどう考えても自然なことだ。時事漫画の命は事象の本質を突くことにあるのだが、それに一番似合うメディアがハンギョレだ。二〇〇七年三月一日、「シネ21」は隔週でコミックブック「ポップトゥーン（pop toon）」を創刊した。ハンギョレとその姉妹誌がこの二〇年培ってきた業績に「ポップトゥーン」を通して会うことができる。

▲ハンギョレ5000号を記念して、2004年3月4日、ハンギョレの紙面に歴代の時事漫画家たちによる祝賀漫画が掲載された。

虫眼鏡 12 鶏群の一鶴、地域記者

創刊からハンギョレは「駐在記者」の代わりに「地域記者」という言葉を使った。他の中央日刊紙の駐在記者たちは、地域住民から怨みの声を多く受けた。記者室で賭け事に没頭したり、公務員や地域企業体から寸志を受けたり、取材代わりに広告営業をし、公務員、地域の有力者とカルテルを結んで牛耳ったからだ。しかしハンギョレ地域記者は最初からそうしたことを拒否した。地域社会では当たり前に思われた寸志を拒絶した。中央日刊紙の駐在記者および地域有力紙記者たちが主要官公庁と結んだ沈黙のカルテルを砕いたのである。

地域の権言カルテルに立ち向かう

金永煥《キムヨンファン》、裵坰録《ペギョンノク》（京畿《キョンギ》・仁川《インチョン》）、孫圭聖《ソンギュソン》（忠南《チュンナム》）、朴華江《パクファガン》（全南《チョンナム》）、張《チャン》世煥《セファン》（全北《チョンブク》）、金玄太《キムヒョンテ》・申洞明《シントンミョン》（慶《キョン》南《ナム》）、李樹潤《イスユン》（釜山《プサン》）、金鐘華《キムジョンファ》（江原《カンファ》）、具大鮮《クデソン》（大邱《テグ》ー慶北《キョンブク》）、許浩準《ホホジュン》（済州《チェジュ》）などがハンギョレ地域記者第一世代だ。大部分は各地域を代表する有力紙を辞めてハンギョレに合流した。朴華江、張世煥、孫圭聖、李樹潤、金玄太、金永煥、金鐘華は創刊のメンバーだ。裵坰録、具大鮮、申洞明、許浩準は創刊以後何カ月かしてハンギョレに入った。

この中で朴華江はハンギョレ地域記者たちの精神的支えになっている。彼は全南毎日《チョンナムメイル》記者だった一九八〇年、光《クァン》州《ジュ》抗争（＊1）を報道しようとして解職された。関連記事を書いたが紙面に掲載されないため辞表を出した。同僚記者たちは彼が書いた辞表を複写し印刷物にして光州市民たちに配った。「見た。犬が轢かれるように人が引っぱられて死んでいったのをこの二つの眼ではっきり見た。しかし新聞には一行も載らなかった。恥ずかしさのために、ここに筆をおく」。朴華江の辞表は真実を覆ったすべての記事の代わりをした。新聞社はこの辞表をつき返したが、やがて全斗煥《チョンドファン》新軍部が朴華江を新聞社から追い出した。

朴華江の弟パク・ヒョンソンは、一九七四年の民青学連事件（＊2）に関連したとして一二年の懲役刑を受けた。妹パク・キスンは光州の野火夜学《トゥルブル》（全南《チョンナム》大学のパク・キスン

が一九七八年五月に始めた夜学〕を開いたが煉炭ガス中毒で死んだ。後日、パク・キスンは光州抗争をリードし全羅《チョルラ》南道庁《ナムドチョン》で死亡した「最後の市民軍」ユン・サンウォンと魂結婚式〔結婚の約束をした人が亡くなった場合（一人の場合でも）、その魂を鎮めるために行う結婚式〕を結んだ。やはり光州抗争を主導したユン・ハンボンは、朴華江と義兄弟の関係だ。ハンギョレ創刊委員になった朴華江の生き方自体が地域記者の道徳性を象徴する。

〔道徳性にかけては〕自負心あるハンギョレの人たちでさえ、ハンギョレ地域記者たちを「天然記念物」と呼ぶ。〔地域権力とメディアの癒着など〕醜いことが多々起こる地域社会で、清廉な精神で記者の役目に徹しようとした努力の結果だ。地方の記者社会では今も寸志〔を受け取ること〕が多い。ハンギョレ倫理綱領〔資料編参照〕を徹底的に守るハンギョレの地域記者たちは今もなお、食事の席も選ぶ。このために第一世代の地域記者たちは苦労を嫌というほど味わった。寄る辺のない孤独の中で地域の権言カルテル〔役所、地方の有力者と癒着したメディア〕に相対した。寸志を受けて地域社会に君臨する他の新聞社記者が〔寸志を拒否するハンギョレ記者を〕〝よそ者〟としてないがしろにすることに対して、一人で闘わねばならなかった。慶南道庁《キョンナムドチョン》記者団がハンギョレ記者の記者室出入りを拒否すると、金玄大は記者室の出入り口に壁新聞を張り出した。ハンギョレの地域記者たちは寸志問題をしばしば取材して報道したが、その都度、零細な地域日刊紙記者たちが苦しい事情を数多く訴えた。彼らは寸志を受けなければ生計を立てることができなかった。地域ジャーナリズムの社主たちは月給の代わりに寸志を受けることで生活せよと記者たちに露骨に強要した。

ハンギョレ地域記者は地元記者たちから村八分にされることでむしろ〔ニュースの現場に〕熱心に通うことができた。記者一二人が嶺南《ヨンナム》全体、または湖南《ホナム》全体を担当地域として受け持った時代だった。主に出入りした官公庁だけを計算しても、二〇カ所を超えた。田舎で事件が起これば汽車に乗って駆け付けて取材した。各地域の在野団体、労働団体はすべてハンギョレ記者を頼りにした。労働運動が爆発的に起きた一九八〇年代後半には一日に一〇カ所で労組結成式が開かれた。「二、三年間努力して命をかけて民主労組を作ったが、ハンギョレ記者が来ないことはありえない」。ハンギョレ地域記者たちはすぐには記事にならない小規模工場の労組の出帆式まで取材した。

　創刊の時の第一世代に引き継ぎ一九九〇年代初めから中盤にかけて地域記者をさらに選抜した。洪龍徳《ホンヨンドック》、金基成《キムギソン》（京畿）、安官玉《アンクァンノク》（光州）、崔翊林《チェイクリム》（釜山）、洪大善《ホンデソン》（大邱）、河石《ハソク》（大田《テジョン》）などだ。これらが合流してハンギョレの地域チームによる特ダネがさらに多くなった。

地域チームの特ダネ

・政府が地域の教師と公務員たちを相手にして三党合党（一九九〇年一月二二日に当時の政権党民主正義党と野党統一民主党、新民主共和党が合同して統合民主自由党を出帆したこと）を一方的に広報する教育をした（一九九〇年二月一三日）。
・地域の軍部隊が民間業者と組んで、余剰装備を不法流出した（一九九二年一一月一三日）。
・仁川《インチョン》市長が管内の統《トン》（市の行政区域の一つで洞《トン》の下の区域長）の三〇〇〇余人に贈り物をして事前選挙運動をした（一九九四年三月二四日）。
・地方自治体が住民たちの血税で公報新聞（＊3）を買って配布した（一九九五年一一月二二日）。
・青瓦台《チョンワデ》高位関係者たちが果川《クァチョン》市一帯の緑地解除（＊4）のために圧力をかけた（一九九六年一一月二七日）。
・一地方大学が数十人の教授に採用を言葉巧みに持ちかけて二〇億余ウォンを不法で受けた（一九九九年九月六日）。

　このような報道が地方ジャーナリズム（地方紙、全国紙の地方支局）ではなかなか表に出ないのには理由がある。地域に様々な名目で記者をおく他の中央日刊紙は、駐在記者たちを活用して地域権力層に影響力を行使したり、開発情報を掘り出して新聞社の資産を増やす場合が多い。地域有力紙として数えられる新聞の場合には、社主がはじめから地域有力者だ。地域ジャーナリズムの状況は様々な面で一九八〇年代の水準を脱することができなかった。

　ハンギョレ地域記者たちは言葉どおり群鶏の中の一羽の鶴のように孤塁を守ったのである。

　二〇〇八年現在、ハンギョレ地域チームは第三世代が支えている。二〇〇〇年代に入って公募採用または経験採用で入社した記者たちだ。金光洙《キムグァンス》（蔚山《ウルサン》）、朴英律《パクヤンニュル》（大邱《テグ》）、朴任根《パクインムグン》（全州《チョンジュ》）、朴珠希《パクチュヒ》（大邱）、宋寅杰《ソンインゴル》（大田《テジョン》）、呉胤《オユン》株《ジュ》（清州《チョンジュ》）、張明鎬《チャンミョンホ》（光州）、崔相元《チェサンウォン》（釜山《プサン》）などだ。

第三世代になり大きな特ダネが出た。二〇〇三年一〇月、釜山成人ゲームセンター事業主と検察・警察のコネクションを暴露した。また二〇〇五年一月、起亜《キア》自動車労組、釜山港運労組などの幹部たちが採用の見返りに裏金をもらった事実を特ダネとして報道した。二〇〇五年二月、タイ人女性の移住労動者たちのノーマル核酸中毒（神経障害の一つ）を発掘取材した。こうした特ダネはソウルの社会部記者と地域チームが共同取材をするとか、全国各地の地域記者たちが地を這うように取材して掘り起こした成果だ。二〇〇五年五月、地域記者たちは創刊を記念して贈られる「ハンギョレ大賞」を団体として受けた。

取材モラルのシンボルであるハンギョレ地域記者たちにも悩みがある。ハンギョレは創刊以後ずっと地域新聞の市場を効果的に攻略することができなかったことだ。一九九四年末に、苦心して地域法人を別に作る案を進め、事業多角化会議で初めて具体化した。

釜山ハンギョレ、光州ハンギョレなどを分社させて、これら地域法人が四～八面にわたって地域ニュースを載せるとすれば、残りはソウル本社が制作した記事で満たすという計画だった。資金と紙面管理問題が未解決の状態で代表取締役が構想段階にもかかわらず外部にもらした。二〇〇五年頃には地域チームの規模を減らすという話が社内で出回った。黙々と働いた地域記者たちの心はいたく傷つけられたが、それでも（地道な取材姿勢は）変わらなかった。地域記者たちのこうした作風のおかげでハンギョレは中央日刊紙の地位を二〇年間守っている。

＊1　**光州抗争**　朴正熙《パクチョンヒ》大統領暗殺後訪れた一九八〇年の「ソウルの春」と呼ばれた民主化の流れは軍部の実権掌握で後退。五月一四日、全羅南道《チョルラナムド》庁舎前での学生による抗議集会に続きデモが連続して続いた。全斗煥《チョンドファン》保安軍司令官は五月一七日二四時に非常戒厳令を全国に拡大・発令し、金大中《キムデジュン》、金鐘泌《キムジョンピル》を連行したが、学生たちは一八日に金大中釈放を叫ぶデモを行うなど抵抗。これに戒厳軍が武力弾圧を断行したことで激怒した市民が反撃を開始した。二一日には「市民軍」を結成し戒厳軍の拠点・全羅南道庁舎を奪還することで「市民軍」の光州自治が実現したが、駐留米軍が韓国軍四個大隊の投入を認めたことで戒厳軍は二七日に道庁に留まった市民らを虐殺して鎮圧した。この一八日から二七日までを「光州五・一八民衆抗争」という。犠牲者は戒厳司令部発表では一八九人だが、二〇〇〇人を超えるとされる。

＊2　**民青学連事件**　事件は軍事政権である朴正熙《パクチョンヒ》大統

領の独裁体制強化のもとにでっち上げられた。朴大統領は一九七二年一〇月、政党の活動を停止させ、永久政権を保障する維新憲法を発布、独裁体制の強化を図った。民主勢力への弾圧がさらに強化された。平和統一をめざす野党指導者である金大中《キムデジュン》は、韓国から治療のため日本に滞在していたが、その渦中に拉致される事件が発生（一九七三年八月）した。犯人の指紋が韓国大使館員と一致したが、日韓両政府は政治的解決を図った。金大中拉致事件後、ソウル大学で反独裁民主化デモに呼応して維新憲法改憲請願の一〇〇万人署名運動が起きた。これに対して朴大統領は改憲を禁じる緊急措置第一号を一九七四年一月に出し、同年三月以降、各大学でデモが発生すると全国民主民青年学生総連盟（民青学連）のメンバーと日本人留学生を含む計二五三人を検挙した。起訴された者のうち、詩人金芝河《キムジハ》など一四人が死刑判決を受けるなど、史上まれなほど多数の重刑者が出た。朴政権に対する国際世論の批判が出て、日本でも金芝河などの救援運動が展開された。

*3　**広報新聞**　翻訳した「広報」の韓国語をそのまま訳すると「啓導」という漢字表記になる。各地方自治体は政治的功績を地域に知らせるため行政区域の一つである統《トン》や班《パン》の代表者に広報紙を購入して配布した事実をいう。

*4　**緑地解除**　開発制限地域を解除すること。一九五〇年代イギリスで始まり都市周辺の緑地空間を保存、開発制限をかけていた。

第三章　民衆の政府と民衆のメディア

車に乗り一日中出かけるハンギョレの記者たちがいた。一九九四年五月ごろのことだ。金泳三《キムヨンサム》大統領の息子金賢《キムヒョン》哲《チョル》の乗用車を二四時間追跡した。金賢哲の側近を通して周辺の人物を取材した。彼らがいつ、どこで、誰と会ったのか割り出した。「ハンギョレ」というロゴが入った取材車両の代わりに個人の車を使った。ある日、青瓦台《チョンワデ》首席秘書官が崔鶴来《チェハンレ》編集委員長に電話をかけた。「なぜ二四時間も追跡するのか。神経を遣って（金賢哲の）眼球の毛細血管が切れた。あまりにひどいではないか」。

　あまりにひどいことを始めたのは金賢哲であった。彼は一九九四年五月三日、ハンギョレの報道が名誉を傷付けたとして二〇億ウォンの損害賠償請求訴訟を起こした。名誉毀損訴訟史上最高の請求額であった。一九九四年四月二七日にハンギョレが一面で報じた記事を問題にしたのだ。無資格の漢方薬業者が、自分たちの窮状を救ってもらう見返りとして、金賢哲に一億二〇〇〇万ウォンの政治資金を手渡したという内容であった。

　この記事は厳密に調べた特ダネであった。事件に関して初めて報道したのは世界日報《セゲイルボ》であった。四月二四日に無資格の漢方薬業者を救うため青瓦台が圧力をかけたという疑惑を報道した。二日後、事件の中心人物である漢方業者チョン・ジェジュンが政治資金を金賢哲側に手渡したことを話した。ハンギョレが報道したのはその記者会見の内容であった。

　この記事をハンギョレの報道は特ダネとして報道した。各新聞社の約二〇名が記者会見に出たがどの社も報道しなかったからだ。ハンギョレを除いた他の新聞の中で最初に報道した世界日報だけは第一版で記事を出したが、夜中にボツにした。世界日報部長は「申し訳ない。外圧がきた」と記者たちに言った。最初の記事とは異なり、金賢哲の名前を言及することに問題があったからだ。

　以後、ジャーナリズム界で「ハンギョレ的特ダネ」という言葉が知られるようになった。〔メディアでは〕知られているが誰も書かない記事をハンギョレだけが確信を持って書く場合を称して言った。

❖ 文民政府の最後の聖域を崩す

一九九四年三月二四日発行の「ハンギョレ21」創刊号の表紙記事はハンギョレ的特ダネであった。「皇太子金賢《キムヒョン》哲《チョル》は聖域であるのか」というタイトルで金賢哲を取り巻く様々な疑惑を初めて指摘した。「ハンギョレ21」より先に扱う週刊誌はあった。京郷《キョンヒャン》新聞が発行する「ニュース・メイカー」だ。その年の初め、金賢哲の政界人脈に対して取材を済ませ、二月初めには記事をまとめた。ところが青瓦台《チョンワデ》から連絡が来て、記事を掲載しなかった。「ニュース・メイカー」は金賢哲関連報道を引っ込めたのだ。

「ハンギョレ21」記者たちもこうしたことを知っていた。その状況がむしろ「ハンギョレ21」記者たちを刺激し、創刊号で金賢哲問題を正面から取り上げることにした。「どうして知ったのか」という連絡が来た。青瓦台秘書官が取材をする郭炳燦《カクビョンチャン》に連絡したのだ。安全企画部幹部は、高《コ》永才《ヨンジェ》編集長に連絡し、「記事を書くな」と露骨に圧迫した。しかし「ハンギョレ21」はそのまま書いた。記事の中には企業人張明鎬《チャンミョンホ》が金賢哲をあてにしてソウル江南《カンナム》地域の有線放送事業権を獲得したという内容もあった。張明鎬は記事が出て一週間後に郭炳燦を相手取り、一億ウォンの損害賠償訴訟を起こした。

金賢哲は金泳三大統領の二番目の息子であり、社会的には肩書も権限もない一般人であったのだが、しかし文民政府の権力者は「小大統領」と呼ばれた彼に頭《こうべ》を下げた。個人の事務所と非公式組織〔血縁や地縁などの私的な組織〕を運営して秘密めかして幹部を差配した。父である大統領は格別な愛情を寄せ、様々な権力機関が前に立ちはだかり金賢哲を守った。メディアは彼の名前を公に論じることとすら避けた。だからハンギョレの金賢哲報道は特別であったのだ。

一九九四年春からハンギョレと「ハンギョレ21」は金賢哲を取り巻く様々な疑惑を相次いで報道した。金賢哲の秘密の個人事務所を探し出し、彼が動員した四つの組織の実像を明るみにして、政財官界のコネクションを暴露した。一九九四年と一九九五年にかけて、ハンギョレの政治部、社会部、経済部が出す記事の中で金賢哲に関連したニュースを報じなかったことはまれだ。ハンギョレと「ハンギョレ21」の大小の報道が続くことで金賢哲の横暴が政局の中心に浮上した。

しかし、彼が具体的にどんな過ちを犯したかは露呈しなかった。権力機関が立ちはだかりガードされた金賢哲の周辺に食い込むことは容易ではなく、なかなか決定的な恥部を突き止められなかった。その間に金賢哲の提訴が一瀉千里に進んだ。

一方、司法部〔日本の法務省にあたる〕が大統領の顔色を伺っているという批判は沸々《ふつふつ》と起きていたが、〔これを裏付けるように〕原告金賢哲が一度も法廷に現れなくても裁判所は大目に見たし、一方でハンギョレの側が提起した証人申請は却下した。

一九九五年一月一六日、十分な審理を尽くすことなく、第一審はハンギョレに四億ウォンの賠償判決を言い渡した。ハンギョレは即刻控訴した。

控訴審が進んだ一九九七年三月一〇日、ハンギョレ一面に決定的な特ダネ報道が出た。金賢哲がYTN〔韓国のニュース専門放送局〕社長人事に深く介入したという内容であった。金賢哲と彼の相談相手である医師朴慶植《パクキョンシク》の電話の通話内容を録音したテープを政治部記者金成鎬《キムソンホ》が入手した。金賢哲はこの通話の中で政府高位高官から随時報告を受け、重要な公職にある人物の人事問題まで関与していたことを自ら吐露していた。国政に介入した具体的な決定的証拠が初めて世に知られたのだ。

報道した金成鎬は一九九四年から金賢哲問題に関心をもち、長い間追跡取材をしてきた。情報を提供した朴慶植とは固い厚い友情を結んでいたことで最後に決定的な情報を受けた。報道から一週間後の一九九七年三月一七日、金賢哲は国民に対して謝罪文を出し、ハンギョレを相手取った名誉毀損訴訟を取り下げた。

これに先立つ三週間前の二月二五日、金泳三《キムヨンサム》大統領も「息子の過ちは父の過ち」という談話で国民への謝罪の意を明らかにした。ハンギョレは、金賢哲が権寧海《クォンヨンヘ》安全企画部長〔国防部長官（一九九〇〜九三年）を経て、国家安全企画部長（一九九四〜九八年）〕と会い、国政について論議した事実を特ダネで続けて報道した。〔謝罪から〕二カ月後の一九九七年五月一五日、金賢哲は被疑者として検察に出頭し、文民政府最後の聖域がハンギョレによって崩壊した。

❖ 闘う新聞、ハンギョレ

軍事政権時代が終わり文民政府に入った一九九二年以後、ハンギョレの報道は重要な変化を経験した。草創期の主要な特ダネと企画の内容は、軍事政府時代には人権蹂躙に注目したのに対して、文民政府以後は権力の不正にとりわけ注目した。取材の方法も変化が起きた。初期は内部からの情報提供者の内部告発に多く頼ったが、文民政府以後は粘り強い追跡による真相報道または発掘した特ダネが主流となった。

二〇〇一年、日本の朝日新聞の伊藤千尋《ちひろ》が『たたかう新聞「ハンギョレ」の一二年』(岩波ブックレット、二〇〇一年)という本を出した。タイトルのように「進歩的にして戦闘的な」ハンギョレのような新聞が日本でも必要だという論旨だ。彼の感動は一九九〇年代のハンギョレの報道に始まる。

成漢杓《ソンハンピョ》、金重培《キムジュンペ》、崔鶴来《チェハンレ》、尹厚相《ユンフサン》、朴雨政《パクウジョン》などがこのころ編集委員長を務めていた。彼らは一度食らいついたら離さない粘り強い報道を強調した。同時に記者としての公正性と深層性を兼ね備えることを要求した。これに応えたのが当時三〇代の若い記者たちであった。他の新聞社の社会部で若い時代を送りハンギョレに合流した経歴の記者出身と、ハンギョレの公募で入社し数年間の現場経験を積んだ記者たちがこの時期の重要な特ダネと企画で名を上げた。ハンギョレ編集局の主力が〔東亜日報《トンアイルボ》、朝鮮日報《チョソンイルボ》の〕解職記者の世代から公募世代に移っていった。

・建設部、土地公社、ソウル市などが特定の建設企業体に特別に恩恵を施し、その代価として政治資金を受けた疑惑を暴露したコンヨン特恵報道（一九九二年一〇月）
・カジノ業者と政界との癒着疑惑を提起したカジノ不正報道（一九九三年五月）
・財閥グループの政治資金受渡し現場を発掘し暴露した双龍《サンヨン》謝罪箱報道（一九九六年七月）
・韓宝《ハンボ》グループの秘密資金疑惑報道(一九九七年一月)(＊1)

などが代表的だ。一度だけの報道で終わることなく、以後二、三カ月間、追跡を続け関連記事を暴露した。

金大中《キムデジュン》政府に対しても「闘う新聞」ハンギョレは例外ではなかった。一九九九年五月二四日、ハンギョレ社会面記事で「夫人《ママ》たち」が登場した。崔淳永《チェスンヨン》新東亜《シントンア》グループ会長の配偶者イ・ヒョンジャが金大中政府の長官の配偶者の行きつけの店で一億ウォン分を超える衣服を購入し、拘束された夫〔崔淳永〕の救命のためのロビー活動用に権力者の配偶者たちに衣服を贈り物とした疑いがあると報道した。「衣服ロビー」事件を初めて世に知らしめた特ダネであった。

民権担当の社会部長李相現《イサンヒョン》が役職を下りた元官僚との食事の席で聞いた話が取材の発端になった。高位高官の配偶者が高い衣服をやり取りする過程で話が漏れた。そのモラルのなさに対して嘆いた話の中で突然出て来たものだった。何か臭うと直感した李相現は翌日から取材を指示した。

明確なことは何もなく、断片的な手掛かりしかなかった。民権社会部次長である裵炯録《ペギョンノク》が警察庁幹部に「ひょっとしたら」と電話をかけた。〔その警察庁幹部は〕高位高官に関連した事件を担当する警察庁刑事局調査課の「社稷洞《サジクドン》チーム」(*2)に所属していた。意外にも成果があった。「ああ、それとよく似たことがあるにはありましたが、私たちが調査してみたら何もないですね。うまく処理しました」。噂が事実であることが確認された瞬間だった。

社会部記者たちが一斉に取材に入った。姜晳云《カンソギョン》警察チーム長が現場取材を指導した。問題の店や出入りする人物たちも捜し出した。どのような衣装をいつ購入したのかも取材した。五月二四日付け社会面で報じ、翌日の五月二五日からは一面で追加記事を出して本格的な報道に入った。

この事件の根っこは単純である。財閥総師の配偶者が権力者の配偶者に近付き衣服を賄賂として渡し、その代価として監獄に入った夫を救い出すことであった。ところが、捜査当局は実態を明確にすることができなかった。つまり警察、検察、青瓦台《チョンワデ》などは問題の根本をとらえることができなかったのだ。権力のカルテルが真実を明らかにすることに壁となった。結局、一九九九年六月、史上初めて特別検事制(*3)が導入された。ハンギョレの特ダネが特別検事の誕生を生んだといえる。

大統領にだけは報告された青瓦台内部の報告書が検察に流出し事実が捜査の過程で明るみに出た。金大中政府主要人物たちが法と制度を超えて権力を私有化した状況が続々と表に出た。金泰政《キムテジョン》法務部長官と朴柱宣《パクチュソン》青瓦台法務秘書官がこの事件で拘束された。金大中政府の道徳性に決定的な傷が生まれた。結局、金大中大統領は六月二五日に記者会見を開き「最近様々な事件で国民の皆様に大変な心配をかけたことに対して誠に申し訳ない」と話した。

金賢哲《キムヒョンチョル》報道と衣服ロビー報道は多くの点で似ている。金泳三《キムヨンサム》と金大中は並んで民主政府を表明した。一連の改革処置にも取り組んだ。しかし時の経過とともに少数の者に権力が集中し、法治ではなく人治が幅をきかせ始めたのだ。ハンギョレはこの動きを見逃しはしなかった。最初の特ダネはもちろんのこと、以後も持続的に権力の恥部に深く食い込み、権力者を権力の座から引きずり下ろした。

衣服ロビー報道に前後してハンギョレ周辺では二つの猜疑心が起きていた。一つは金大中政府出帆以後、ハンギョレが権力への批判をおろそかにしているのではないかという見方である。しかしハンギョレは衣服ロビー報道以後も金大中政府の過ちに継続して食いついた。

最高検察庁公安部が公企業の構造調整次元で造幣公社労組のストライキを誘導（一九九九年六月）（＊4）、ハンピー銀行が現職長官の親戚・姻戚などに便宜をはかる貸し出しをした（二〇〇〇年八月）、金大中大統領の息子金弘傑《キムフンゴル》が体育振興投票券委託業者の選定などの利権事業に介入した（二〇〇二年四月）……、ハンギョレは金大中政府の恥部を最も厳しく追跡報道したメディアであったといえる。

正反対の立場から提起された質問もある。実態がはっきりしない疑惑をハンギョレが過度に膨らませたのではないのかという疑いだ。しかし、金大中政府を攻撃するために〔事実に基づかない報道〕はやらない。当局の捜査と法廷での攻防が進めば進むほど財閥総師の配偶者のロビー活動をはじめ、これを最高権力者たちが超法規的方法で隠そうとする点が明白であった。ハンギョレが報道する内容そのままだった。他のメディアの根拠ない報道の影響で世論はこの事件をセンセーショナルに見がちになったが、しかしハンギョレは権力の腐敗に目をつぶりはしなかった。

「ごく少ない情報を見逃すことなくハンギョレ記者たちが純粋で情熱的な取材で特ダネをものにした。このような憶測があったのだが、記者とは政治的考慮ではなく事件それ自体に集中する必要があり、ハンギョレ記者たちもそうするだけだ」。

当時民権社会部長として関連報道を導いたイ・サンヒョンの言葉だ。

❖「警察も検察もできないことをやり遂げた」

ハンギョレは政治権力だけ相手にしているのではない。

一九九四年三月、徐義玄《ソウィヒョン》は曹渓宗《チョゲチョン》総務院長〔総務総長〕が三選再任に名乗り出た。彼は金泳三《キムヨンサム》政府の最高位の人たちと緊密な関係をもちながら宗派を掌握していた。信者たちの財布から出た金を集めて集権勢力に巨額の政治資金として提供したという疑惑が起きた。「政治十段」〔本来は政界を動かす最高の重鎮たちを意味する。十段は最高級の段位〕がその別名であった。

鄭仁植《チョンインシク》記者が徐義玄の三選推進で大混乱が起きるという分析記事を三月初めから書いた。教団の改革を主張する「汎僧家宗団改革推進会」所属僧侶が三月二六日からソウルの曹渓寺《チョゲサ》で徐義玄三選に反対する断食籠城に入った。三月二九日夕方、組織暴力団三〇〇人が曹渓寺に突入し籠城中の僧侶を殴るなどの乱暴狼藉を働いた。警察は乱暴をした暴力団ではなく籠城中の僧侶を連行し、暴力には目をつぶった。

ハンギョレ記者たちは〔取材に〕乗り出したのだが、どの新聞社も曹渓宗総務院を相手にして勝ち目がないため「大丈夫なのか」という声が広がっていた。金鐘求《キムジョング》警察チーム長はこれを一蹴した。外からの圧力に対して憂慮するより真実の報道が優先すると信じた。チ・チャンジウンなどの若い記者は曹渓寺近くのホテルや旅館をくまなく探したものの、職員たちは口を閉ざした。しかし、粘り強い説得の末に少しずつ手がかりが現れた。暴力団が投宿したホテルを探した。宿泊費を総務院が支払うことにしたという証言も押さえた。徐義玄総務院長の側近中の側近がカードで宿泊費を決済した領収書も探し出し、暴力団を動員することに少なくとも一億ウォン以上を使ったことも表に出た。

ハンギョレは四月一日、徐義玄総務院長の側が組織暴力団を動員したという特ダネを出した。警察は遅ればせながらも捜査に入り、韓国最大の宗教集団の威力に押さえ付けられていた他のメディアも関連記事を出し始めた。世論の批判を受けるのではないかと気遣う政治権力は徐義玄に対して支持を取り止めた。日帝時代から続いてきた曹渓宗と組織暴力団の癒着もぐらつき始め、四月一三日、徐義玄が総務院長職の立候補を急遽《きゅうきょ》辞退した。「警察も検察もできなかったことをハンギョレが行った」という電話が編集局に殺到した。

〔新聞などの〕文化権力の恥部を暴くハンギョレの真価は二〇〇一年に現れた。二〇〇一年三月から二カ月間で二五回七〇件の記事を書いた。「深層解剖　メディアの権力」のシリーズ連載企画は金利澤《キムイテク》社会部次長の提案で始めた。

当時メディアに対する税務調査が社会的に論議されていたのだが、ハンギョレは他の企業と同じく新聞社もやはり税務調査を受けねばならないと報道した。これに朝鮮日報《チョソンイルボ》などは「法人税を一銭も出さないハンギョレが新聞社の税務調査を論議する資格があるのか」という記事と社説を出した。経営が苦しく黒字を出すことができないハンギョレが法人税を課せられる対象でないのは事実だ。しかし問題の核心をはずして足をすくう論評はハンギョレをむしろ刺激した。

金利澤など編集局幹部は深層企画記事で韓国の新聞社の問題を全面的に扱う意志を固めた。社会部と世論媒体部を中心にして編集局特別取材チームを構成した。敏腕記者がこぞってこの企画にとりかかった。

ハンギョレは言論権力シリーズを通して朝鮮日報、東亜《トンア》日報《イルボ》、中央日報《チュンアンイルボ》が政治権力と癒着し利権を得た過去と現在を一つ一つ把握した。聖域と見なされたメディアの歪んだ姿が続々と現れた。

朝鮮日報と東亜日報〔の建物の下を地下鉄路線が通ることができなかったため〕世宗路《セジョンノ》前の道路が狭くなり、地下鉄路線が直線から曲線に変身した。最初の都市計画に含まれていた世宗路広場はできなかった。

朝鮮日報社が運営しているコリアナホテルは私有地を無断で駐車場進入路にした。社主である方《パン》氏一家の墓域を整えて周辺の林野を無断で壊して進入路を通した。朝鮮日報社は区庁の告発にもかかわらず市内の真ん中に不法に広告看板を立て続けて運営した。中央日報は洪錫炫《ホンソギョン》会長の父ホン・ジンギの墓地も周辺の林野を不法に壊して作った。

朝鮮日報の方一栄《パンイリョン》顧問はソウル市内最高の規模である自宅を区長の許可なく黒石洞《ホッソットン》〔銅雀区《トンチャンク》〕の広場に建てた。方氏一家は全国方々に三〇余万坪の土地を買い入れ、この中で一部は不動産実名取引法違反疑惑がある。東亜日報社はマラソン育成を名目に財団を作り、これを掲げて不動産を買い入れた。財団設立を名分として集めた国民献金の使い道は不透明だ。

このすべてが三月一九日付けで発行した「深層解剖 メディアの権力」の一部で紹介された内容である。今までどのメディアでも明らかにしなかった記事であった。保守新聞の不法と不正を鮮明にするテーマは一つ一つが特ダネであった。

三月二八日から保守新聞の歴史を扱った二部が続いた。朝鮮日報は親日事業家方応謨《パンウンモ》〔一八九〇年～?。鉱山業で巨大な富を得て一九三二年に経営難だった朝鮮日報に投資、経営権を持つ。朝鮮戦争で越北した〕が経営を担った一九三七年以後解放までの新年号一面に日本の天皇、皇后の写真を大きく載せた。一九四〇年新年号では題字の下に日章旗を掲げた。一九三九年四月、日本の天皇ヒロヒトの誕生日には社説で「聖上陛下」云々とする誕生日祝辞文を載せた。東亜日報は一九三六年八月ベルリン・オリンピックマラソンで金メダルを取った孫基禎《ソンキジョン》の写真の日章旗を消した担当記者李吉用《イギロ》〔資料編「人物略歴」参照〕を追い出した。朝鮮日報と同様に日本の天皇の誕生を祝う社説を絶えず書いた。

二つの新聞は日帝の侵略戦争に呼応することを勧め、軍事物質を献納した。はなはだしきに至ってはヒットラーとムッソリーニまで賛美した。

解放以後は軍事政権を美化し賞賛した。朴正熙《パクチョンヒ》、全斗煥《チョンドファン》などを英雄に祭り上げ、財閥の不正を隠すというよりは正当化した。選挙では執権勢力に有利な記事だけを単発的に報じ、その代償は新聞社の主要人事で続々と政治圏の高位職に引き上げたことだ。様々な政治状況、公安事件を歪曲報道して世論を誤導し、社主たちは大統領の前ではぺこぺことへつらった。

このような内容を伝えた二部続き言論改革の代案を模索したのが三部で、最後の記事が二〇〇一年四月二七日付けに載った。連載記事の反応はまさに爆発的であった。街頭販売も急増し、激励電話が殺到した。他の新聞社の記者たちはハンギョレを熱心に読んだ。「明日は何が載るのか？今日はなぜ記事が出なかったのか？」とハンギョレの記者は他社の記者たちからのこのような質問に悩まされた。一部の新聞社はハンギョレの不正を探すように所属の記者を駆り立てる一方、ハンギョレの不正を情報提供すれば金を出そうという情報提供を煽り立てる新聞社もあった。

❖ 記者たちも熱心に読む言論権力シリーズ

連載記事の中で現職の朝鮮日報《チョソンイルボ》記者の寄稿文も掲載されたことも話題であった。二〇〇一年三月一二日、ハンギョレ紙面に載った文では匿名の朝鮮日報道記者は以下のように話した。「朝鮮日報編集局は二種類のイデオロギー的性癖が大きな垣根をめぐらしている。国家主義とエリート主義がそれだ。入社初期は革新的性向が見られた記者たちが、四、五年過ぎると、いつの間にか朝鮮〔日報〕スタイルに慣れてしまう。しかし誰も社主の影響を知らず知らずに受けたとは考えはしない。巧みで陰湿さが体に染み込むだけだ」。朝鮮日報はこの記者が誰かを探ろうと大変な努力をした。ハンギョレは最後まで取材源を守った。編集局が押収、捜索を受けるようなことがあっても、取材源だけは徹底的に保護するハンギョレ記者の伝統的な職業倫理なのだ。

朝鮮日報と東亜日報《トンアイルボ》はこの企画記事と関連してハンギョレを名誉棄損で訴訟を起こした。朝鮮日報は二〇〇一年四月、東亜日報は二〇〇一年九月にそれぞれ七〇億ウォンと一〇億ウォンの損害賠償請求訴訟を提起した。財閥の新聞社社主一家に対する報道にとりわけ敏感に反応した。朝鮮日報社主一家の傲慢な行いなどを批判した記事を名誉棄損にあたるとした。東亜日報は社主一家の不正疑惑報道は無論のこと、親日行為を報道したことに対しても喧嘩を挑んできた。

朝鮮日報は二審進行途中で訴えを取り下げた。東亜日報は最後まで裁判所の判断を問うた。二〇〇八年二月一四日、大法院〔最高裁〕が判決を下した。「報道の全体的な趣旨が歪曲されていたとはみることができないし、客観的な真実に一致、あるいは真実であると信じるに値する相当な理由があることを根拠とする原審の判断はすべて正しい」として東亜日報の請求を却下した二審の判決が確定した。

二〇〇一年、「深層解剖　メディアの権力」の企画が可能だったのはハンギョレだけが蓄積してきたこの分野のノウハウがあったからだ。ハンギョレは創刊と同時に新聞社の中で初めてメディア監視を本務とする世論メディア部を設けた。世論メディア部は大小の記事を通して保守メディアの脱法と不法を暴いた。一九八八年五月一五日、創刊特集号でメディアと権力の癒着を批判する企画記事を載せた。それに続いて一九八〇年新軍部〔時代〕のジャーナリスト大量解雇事態と第五共和国のメディアの実情を暴露する企画記事を載せ、一九九六年九月には保守新聞社の脱法販売促進活動を告発する「新聞戦争」企画を載せた。一九九八年七月には「新聞改革、今がチャンスだ」とのタイトルで新聞界が長年にわたり積み重ねてきた悪弊を名指した。一九九九年五月には「なぜ再び言論改革なのか」を通して代案を提示した。一九九〇年代だけとってもメディアと関連した骨太の一〇余例の連載企画を載せた。二〇〇一年の長期企画はその集大成であった。

❖北韓《ブッカン》住民たちはどうしたことを経験しているのか

一九九四年九月、ハンギョレはまた一つのタブーを越えた。鄭淵珠《チョンヨンジュ》ワシントン特派員が平壌《ピョンヤン》を訪問した。北京を出発し高麗《コリョ》航空便で九月六日午後六時、平壌に到着した。一〇日から平壌で開かれる北米専門家会議と金日成《キムイルソン》主席死亡以後の現地の実情を取材する予定だった。当時、韓国の記者たちは新聞社で構成された記者団の一員として平壌を訪れて特定の行事だけを取材したり、観光客として身分を隠して非公式に取材をすることがすべてであった。単独取材で公式的に北韓《プッカン》を訪れた記者は鄭淵珠が初めてであった。

東亜日報《トンアイルボ》を解職された鄭淵珠は一九八二年にアメリカテキサス州ヒューストン大学に留学したが、そこでハンギョレ創刊のニュースを聞きハンギョレ通信員になろうと名乗り出て、一九八九年にハンギョレで初の海外特派員になった。鄭淵珠は水面下の交渉の末に北韓当局から取材の承認を受けた。すぐワシントン駐在の韓国総領事館に北韓《プッカン》訪問の申告書を出し、北京の北韓大使館で正式ビザの発給を受けた。韓国政府は鄭淵珠の北韓訪問を問題にしなかった。統一院は「必要な法的な手続をすべて受けており、法的に何の問題はない」とした。一九八九年四月、ハンギョレ記者の訪北取材計画に言いがかりをつけて新聞社幹部を連日拘束してから五年ぶりのことであった。

しかし今回は北韓当局がハンギョレの訪問取材に待ったをかけた。鄭淵珠は九月一〇日に北京に戻った。事件の発端は連合通信の報道であった。鄭淵珠が北韓への訪問準備をしていた九月三日、連合通信はワシントン発で「北韓がジャーナリストを選び入国を通して対南宣伝活動を強化している」と報道した。〔連合通信の配信を受けた〕他の新聞社と放送局がこれをそのまま引用して再び報道した。

記事を書いたのは連合通信ワシントン特派員ではなく、同社編集局長であった。現地〔ワシントン〕ではなくソウルの机に座りハンギョレの訪北取材を「〔北韓の〕対南宣伝活動にだまされている」と位置付け、ハンギョレの単独取材に猜疑心を抱いた想像力でしつらえた悪意ある記事だ。

北韓二日目の九月七日、鄭淵珠は取材に協力することができないという北韓当局の通報を受けた。ハンギョレ記者の取材を承諾する場合、友好的なメディアだけ選別、入国させて〔連合通信のような猜疑心を抱いた想像力でしつらえた〕南側の報道を認めるかたちになるという理由だ。鄭淵珠は平壌を離れる決心をした。彼は金正日《キムジョンイル》〔資料編「人物略歴」参照〕をはじめ北韓の高位高官と出会い〔経済特区である〕

羅津《ナジン》、先鋒《ソンボン》地区を訪問するなどの取材計画を立てていた。

携帯用コンピューター、録音機、携帯マイク、九〇分の録音テープ四〇個、カメラフィルム三〇個、携帯プリント、変圧器、救急薬、乾電池、様々な電気ソケットなどが、鄭淵珠が北韓に持参した取材用品の目録である。彼の平壌訪問の目的は観光ではなく取材であった。正式な取材許可を受けず平壌にこれ以上留まれば、後日とんでもない疑惑をかけられるのではないかと憂慮した。

韓国で最初の平壌単独取材は結局半分の成功で終わった。鄭淵珠は北京から帰国した直後の九月一二日から、五日間の滞在で見て感じた平壌の姿を五回の連載記事として書いた。取材の承諾を得られなかった中で平壌の姿を主に調べて感想を記した。

最終回で鄭淵珠は北韓について次のように書いた。「われわれの社会のごく一部の教条主義者たちが考えるように、その社会が理想的ではなかったとしても、だからといって今すぐに崩壊する社会ではなかった」。記事の中で金日成《キムイルソン》死亡後苦況にある北韓住民の実状にも言及し、「このような話は部分的なことだろう」としながらも、北韓住民がどのような経験をしているのか、ハンギョレの関心が大きくなり始めた。

❖ 誇張と隠蔽のすべてを警戒する

一九九四年五月、ハンギョレと「ハンギョレ21」はシベリアの北韓の労働者の深層取材記事を載せた。当時保守メディアは脱北者の言を借りて、ロシアの伐採工場で仕事をする北韓の労働者がひどい搾取に耐えられず集団で脱走していると報道した。ハンギョレの楊尚祐《ヤンサンウ》〔社会部などで記者、二四時チーム長〕、姜在薫《カンジェフン》〔写真記者、二〇〇〇年に写真記者賞受賞〕と「ハンギョレ21」の朴泰雄《パクテウン》はその事実を把握しようとした。

彼らにはスパイの疑いをかけられ北韓官吏〔役人〕に逮捕されるかもしれないという切迫した事態まであったが、それらを乗り越えて取材した真実は次のようなものだった。北韓の労働者たちは強制労働を強いられてはいなかった。少しでもお金を儲けようと熾烈な競争に勝ち抜きロシアの伐採工の仕事を自ら願い出る人たちであった。配給を受けられずに飢えながら仕事をするという噂は嘘であった。むしろ北韓より食料状況がよかった。しかしよい食事とは言えなかった。集団脱走が横行しているという他のメディアの報道も実情とは距離があった。単に北韓の労働者がお金をさらに稼ぐため別の仕事をしようと伐木場を脱出するケースがあった。

収容所の幹部に賄賂を渡し、仲間同士では敬称なしでキム・イルソン〔金日成〕とキム・ジョンイル〔金正日〕と呼び合い、韓国の経済状況に大きな関心を見せ、北の窮乏した立場を批判するこれらの人々の証言が生々しく紙面に載った。ハンギョレは韓国のメディアの実状をあらん限り膨らませる誇張報道とともに、現実を最初から覆い隠そうとする北韓の幹部の嘘を同時に批判した。

この記事は一九九〇年代中盤の南北関連の報道に対して、ハンギョレの意味深い変化を物語る。創刊初期、ハンギョレは反共イデオロギーと冷戦意識を強く批判したが、一九九〇年代中盤からは北韓の実状をそのまま知らせることを中心にした。一九九四年七月、金日成《キムイルソン》死亡直後に北韓の経済悪化が深刻になったが、ハンギョレはその変化を鋭敏に感じ取った。保守メディアは十分な確認をすることなく北韓の体制の雰囲気を論じたのに対して、ハンギョレは正確な事実だけ報道した。南北関係に対して最も信頼に値するメディアだという評判がこの時期に確かな地位を得た。

代表的な企画は一九九七年、一年を通じてハンギョレ紙面を飾った北韓救済キャンペーンだ。一九九七年四月四日、一面で「ああ、飢える北の地」という連載企画記事の一回目を載せた。〔食糧の〕配給が断たれ、飢えに耐え切れずに石炭の粉を食べ、ある村では一日に三人ずつ飢えで死んでいる事実を伝えた。金景武《キムギョンム》、柳昌夏《ユチャンハ》記者が直接〔中国と北韓の〕豆満江《トマンガン》国境地帯で取材して、朝鮮族同胞一名が脱北した実状を把握した。北韓住民たちが飢えているという話を外国メディアの報道で知った保守メディアは、これを確認もせず大きく書いた。ハンギョレは直接取材したことだけの連載記事を四月二二日から一〇回にわたって報じた。

この企画に対して、ハンギョレ内外で憂慮がなかったわけではない。北韓の苦境を誇張して反共・反北イデオロギーに便乗する保守メディアの報道が溢れていたからだ。実情を伝えるハンギョレの報道がこのような流れを強化させることになるのではないかという心配があった。これを一蹴したのが呉亀煥《オギファン》社会部長だ。「このような時であればあるほど知らせねばならない」というのが彼の判断であった。

朴雨政《パクウジョン》編集委員長も関連報道で果敢に紙面を割いた。

報道が出ると、北韓同胞たちを助ける道はないのかという電話が集中し、民間団体が寄付金を集め始め、ハンギョレはここに着眼した。続けて北側同胞救済キャンペーンを開始し、一九九七年一二月末まで九カ月かけて「北の同胞を救おう」、「北の子どもに命を」などの連載企画で募金運動をスタート。ハンギョレの報道を契機に救いの手を差し出す人は一〇〇万人を超えた。

この分野ではさらに意味深いハンギョレの特集がすでにあった。一九九八年三月一八日、ハンギョレ一面で安全企画部の「北風攻勢」の実態を暴露する記事が載った。一九九八年八月五日の「ハンギョレ21」は南側から北に送られた工作員の実情を特ダネとして伝えた。〔その内容は〕一九九七年の大統領選挙時に安全企画部特殊工作員を野党陣営に入り込ませ北韓との接触を誘導した事実であり、朝鮮戦争以後北で消息を絶った工作員が約七〇〇〇人にのぼることも初めて確認した。

❖ 恥ずかしいと隠すことはできない、ベトナム民間人虐殺

これら特ダネは分断時代のタブーを暴いたという共通点がある。これと関連して忘れてはならない記事がある。韓国軍のベトナム民間人虐殺報道〔韓国では「民間人」ではなく「良民」という言葉を使う〕だ。韓国は一九六五年から一九七三年まで延べ三〇万名余の戦闘部隊をベトナムに送った。政府の公式統計を見れば、参戦した韓国軍の中で四九六〇人余りが亡くなったし、韓国軍は約四万一四五〇人のベトナム人を殺した。ハンギョレと「ハンギョレ21」はその実態を初めて知らせ、韓国社会を越えて国際的に大きな反響を呼んだ。

初めての報道は一九九九年五月六日、「ハンギョレ21」の「世界の動き」に載った。「ハンギョレ21」のベトナム通信員だったク・スジョンが記事を書いた。ク・スジョンは月刊「社会評論」で記者として働き、一九九三年にベトナムのホーチミン大学に留学し歴史を学ぶ一方、現地の記事を「ハンギョレ21」に送っていた。

彼はベトナム政府の戦犯調査委員会が作成した記録を手に入れた。その中で韓国軍の民間人虐殺に対する言及があった。記録に出ているベトナム南部ランパンという村を訪ねて証言を聞いた。

ベトナム女性と戯れる韓国軍人を村の僧侶が制止し、激

論となった末、この軍人は部隊の兵士たちを連れてきて僧侶四人を殺したことや、この村の近くでは韓国軍の猛虎部隊が一九六六年一月から一カ月間で約一二〇〇人の住民を虐殺した事実が分かった。ベトナム戦犯調査委員会報告書の他の記録を見れば、韓国軍は住民たちに対して機関銃を乱射して皆殺しにしたり、一軒屋に追い込んで鉄砲を乱射したあと家を丸ごと燃やしたり、村の穴蔵に住民を集めて毒ガスを噴射して窒息させたりした。子どもの頭を砕いたり、四肢と首を切断したり、女性を輪姦したあと殺害するなどの残酷行為も躊躇しなかった。

この報告書は事実なのか。ク・スジュンはその疑問を解くために本格的な取材に入った。

結果は「ベトナムの寃魂《えんこん》（無実の罪で死んでいった魂）を記憶せよ」というタイトルで一九九九年九月二日「ハンギョレ21」で報じた。ク・スジョンはベトナム中部の五つの省、九つの県で数十カ所の現場を取材した。現地で約一〇〇人の生々しい証言を聞いた。報告書はほとんどが事実で、目を覆いたくなるような凶悪な虐殺をほしいままにした事実を確認した。ハンギョレも「ハンギョレ21」の取材内容を紙面に載せた。

関連の報道は翌年の二〇〇〇年にもつながった。「ハンギョレ21」は高経太《コギョンテ》と黄相喆《ファンサンチョル》などをベトナムに送って後続の記事を書いた。二〇〇〇年四月にはベトナム戦に参加した金琦泰《キムギテ》予備役大佐のインタビューをハンギョレと「ハンギョレ21」に載せた。彼はベトナム民間人虐殺に対して証言した最初の韓国将校だった。「ハンギョレ21」の記事は以後、ロイター、ニューズウィーク、ワシントンポスト、ニューヨークタイムズなどが引用して報道し世界的な注目を引いたほか、二〇〇〇年二月には市民団体が集い「ベトナム民間人虐殺真相糾明対策委員会」が生まれた。

「ハンギョレ21」は韓国軍の被害に遭ったベトナム人家族救援キャンペーンを一九九九年一〇月から行った。キャンペーンは三九カ月間続いた。二〇〇三年一月二一日、寄付金一億五〇〇〇余万ウォンを使ってベトナム富安省に「韓国―ベトナム平和公園」を建てた。（富安省は）ベトナムに派兵された青竜・猛虎・白馬の戦闘部隊がすべて経由した激戦地だった。「ハンギョレ21」の報道は世論を動かし政府を後押しした。二〇〇一年以後、政府は韓国国際協力団（KOICA）を通じてベトナム戦当時に韓国軍が参戦した中部五つの地域に、五つの病院と四〇の小学校を建設した。

❖少数者問題に対する持続的な関心

一九九〇年代のハンギョレの報道をよく見れば、「ハンギョレ21」が〔社会問題の解決に〕いかに寄与したかがわかる。ハンギョレは日刊紙の特性から速報競争に巻き込まれるしかなかったのだが、その限界を越えて「ハンギョレ21」は深層報道と大型企画分野で持続して成果を出した。ベトナム民間人虐殺報道はその代表的な事例だが、それがすべてではない。

「ハンギョレ21」は一九九六年一〇月から六カ月の間、日本軍「慰安婦」被害のハルモニ〔お婆さん〕を助けるキャンペーンを行い三億余ウォンを集めた。その寄付金で京《キョン》畿《ギ》道《ド》広州《クァンジュ》にハルモニたちの安らぎの場所である「ナヌム〔わかちあい〕の家」を建てた。一九九八年一〇月には北韓《ブッカン》の日本軍「慰安婦」被害のハルモニたちの話を報道して、この問題が南北に関わる共通の問題であることを訴えた。

とりわけ少数者問題に対する「ハンギョレ21」の関心は特別だった。韓国で労働災害により障がいを負い故郷に帰った移住労働者の話を取り上げた「ヒマラヤ農夫の切断された手と断ち切られた夢」（二三号・一九九四年八月二五日）、工業高校生徒たちの実際を告発した「私たちは奴隷ではない」（二九号・一九九四年一〇月一三日）などが代表的だ。

「ハンギョレ21」はIMF事態を警告した唯一のメディアでもあった。一九九七年六月、一年前に比べて二倍にも増えた不良債券問題を分析して金融危機の兆しを深層診断した（一六一号・一九九七年六月一二日）。IMF事態直前の一一月中旬には「強硬な経済の舵取りで不渡り」（一八二号・一九九七年一一月一三日）、「為替危機、金融機関大爆発が来る」（一八三号・一九九七年一一月二〇日）などを通して事態の解決を促した。しかし金泳三《キムヨンサム》政府と保守新聞は最後の破局が来る時まで楽観論だけを展開した。

この時期に「ハンギョレ21」の編集長を引き受けたのは呉亀煥《オギファン》と郭炳燦《カクビョンチャン》の二人で、「ハンギョレ21」創刊を実質的に主導した。一九九五年から相次いで編集長になり、自ら標榜したニュージャーナリズムがどのような〔具体的な〕展開を見せるのかを十分に見守ることができた。「ハンギョレ21」の取材の気風が一九九〇年代ハンギョレ記者たちに大きな影響を与えたといえる。

＊1　**韓宝グループの秘書資金疑惑報道**　一九九七年一月韓国の財界序列一四位だった韓宝グループの不渡りが出て、この不渡りが発端で同グループと関わる権力型金融不正と特恵貸し出し不正が表に出た事件。一連の事件は建国後最大の金融不正事件とされる。

＊2　**社稷洞《サジクドン》チーム**　大統領府の不正を捜査する特別警察チームがソウル市鐘路区《チョンノク》社稷洞にあることからこの名前がある。金大中《キムデジュン》大統領候補（当時）への北風工作事件で検察庁が社稷洞チームの要員を動かして捜査したことから世間に知られるようになったが、もともとは一九七二年六月に朴正熙《パクチョンヒ》政権下の特殊捜査隊としてスタートしたもの。一九七六年四月に二隊編成となり、第一隊が社稷洞チームになる。一九八九年に警視庁調査課に改称した。衣服ロビー事件で批判を浴びて、二〇〇〇年一〇月一六日に解体された（朝鮮日報二〇〇〇年一〇月一七日四面参照）。

＊3　**特別検事制**　高位公職者の不正や法律違反容疑が発生すると、捜査と起訴を行政府から独立した弁護士で担当する制度をいう。韓国では一九九九年九月の「韓国造幣公社労働組合スト誘導」および「前検察総長夫人に対する衣服ロビー疑惑事件」真相究明で特別検事などの任命に関する法律を制定、ここに特別検事制が導入された。以後、二〇〇一年一一月イ・ヨンホ金融不正事件、二〇〇三年二月南北首脳会談に関する対北秘密送金疑惑事件などで特別検事制が実施された。

＊4　**造幣公社のストを誘導**　一九九九年六月、法務部が造幣公社のストを不正に誘導することで他のストの沈静化をはかろうとした事件。この事件の契機に労組はストを撤回するなどの事態が生じた。

虫眼鏡13 アメリカ州版と英文版

創刊準備の真最中であった一九八八年一月、アメリカに滞在していた李泳禧《リヨンヒ》が創刊事務局に手紙を出した。「一〇〇万に近い在米同胞たちは故国でハンギョレ新聞が発刊されたニュースを聞き民族の将来に希望を持てて嬉しい。……多くの同胞たちが新しい新聞の創刊によって寄付金をどういう方法で送ったらいいかを知りたがっている」。

国内の主要日刊紙は一九六〇年代からアメリカ州版（韓国では日本のように「アメリカ版」とか表現せず「アメリカ州版」と表現する）を発行した。中央日報《チュンアンイルボ》は一九六五年に、韓国日報《ハングクイルボ》は一九六九年に、それぞれアメリカ州版を創刊、ロサンゼルスから始めてアメリカ主要都市に支社を設けることで配給網を広げた。しかし保守一色で、おまけにセンセーショナルな報道が多く、海外同胞の中ではハンギョレを購読したいという人が少なくなかったのだ。

続けられた試行錯誤、ハンギョレアメリカ州版

ハンギョレアメリカ州版の論議は早くから始まった。創刊された一九八八年一二月からアメリカで発行する論議を行った。しかし本社ではアメリカ州版を出す余力はなかった。最初に提案をしてきたのは同胞社会だった。韓国日報《ハングクイルボ》シカゴ版の編集局長を経て一九八〇年光州《クァンジュ》抗争に関連した報道で解職された趙光東《チョグァンドン》は、ハンギョレアメリカ州版創刊を積極的に提案した。彼がシカゴに住んでいたことからハンギョレアメリカ州版はシカゴだけで発行した。創刊号が出たのは一九八九年三月一日のことだ。しかし二年で終刊した。熱心な読者もいたが、草創期のハンギョレの革新記事が保守的なアメリカの同胞社会であまり広がらなかった。

一九八九年にはアメリカ・ロサンジェルスで発行されたコリアンストリートジャーナルを週刊ハンギョレの名前に変えて発行した。やはり現地の同胞たちが主軸となっていたのだが、長くは続かず終刊した。一九九五年にもアメリカ・ニューヨークで記者出身の同胞たちがよく似た提案を

した。検討の末、見合わせた。めまぐるしく動く同胞社会で、もしかしたらハンギョレの価値を損なう心配があったのだ。これといった成果もなく途中で発行を見合わせてきたこれまでの前例も影響した。

アメリカ州版が新しい装いできちんと発行されたのは、二〇〇三年九月一五日である。ロサンゼルスの韓国人放送のラジオコリアがアメリカ州版の発行を引き受けた。歌手出身の李《イ》章《ジャン》熙《ヒ》がアメリカで立ち上げた会社だった。ラジオコリアは二〇〇〇年からスポーツソウルアメリカ州版の発行を兼ねていた。

李正熙は一九九六年から根気よくアメリカ州版発行を提起してきた。高《コ》喜《ヒ》範《ボム》（第一一代）代表取締役が事業多角化から検討して発行を承認した。ハンギョレがニュースコンテンツを提供しラジオコリアが現地で編集して発行する形態だった。過去の轍《てつ》を踏まないためにも白《ペク》炫《ヒョン》基《ギ》企画委員が現地に派遣され新聞内容を点検した。アメリカ州版発行で本社が得た収益は月三〇〇万ウォンがすべてであり、現地派遣の人件費などに使われた。新聞発行の収益よりも未来を見越した投資のつもりであった。同胞社会から期待を集めそれに応じたのだが、結局一年六カ月後の二〇〇五年三月、紙齢四五八号を最後に終刊した。紙面のあり方と構成で意見を異にしたこともあった。ハンギョレは総合日刊紙の性格を守ることを期待されていたのだが、現地発行しなければならないことから（経済的な面など）余裕がなかった。

二〇〇八年現在、アメリカなど海外で発行されたハングルのメディアの中でハンギョレの名前を目にすることが時たまあるが、これはハンギョレ新聞社とは関係がない。

インターネット英文版サービスを始める

二〇〇〇年代に入りインターネットが広がり、ハンギョレの関心はアメリカ州版ではなく英文版に移った。今では在外同胞ではなく外国人が課題となった。外国人がハンギョレの記事を読む適した方法がなかった。反面、資本力をもつ保守新聞は英文サービスを早くから始め、韓国に関心をもつ外国人は保守新聞の報道だけに接した。すると保守新聞の英文版記事を引用した外国新聞を再び韓国の保守新聞が大きく紹介するという奇妙なこともしばしば起こった。

こうしたことに接した海外同胞たちもハンギョレ英文

サービスを求めた。かねてから作ろうとしていたのだが、資金と人件費が必要であり時間を要した。論説委員の張《チャン》正秀《ジョンス》が英文版準備を引き受けたのだが、（アメリカ州版終刊の翌年）二〇〇六年五月からインターネット・ハンギョレで英文版サービス（http://eglish.hai.co.kr）を始めた。社説、コラム、国内、国外、経済、文化などの記事を毎日配信している。毎週火曜日と木曜日は英文ニュースを選んでインターネット・ニュースレターサービスとして提供している。

第四章　企業ハンギョレ

一九九六年一二月一六日夕方七時、孔徳洞《コンドクドン》のハンギョレ社屋で社員総会が開かれた。深刻な表情で権根述《クォングンスル》代表取締役がマイクを握った。「われわれを攻撃するかもしれない幽霊がどこからか忍び込み彷徨《さまよ》っている」。社員たちは一瞬緊張した。「最近掲載する広告受注量が急激に減っています」。「外部勢力に介入される問題の深刻性が増しています」。

再び安全企画部であった。創刊の時からずっとハンギョレの動きを封じようとしてきた安全企画部が今回は広告掲載で妨害をしてきた。一九九六年一〇月からハンギョレの広告が急減した。政府投資機関と大企業が〔掲載〕契約予約していた広告を明白な理由なく契約解消した。ある大企業の役員が崔鶴来《チェハンレ》広告担当副社長に耳打ちした。安全企画部のために広告を出せなくなったのだ。

❖ 安全企画部が広告まで弾圧する

一九九六年九月から安全企画部関連の企画記事が始まった。当時の安全企画部は一九九〇年代中盤に廃止された国家保安法上の称揚・鼓舞と不告知罪に対する捜査権復活に全力で取り組んでいた。いわば「国家安全企画部法改正」が政局の最大の懸案になっていた。人権侵害の要素が濃く、権力が再び情報機関に集中する危険が大きかった。ハンギョレは「安全企画部法改正、何が問題か」という企画記事を書いてこれを批判した。当時安全企画部法改正案に最後まで反対したメディアはハンギョレが唯一であり、安全企画部は法改正に組織の死活をかけて言いがかりをつけてきた〔市民運動の側からは法律が改悪される場合、「改定」と表記すべきだが、ここでは原文のまま「改正」と訳した。以下掲載の「関連資料・コラム5」の安全企画部法改正も同様〕。

社員総会以後ハンギョレも真正面から勝負し、臆することなく関連記事を続けて書いた。一九九六年九月から翌年の一九九七年三月まで「安全企画部を語る」、「安全企画部の大解剖」の大型企画記事を含めて全部で六二四件の安全企画部関連の記事を紙面に載せた。この事態は災い転じて福となる側面もあった。安全企画部の広告受注妨害が定期化することに備え金融機関から緊急資金を借りたのだが、一年後に国際金融事態（IMF事態）が起こるや、金利が急騰した。安い利子で資金を用意したことは、ハンギョレの資金運用を増やすことになる（「関連資料・コラム5」参照）。しかし当時では一年後を見越す余裕がなかった。目前に迫る安全企画部からの危険を解決せねばならなかったのだ。

一九七五年の東亜日報《トンアイルボ》広告弾圧を彷彿《ほうふつ》とさせるこの事態を四年後に「月刊朝鮮《ウォルガンチョソン》」が明らかにした。二〇〇一年三月一一日、趙甲濟《チョガプジェ》「月刊朝鮮」社長がハンギョレ新聞社社長室にファックスを送った。安全企画部広告弾圧当時の副社長で広告担当であった崔鶴来《チェハクレ》が代表取締役であり、（安全企画部の弾圧の）明確な物証をとらえることができずに致命的な打撃を与えられなかったことが、最後まで悔しさとして残っていた。

❖ ハンギョレの実情を正確に暴露した安全企画部の書類

『月刊朝鮮《ウォルガンチョソン》』は一九九七年に政府機関が作成した『ハンギョレ新聞の総合分析』という文書を最近入手した。その内容に対してハンギョレに確認の機会を与えるために社長、あるいはハンギョレを代表する人にインタビューしたい」。

ハンギョレは文書のすべてと質問書を送るならインタビューに応じると答えた。「月刊朝鮮」は文書のすべてを送ることは難しいとして、主な内容をA4用紙二枚の分量に要約して送った。要約は「ハンギョレは親北・左翼・反米勢力から支援を受けている新聞社だから広告受注などについて不正を捜し出さねばならない」として、「（ハンギョレの）社勢拡大を防ぐため政府と親政府団体が広告中断、購読中断、貸し付け中断、新規事業の行政の規制強化などやらねばならない」という内容であった。

ハンギョレはこの文書内容を三月一五日の新聞で報道した。三日後の三月一八日、権寧海《クォンヨンヘ》安全企画部長など安全企画部幹部たちに対して職権乱用と名誉毀損などの疑いで検察に告訴し、損害賠償訴訟を提起した。事実確認もせず文書内容をそのまま報道した「月刊朝鮮」趙甲濟《チョガプジェ》社長などに対しても、名誉毀損などの疑いで民事、刑事訴訟を起こした。

二〇〇四年一〇月、一審裁判部は権寧海など安全企画部幹部たちに七〇〇〇万ウォン、趙甲濟など「月刊朝鮮」幹部に二〇〇〇万ウォンの損害賠償をそれぞれハンギョレに支払う判決を下した。

この事件はメディアを手なずける政権工作の代表的な例だ。しかしその背景にハンギョレの経営基盤の弱さがあった。安全企画部は悪魔のようにハンギョレの経営を揺さぶり、新聞社をなきものにしようとする意志で働いていたのだ。

当時、安全企画部の広告弾圧を内外に公表するかどうか、新聞社幹部たちは苦悶した。明白な物証が確保されない事態で逆攻勢に出てしまうと、会社経営の難局を一層悪化させるのではという危惧があった。結局事実を報道する対応を選択したが、ハンギョレの経営環境に対する危機はそれだけ現実的な問題であった。

一九九七年四月に作成された安全企画部の「ハンギョレ新聞の総合的分析」の報告書を見ると、当局はハンギョレの経営環境について集中的に掘り下げている。報告書は広告弾圧に直面したハンギョレが安全企画部に全面にわたり反撃してきた場合、対策はどうすべきかも提案している。

〔安全企画部は〕ハンギョレの状況を以下のように診断した。

「税務構造は良好なほうだが、系列社とか傍系事業がなく、資金難は深刻。大企業の広告忌避と販売不振で赤字経営を継続。民主化による脱理念傾向により社勢拡張が限界に直面。国民募金活動を通しての資金確保には限界があり、広告受注が難しく慢性的な資本不足。国民の新聞という名前のもと職員に犠牲を強要することで、生活苦からくる不満が記者たちに常に存在する。経営悪化によりボーナス削減で勤労意欲は低下している」。

このような診断を土台とした安全企画部が著した「枯死作戦」の核心は広告中断と金融圧迫であった。「資金支援の遮断により多角的な経営圧迫。政府の部署および政府投資機関のハンギョレ広告中断処置。全国経済人連合会〔全経連〕(*1)などと協力して大企業の広告を徐々に縮小するように誘導。貸し出された資金の償還期間延長および追加貸付の禁止。政府機関、親政府団体などを網羅した全政府的な次元の〔ハンギョレの〕不買運動の展開。文化センター、メディア事業など新規事業進出時の行政規制の強化。共産主義に対する容疑の捕捉、司法の処理」。

逆接的だが、安全企画部の報告書はハンギョレの経営状況を最も率直に表した文書だ。一九八八年五月創刊以後一九九八年までの一〇年間にかけてハンギョレは一度だけ黒字を出した。約一一億ウォンの黒字が出たのは一九九四年であった。「ハンギョレ21」が市場で好評を得た年だが、これは当時急激に膨張した新聞広告市場の恩恵にあずかったものだ。一九九六年には創刊以後最大の三二億ウォンの赤字を出した。おりしも切迫した安全企画部広告弾圧はハンギョレに致命的だった。

❖ すばらしいメディア、しかし暮らしが難しい新聞社

一九九〇年初め、ハンギョレは韓国の新聞社で空前ともいえる特ダネを連発し続けていた。金賢哲《キムヒョンチョル》不正問題を含む各種の権力型の犯罪や腐敗、人権侵害事件、現代史歪曲事件、南北問題などで抜群の取材力を発揮した。影響力の面で新聞・放送をひっくるめて最高の地位を占めた。熱心に読まれる新聞の割合でも発行部数でも全国四大紙の地位を失うことはなかった。読者の好感度、信頼度などでもいつも一位であった。しかし経営の状況はよくなかった。ハンギョレは「素晴らしいメディア」であったが、「暮らしがたつ新聞社」ではなかった。

ハンギョレの資本は国民基金が土台になっていた。一九八八年に集めた創刊基金、そして一九八九年に集めた発展基金などだ。このような基金の募金方式を続けて資金を作ることはできなかった。一九九〇年以後も、時を見て発展基金を集めてきたが、創刊初期ほどお金は集まらなかった。累積赤字を埋めるにはとても足りない募金額であった。安全企画部報告書の表現のように、民主化進展以後、ハンギョレに対する一般国民の反応は創刊初期の水準に及ぶ状況ではなかった。いま彼らは株主ではなく読者としての扱いを受けたがっていた。

生き残るためには営業利益を出し営業資金と投資資本を自ら準備せざるをえなかったのだが、現実はそうはいかなかった。韓国の新聞市場では全体の三%の読者が毎月減少した。一年では全体の読者の三分の一が購読を止める勘定になる。どの新聞にしても同じ状況なのだが、新聞社ごとで異なるのは自然減少を補足するやり方だ。販売部数を増やすのは毎月全体の読者の三%以上の新規読者を獲得しなければならないことを意味する。資本力が豊かな保守新聞はこのためには不法を厭わない販売促進競争を始めた。無料購読期間を増やし高価な景品を出した。資本力の弱いハンギョレは熱心な読者を維持することだけでも大変だった。

多くの販売促進費用を投入して部数を一時的に伸ばすことはできても問題が生じる。二〇〇〇年初めを基準として計算すれば、新聞を一部制作するのに投入される材料費は月二九〇〇ウォンほどだ。一方、販売店で新聞一部を売った時に本社に出す納入金は月約二〇〇〇ウォンになる。新聞一部を売るたびに本社は一カ月に九〇〇ウォンずつ損害を被るわけだ。ここに新聞製作に投入する人件費を勘案すれば本社の赤字負担はもっと大きくなる。

新聞価格によって違いはあるが、この程度の格差が創刊以後続いた。本社が受け取る額が多くなれば販売店がつぶれる。販売店がつぶれれば読者に新聞を配達することができない。新聞価格が驚くほど高くなるならこの損害を補うこともできるが、高い新聞を無理に買う読者は徐々に減る。新聞販売のジレンマだ。

新聞は販売で生じた損失を広告収益で補う。新聞に広告を載せられなかったら新聞社はつぶれるしかない。主要な広告主は大企業だ。中小企業は新聞に広告を出すだけの余力があるわけではない。ハンギョレは大企業中心に形成された韓国社会の政経癒着に鋭い批判を加えてきた。これはハンギョレ創刊の原点でもあるが、〔その結果〕大企業がハンギョレに広告を出すのを渋る。一方保守新聞は大企業中心の経済成長の論理を一方的に肩入れする。

結局、資本力の豊かな新聞社が莫大な販売促進費用を投じて部数を伸ばし、これを根拠に広告単価を吊り上げた後、親企業的な記事を書き多くの広告を契約することが繰り返された。ハンギョレは販売促進用として余分に出す新聞の部数が不足していた。販売部数を画期的に増やすことができなかったから、広告単価を保守新聞ほど高く策定することができない。しかし事実にそっぽを向けて財閥偏向的な記事を書くこともできない。保守新聞が主導する販売・広告ゲームにハンギョレが挑むことは大変だった。創刊初期のハンギョレの広告受注額は朝鮮日報《チョソンイルボ》の一〇分の一のレベルだった。創刊から二〇年間、多くの努力を傾けたものの、その格差を六分の一レベルにするところで止まっていた。

❖ニューメディアの領土を切り拓く

一九七五年東亜日報《トンアイルボ》から解職された権根述《クォングンスル》は一九九五年三月、ハンギョレ代表取締役に就任した。彼は東亜日報時代から嘱望される記者だった。解職されても東亜日報社がひそかに復職を申し入れるほど能力が抜きん出ていた。

それでもこれを断ってハンギョレ創刊に合流した。

権根述は四年間、代表取締役を務めた。二年任期を二期こなしたのだ。最初の任期の時は権根述代表取締役が会長で、金斗植《キムドシク》代表取締役が社長というコンビで新聞社を経営した。二期目の時は単独で代表取締役を引き受けた。一九九〇年代初盤ひんぱんに起きた経営陣交代という混乱の時代が彼を通じて克服された。

彼の在任期間にハンギョレは経営上の節目となる展開を始めた。金重培《キムジュンベ》、金斗植代表取締役時代に試みられた経営合理化、および科学的マーケティングの概念を全面的にハンギョレに取り入れ始めた。「ハンギョレ21」、「シネ21」などを通して始動した高級正論紙志向を新聞にも適用しようとした。

就任直後の一九九五年五月二〇日、権根述は社内報「ハンギョレ家族」に創刊七周年を記念する文を書いた（「関連資料・コラム6」参照）。ここで彼は「量より質を主に追求しながら、他の大衆紙との差別化された高級正論紙の品格を守る」と宣言した。起動性を発揮して投資を選別し、業務を効率化すること、読者サービス、進歩的知識層に向けた紙面作りなどの概念を使った。「民族・民衆・民主言論」という概念だけでハンギョレの紙面・経営の方向性を説明した過去と区分される。

彼は就任と同時に創刊以後初めて全社員が参加する「マーケティング戦略樹立のためのワークショップ」を開いた。一九九五年四月一日から五月一三日まで毎週土曜日ごとに京郷道果川《キョンギドクアチョン》のホープホテルのセミナー室で各局ごとに社員ワークショップを進めた。五月二六日から二日間の幹部に対するワークショップも開いたが、他の企業は通常行う研修でもあった。創刊直前の一九八八年三月、全社員が江華島摩尼山《カンファドマニサン》に一泊二日で研修に行って以来のことだ。一九八八年の研修の場が各々の考えを話す討論会だったのに対して、一九九五年のワークショップは戦略的マーケティングの必要性を全社員が共有する場だった。

ワークショップに先立ち全国の株主を対象とした書簡によるアンケート調査を実施したが、その結果も興味深い。マルチメディア企業を目指すハンギョレの発展見込みに対して株主たちの意見を問うたが、回答者九五三七人のうち七八・六％が「新聞社の影響力拡大のために賛成する」と返事し、「創刊精神に違反し反対する」という意見は七％に過ぎなかった。一九九五年三月、経営支援室にニューメディア部が誕生した。

三カ月後の六月にはニューメディア部がニューメディア局に昇格した。マルチメディア企業の尖兵となる機構だった。新聞市場の歪曲を克服するだけではなく、資本力がないハンギョレがほとんど唯一に希望をかけることができる領域がニューメディアであった。

当時ニューメディア局が立案した事業計画書などを見れば、その構想の一端を知ることができる。核心にあるのは、国家的に推進している超高速情報通信ネットワーク構築に合わせて多様な媒体手段を通じて知識と情報の付加価置を画期的に増加させることだった。今後の計画の中では一九九〇年代後半に約五〇チャンネルに増えたテレビ番組にハンギョレ・コンテンツを加工した放送用プログラムを製作して供給するという構想もあった。こんなニューメディア構想は創刊二〇周年になった二〇〇八年までつながっている。

ニューメディア局で初めて結実したのが「ハンギョレ21」の記事のインターネット配信だった。一九九五年七月一一日から始めた。その配信を始める前の段階ではパソコン通信網へハンギョレ記事を配信するところで止まっていた。国内の新聞社の中で記事のコンテンツをインターネットにあげたのはハンギョレが二番目だった。当時だけでもワールドワイドウェブ(www)サービスを利用しようとすれば、国内パソコン通信サービスを経なければならなかったのだが、記事配信から二〇日で三〇万件のアクセス数を記録した。インターネット環境を考えると大変な成功だった。これに力を得て一九九六年一月から「シネ21」がインターネット配信を始めたし、一九九六年五月にはハンギョレ・インターネットホームページ(www.hani.co.kr)を初めて開いた。

❖ 正論紙と情報紙の出合い

一九九六年四月総選挙の時はパソコン通信のハンギョレ掲示板を通じて開票結果をリアルタイムに中継した。新聞社が選挙開票状況をコンピューター網でリアルタイムに知らせたのはハンギョレが初めてだった。創刊から七〇号まで「ハンギョレ21」の全記事を載せて配信したり、「シネ21」に載った映画関連情報を再加工して電話音声サービスを提供することも始めた。すべてニューメディア局が中心になって進めた事業であり、新聞販売・広告の旧来の枠を越えて新たなメディア市場を開拓するためだった。一九九七年五月から国内で初めてインターネット広告営業も始めた。

新聞部門と経営部門を一つにまとめCTS体制などの総合電算化開発もこの時期に行った。一九九六年には社屋の建て増しと同時にドイツ・ケバウ社の高速カラー輪転機を導入したし、〔新聞〕発送装備も入れ替った。マルチメディア企業に向かう基礎的な施設を新たに整えたわけだ。

この時期のハンギョレの変化を一番如実に現わすのが一九九六年一〇月一四日に断行された紙面革新だ。まず題字〔新聞の名前〕をハンギョレ新聞からハンギョレに変えた。木版活字の荒い感じの代わりにスピード感あふれたデザインのフォントを新たに作った。題字のバックには白頭《ペクトゥ》山天池《サンチョンチ》ではなく生命、平和を象徴する緑が敷きつめられた。紙面のいたるところに経済と生活関連の情報を多く載せた。

〔経済、生活、文化などの情報を別刷りする〕セクション新聞〔以下、テーマ別の別刷り新聞〕の新たな場として「ハンギョレの窓」もこの時作られた。本紙とは別刷りでテーマごとに編集し、毎日発行した。月曜日には未来分析と生活・金融、火曜日には出版と知性、水曜日には仕事と人生、木曜日には余暇と旅行、金曜日には開かれた共同体、土曜日には大衆文化などのテーマを扱った。紙面に大型写真やイラストを載せ、「ハンギョレ21」と「シネ21」で使ったグラフィックデザインを取り入れた。「ハンギョレの窓」は以後ハンギョレが発行するすべての部門の原型になった。

「今まで正論紙ハンギョレ新聞を続けていたんですが、これからは情報新聞ハンギョレを見てください。題字から最終面まで変わらないところは記事の精神だけです」。

紙面革新以後に作ったハンギョレ広報らしい代表的なコピーだ。

一連の変化は権力の恥部だけを掘り起こす特ダネだけでは新聞社が持ちこたえることはできないという認識から始まった。「正論紙」と「情報紙」の均衡を強調したことも同じ脈絡だった。権根述《クォングンスル》は「闘う新聞」ハンギョレに生活・知識情報の概念を積極的に導入した。その頂点がハンギョレリビングだった。

❖ 痛恨の失敗ハンギョレリビングのその後

一九九八年二月五日、取締役会は久しぶりに和気藹々《あいあい》とした雰囲気だった。「地域情報新聞創刊計画」を満場一致で決めた。新しい事業を展開するのにハンギョレ役員陣がこころよく賛同の意を表すことはまれだったが、事業計画自体が元々よかったのだ。

金聖洙《キムソンス》企画調査部長が仕事を進めた。朝鮮日報《チョソンイルボ》からハンギョレに来た彼は政治部と経済部を経て、一九九五年六月から経営企画部門のポストに移った。彼の主導で一九九七年一二月からハンギョレリビングの下絵が描かれた。

〔韓国では〕生活情報紙創刊の熱風は一九九〇年代の初めから始まった。「フリーマーケット」「交差点」などが代表的で、「フリーマーケット」は一九八九年大田《テジョン》で作られたし、「交差点」は一九九〇年京郷道富川《キョンギドプチョン》で創刊された。これらは特定地域を主な活動舞台として、求人、求職など生活情報広告を載せた無代紙〔無料新聞〕として徐々に市場を広げて大都市まで進出した後、全国主要都市で支社を設立するかたちで事業を拡張した。

これらメディアの成功を見て、雨後の竹の子ように多くの生活情報紙が作られた。一九九七年当時すでに全国で六五三の生活情報紙が登録され、広告の獲得競争が起ってセンセーショナルで不法な内容まで載せるようになったし、このために情報紙読者の反応は芳しくなく生活情報誌に対する批判が少なくなかった。

ハンギョレはここに注目した。生活情報は庶民たちの生活に必ず必要だ。そのような情報であればあるほど信頼が重要であり、ハンギョレはこの二つを満たすことができる。金聖洙は「フリーマーケット」などで生活情報紙を制作・運営する協力者とともに一九九七年一二月から本格的な市場調査に入った。

地域固有のニュースを伝える地域新聞に生活情報誌の長所を結合したタブロイド版地域生活情報紙創刊を目標とした。当時中小都市や大都市の区単位で発行される地域新聞は安価な新聞の典型になっていた。ハンギョレが地域情報の新聞を作ればセンセーショナルな地域新聞の読者まで引き寄せることができると考えた。

総ページ数四八面で、うち八面に記事にあて、残る面は各種の生活情報広告を掲載することにした。全国総合日刊紙であるハンギョレには記事を提供するに値する十分なコンテンツがあったし、一部を投入すれば新たな地域ニュースを補強することができると判断した。

一九九八年三月二七日、ハンギョレ一面で告知記事が出た。「生活人の新聞、地域住民の新聞、大衆経済がテーマの新聞」を創刊するという内容だった。まずソウル地域を中心にして首都圏から攻略することにした。ソウルを東西南北四つの広域圏に分け、各地域に週五回にわたって五万余部ずつ発行した。以後、首都圏の残りの地域と地方まで攻略するという構想を立てた。当時こうしたメディアを発行する中央日刊紙はなく、ハンギョレが未開拓市場に乗り出したといえる。

一九九八年四月六日、ハンギョレの子会社である株式会社ハンギョレリビングが誕生した。ハンギョレが五〇・一三％を出資し、残りは事業者たちから投資を受けた。四月二〇日、ハンギョレリビング創刊号がソウルの町々に配布され、国内初めての日刊地域情報生活新聞が読者と出会った。この時からハンギョレは安全企画部が皮肉った「傍系会社もなく資金難を経験している」新聞社ではなくなり、事業の多角化とメディアを多角化した企画が初めて結実した。

求職者と中小企業をつなぎ、庶民たちの実生活に有用な情報を提供し、地域の草根ニュースを伝えるハンギョレリビングの媒体構想は相変らず革新的だった。庶民層、中小企業、地域社会などが出会う草の根メディアはハンギョレが志向する価値とぴったりと一致する。形態は違うが二〇〇〇年代中盤、無料日刊紙創刊の熱風を先んじた市場予測も的を射たものだった。

しかしハンギョレリビングは市場安定に失敗した。既存の生活情報メディアが勢力をもち競争が激しかった。ハンギョレリビング創刊を注視してきた中央日報《チュンアンイルボ》が一九九八年一〇月、類似した性格の「中央タウン」を作り広告料のダンピング政策をとった。これがハンギョレリビングの定着に障害となったのだ。

一九九七年冬、救済金融（ＩＭＦ事態）以後の広告市場が全般的に萎縮したことも不利に作用した。ハンギョレリビングの増える一方の赤字をどうすることもできず、一九九九年五月にハンギョレは支援中断を決めた。売却以後にも苦戦し、結局は二〇〇〇年五月廃刊した。ハンギョレ経営陣すべてが賛成し期待を集めた新たな媒体を創刊してから二年のことだった。

ハンギョレリビングの失敗はハンギョレ二〇年の歴史で一番骨身にこたえた。旧来の新聞市場の構造を乗り越えてマルチメディア戦略に土台を置いた事業の多角化を通じた企業として生まれかわろうとする山場に差し掛かった瞬間のことだった。初めての失敗だった。「ハンギョレ21」、「シネ21」、カルチャーセンター、ハンギョレ出版などこれまで順調に進んできた新メディア創刊、新産業推進のペースにも歯止めがかかった。

ハンギョレ新聞社の損害は九〇億ウォン以上であり、会社の財政規模を考慮すれば莫大な金額だった。このことは以後ハンギョレの経営戦略に大きな影響を与えた。

新しい市場を求めて新しい事業を踏み切るたびにハンギョレリビング〔がなぜ失敗したのかという〕軌跡を調べるようにした。

❖ 失敗はあっても挫折はない

ハンギョレリビングの清算をめぐり社内で論難がなかったのではない。創刊一年もたたないメディアを赤字が出るという理由で第三者に安価で売ることは間違いだという指摘があった。一方、莫大な赤字を出していながらも関連事実を取締役会にまともに知らせなかった閉鎖的な経営方式にも問題が多かったのだ。〔一方、結果として〕非常に遅れたとしても損失を減らすのが賢明な選択だったという評価もある。

多くの論議にもかかわらず、ハンギョレリビング事業の最大の敗北は莫大な赤字そのものにあった。大勢を占めた判断は、ハンギョレ資本の規模から見て約一年で九〇億ウォンの赤字が生まれた事業を続けて維持することは難しいとするものだった。一九九九年春のハンギョレ取締役会の会議録を見れば、ハンギョレリビング処理問題について何時間も激論を闘わせ、数字をあげて会議を繰り返したことがわかる。史上最大規模の単一事業の赤字に対して専任取締役陣が法的責任を負わなければならないという意見が出て、これをめぐる論議も起きたりした。それほどハンギョレリビングの問題はハンギョレの経営をめぐる重要な峠だった。

しかし、ハンギョレリビング事業を撤収した後もニューメディア戦略指向は頓挫しなかった。一九九九年三月代表取締役に就任した崔鶴来《チェハンレ》が一番先に取り組んだのがニューメディア事業部門の革新だった。一九九九年一二月、別の子会社である「インターネット・ハンギョレ」を作った。その事業に先立って設けたニューメディア局をもとにして流通事業と旅行事業を加えて独立法人を出帆させた。

引き継いで国内出版デザインの新しい領域を開いた出版局デザイン部門を分社させて「デザイン　イズ」という独立法人を作った。二つの事業の戦略はハンギョレのコンテンツを新たに変えて拡大しようとする戦略によるもので、失敗はあっても挫折することはできなかった。ハンギョレリビングはその肥やしになった。

＊1　**全国経済人連合会**　一九六一年の五・一六軍事クーデター以後、不正蓄財者で拘束されてから力ある企業人として貢献しようとの名目で釈放された経済人が「経済再建と経済人の国家再建に寄与」という主旨で一九六一年全国経済人連合会の母体である「韓国経済人協会」(一九六八年に全国経済人連合会に改称) を出帆させた。

占拠篭城の追憶

虫眼鏡14

新聞社の前にはデモ隊が時々出没する。報道に抗議する人たちだ。ハンギョレも同じだ。様々なことで抗議に訪れる人たちが常にいる。日本刀を差し新聞社を訪ねて来る人があるかといえば、電話をかけて「手首を切った」とか「家族をだせ」と脅かす場合もある。

釜山《プサン》成人ゲームセンター事業主たちの検察・警察上納疑惑を取材した二〇〇三年一一月には、現地でハンギョレの取材車両のタイヤが鋭い刀で破られたこともあった。「それくらいにしておけ」という組織暴力団の警告メッセージだった。ハンギョレ記者たちはそうした種類の脅迫を奮発のきっかけにする。執拗な取材で脅迫には屈しない。（検察・警察への上納疑惑と異なるが）二〇〇〇年六月二七日、空前絶後のことが起った。

午前一一時頃から孔徳洞《コンドクトン》社屋の前に軍服を着た中年の男性たちが群れをなしワゴン車に乗って続々と集まった。大韓民国枯葉剤後遺症戦友会会員たちだった。一九九九年五月からハンギョレと「ハンギョレ21」は現地取材と参戦軍人の証言などを通じて韓国軍によるベトナム民間人虐殺について続けて報道した。戦友会会員たちはこの報道が枯葉剤損害賠償訴訟に悪い影響を与えていると主張した。ハンギョレの人たちは時たま（ハンギョレ新聞社前で）起きるデモ隊だと思って、とりたてて変わったデモではないと受け止めていた。集会の知らせを聞き、この日朝八時から警察一〇人余りが新聞社入口を警備していた。

しかし昼休みが過ぎた頃から異様な様子になってきた。約一〇〇人ほどだったデモ隊の数が瞬く間に増えた。近くのヒョチャン運動場のほうに集結した戦友会会員たちが続々と社屋前に押し寄せ、彼らの中で昼食時に酒を飲んだ人の顔はすでに赤くなっていた。社屋の前に席を広げて座り酒宴を始める人々もいた。

午後一時頃、デモ隊は二二〇〇人余りに増え、社屋正門を塞いだ。ちょうど食事を終えて新聞社に帰ろうとしていたハンギョレ社員たちを中に入れないようにしたのだ。この過程で何人かが暴行に遭った。一歩遅れてだが、警察が阻止線を作った。一六個中隊二二四〇人の警備警察官を配置して社屋を守った。

午後三時、軍服を着た戦友会の代表者五人が新聞社五階の会議室で玄《ヒョン》利渉《イソプ》出版局長に会った。要求事項を伝えると言いながら、一方的な悪口だけ浴びせた。（玄利渉出版局長は）我慢強く説得して最終の交渉文案を作ったが、ついに実らなかった。交渉が進行する間に外にいた戦友会会員たちが新聞社内に乱入を始めたのだ。交渉する代表団の一部は「外部で指揮する者が（デモ隊の）統制をほとんどできなかったので台無しになった」と不満を吐露した。

デモ隊は警察の部隊を追いやって社屋への進入を試みた。退役軍人たちの罵声《ばせい》に警察の部隊は恐れをなす気配がありありと見えた。ここで退役軍人たちは往年の戦略を発揮した。社屋前方でデモ隊と警察の部隊が体当りして争う間に、数十人が社屋裏手の住宅のほうに詰めかけ、新聞社の屋外駐車場に面している民家の塀を崩してしまった。警察もそこまで想定していないことだった。

デモ隊は崩れた塀を踏み越え屋外駐車場に押しかけ、駐車中の乗用車を壊した。引き続いて二階の株主センター事務室に近付き外部に出ていた換気の機具を壊した。読者用の社内案内用紙などの書類を奪い火をつけ、その書類の包みを再び事務室の中に投げこんだ。

枯葉剤後遺症戦友会の孔徳洞《コンドクトン》社屋占拠

午後三時三〇分頃、警察が屋外駐車場に神経を尖らせていたことに乗じて今度はデモ隊が社屋正門の側の（新聞）発送場に押し寄せた。閉ざした鉄製の門を壊して突入した。発送場に駐車していた車両を壊し、発送用コンバイアーを破壊した。

発送場には事務室向かいにエレベーターと階段があった。これらの暴力を阻もうとハンギョレ職員たちは鉄製の非常門のかんぬきを閉めた。押し寄せたデモ隊は棒と足で鉄門を叩いて罵声を投げつけ、ガラス窓二〇枚ほどが彼らの手で粉々に壊れた。

七階の編集局まで火が飛び込んできたが、編集局は大きな災いをまぬがれた。とはいえ、論説委員室があった八階と出版局の五階はデモ隊によって廃墟となった。

非常口のすき間から鉄パイプをねじ込んで門を開き、デモ隊は次から次へと調度品を壊した。それでも気に入らなかったのか、午後四時五〇分頃デモ隊の中の一人が社屋そばの電信柱によじ登って電力遮断機を落としたため、新聞社全体が停電した。デモ隊が乱暴を働く間に韓国電力緊急復旧班が駆けつけ、午後五時五〇分頃新聞社に電気が通った。

　新聞社の中まで入り手がつけられないほど暴れたのは数十人だったが、被害が甚だしかった。コンピューターなど事務用品はもちろんのこと（新聞）発送の装備と輪転機など新聞製作設備が破損された。職員一〇人余りが棒などで叩かれるなどの暴行に遭い、取材用、発送用など車二一台が破損され、七〇〇〇余万ウォンの財産被害が出た。

▲2000年6月27日、枯葉剤後遺症戦友会の会員たちが民家のフェンスを壊して孔徳洞の社屋に侵入して乱暴を働いた。

　警察は現場で四〇人余りを連行し四人を拘束した。デモ隊は夜になっても解散せず社屋周辺を囲んだため、警察が道路を原状回復させるまで新聞発送は予定より三〇分程遅れた。夜九時頃デモ隊は解散した。

　彼らは二日目も社屋前に押し寄せてハンギョレへの進入を試みた。目の前でデモ隊に阻止線を突破された警察はこの日は強固に阻止した。二九日には「戦友会会員が私服でハンギョレ新聞社に入って建物を爆破する」という情報を提供する電話がかかる事態が起きた。警察は特殊犬を動員して社屋内外を捜索したものの、何の兆しも見つけることができなかった。

　七月一三日、戦友会役員が新聞社をまた訪ねた。崔《チェ》鶴《ハン》来《レ》代表取締役に会い公式謝罪した。警察の処罰を望まないという主旨の嘆願書を書いてくれるよう頼んだ。崔鶴来は謝罪と依頼をともに受け入れた。

　ハンギョレはベトナム民間人虐殺報道とは別に、枯れ葉剤後遺症患者たちに対する政府次元の補償をどこよりも先んじて持続して報道したが、戦友会会員たちが報道された記事さえまともに読まずに感情的に激昂したのが発端になったのだ。

占拠座り込みの経験者が占拠座り込みに遭う

戦友会会員たちの乱入デモを呼び起こした報道のきっかけとなったのは「ハンギョレ21」であった。ベトナム戦に参戦した韓国軍が現地である民間人を虐殺した政治状況をとらえて特集報道したのがそれだ。

当時高《コ》経太《ギョンテ》が関連取材を担っていたのだが、彼はハンギョレ社屋での座り込みの経験があった（ことを以下述べたい）。

創刊翌年の一九八九年六月、大学学報《ハクホウ》社記者一〇人余りが楊坪洞《ヤンピョンドン》社屋に占拠座り込みをし、当時変死体で発見された朝鮮大学生イ・チョルギュの死骸の写真をハンギョレ紙面に載せることを要求した。

いくら運動圏の学生の疑問死（不審死）事件と言っても他殺根拠が明らかではない状態で残酷な死骸の写真を新聞に載せることはできなかった。学生たちは聞く耳をもたず四日間座り込みをした。ある学生は坊主頭にまでなった。その背後には全国大学新聞記者連合会幹部だった高経太がいた。彼は座り込み中の学生たちを激励訪問するために楊坪洞の社屋を訪ねてみて、びっくりした。張潤煥《チャンユンハン》編集委員長が学生たちのために別に部屋を用意してくれ、その部屋で学生たちは闘争歌を歌っていた。ハンギョレの人たちが布団と食べ物を差し入れてくれて、外部との通話のために電話まで気楽にできるようにしていたのだ。国民記者席（読者の声に類する投稿欄の一つ）に「意見」を載せることにして四日ぶりに座り込みを解いた。

ハンギョレの人たちが記憶する一番心痛い座り込みは一九九九年七月に起きた。経営悪化で他の会社に売却したハンギョレリビングの職員三〇〇人余りが本社を訪ね一カ月間の長期間座り込みをした。売却以後の賃金遅滞などでハンギョレが責任を負わなければならないと要求した。当時本社も大変な（経済的）困窮に直面していた時で、法的に見るならばハンギョレリビングの経営者は他社に売却しておりハンギョレ新聞社ではなかったのだが、ハンギョレリビングのデモ隊を見ながら出勤するハンギョレの人たちの心はひりひりと痛んだ。

関連資料・コラム5

安全企画部がIMF対策を立ててくれる

金《キム》賢《ヒョン》哲《チョル》との抗訴審裁判が佳境に入っていた一九九六年晩秋の話だ。ハンギョレ編集局では時ならぬ緊急社員総会が開かれた。訴訟と関係するどんな重要な決断を下すのかと、編集局に集まっていたハンギョレの人たちは大部分がそのようなことを想像していた。しかし代表取締役権《クォン》根《グン》述《スル》が沈痛な表情で話し出した話題はまったく思いがけないものだった。

「最近になって新聞は無論のこと『ハンギョレ21』『シネ21』の掲載予定の広告が相次いで取り消されるなど、私たち新聞社の広告受注量が急激に減っています。過去何カ月間慎重に調べた結果、安全企画部（以下、安企部）がこうした事態の背後で操作しているという結論を持つようになりました。私たちは生き残るためにも安企部の不当な広告弾圧に正面からたち向かうしかなくなりました」。

編集局はざわめいた。というのは、広告の弾圧で崖っぷちに追い込まれて、結局は大規模な（記者職などの）解職をもたらした一九七五年の東亜日《トンアイル》報《ボ》の広告解約のような事態を浮上させる意図が読めたからだ。そういうことならば、これは新聞社の生死がかかった問題だ。副社長で広告を担当する崔《チェ》鶴来《ハンレ》は詳しい説明を付け加えた。

「広告局ではすでにこの秋からこのような兆しを感じていました。実際に一部企業の実務者は安企部の〝脅迫〟が恐ろしくて広告を断るしかなかったという状況をこっそり伝えてくれました。たぶん私たちの新聞社が金賢哲と訴訟をしていることと最近の安企部法および労働法改正案に最後まで反対してきたことが重要な動機として作用したのではないか考えられます」。

当時の安企部法改正案の主要内容は

一九九三年に与野党合意で廃止された国家保安法七条（称揚・鼓舞罪）と一〇条（不告示罪）に対して再び捜査権を付与するというものだ。金泳三《キムヨンサム》政権出帆初期に代表的な改革で廃止された安企部の国内政治捜査権を、政権末期になり復活させようとするこのアナクロニズム的な動きをハンギョレは決して受け入れなかった。

ハンギョレはこの問題を同時にシリーズで扱い法律の条項ごとに検証した。アメリカのＣＩＡやイスラエルの情報機関モサドの運用方法を（検証し）過去に条項を悪用した捜査の事例をあげて反対の意思を明確にした。当時安企部法改正案に最後まで反対した新聞はハンギョレがただ一つだけだった。

安企部がはたしてハンギョレに対する「広告弾圧」を背後で操作したのか。当時青瓦台《チョンワデ》と安企部長権寧海《クォンヨンヘ》などはこうした疑惑を強く否認した。ただ金賢哲との訴訟と安企部法改正案反対などに反感をもつ安企部内の一部金賢哲側近勢力が独自に企てて起きた可能性に対しては否認することができなかったため、再発防止を約束しただけだ。

安企部が広告弾圧を通して報道統制を加えようとしたと判断したハンギョレは極秘裡に特別の処置を行った。回転資金がなくなり輪転機が止まるような最悪の事態に備えて、多額の資金を金融機関から緊急調達してきたことだ。そしてその調査からいくらもたたないうちに韓国の運命自体を揺さぶるにたる二つの革命的変化が襲ってきた。ＩＭＦ管理体制を迎えて前代未聞の高金利時代が到来したのがその一つであり、建国初の政権交代が実現したのがもう一つだ。

こういったことを「塞翁《さいおう》が馬」と言う。安企部のため借入れ資金を「備蓄」せざるをえなかったハンギョレは、むしろ高金利時代に備えて資金を一部でもあらかじめ確保しておいた格好になったし、安企部から各種の陰険な妨害を受けてきた金大中《キムデジュン》政権が出帆して安企部の処遇が改革と変化の対象になったから、これは皮肉といえば皮肉なことだ。

（李寅雨《イイヌ》・沈山《シムサン》『世の中を変えたい人たち――ハンギョレ新聞一〇年の話』（ハンギョレ新聞社、一九九八年）所収コラムより）

안기부가 IMF 대책을 세워 준다

関連資料・コラム6

権根述《クォングンスル》「創刊理念の復元こそ競争力」

〈社員や国民株主を対象として社内報「ハンギョレ家族」第七号より、ハンギョレ新聞の歴史で大きな節目になった一九九五年の社の方針が鮮明に出ている貴重な文章として紹介する――引用者補足〉

いつのまにか創刊七年です。いわゆる安国洞《アングッドン》時代、創刊基金を出しに創刊事務局に集まった多くの市民たちの熱気あふれる姿が最近とみに脳裏に浮かび上がったりします。

寒い秋の夕焼けの時刻まで入社願書を出そうと安国洞ロータリーから韓国日報《ハングクイルボ》の裏のほうまで果てしなく続く若者たちの美しい情景も目に浮びます。

〈今〉ハンギョレが彼らの熱望と夢をまともに向き合っているのか心配になります。新聞紙面で私たちが追い求めて来た高級正論紙の品格を守るよりはむしろ他の「大衆紙」に似ていないかという疑問がぬぐえません。

譲歩より変化追求

これから選挙が続く政治の季節が近付いています。ハンギョレが均衡の取れた正論でその立場を整えなければならない重要な時期です。東亜日報《トンアイルボ》に引き続き中央日報《チョンイルボ》の朝刊化で火が点いている熾烈な販売競争は、新聞市場の版図の再編を予告しています。新聞界には「広告洪水」が押し寄せたのですが、ハンギョレには小雨が止んだ〈今の〉広告の現実を解決せねばならない課題があります。このような挑戦の時期に創刊のメンバーの一人として私がハンギョレでしなければならないことは何なのかを振り返ってみなければなりません。その結論は、一言で言えば創刊理念の復元です。

振り返れば、韓国的ジャーナリズムの風土で新生の新聞社が財閥のメディアとメディア財閥の無限ともいえる物量攻勢を受け五〇万読者の熱い声援のなかで根を下ろしたことは奇跡に近いことです。特に新聞社間のはてしない販売競争と情報化時代に狙いをつけた投資競争が火花を散らす最近の状況はこのような感じを一層切実にさせます。それはハンギョレの六万株主と五〇万読者の、他の新聞とは比較することができない新聞に対する限りない愛情と信頼のおかげであることは言うまでもありません。

このような挑戦の時期を迎えてこの間会社が新しい輪転機を発注し全CTSの構築、およびこれにともなう社屋増築を推進するなどの一連の準備作業を進めていることは時宜に適うものだと考えます。しかし、新年に入り新聞用紙の暴騰と期待できない広告市場の不調などは、新聞産業に対して慎重な検討と適切なコントロールを要求しています。経営というものは結局どれを軽減しいかなる問題で〔成果を〕急ぐのかを選択するものだからです。

拠点販売店に対する選別投資

無論この変化の時期を消極的に対応することはできません。しかしそれは量的な追求ではなく質的な変化に焦点を当てねばなりません。編集部門では面数を増やすことよりも革新と独立の創刊精神を生かした高級正論紙の位置を確立すること、そして販売部門では無代紙攻勢に抗して無謀なあがきよりは絶えることないアイデアで拠点となる販売店が自ら伸びるよう機動性ある産別闘争が重要であるためです。

いま新しい代表取締役に就任してから約二カ月過ぎました。代表取締役を本部長とする開発本部を発足させ、この間進められてきた本格的な検討と実行に入り、紙面改善のための編集デザインおよび紙面の調整作業も進行しています。

昨年「ハンギョレ21」に続いて映画雑誌「シネ21」も錨《いかり》をあげました。たまに『ハンギョレ新聞』は映画週刊誌？」と〔読者らが〕首をさかんにかしげる〔こともあります〕。しかし毎年数百の韓国映画が制作されており、それよりも数百倍も多いテレビ番組が洪水のようにあふれて出ている。「オンデマンドビデオ」とか「公共のデータベースシステム」とか、われわれには親しみの薄い用語が日常的にあふれ、そうした映像が爆発的に出回っています。「映像の時代」に入りました。この新たな映像時代を導き、大衆の人生の質を高める「シネ21」の創刊はすなわち「ハンギョレ新聞」の創刊精神でもあります。株主の皆さんの格別な関心と応援を願ってやみません。これに関連して「わが株主・読者の皆さんのために会社は何をできるか」も真剣に議論しています。

株主・読者サービスセンター推進

株主や読者が「管理しなければならない対象」ではなく、われわれが尊び仕えねばならない顧客である主人という認識の転換を前提にして仮称「株主・読者サービスセンター」の構想を検討しています。

何よりも重要なことは大衆紙一色の新聞市場でハンギョレが高級正論紙としての独立性と革新性で他の新聞との違いを強化することだと信じます。わが社会の進歩的知識人たちの良心的勢力の文化の中心として彼らの考えと言葉を伝達することはハンギョレの重要な義務の一つだからです。会社のすべての業務もこのような「ハンギョレ新聞」本紙の正常化から出発しなければならないと信じます。

（「ハンギョレ家族」第七号〔一九九五年五月二〇日〕）

창간 이념 복원 이야말로 경쟁력

ハンギョレ論争三

言論と政治権力の距離

一九八七年一〇月末、東亜《トンア》大学学報《ハクホウ》社の記者が宋建鎬《ソンゴンノ》をインタビューしに安国洞《アングッドン》にある事務所を訪ねた。学報社の記者が質問をした。「新しいメディアが志向する理念的指標は何ですか」。宋建鎬はカーッとなった。「何がイデオロギーだ。私たちはそんなものはありません」。少し声を落として話を続けた。「私たちはどんな場合にもイデオロギーと関係なく、事実に即した真実の報道のみをするだけです」。

身のほど知らずの大学生記者の鋭い質問が続いた。「現在、二人の金《キム》さんが別に党を作りました。両方の金さんに対してどう評価されますか？」。「私たちはどんな特定人でも支持しません」と宋建鎬が答えた。「それぞれの政策を批判することもできるが、ある人物に対する一般的な支持はありえません。事実を報道するにあたり、私たちがどのような特定政党を支持することもありません」。

ハンギョレは創刊の時から政治権力に対する批判の姿勢を堅持していた。すべての政治勢力に対して厳正で公正な報道態度をとるのはジャーナリズムの基本であり、ハンギョレの鉄則だった。各新聞社の中で、初めて作った倫理綱領では「私たちは政党に加入しないし、特定の政党・宗教・宗派の立場を代弁しない」と記した。政治的中立の志向を明白にする社内にも、社外にも向けた約束だった。

一九八八年一月、市民たちを対象にアンケートをしたが、質問の中に「ハンギョレが運動圏とどのような関係を持つべきなのか」という内容もあった。回答者の七八・七％が「読者的立場を堅持すべきだ」と答え、一〇％は「運動圏と無関係であるべきだ」、一一%は「運動圏を代弁すべきだ」と答えた。既成の政党はもちろん在野勢力に対しても距離を置くという創刊世代の問題意識がこのアンケートに込められている。

ハンギョレは政治権力の肩を持つことなどなかったし、その前に屈服しなかった。選挙のたびに特定候補を巧妙に手助けする他の新聞と根本的に違う。ただ、外部からはよく見えない内部の熾烈な論争があった。結果的にはこのような論争がハンギョレのバランス感覚を維持させた。

■ 中立と連帯のジレンマ ■

公正報道に徹底しようと気を遣ったが、ハンギョレ内部に民主勢力に対する連帯意識がまったくないと強弁するのも嘘である。ハンギョレを創刊した人たちの大多数が一時民主勢力の一部だった。もちろん、個人的な好感と公正な報道は別のことだった。問題は公正報道の原則を誰に対してどのように適用するのかということだった。民主勢力に対する配慮はどこまで許容することができるのか、はたして誰が民主または革新勢力なのか、何が連帯で、何が偏りなのか、ハンギョレの人たちそれぞれにその基準が少しずつ違った。

創刊号が出た一九八八年五月一五日のエピソードはそのジレンマを象徴する。当時、民主党総裁の金泳三《キムヨンサム》が、新聞製作の真っ最中だった一五日の昼に編集局を訪れ、平和民主党総裁の金大中《キムデジュン》は、輪転機から創刊号が溢れていた一五日の午後に新聞社を訪れた。たった今出た新聞には金泳三の写真が載っていた。文永熹《ムンヨンヒ》販売局長が成裕普《ソンユボ》編集委員長に抗議した。「一版の新聞はすべて湖南《ホナム》へ配達されるのに、金大中の写真はなく金泳三の写真だけを載せてどうするつもりですか」(「関連資料・コラム4」参照)。

とりあえず、輪転機を回してもう一度新聞を編集し、二人の金の写真を載せた。もともと一版を送ることになっていた湖南に市内版を発送した。翌日、編集局に抗議の電話が鳴った。長文の手紙を書いて送ってきた読者もいた。「写真の大きさを測ったら金泳三の写真が金大中の写真より一ミリメートル小さかったと言うんです。また、別の読者は写真の下にある説明記事の文字数を一文字ずつ数え、金大中に対する記事が金泳三より五文字少ないと言う」とは、成裕普の記憶である。

二人の金氏に対する政治的公正性を維持するのは敏感で難しい問題だった。社内、社外を問わずこのことでの話題が絶えず、解決法も明らかではなかった。一九八八年一二月三〇日、「編集局から」というコラムを鄭雲映《チョンウニョン》が書いた。

「ハンギョレ新聞にも先の大統領選挙の過程でいわゆる批判的支持や単一化推進（＊1）のために奮闘した人たちと、一方ではそのことへの未練を捨て第三の進路を模索した人たちが一緒に集まり仕事をしています。社会の別の集団や組織でも同じことですが、新聞社が記者を含んだどの個人の政治的信条を変えるように要求することはできません。また、そのような政治的立場によって新聞制作の方向が左右されないのも明らかです。そのことは社主を含めた特定の人による考えが支配しないハンギョレだけが唯一享有できる特権です」。

この特権を享受するには大変な苦労をしたのだ。ハンギョレはある一方の主張が消化されないまま貫徹される組織ではない。このためにある記者が偏向的な記事を書いたとしても、編集局内部の議論をへて公正報道の規準をさらに練り上げ、読者たちに伝える。

だが、コラムは少し違った。新聞社の最古参の格式ある論説委員が自分の名にかけて書いたコラムを他の者が干渉することは簡単ではなかった。おのずと論説またはコラムは政治的志向が現れる媒介となった。特定の政治勢力に対する偏向が問題になったのも多くはコラムや社説だった。創刊直後には、二人の金氏に対するバランスを保つのが重要だったが、一九九〇年代初め、金泳三政権（政府）の結成後からは「金大中問題」に絞られた。これは一九八〇、九〇年代の韓国政治の根本的問題でもあった。

■ 金大中《キムデジュン》問題という難問 ■

この事案が本格化されたことは金大中《キムデジュン》の政界復帰後だった。一九九二年の大統領選で敗北した金大中は政界の引退を宣言したが、一九九五年に再び政界に復帰した。これをどう評価するかについてハンギョレの人たちの間で意見が食い違った。

一九九五年七月一八日、「展望台」に記載された鄭雲映《チョンウニョン》の論説のタイトルは「幻滅」だった。

「一九九二年の大統領選挙の次の日、他の多くの有権者のように私も期待と憐憫で一日を過ごした。文民政府の順調な出発にかけた〝期待〟と、金大中候補の政界引退に送る〝憐憫〟がそれだ。……それから二年半が過ぎた今日、当時の期待と憐憫は何もかも消え失せ、味わったことがない幻滅がその場を埋めた。……金〔大中〕アジア太平洋平和財団理事長の政治〔活動〕再開の知らせに対し、私は他の多くの人たちのように非常にとりとめもない気分だった。……彼の復帰の名分を立てるために、この社会が支払う費用と代価は厳格に問い詰めるべきだ」。

一〇日後の七月二八日、「朝の陽射し」に記載された金鍾澈《キムジョンチョル》のコラムは、まるで鄭雲映の論説を批判するような内容だ。

「金大中理事長が政界復帰を宣言するとまさに爆撃が起こった。私たち社会の良識を代弁すると自負する知識人たちが小銃、迫撃砲、ナパーム弾、スカッド・ミサイル、枯葉剤のような多様な種類の武器で彼を攻撃した。……政治は理念と政策を実践しようとする理想の対決でもあるが、現実の場では戦略と戦術が乱れ衝突する戦地でもある。……金泳三《キムヨンサム》、金大中、金鍾泌《キムジョンピル》は、歩んできた道が異なり政治的器量と道徳性にも大きな違いを見せているが、なぜひっくるめて『反三金』なのか。こうした主張をするのなら、今までの重大な局面ごとに三人の金氏に対する持続的に公正な論評をするのが当然だ」。

新聞を代表する論説とコラムで起きたこのような衝突をハンギョレは完全に解決することはできなかった。それぞれの論説委員は一貫された論理と確固とした信念で金大中の問題に接近した。一九九〇年代、ハンギョレの政治コラムはどの論説委員が執筆するかによって論調が少しずつ違った。互いに意志の疎通を欠いた「金大中問題」は、一九九〇年代の後半にある程度克服された。この時期に至って一九八〇年代中頃以降は大学生だった公募世代が一般記者の多数を占め、彼らの大半は「二人の金の構図と地域主義の清算」を当然の時代的課題として感じていたからだ。

一九九七年一二月の大統領選で金大中が大統領となった。金鍾泌自民連〔自由民主連合〕総裁と手を結んだ「ＤＪＰ連合」〔Ｄ

はデジュンの、JPはジョンピルの略語）戦略が決定的な勝利の要因となった。これを見たハンギョレの人たちの視線は再び会い交わらなかった。一九九七年一一月四日、鄭雲映はコラムに次のように書いた。

「あなたがすれば野合で、私（金大中）がすれば共助になるという論理の混乱は息苦しい。しかし、情報機関の高位幹部出身者さえ巻き込んだ〝一時避難の収容所〟であり、軍事独裁時代の迫害と弾圧に先立った与党圏の人事と悪名が高いこの政治の結末が一体何なのか疑わしい。……クーデターで民間政府を転覆した張本人（金鍾泌を指す）と、その後始末をするという候補（金大中）の密室の結託が思うがままに行う。これは『何たる仕業』なのか。権力配給から内閣制改憲まで乱れて限りがない」。

大統領選が終わった後の一九九八年二月二四日、金槿《キムグン》は「朝の陽射し」（コラム）で別の話をした。

「去年の大統領選挙は連合勢力の対立だった。一方は金大中候補と金鍾泌氏が手を結び、いわゆるDJPとして選挙に出馬し、また一方では新韓国党の李会昌《イフェチャン》候補と民主党の趙淳《チョスン》氏が連合しハンナラ党として統合した。……DJP連合が野合なら、李会昌ー趙淳の連帯は何なのか。むしろDJPは相当な期間を公開的に推進したが、李会昌ー趙淳の連帯は突出していたのだ。……改革的な既存野党一人で政権交代を行うことはできない。そのことは不満だが、私たちにとって厳然な現実にして運命である」。

金大中を見る視点の裏面には、地域主義に対する互いに違う観点がある。嶺南《ヨンナム》の民主勢力が保守勢力と連合したことに対しては鋭く批判せず、湖南《ホナム》の民主勢力が保守勢力を引き込んだことにはなぜ過剰に反応するのかというのが〝批判的支持論〟の論理であった。韓国社会の階層・階級の矛盾は、湖南という地域に集中しており、〝民主基地としての湖南の政治勢力〟に注目することが民主主義の切実な課題という認識も持っている。これはそれなりに妥当な論理であり、二〇〇〇年代に入ってからも相変わらず韓国社会の重要な論争の火元でもある。

■ ハンギョレの三八六 ■

しかし、ハンギョレの「三八六世代」の多数はこのような主張にうなずけなかった。ジャーナリズムが執権勢力をかばう姿勢をとったことや、独裁政権の主役である金鍾泌《キムジョンピル》との連合を現実論として取り入れたことすべて不当だと判断した。一九九八年春、公募採用第六期以下の若い記者たちが「DJP連合の現実不可避論」を提起したコラムと社説を公開批判した。ハンギョレでは若い社員たちの声が強力に力を発揮するが、この時から「金大中《キムデジュン》問題」を取り囲んだ意見対立の錘《おもり》が片方に偏り始めた。

この論議の最後の山《やま》は二〇〇〇年の総選挙だった。二〇〇〇年二月の初め、ハンギョレ政治部の金成鎬《キムソンホ》記者が、民主党の国会議員候補として公薦を受けた。金成鎬は現職記者としては唯一ハンギョレ創刊の発起人に実名で参加し、金賢哲《キムヒョンチョル》によるYTN社長人事への介入など、幅広く多くの特ダネを出した有能な記者だった。彼は民主党に公に推薦を申請したことはなかった。ただ、民主党の当直者たちが金成鎬の公薦を考えていた。金成鎬は自分が公薦の対象としている事実を知ってすぐに〈ハンギョレに〉辞表を書いた。

この過程について論議が起こった。二〇〇〇年二月九日、労働組合が「独立言論の精神を損なったことに対して強力な処置を促がす」と宣言した。二月一五日には若い記者三六人が、再発防止対策準備を促がす宣言をした。金成鎬は一連の過程を解き明かしながら、労働組合の宣言を批判する個人の立場を社内の掲示板に載せた。何人かの古参級の記者たちが、「金成鎬は公薦のために〝政治記者〟の責務を負ったことがない」と労働組合などの問題提起を批判した。

ハンギョレ出身の記者の中で政官界に携わった人は金成鎬の前にもいた。金成鎬の国会議員選挙出馬について、他社の記者はもちろん、ハンギョレの以前の記者たちと比較した時、道徳的に決定的な欠点があったのではない。しかし、編集局の多数を占めた若い記者たちの倫理的感受性は、既成の世代とはまた違っていた。政党に出入りし政界に移ること自体を批判的に見た。

金成鎬はその年の総選で一六代国会議員となり、改革を進める議員活動で好評価を受けたが、この議論をきっかけにハンギョレ内部にはどの政治勢力であれ、政治権力全体と距離を置くことが常識となった。「金大中問題」もそんな次元から原則を貫いた。

この問題の根源には、保守一色の既存メディアと明らかに一線を画すハンギョレの座標設定に対する葛藤もある。

一九九一年四月、編集委員長候補に出た金鍾澈《キムジョンチョル》は公約集にこのように書いた。

「ハンギョレは反民族、反民主、反民衆の現在の政権を克服する勢力が誰なのか、その方法は何かについて政治的立場を明らかにしなければなりません。現実的には民自党政権に対抗して一番大きな存在になっているのが平和民主党であり、それより規模が及ばない民主党と民衆党が同じ味方であれば、在野・労働・農民・貧民・学生・文化運動部門がそれぞれ独自的領域を確保しています。私の個人的信念はこのような野党圏の大同団結です。この構図の中で野党圏のすべての政治集団と運動団体に対して日常的、連続的に報道し論評しなければなりません。批判には聖域はありえませんが、地域矛盾の本質と解決を目指す作業もハンギョレの責務でもあり役割です」。

金鍾澈は一九七五年、東亜日報《トンアイルボ》を退職し、退職後は民主統一民衆運動連合などで在野運動の先頭に立った。彼は在野でも優れた理論家であり、組織者として力を発揮した。ハンギョレの創刊にも中心になった。彼が書いた一連の文章は個人の利得のためではなく、韓国社会とハンギョレの行く道に対するそれなりの信念を反映していた。

もしかしたらハンギョレは彼の道を目指したかもしれない。しかし、一連の議論の過程で「地域矛盾に注目しながら、野党圏の大同対決を一歩先立って導く戦略」は、少数の意見となった。一九九〇年代以降に入社したハンギョレの若い記者たちもこれに否定的に対応した。若い世代は金大中に対する批判的支持論はもちろん、民衆大連合論と同じ政治的アプローチを受け入れることができなかった。

保守メディアまたは保守勢力がハンギョレを「親与紙」または「親政府紙」と中傷するたびに、ハンギョレの人たちは悔しさを通り越して怒りを感じる理由がここにある。ハンギョレの人たちは創刊後からずっと敏感にアンテナを張り政治的公正性を守ろうと相当努力した。他のメディアでなら特に問題にもならないコラムの文章一つ一つを問い詰め、すべての政治権力に対して批判的な距離を維持した。ハンギョレは一度も政治権力に友好的な時はなかった。革新の価値を信頼しながら個別政策を正当に評価したり、一方では批判しただけである。ハンギョレの記者たちは公正報道と真実報道に基づき政治的な動きを伝えた。

■ 革新政党入り論争 ■

政治的公正性の問題を扱うハンギョレの人たちが敏感で独特な姿勢を見せるのは二〇〇〇年代以降も続いている。二〇〇三年一月二〇日から二日間、ハンギョレ社員総会が開かれた。今回はハンギョレの役員の政党入りが問題となった。全社員の中、七五・六%の四一九名が参加した投票から二三六名（五六・三%）が政党入りに反対だった。賛成は一六五名（三九・六%）だ。案件はただ「政党入り」一つだけだったが、実際に問題とされたのは特定の政党であった。ハンギョレ記者の民主労働党入り問題が加熱したことである。

この投票に至るまで約半年間、社内で論議が続いた。事件の発端は些細なところで始まった。二〇〇二年八月、再補欠選挙を目前に、民主労働党が選挙広報の広告を中央日報《チュンアンイルボ》に載せた。民主労働党のこのような決定を批判する文章がハンギョレ社内の掲示板に記入された。話は拡大され、革新勢力に対するハンギョレの報道態度への批判と反批判として続いた。

別の新聞社では想像できないことだが、ハンギョレでは常に見られる政治討論、紙面討論であった。しかし、この渦中に当時の労働組合の紙面改善委員会の幹事だった趙埈像《チョジュンサン》記者が、民主労働党の機関紙である「進歩主義（政治）」の編集委員を兼ねているという事実が明かされた。ハンギョレ労働組合は、全国言論労働組合連盟（＊2）の所属であり、全国言論労働組合連盟は全国民主労働組合総連盟（民主労総）（＊3）の中心である産別労働組合のうちの一つであった。進歩陣営担当の編集委員の肩書きは労働組合前任者の活動で知ることはできたが、この問題がハンギョレ記者と党員の新聞に対する論争として拡大した。

様々な人が社内の掲示板などを通じて討論に参加し、洪世和《ホンセファ》企画委員と輪転部のチェ・スグンが民主労働党党員だと自ら明かした。二人とも職責のない平党員であった。当時の洪世和は、「なぜなら」を編集しながらコラムを書く編集委員であり、趙坡像は現職でしばし交代した組合の専従であり、チェ・スグンは取材報道業務ではなく、輪転部門の社員であった。

内部の論議が続いた。二〇〇二年七月二三日、倫理委員会は彼らが政党入りを禁止したハンギョレの倫理綱領に違反したとする結論を出し、脱党を勧めた。だが、洪世和と趙坡像はこれを拒否した。洪世和はこの理由を全職員宛に送った公開の手紙で明かした。

「(政党入りを禁止する倫理綱領の)問題条項は韓国の政党政治の現実に照らして見た時、記者職が権力を目指すために利用しようとしている人にはどんな拘束力や規定でも力を及ぼすことができない。一方、社会を底辺から支える民衆を代弁する革新政党の活動は塞がれている。私はハンギョレを辞める意思がまったくないように、革新政党を辞める意思もまったくない。私は問題条項の改訂を要求する。その日まで会社の規則を破った構成員として不利益を甘受する」。

倫理委員会は法律家たちに諮問を求めた。諮問弁護士たちは「会社が構成員の政治的活動を一定の法律内で制限することは憲法で規定した営業の自由に該当するが、これと同時に政党入りを禁止する倫理綱領は憲法と政党法に違反すると解釈される余地もある」と答えた。

同時に、「政党入りを理由に職員を懲戒する場合は違法処分であり、この懲戒処分を受けた職員が労働委員会に提訴する場合、懲戒処分が無効と判断する可能性が高い」と付け加えた。

結局、倫理委員会は関連した社員に再び脱党を勧める一方、この問題を大統領選挙の後に社内討論を通じて整理することにした。しかし、大統領選挙直前の二〇〇二年一二月五日、洪世和が文化《ムンファ》放送の「一〇〇分討論」に民主労働党の支持者として出演した。翌日の一二月六日、チョ・サンギ編集委員長は、洪世和が執筆している「なぜなら」の編集を中断させた。一二月一〇日、洪世和が編集委員長に懲戒の不当性を指摘する公開質疑書を送った。懲戒をめぐる賛否論難の結果、一二月一三日に洪世和の業務停止が解除された。

一二月二六日、職員の政党入り問題について社内で公聴会が開かれた。賛否討論は熱かった。倫理委員会はこの問題を全社員の投票を通じて結論を出すことにしたが、社員総会の直前、投票自体を拒否する若い記者四〇名の氏名が発表された。「政党入りと政党活動を包括的に禁止した現行の倫理綱領七条が、憲法はもちろん政党法規定に反しているとしても、賛否投票で解決しようとしてはいけません。充分な検討と議論を通じ広範囲な合意を導かせる方法で問題を解決すべきです」。当時、発表された声明書の一つだ。問題の山場を迎えて似たような趣旨の声明を労働組合も発表した。

■ 良心の自由と言論の公正性 ■

二〇〇三年一月二〇日、社員総会はこうした終盤に起きた。投票結果を見ると、政党入り禁止論者が六〇％、政党入り許容論者が四〇％だったが、投票不参加者まで考慮すると、社内の世論は優劣付けがたかった。結局、倫理委員会は政党入り者に対する懲戒を下すことはできなかった。

この問題はいまだにハンギョレ内部で解決していない。実質的な政治活動をしない平党員であれ、その所属している政党が革新政党とはいえども、政党入りする者は取材報道の公正性を疑われるような政治部では仕事をしないという暗黙のうちにあるルールを得ている状態である。

しかし、多くの問題が残っている。革新ジャーナリズムを標榜するハンギョレは、革新政党とどのような関係を持つべきなのか。革新政党を支持する記者の良心は公正報道をしなければならない記者の倫理と両立することが〈はたして〉できるのであろうか。革新政党を支持する今日の信念と、平和民主党〈金大中《キムデジュン》が一九八七年に結党、一九九一年解散〉を支持した過去の信念は互いに何が違うのか。議論はいまだに進行中である。

ただ、この問題でこのように長年の討論と熾烈な論駁を起こしていること自体が、ハンギョレらしいことだ。少なくともその過程のみを見れば、「革新政党の党員をめぐる論争」はハンギョレにおける議論の白眉に該当する。政治的公正性に対するハンギョレの人たちの感受性と熾烈さを他のメディアのそれとは比較することはできない。彼らは総選挙の公認権を得ることに懸命だが、ハンギョレの人たちは歴史の進歩を成就し、良心の自由を守ることに命がけだ。

＊1　一九八七年一二月の大統領選挙では野党陣営分裂にともない、在野の運動圏は三分裂した。金大中《キムデジュン》候補（当時）を支持した人たちは自らを「批判的支持」（正式名は「金大中先生単一化汎国民推進委員会」）と呼んだ。民主統一民衆運動連合、全国大学生代表者協議会などが支持した。「単一化推進」（正式名は「軍政終息単一化国民協議会」）は金大中、金泳三《キムヨンサム》両候補の単一化（野党の候補者が一本化すること）を目指すもので、法曹界、学会が支持母体。もう一つは別の民衆候補を擁立しようとするグループで、正式名は「民衆代表大統領候補全国推戴委員会」。

＊2　**全国言論労働組合連盟**　一九八七年の六月抗争によって全国の新聞社、放送局の労働組合が参加して一九八八年一一月二六日に結成された。六月抗争に続く七・八月労働者大抗争では生産現場を中心にして広範囲に展開されたが、労働運動に対する報道の姿勢は否定的であり、既存の制度言論の限界から新たな新聞を求める声が強くなった。先鞭を切った韓国日報《ハングクイルボ》記者による労働組合結成から拡大していった。全国言論労働組合連盟の結成は本格的なジャーナリズムの民主化運動と位置付けられている。

＊3　**全国民主労働組合総連盟**（**民主労総**）　一九九五年一一月一一日に設立された韓国の代表的な革新的労働組合。創立当時加入組合員数は約四二万人。創立当時には非合法組織だったが一九九七年の労働関係法の改正により合法的組織となった。韓国労総とともに労働組合の二大組織。闘争的な性向をもった民主労総の創立によって妥協的な性向をもつ韓国労働組合総連盟の力が弱まった。また、民主労働党の国会進出で民主労総の影響力が大きくなった。韓国のウィキペディアによれば、二〇〇九年四月、仁川《インチョン》地下鉄工事労組、仁川国際空港工事労組などが民主労総を脱退した一方、同年九月には統合公務員労組が出帆とともに民主労総に加入した。二〇〇九年時点で加入組合員数は約六五万人。創立宣言文は､以下のようにうたう。「▼民主労総で結集した私たちは人間の尊厳性を維持することができる労働条件の確保、労働基本権の争取、労働現場の非民主的要素の清算、産業災害追放と男女平等の実現のために熱い闘争を展開する。▼社会の民主的改革を通じて全国民の生活の質を改善し、ともに祖国の自主、民主、統一を繰り上げるために苛烈な闘いを展開する。▼国境を超えて全世界労働者の団結と連帯を強化して侵略戦争と核兵器終熄を達成した世界平和実現のために努力する」。

第四部

連帯と信頼の時代

第一章　危機と涙

「昨日辞職願を出しました。灰色の建物〔ハンギョレ本社社屋〕を見るのは職員としては最後になるかもしれない。親しんだ人たちの顔を見るため会社に会いに行きたいのですが、感情をどうすることもできず、涙を見せるような気がして他の職員に託し代表取締役に辞職願を送りました。

辞職願を懐《ふところ》に収めたまま汽車に乗りソウルに行く道は苦しいながらも美しかった追憶とともに、過ぎ去った一六年は遠い道のりでした。秋の採り入れ〔の季節〕がすでに終わり、新たな芝生も姿を消した初冬の原野は私の姿でした。風雨と吹雪、台風の中でも美しい原野を作ろうとしましたが、くたびれてしまいました。くたびれいつの間にか年をとり茫然自失として佇《たた》ずんでいる農夫はまさしく私でした。

ハンギョレ新聞は私を人間らしい人間として生きるようにしました。いつも喜びにあふれ希望をもち幸せでした。いつまでも一緒に歩いて行く同伴者でした。ここで出会った人たちは世の中で私が会った人の中で一番美しい心を持った人たちでした。能力が足りないためナンバーワンの新聞をつくることができず申し訳ありません」。

二〇〇四年一一月一二日午後四時、ハンギョレの人たちは朴華江《パクファガン》からの電子メールを受けた。「慣れ親しんだ会社を出て」。電子メールのタイトルを見て驚き、締切りの記事のことも新聞製作もしばし止めた。この文を読んだ多くのハンギョレの人たちは泣いた。ハンギョレ創刊委員理事で編集局の重鎮であった朴華江は、一〇月に光州《クァンジュ》からソウルに異動してきた揚尚祐《ヤンサンウ》非常勤経営委員会共同委員長に辞表を提出し、その年の暮れ、新聞社を去った。その後もハンギョレの人たちは全社員に送った電子メールをたくさん受けとった。

❖「ハンギョレとともに幸せでした。さようなら」

「いつの間にか夜明けが迫っています。馴れ親しんだハンギョレ新聞社で最後の勤務をしているところです。ハンギレ新聞とともに一七年、幸せでした。さようなら」。創刊発議者、創刊発起人に続けてハンギョレ創刊編集局に合流したメディア事業本部長を務めた申蓮淑《シンヨンスク》が辞職願を出した。一一月一六日のことだ。
「老婆心から話します。せちがらいこの世に涙だけでは革新的な価値の花を咲かすことはできない。涙をともなう汗をかかなければハンギョレの新たな道は開かない。私はハンギョレを離れることにしました。小さな力ですがハンギョレ再建に貢献できない日々に、つらさと物悲しさを感じます」。一二月二〇日、ハンギョレ編集委員長を務めた高永才《コヨンジェ》が最後の挨拶をした。

ハンギョレの代表的な若き論客孫錫春《ソンソクチュン》も一二月二六日辞表を出した。「どうかよろしくお願いします。再びハンギョレ新聞社で二〇〇四年秋のようなことが起きないことを。ハンギョレが傷を克服して革新言論として立つことを。ハンギョレを、そしてハンギョレの澄んだ目をもつ友よ、さようなら」。

第二代労組委員長を務めた崔星民《チェソンミン》は一二月二九日、ハンギョレ新聞社を去った。「私の青春と魂をぶつけたハンギョレであった。私は経営と編集に対して批判的な立場をとり続けた。そのため不満をもたねばならなかった先輩、後輩、同僚に深い感謝の言葉を申し上げたい。われわれが達成できなかった夢を成し遂げてほしい」。編集委員長を務めた尹厚相《ユンフサン》も同様に伝言を残して一二月三〇日退職願いを出した。「最初は人間より効率性を選ぶ構造調整方式について見解を異にしていたが、それはハンギョレ共同体をより安全に生きる方法であり、異を唱えてばかりおれない。おとなしく従うことは創刊メンバーの最後の奉仕だと考えるようになった。熾烈な競争でハンギョレが生き抜き甦ることを頭におき、株主と読者を一度たりとも忘れないでほしい」。

二〇〇四年の最後の日は、ハンギョレの人たちは二通の電子メールとともにその年を終えた。「何のとりえのない私が一二年間ハンギョレで仕事をすることができたことに、先輩、後輩、同僚に心から感謝の言葉をさしあげたい。新たな年にはハンギョレとその家族、社を去った方すべてにとって幸が多ければ本当に素晴らしいことです」。多くのスクープを取材したハ・ソクは一二月三一日に辞表を出した。世論チームの李英媛《イヨンウォン》も別れの手紙を送った。
「二〇〇四年の最後の日ですが、私がハンギョレで送る最後の日でもあります。満一四年を過ごしました。いまハンギョレとともに送った長い旅の結末を迎えます。ハンギョレでの素晴らしい人々たちとの出会いは幸せでした。喜びも悲しみも心残りも良き記憶として持っていきます。この間、ありがとうございました」。

二〇〇四年一一月から二カ月の間に八〇人がハンギョレ新聞社を去った。ハンギョレにいて幸せだったとし、ともに仕事をすることができたことを感謝したのだが、どうかハンギョレを正しく導いてほしいと、彼らは最後にエールを残した。創刊以後初めての構造調整であった。

❖ 構造化された経営危機

一九九八年以後、ハンギョレの経営危機が構造化し始めたが、新聞部門では保守新聞の物量攻勢に太刀打《たちうち》することができなかった。「ハンギョレ21」、「シネ21」、ハンギョレ文化センター、ハンギョレ出版などが一九九〇年後半にも成功を収めたが、全体の売り上げの七五%を占めている新聞部門の赤字を埋めることはできなかった。新たな事業を繰り広げるには資本が十分ではなかった。八〇億ウォンの損出を出したハンギョレリビングの失敗以後、新聞社が投入することができた資金は限界を示した。

一九九九年三月、代表取締役に就任した崔鶴来《チェハンレ》は新聞社の主力商品でありながら最も赤字を出している新聞部門で部数増の突破口に賭けることにした。創刊の時に経営組織を打ち立てた曺永浩《チョヨンホ》を再び招いて専務理事にした。彼は一九九二年ハンギョレに辞表を出し五年間ナサン・グループなどで経営者としての道を再び歩んでいた。創刊のときに経営実務を担った徐炯洙《ソヒョンス》も戻ってきた。彼はやはり一九九一年に新聞社を去り一九九五年からハンギョレ運営企画室に復帰した。崔鶴来は徐炯洙に事業局長を任した。

崔鶴来代表取締役をはじめとする当時の経営陣は、現状維持に汲々とした守りの経営戦略では新聞社の体質を変えることはできないと判断した。代わって攻撃的な経営に出たのだ。販売部数を増やしこれを土台にして広告収益を上げて赤字削減に取り組もうとした。

一九九八年二月の金大中《キムデジュン》政府の出帆は、こうした判断に影響した。平和的な政権交代による民主勢力の執権で政治環境はハンギョレの不利にはならないと判断し、限度額いっぱいの資金を新聞部門に投資した。

専務理事を負かされた曺永浩は、創刊初期には未熟な拡張経営を経験していた。金融機関から巨額の融資を受けることは、軍事政権にハンギョレの心臓部を譲り渡すことだと考えた〔からだ〕。しかし一九九九年に復帰すると、積極的な経営を主張した。これ以上権力の様子をうかがい気後れする必要がないと判断し、保守新聞の市場カルテル〔保守三大紙である朝鮮日報《チョソンイルボ》、中央日報《チュンアンイルボ》、東亜日報《トンアイルボ》に加えて韓国日《ハングクイル》報《ボ》が市場を独占していること〕を越える絶好の機会だと見た。

一九九九年一二月に新館の社屋を増築し、同じ月にはインターネット・ハンギョレを分社した。二〇〇〇年四月、関係会社のハンギョレコミュニケーションズを創立して二〇〇〇年六月にはデジタル週刊誌「ｄｏｔ21」を創刊した。これらを自社または関係会社で作り外部投資を引き入れた。

同じ月に、韓国通信と手を組み衛星放送社設立のために共同事業団を組んだ。資金不足のため中途で挫折したが、同じ年の八月に輪転機増設のための投資を決議した。

一九九九年から会社一丸となり販売部数増進に入った。一九九九年春、創刊以後初めて放送電波に新聞販売促進広告を出した。当時、新世代を代表する人物として注目された『お前の勝手にしろ』の著者金賢珍《キムヒョンジン》をモデルにして「新たな目、新たな姿、再びハンギョレ」をキャッチコピーとした。全社員が販売促進に乗り出し、株主と読者を中心にしてハンギョレ購読運動を繰り広げた。二〇〇〇年一二月、新聞販売部門のマーケティングを実施し、二〇〇一年九月からは社外報「開かれた人々」を作り株主の読者に配布した。新聞社の資金がこのような事業に集中した。権《クオン》根述《グンスル》代表取締役が在任中の一九九七年から増え始めた新聞部門の投資額が一九九九年と二〇〇〇年にかけて頂点に達した。

❖全社的な販売部数の増進キャンペーンをしたが

会社債を発行して大金も準備した。ハンギョレが金融機関から大金の融資を受けたことはその時で二度目だった。最初は一九九六年で、一〇〇億ウォンを用意した。「ハンギョレ21」、「シネ21」創刊など事業の多角化を試みながら輪転機増設などの投資をはかった時であった。当時始まった安全企画部の広告受注妨害工作を憂慮してあらかじめ資金を確保しようとする意味もあった〔第三部第四章「関連資料・コラム5」参照〕。二〇〇一年に二番目の大規模な借り入れが成立した。販売部数拡大が当面の目標で運営資金も必要であり一五〇億ウォンを借りた。この時期の一連の処置は〔是が非でも〕貫徹する方向であった。子会社または関係会社を作って投資を誘致することで金融機関から最大限の資金を借り、保守新聞が掻き乱している新聞市場に資本を投入して販売・広告部門が闘える環境を整備するというものだった。

しかし、創刊以後最大規模の販売促進キャンペーンは思い通りにはいかなかった。一九九〇年代初めと比べて一〇倍も多くの資金を新聞販売促進に投入したが、ここで出た収益は、販売部門で多少の増加を見たものの一・五倍増えただけで、さほど大きな伸び幅ではなかった。販売促進活動によって購読を始める人はハンギョレ購読を簡単に止めた。自発的にハンギョレを購読する「忠誠〔熱心な〕読者」とは違った。また、新たに読者が増えた一方で、既存の読者が次第に減少した。

この頃ハンギョレは一九九八年一〇億ウォン、二〇〇〇年七億ウォンと収益を出した。しかし、この黒字経営は耐乏を受け入れたからだ。一九九八年のボーナスを三〇〇%削減〔ボーナスは通常六〇〇%支給だったのが、三〇〇%に半減〕し、二〇〇〇年にはその三〇〇%のボーナスの中でさらに半額を社員たちが返納した。赤字が続けば銀行で融資を受けることができない。引き続く赤字を食い止めるために社員たちが賃金を出したのだ。低賃金を我慢した社員たちの忍耐はハンギョレ本体にも及んでいた。投資余力はもちろんのこと、賃金を含んだ運営資金を用意することも壁にぶつかっていた。

状況が厳しいことは他の新聞社も同じだった。二〇〇一年の統計を見れば、朝鮮日報《チョソンイルボ》、中央日報《チュンアンイルボ》、東亜日報《トンアイルボ》を除いた中央日刊紙である京郷《キョンヒャン》新聞、国民日報《クンミンイルボ》、世界日報《セゲイルボ》、韓国日報《ハングクイルボ》は完全に資本金を食いつぶした状態で、資本金より累積赤字が何倍も多かった。ハンギョレは一部だが資本金を食う状態だった。

これには韓国新聞市場の規模が急減したことが背景にあり、全体の新聞購読率は一九八六年の七一%から二〇〇〇年五二%に落ちた。新聞を読む人がそれだけ減ったわけで、新聞市場が縮小する中でいくつかの保守新聞は物量攻勢を通じてマーケットシェアを高めた。ほかの新聞社はこれに追い付くことができなかった。新聞広告市場で甦る道を開いた金融機関の好況も二〇〇一年から徐々に下落した。

ただハンギョレの財務構造は他の新聞より少しましと言えたものの、ここに別の問題があった。国民日報、世界日報などは巨大な宗教集団を背景にしているし、韓国日報には社主一家の莫大な個人財産と全盛期に手に入れた全国各地の不動産が残っていた。現代《ヒョンデ》グループが創刊した文化日報を引き受け、韓化《ハンファ》グループが引き受けた京郷新聞は一九九〇年代後半にその系列から分離する過程の苦しみを経験していたが、しかしいざとなれば頼るところがないわけではなかった。一方ハンギョレは寄りかかることのできるものがまったくなかった。

難局ごとに国民株主に助けを求めてきたが、その方式はもう限界に達していた。その時までハンギョレは一般国民を相手にして四度、大々的な基金を募集した。一九八七年一一月から一九八八年三月までの創刊基金募金が最初で、五〇億ウォンの資本金を用意した。次いで一九八八年九月から一二月まで一次発展基金、一九八九年一月から五月まで二次発展基金を相次いで集めた。この時国民は一三〇億ウォンの基金をハンギョレに出した。

しかし一九九一年三月から二カ月間進行した第三次発展基金募金は一五億ウォンを集めただけに止まった。以後もハンギョレ株主になろうとする市民の参加は続いたが、創刊時の水準には及ばなかった。数十億ウォンを集めねばならない募金キャンペーンに注ぐ費用を差し引くと、残る資金はそれほどなく、国民募金を通して経営革新に必要な資本金を用意することは難しいことだった。

❖ 前途が閉ざされて

巨大投資をした新聞部数拡大キャンペーンの事実上の失敗は、ハンギョレ経営に新たな難問を生んだ。事業の多角化として新たなメディアであるハンギョレリビングを始めたものの失敗した直後だった。新メディアを作り新規市場を開拓し、新聞の部数拡大を通して主力商品の営業利益を高める試みは相次いで挫折し、ハンギョレは行く道をふさがれた。事業の多角化も図れず新聞部門の部数〔増の〕改善もなく、ハンギョレの人たちは打開策を探しあぐねていた。

分社したインターネット・ハンギョレは以後「緑の村」〔第四部第二章「ハンギョレの価値を守り生存する道」参照〕とハニツアー〔旅行会社〕の前身となった流通・観光部分の事業を拡げたが、少なくとも二〇〇〇年度初めまで赤字を免れなかった。子会社のハンギョレコミュニケーションセンター、エコノミー21、シンク・マニー〔Think Mony、金融についての講座〕など、情報通信および金融部門でも継続した赤字で苦戦をさらに重ねた。

根本的な問題は脆弱な資本にあった。新たなメディアが市場に定着するまで資本の余裕があるなら、ハンギョレリビングは少し違った道を歩むことができただろう。新聞発売部数を増やすのに要する資本も二年から三年（という短期決戦）ではなく、五年以上続けて初めてその成果をみることができる。ところがそれに注ぎ込む資金がなかった。ハンギョレリビングの市場安着（市場に安定して定着すること）を待ち、新聞販売増加を待ったのだが、どちらも経営上の改善まで待つ余裕がなかった。

ハンギョレの存立がふらつき始めた。普通の投資では危機を克服することができないのは明白だった。二〇〇〇年ごろの負債比率は五〇〇%を超えていた。経営の数値が悪く負債比率まで高い新聞社に資金を貸す金融機関はなく、むしろ借入金の早期返済を迫る圧力が強かった。

以後四年の間、ハンギョレは着実に（事態打開のために）特別機構を作り根本的な経営革新に取り組んだ。第二創刊委員会（二〇〇〇年）、二一世紀発展企画団（二〇〇一年）、ハンギョレ長期企画チーム（二〇〇一年）、ハンギョレ革新推進団（二〇〇二年）、そして非常経営委員会（二〇〇四年）などが続々と作られた。これら特別機構を貫いている課題は一つだった。ハンギョレの出生的な限界と同じく脆弱な資本の問題を解決すること、すなわち増資であった。

二〇〇〇年一一月一六日に出帆した第二創刊委員会は鄭淵珠《チョンヨンジュ》論説主幹が委員長、張正秀《チャンジョンス》、尹錫仁《ユンソギン》、朴泳昭《パクヨンソ》が常任委員となり、同じ年の一二月八日まで一時期だけ活動した。この機構は退職金清算後の出資金転換を初めて公式に提案したもので、代表取締役の任期を二年から三年に延ばし、編集委員長の任命同意制を実施して経営権を安定化させる方策も打ち出した。

創刊後続けてきた単一号俸制の修正も提起したのもこの時期だ。その青写真は、社員は成果に基づく給料制により、幹部たちは年俸制によりサラリーを受け取るというもので、記事と市場を連携させる教育事業団が出帆したのも第二創刊委員会の提案によるものだった。提案が実現に移されるのは四年後だが、核心的な案がこの時に整ったといえる。ただ、大きな成果を上げることはできなかった。労働組合と研究・論議する機会はあったが、労組は経営陣の論議の方向性を見守ったものの合意には到らず、構想自体が曖昧になった。

二〇〇一年二月、二一世紀発展企画団が生まれ、第二創刊委員会が動き出した。経営革新の波を具体化する機構で、崔鶴来《チェハンレ》代表取締役が団長を務め、車声振《チャソンジン》経営企画室長をはじめとして、経営部門の朴泳昭《パクヨンソ》、編集部門の権福基《クォンボッキ》が常勤となった。この機構は構造調整改革を初めて立案した。

はじめは様々な未来戦略を考えることが目標だったが、その過程でハンギョレの人事構造の問題に取り組むことになった。二〇〇一年三月、二一世紀発展企画団は「ハンギョレ発展戦略基本企画案」を作成した。希望者による名誉退職や無給休職、順番制による無給休職、ボーナスの削減などを通して総人員を減らし、幹部の年齢を下げ、長期的に持続可能な人事構成に変えることを提案した。

この企画は実施に移されなかった。経営陣に報告書が提出されたが、人員調整が議論されることはなかった。もともと〔葛藤を生む〕鋭敏な事案であり、ハンギョレは創刊以来これまで人員調整は一度たりとて実施したことはなかった。企画団を引っ張ってきた車声振は人員調整に対して懐疑的で、報告書が出た直後の二〇〇一年四月、ハンギョレを辞めた。

第二創刊委員会は退職金の出資転換を、二一世紀発展企画団は人員調整をそれぞれ提案し、当時経営陣は二つの報告書をベースにして退職金出資転換と増資を経営革新の方向とした。二〇〇一年一一月にはハンギョレ長期発展企画チームが出帆したが、このチームは先に設立された二つの機構とは違い「研究」ではなく「実行」を目標にした。朴《パク》雨政《ウジョン》読者サービス本部長はチームを率い、李吉雨《イギルウ》と裵垧《ペキョン》録《ノク》が常勤した。

長期発展企画チームははじめに増資のためのロードマップを提示した。まず全社員は退職金を出資に転換することにした。これらを通して負債比率を低くし従業員の持分増加により安定的な経営権の土台を準備した。以後、既存株主の増資キャンペーン、一般国民対象の増資キャンペーン、そして企業および後援団体を対象とした増資キャンペーンを始めた。ハンギョレの所有構造と関連して「企業増資」を公開的に取り上げて論ずることも長期発展企画チームが初めてであった。

二〇〇二年二月、労働組合が長期発展企画チームの方案に対して従業員アンケート調査を行った。社員全体の七八・四％が回答した。その中で八二・五％が退職金出資転換に反対した。最も大きな理由は「出資転換以後の経営計画を信頼することができない」（四六・一％）であった。所有構造の変化以後にどのようなことが起きるのか確信できないということだった。

出資転換と増資の執行を目標にしたのだが、長期発展企画チームは結局解体した。労組の同意がない出資転換を実行する方法は見つけられなかった。長期発展企画チームが解体直前に出した報告書では「今回、出資転換方針の決定は経営陣がリードした」とし、その限界を自らが示した。低い賃金をさらに減らしハンギョレに献身してきた人たちから退職金まで削るには〔労働者に皺寄せをする〕差別的な同意が必要であり、そのような同意は会社の将来に対する信頼があるときにこそ可能であった。

❖ 再び希望を掘り起こす出資転換

論議が足踏みしていた時、ハンギョレ革新推進団が発足した。ハンギョレ革新推進団は二〇〇〇年以後進行した議論を集大成し、二〇〇二年五月一五日出帆した。崔鶴来《チェハンレ》代表取締役と朴尚鎮《パクサンジン》労組委員長が共同代表となった。朴順《パクスン》貧《ピン》、張喆奎《チャンチョルギュ》、金忠煥《キムチュンファン》、権福基《クオンボッキ》、金昌錫《キムチャンソク》の五人が常勤となった。一九九二年の会社発展企画委員会以後、初めて労使が共に構成する戦略機構だった。当時労組は出資転換に対して同意する前に組織改革案をまず作らねばならないと判断した。

当時、ハンギョレ革新推進団が提示した経営・組織・紙面の下絵は二〇〇〇年代後半まで持続的な影響を与えた。一九九二年に活動した会社発展企画委員会が一九九〇年代のハンギョレの紙面・経営改革の土台となったように、ハンギョレ革新推進団は二〇〇〇年代の紙面、経営躍進の土台になった。会社発展企画委員会は創刊メンバーの中で三、四〇代の世代勢力が主導した機構であった。ハンギョレ革新推進団は一九九〇年代序盤に入社した若い公募世代が率いた。

二〇〇二年九月二八日、延世《ヨンセ》大学商経館に集まった全社員を前に、ハンギョレ革新推進団がこの間研究した改革案を発表した。創刊以後初めて外部の専門機関である経営コンサルタントチームに依頼して準備した内容であった。ハンギョレの核心であるコンテンツを商品化することがハンギョレ革新推進団の〔改革〕プログラムのベースにあり、批判的な正論紙の志向に分野別専門紙の内容を加味し、これをオンラインや映像媒体など多様な方式で提供する「One Soure Multi Use」を初めて主張した。無差別的な販売促進の代わりに体系的な読者管理およびサービスの提供が必要であると提案したのだ。

これとともに代表取締役の選出方法を変更する方案を提示した。代表取締役の任期を二年から三年に延ばして経営権の安定を図り、全株主の一%以上を保有する外部株主に候補推薦権を与えて事前に有権者グループに登録することや、株主の読者には代表取締役投票権を与えるなどを提案した。こうした改革の前提のもと、退職金出資転換を通して経営権を行使できる水準で社内の持分を確保する――これがハンギョレ革新推進団が具体的に描いたロードマップであった。

二〇〇二年一一月一日、崔鶴来代表取締役と朴尚鎮《パクサンジン》労組委員長は前述のような内容の合意文を発表した。代表取締役と労組委員長の合意文の発表直後、公募第六期から第一二期まで六〇余名の社員は出資転換を支持する署名を次々とした。入社して二年から八年の若い社員たちであった。なかでも公募第六期から第一〇期の社員三〇余名が集まり作った社内のグループ「進歩言論研究会」が入社時期別の署名〔運動〕の主軸となった。

この中で一一月四日、発表された公募第六期の社員たちの声明は次のような内容だ。「ハンギョレは権力と資本に刃を向ける革新言論の砦であり、民主主義を守る重要な火種でした。ところがその希望が足元から揺いでいます。企業としての生存を脅かす環境に追い込まれています。私たちは再び希望を甦らせたい。ハンギョレの旗はまだ降ろすことができない旗であり、変化の第一歩を退職金出資転換に見出します。出資転換はハンギョレが再び生まれる始発点にならねばならない。経営と編集全般にかかる古い体質の膿を出し切る構造改革に従わないのなら、出資転換はハンギョレが生きる処方にはなることはできない」。

創刊初期を除けば、このときから約二年の間、公開声明書が最も多く張り出された。若い社員たちは組織・経営・紙面革新問題に集団的に参加した。このような動きは以後、非常経営委員会が指導した人員調整の時まで影響を与えた。結局、一二月四日から二日間行われた社員総会で労組と会社の合意書および付属文が通過した。引き続き進んだ退職金出資転換に全社員の九五%を超える五二二人が参加した。

総会以後初めてハンギョレの全社員は退職金を出資転換し、全体組織の四%だった社内株主比率が三八・五%に増えた。総資本も一九八億ウォンから三一一億ウォンに増加した。定款によれば、全体の株主の三分の一が出席するなら、株主総会を開くことができ、出席者の過半数の議決で案件を処理することができる。退職金出資転換を通してハンギョレ経営は社内株主だけで可能になり、国民株主が多数であったのが、実質的には社員株主の新聞社になったのだ。

しかしハンギョレ革新推進団にも未完のプロジェクトがあった。出資転換を成し遂げたものの、残る革新プログラムは少しずつ留保し、代表取締役選出制度改善案は二〇〇三年一月二三日の取締役会で否決された。紙面革新と組織改変課題も実行が遅れた。二〇〇三年三月の新たな代表取締役就任を控えた過渡期だったこともあった。

社員たちは退職金を出資転換したわけだが、組織革新が十分達成されない段階で経営危機の徴候が続けてやってきたのである。長期発展企画チームは二〇〇一年一一月一五日に提出した報告書で「二〇〇二年八月以後新聞社が確保した資金が枯渇されそうだ」と警告した。ハンギョレ革新推進団が二〇〇二年一〇月に提出した報告書では「その時期を」「二〇〇四年」と警告した。

二〇〇三年三月、高喜範《コヒボム》代表取締役が就任したとき、ハンギョレはすでに資金が底をつく目前であった。

❖ 新規事業の相次ぐ失敗

高喜範《コヒボム》はハンギョレ創刊に合流したあと、編集と経営、経営陣と労働組合の二つを経験した。ハンギョレ初代警察チーム長を経て、初代労働委員長も歴任した。以後、広告局長などを経て代表取締役となった。

彼は就任とともにハンギョレが三年間模索してきた経営革新の道を開拓し、大きな価値をもつ新しい事業を推進した。映画関連雑誌では最高のメディアと認められた「シネ21」を分社して投資を融資し、合弁の印刷法人を設立して古い輪転機の問題を処理し、新たな概念の映像月刊誌「ハーストーリー」創刊を推進した。

この三つの事業には共通点があった。大金を投入することなく効果を期待することができる点だった。

二〇〇三年四月に作られた株式会社韓国新聞製作は五つの新聞社とともに出資した共同印刷法人で、ハンギョレの他に京郷《キョンヒャン》新聞、世界《セゲ》日報、文化《ムンファ》日報、国民《クンミン》日報が資本金を出した。苦境に立った京郷新聞が売り出した加山洞《カサンドン》「ソウル市衿今区《クムチョング》〕の輪転機工場をこの共同法人が引き受けた。同じ年の一一月九日からハンギョレは韓国新聞製作で新聞を印刷した。

新聞事業で最も投資が必要なのが輪転機であり、ハンギョレは韓国新聞製作を通して問題を解決した。共同印刷法人が経済力を高め収益を出し、印刷と発送の問題を改善することができるとみた。

新しい媒体の創刊を初めて検討したのは二〇〇二年四月であり、出版事業本部に女性誌調査チームが誕生した。二〇〇三年七月の取締役会で女性誌創刊を決めた。二〇〇〇年代に入ると、三〇代で職業に就く女性層が大きく増え、既存の女性誌が消費問題と家庭生活だけに焦点を当てていたことに注目した。既婚で職業をもつ女性が職場と家庭の間で価値ある情報に対する要求に応えることはハンギョレが作る女性誌のコンセプトだった。

最初の事業計画案では創刊三カ月内で順調に市場に迎えられ、創刊八カ月後からは損益分岐点を越えると予想した。他の週刊誌を参考にすることもあった。「ハンギョレ21」は創刊四カ月で、「シネ21」は創刊一六カ月で損益分岐点を越えたことなどの但し書きをつけて、取締役役会は女性誌創刊計画を承認した。会社が事業を進めることができる限界を越えて資本を投資するなど、資金運用に否定的な影響を及ぼす場合、女性誌の事業を撤収するという条件を入れたのだ。最初の投資資本も最小であった。

二〇〇三年一一月一七日、「二一歳より美しい三一歳」という代表コピーとともに「ハーストーリー」創刊号が出た。創刊号の表紙モデルも文化《ムンファ》放送アンカーマンである金《キム》柱夏《チュハ》を登場させるという〔従来の女性誌では著名なタレントなどで表紙を飾ったのに比べて〕型破りなものだった。創刊のときからハンギョレで女性問題を扱ってきた金美瓊《キムミギョン》が編集長を務めた。メディア産業本部長申蓮淑《シンヨンスク》が新たな媒体の運営を指揮した。

二〇〇三年八月一日、子会社の株式会社シネ21を設立した。「シネ21」を別組織にしたのだ。これはハンギョレの分社化に直接影響するものではないが、外部資本を誘致するねらいがあり、映像市場の拡大の可能性を高めると予想した。「シネ21」はこの分野で最高のコンテンツを持ち、二〇〇〇年代に入ってからは販売・広告だけでも「ハンギョレ21」を超える収益を出す優良企業体になった。翌年の二〇〇四年三月からはハンギョレが保有する「シネ21」の資本の売却を推進した。金融関係からの資金調達が難しい状況で「シネ21」だけが売却できる唯一の資金源だった。

しかし、施設、事業、資金などにまたがるこれらの計画は一様に思いどおりに進行しなかった。まず韓国新聞製作が設立と同時に経営難に陥った。〔各社の〕合弁で印刷法人を立て様々な印刷物を受けて利益を出そうと期待したのだが、現実は違った。韓国新聞製作の赤字をハンギョレが補填する状況は継続したものの、様々な新聞社が共同で設立した会社のためハンギョレが先頭に立ってこの問題を解決することは難しかった。

「ハーストーリー」は第二の「ハンギョレ21」または「シネ21」になると期待したのだが、創刊最初の月を除けば連続して赤字を出し、結局事業を撤収することになった。創刊五カ月だけで二〇〇四年四月の累積赤字が八億ウォンに達した。「ハーストーリー」は創刊前にすでに八億ウォン以上の赤字があり、いざ創刊するやいなやそれと同じ状況が発生したのだ。

「シネ21」の資本売却も思いどおりには進まなかった。いくつもの企業が投資の意向を示したが、ハンギョレが期待する水準には達しなかった。安い価で手放すことはできなかった。

❖「現在の構造ではこれ以上がんばることができない」

その間ハンギョレ経営は切迫する状況にあった。

二〇〇四年一月四日開かれた新年初めての取締役会は創刊以後最大の経営危機に対して徹底した議論を行った。経営企画室の報告は「新規の資金調達を上半期内に成し遂げることができないなら、四分の三半期には資金は底をつく」という内容で、二月一一日に開かれた取締役会では一層深刻な話が出た。

「昨年の下半期以後検討した金融機関の貸し出しは実現不可能な段階に来た。第二の金融機関からも実務的にも検討に値する水準以上の答えを出せない。違う支援の努力も必要であり、各種の投資計画は新たな資金が調達されるまで留保しなければならない」。

二〇〇四年夏、ハンギョレは袋小路に陥った。

「シネ21」は売却に失敗したし、韓国新聞製作と「ハーストーリー」は続けて赤字を出した。金融機関からの資金調達の道も手詰まりで、二〇〇四年七月二八日の取締役会で初めてワークアウト〔経営状態が困難な企業を再生するために企業と金融機関が合意して進める構造調整をさす〕を論議した。

資金調達方法を探しワークアウト申請まで考慮しなければならない状態であり、取引銀行に破産申請する考えだった。

破産申請をする場合、ハンギョレは経営権を再建団体に渡し、大々的な人・経営の構造調整を甘受しなければならない。この方法は社内的にも対外的にも影響が大きく、取締役会は破産申請を保留したものの、構造調整以外には解決方法がないという考えが大半を占めた。

二〇〇四年八月一一日、経営陣は鎮痛な面持ちで取締役会を開いた。朴聖得《パクソンドク》取締役が次のように話した。

「今、外部の力が新聞社に影響し始めた。一種の構造調整である。生存ために根本的問題に苦しまねばならない時だ。現在の構造論ではこれ以上持ちこたえることができない」。

この場で高喜範《コヒボム》代表取締役は三種類の案を出した。

一番目は、代表取締役再任はしないことを前提としてこれまで展開してきた事業を整理し内部改革を直接推進すること。

二番目は、損益管理は代表取締役が引き受け、総括取締役が役員の生殺与奪権をもち内部構造改革を完結すること。

三番目は、役員会に代えて非常対策委員会を出帆させること。

構造調整の新たな方案を提示するつもりだった。〔三つの案ではっきりわからなかったことは〕その権益を代表取締役が持つのか、代表取締役は一足退いて総括取締役が握るのか、初めから委員会に代わる非常対策委員会が引き受けるのか、不明確な点があった。

二〇〇四年八月一七日、高喜範は役員会で重大な決心を明らかにした。労使合同で経営危機を打開しないならば活路が見出せないとみて、すべての経営権を非常対策機構に引き渡すことにした。この時期、労働組合と自主株主組合（＊1）も懸命に動いた。

二〇〇四年四月、第一五代労組委員長当選した楊尚祐《ヤンサンウ》は就任と同時に経営危機に対して打開策のために没頭した。一年前、七期の自主株主組合長になった張喆奎《チャンチョルギュ》も同じ考えだった。二つの組合の代表は二〇〇四年春から組合統合の論議を始めた。労働者であると同時に株主でもあるハンギョレ社員たちの権限と責任を二つの組合を統合することで強化しようとする考えからだった。

組合側では監査〔の役目〕を越えて乱脈な経営の解決に

直接介入する意図がないわけではなかった。それほど状況が差し迫っていたのだ。二〇〇四年八月三一日、楊尚祐が第一六代労組委員長と第八代自主株主組合長を兼ねた委員長として再び選出され、いわば「兼任組合体制」が始まった。

一連の動きの背後には若い社員たちがいた。この頃の労働組合と自主株主組合は入社一〇年以下の若い記者、社員たちが中心となり、彼らは一九九〇年代後半からの先輩世代とは歩んだ道が異なり違った考え方を持つグループ（意見グループ）を形成してきた。

一九九六年一〇月、金炯善《キムビョンソン》が第九代労組委員長に当選した後、孫錫春《ソンソクチョン》、イ・チョング、金保根《キムボグン》、朴尚鎮《パクサンジン》などが労組委員長を務めたが、ほとんどが単独で出馬して当選した。その前までは創刊世代の意見グループを代表とする様々な人物が労組委員長になり社内が対立したが、一九九〇年代後半からは社内の三、四〇代の働き盛りの世代が労組を事実上掌握し、単独候補を出した。

労組を中心として結集した世代に対して、一つの「セクト」ではないのかとの疑いを示す人がないわけではなかった。しかし若い社員たちはそれぞれ考えが異なり、過去の意見グループのようにアイデンティティが強くなかった。ただ二〇〇二年のハンギョレ革新推進団以後、経営と編集に関わる大々的な改革を直接リードしようとする考えが強くなった。創刊世代のリーダーシップに対して不信をあらわにすることもあり、〔創刊世代と〕一時紛糾する動きもあった。このために二〇〇四年頃を「創刊世代と働き盛りの世代の葛藤」が絶頂に至る時期とみる人もいる。

しかしハンギョレが生まれ変わることは二〇〇〇年代以降経営陣と労働組合、ベテランと少壮、編集〔部門の〕社員と経営〔部門の〕社員すべての長年の願いであり、史上最大の経営危機は労使が一つの席に座る決定的な契機となった。

結局、二〇〇四年九月八日、労使統合の非常経営委員会が出帆した。共同委員長には徐炯洙《ソヒョンス》総括専務と楊尚祐労働組合・自社株主組合委員長が任命された。経営陣の推薦を受けて朴泳昭《パクヨンソ》と金珍鉉《キムジンヒョン》、組合の推薦を受けて張喆奎と李制勲《イジェフン》が常勤委員になった。李東求《イトング》が実務監事を担った。代表取締役は非常勤経営委員会の決定状況を原案のとおり承認することにした。非常勤経営委員会の活動のタイムリミットは次期代表取締役候補の確定の時までの五カ月間で、実質的な経営権を付与される前代未聞の労使合同の特別機構が誕生したのだ。

❖ 二〇〇四年冬の暴風雨

それ以後起きたことに対して〔新聞社を辞する人が出たのだが〕、ハンギョレの人たちは一人一人違う記憶をもっている。「もはやハンギョレが韓国で最も古い新聞社になった。創刊の時に成裕普《ソンユボ》氏が編集委員長に就任したが、私はそれが正しい判断であったとみる。その決断は新聞社が若かったからだ」。当時論説主幹であり辞職願を出した金善珠《キムソンジュ》の記憶である。

「今、ハンギョレの主力は後輩たちであることを認めねばならない。ハンギョレ創刊世代は韓国の改革と進歩を全身に受け止めて、これをハンギョレにぶつけた人たちである。その経験とネットワークを軽く見てはいけない。しかし〔後輩たちは〕創刊世代を考慮する繊細さが不足していた。革命軍が乱暴にも準備なく城郭に侵入する感じがする」。やはりその頃に新聞社を辞めた第三代労組委員長の金栄徹《キムヨンチョル》の記憶だ。

「そのようなことはハンギョレでなければ起きえないことです。経営が難しい時、人件費がかさむ私が辞めれば、若い後輩たち何人かがさらに働くことができる。それでは、振り返ることなく年を取った人は一緒に船から飛び降りましょう。〔事実〕そのようにやったんですよね。後輩たちが背中を押したのではなく、先輩たちが喜んでそのようにしたのです。ただ、残った人たちが新聞をきちんと作らなかったら、後輩たちには会いませんよ」。「シネ21」編集長出身で当時希望退職した安貞淑《アンジョンスク》の記憶だ。

こうした〔苦渋の〕記憶のただ中に非常経営委員会はいる。非常経営委員会にはハンギョレの新たなメンバーが参加した。経営陣、労働組合、自主株主組合などだ。

二〇〇四年一一月一三日午後二時、ソウル市麻浦区《マポク》の国民健康保険会館の地下講堂で非常経営委員会が改革案説明会を開いた。ハンギョレの人たちは衝撃を受けた。二〇〇四年度のボーナスはカットのうえ二〇〇五年三月まで支給を中断し、職位別に等差をもうけた定年・昇進定年制・号俸上限制・賃金ピーク制などを導入するなどの改革案を発表したからだ。

最も革新的なのは退職金清算方式だ。二〇〇二年一二月、ハンギョレ革新推進団が導いた出資転換は退職金をハンギョレの株式として変換し、実際に退職する時にはその株式を再び現金化して返す方式だった。出資転換によりリスクを負うことになるのだが、新聞社が倒産しない限り、退職者が退職金を受け取るには大きな支障がなかった。

非常経営委員会はこれを変えた。二〇〇五年以後退職する場合、二〇〇九年末までは出資転換する株式を現金で支給せず、二〇〇九年末になっても新聞社が適正な利益を出さない場合はこの決定を延長することにした。改革説明会が開かれた日から一カ月半以内に退職しないと、以後、少なくとも五年内には退職金を受ける手立てがないということだ。

その前にも希望退職制度を実施することはあった。国際金融危機以後である一九九八年一一月、初めて希望退職者の申請を受け付けた。当時の総務部、電算制作部などを中心に一二人が希望退職した。二〇〇一年三月にも希望退職制度を実施した。しかしいずれも、とりたてた成果はなかった。希望退職者は定年退職を目前にした人が中心で、人数も少なかったからだ。

今回、非常経営委員会が出した希望退職制度案はより強力なもので、二〇〇一年に二一世紀発展企画団が悩んだ人事構成を革新するねらいがあった。一九九四年一〇〇億ウォンだった人件費が二〇〇二年二〇〇億ウォンに脹れ上がり、役職全体では次長クラス以上が六八・七％を占めた。

単に人件費を減らすのではなく、全体的に人事構成を若返らせることが非常経営委員会の判断で、希望退職申請の資格は勤務一〇年以上と規定した。事実上大部分の四〇代以上の社員が希望退職制度案の対象になった。号俸が高い人を中心にして自発的な希望退職を受け付け、残る役員は五年間退職金を受け取ることができず、すべてハンギョレの株式に出資転換して資金枯渇の危機を防ぎ人事構成の革新をはかる構想であった。

非常経営委員会が改革案を出してから社内での議論に火がついた。社内のオンラインの掲示板に十数余件の反論や〔さらにそれに対する〕再反論が相次いで起こった。全社員の賃金を大幅に削減してともに危機を克服する提案もあった。このような賃金削減は若い人材流出を早めるだけだとか、労働組合を中心に改革案を担った世代の意図を疑う批判とか、累積した問題を解決するための悪役を若い社員たちが担うだけだという批判も出た。

この時に現れた論争は以後もハンギョレの未来にもつながる重要な争点を形成することになった。〔すなわち〕市場主義の原理をハンギョレ組織の運営にどの程度まで当てはめることができるのか。ベテラン世代の経験と働き盛りの三、四〇代の世代の行動力をどのように調和させるのか。実際に株主として登場した社員たちの責任と犠牲はどこまでなのか。

論争の渦中に決断が出た。一一月二二日から二日間行われた労働組合、自主株主組合の総投票の結果六〇％の賛成で非常経営委員会の改革案が通り、ただちに希望退職者の申請を受け付けた。六カ月の退職慰労金を支給し退職後一年間は四大保険〔国民年金、国民健康保険、雇用保険、産業災害保険〕を保障することにした。一一月三〇日から一二月三一日まで全部で五九人が希望退職したのだ。希望退職者の対象は入社一〇年以上の役員および職員であったが、これにあたらない職員のうち二一人が同じ期間に退職を申請した。二〇〇四年八月には五三一人だったハンギョレの社員が希望退職制度の実施後は四五一人に減った。大部分が四〇代以降の社員であった。

非常経営委員会は二〇〇五年一月一三日、代表取締役任期を二年から三年に延ばし、編集委員長を直接選挙制から任命同意制とする選挙制度改善案も確定した。改革の核心は代表取締役のリーダーシップであった。これも一月一九日から二日間にかけて開かれた社員総会の賛成多数で通過した。創刊時から続けてきた編集委員長直接選挙制を変更することに異議が出たが、当時の状況では代表取締役の権限強化が最も重要な課題として受け入れられた。その他には論説委員室も縮小しコンテンツ評価室、監査室などの機構を統廃合した。労働組合と自社株主組合が取締役会で社外理事を一人ずつ推薦し、自社株主組合が監査役を推薦するなど、組合の権限を強化したのもこの時だ。電算制作チームと輸送チームの職員たちが契約職に転換された。最も熱く議論されたのはハーストーリー問題であった。

二〇〇四年一〇月六日、非常経営委員会はハーストーリー分社案を決めた。本社が三億ウォンを出資するならこの資本金で独立させ生存の道を模索する考えであった。ハーストーリー職員たちはこれに反対した。非常経営委員会は結局、ハーストーリー事業部を廃止し、一二月から発刊を中断した。様々な損失を出したことからこれ以上の発行は難しいと判断したからだ。ハーストーリーで働いていた正規職員六人は総務部から待機の発令を受け、契約職の三人は契約を解除された。抗議するハーストーリー社員たちは沈黙デモ〔要求事項を無言で訴えるデモ〕を行った。

「ハーストーリー」創刊を決めた二〇〇三年七月の取締役会では、事業撤収時の雇用問題に対して非常経営委員会の決定と同じ原則を決めた。しかしハーストーリー社員たちはこうした事実をまったく知らなかった。非常経営委員会は取締役会で決めた決定を取ったわけだが、ハーストーリー社員たちには不当な人事措置として受け止められた。しかし、これを受け入れた。ハーストーリー社員たちは大部分が若い女性であり、人員調整の犠牲にすべきではないという批判も出たのだが、この過程で申蓮淑《シンヨンスク》メディア産業本部長とハーストーリー編集長の金美瓊《キムミギョン》が辞表を出した。自分たちが事態の責任をとるので社員たちの雇用を保障してほしいと頼んだのである。

❖「つらい思い出よさようなら」

この事案は非常経営委員会の強力な人員調整計画に対して世論と噛み合い「ハンギョレ共同体と企業ハンギョレ」の価値を争う論争として広がった。後にはハーストーリー社員の大部分が正規職でまたハンギョレで働くようになったが、後遺症は長らく続いた。

非常経営委員会が活動した五カ月間、主な決定に対して役員の多くが支持をした。このために希望退職、事業整理、制度改善などを遂行することができた。〔危機にある会社を再生するための〕改革に対する要求がそれほど強烈だったのだ。しかし反対の声も少なくなかった。ハンギョレの未来をめぐる論争から、若手とベテランの意見対立、編集部門と業務部門の葛藤まで一挙に噴き出して社内オンライン掲示板におびただしい文があふれた。

徐炯洙《ソヒョンス》、楊尚祐《ヤンサンウ》、朴泳昭《パクヨンス》、張喆奎《チャンチョルギュ》、李制勲《イジェフン》、金珍鉉《キムジンヒョン》ら非常経営委員らが批判をすべて引き受けた。〔ハンギョレの歴史で〕史上類例がない人事調整事業・機構統廃合を進めたのだ。これに対して「〔社は〕冷たい」という非難まで起きながらも、彼らは黙々と甘受しなければならなかった。

非常経営委員がその時代を思い浮べるのはつらいことだ。約四年間あと回しにされた構造調整の時限爆弾を受け取った彼らが起爆装置のスイッチを直接入れなければならなかった。先輩、後輩、同僚の辞表を受けて委員が流す涙がどれだけのものだったか、彼らだけが知っている。「多分私が一生流す分の涙をあの時に流したようだ」と李制勲は回顧する。

二〇〇五年二月一七日、非常経営委員会は活動を終えた。最終報告書の終わりに次のように記録した。「激動の五カ月に対する評価は後日に厳正に行われるでしょう。限りない血と汗、涙を希望の虹に変えなければならない絶体絶命の時期に非常経営委員会があった」。

非常経営委員会の活動が終わると同時に高喜範《コヒボム》の代表取締役としての任期も終えた。ハンギョレを去ったあと一年間は同社顧問として働いたが、顧問に支給される活動費をすべてハンギョレに返した。その頃を振り返り苦しいのは、高喜範も同じだった。眠れない夜には詩を書き、後に無名歌手ながら友人がその詩に曲を付けて歌を作った。歌の題名は「グッドバイ」である。

「美しかった日はもう去った。夢多い時を静かに閉じたとしても、私が享受した人生はなんと幸せなことだったことか。気がおかしくなるほど懸命に生きた。私がいることで誰かが幸せになってほしかった。

時を経て知った間違いがどれほど恥ずかしいことか。数多くの選択と決定を、あの時は最善だと信じた。つらい記憶は忘れ、愛する皆さん、さようなら。

皆さんの心に深く残っているので、私がいなくなっても消えることはないだろう。最後まで忘れられない友よ。過去の間違いはすべて忘れて、愛する皆さん、さようなら」

＊1　**自主株主組合**　従業員が自己の会社の株式を保有して企業の経営と利益分配に参加するようにすることで従業員の勤労意欲を鼓吹させ、財産形成を促進させるために結成された組職。ハンギョレ新聞社も一九九二年一二月一七日に第一期組合長を選出し、二〇一一年現在、第一六期組合長が活動中だ。

農楽サークルからロックバンドまで　虫眼鏡15

創刊前の一九八八年四月、ハンギョレ記者評議会（以下、記者評議会）が生まれた。平記者一九人が参加したが、（編集局長などの）編集局最高級の幹部を除き、ほとんどすべての記者が加入した。

東亜日報《トンアイルボ》解職記者出身でハンギョレ初代民権社会部編集委員補を担う李泰昊《イテウ》が記者評議会第一代議長だった。第二代議長は文化《ムンファ》放送から一九八〇年に解職された鄭商模《チョンサンモ》が就任、記者評議会は編集権の独立を最高の価値として掲げ、編集委員長直接選挙制を推進した。創刊取締役会はこれに対して多少批判的であった。一九八八年五月一七日、編集委員長の直接選挙制案を取締役会が拒否するや、記者評議会初代議長団（議長団は記者評議会の意思決定組織）が総辞職した。結局、記者評議会の強力な要求の末に、一九八八年八月、中央日刊紙史上初めての編集委員長直接選挙を実施することになった。

編集委員長直接選挙制度を貫徹させるハンギョレ記者評議会

記者評議会は紙面改善委員会も設置した。編集委員会は編集局幹部の席だが、紙面改善委員会は平記者の集まりだ。編集陣が責任を負う紙面に対して平記者がためらわずに批判し議論を闘わせた。紙面改善委員会は以後、労働組合傘下の機構に統合され今日に至っている。

二〇〇四年五月からその名前は、革新言論実践委員会に変わった。今では国内の新聞社の中で自らの紙面について最も活発に自己批判するのはハンギョレだ。

一九八〇年代以後、韓国記者協会は御用団体に転落した。記者協会支会をハンギョレにもおくことに対して、草創期のハンギョレ記者の大半が反対した。記者評議会は韓国記者協会とは別に作られたハンギョレ記者だけの組織だ。

労働組合の必要性を提示したのも記者評議会だ。記者評議会は一九八八年一〇月に労組準備委員会を作り労組設立に進んだ。編集幹部と経営幹部各一五人ずつの代表者が参加して準備委員会を結成、国民株主の新聞ハンギョレにはたして労働組合が必要かどうか論争を始めた。

記者評議会は創立一年を迎えることなく第二代議長団を最後に事実上活動を終えた。はじめはすべての記者を代表する組織として認められていたが、時間が経つにつれて社内での葛藤（経営・人事問題）で命運を左右される当事者となり、重圧を受けることになった。結果的に記者の関心が遠のき参加の熱意が消えてしまった。

ハンギョレに労働組合が必要だ

以後、労働組合が記者評議会に代わった。一九八八年一二月一〇日、ハンギョレ新聞労働組合が設立総会を開き、初代委員長は高喜範《コヒボム》になった。様々な議論があったが、国民株主から委任を受けた経営権と編集権の正しい行使を監視し外部からの圧力を食い止めるために労組が必要であるという意見が多かった。初の労組委員長選出は社員総会の席で行った。即座の推薦を受け付け、投票をした。政見発表はしなかった。「一度顔でも見てから投票しよう」となり、候補たちが立ち上がりあいさつだけした。

草創期のハンギョレ労働組合は世代間ごとの意見グループの競争の場となった。選挙ごとに二、三人が委員長に出馬し、新聞社の目指すものをあげて熾烈な論争をした。初代委員長の高喜範、第二代委員長の崔星民《チェソンミン》は互いに違う意見グループを代表する人物で、労組は経営・編集幹部と対立する一種の野党の役目を果たした。

三代目の金栄徹《キムヨンチョル》は社内統合を掲げて当選した初の労組委員長だった。彼もやはり社内の葛藤から完全に自由ではなかったが、以後労組選挙は葛藤を浮上させるよりは社内の統合に比重をおいた。尹錫仁《ユンソギン》（第四・五代）は初めて労組委員長を連続して務め、経営陣に対して批判的な立場を貫きながらも現実的な経営の代案を示した。冗談半分にハンギョレ労組を「御用労組」と呼ぶことがこのときから生まれた。経営陣よりさらに経営を考えたからだ。こうした作風は以後にも大きく変わることはなかった。

元秉俊《ウォンビョンジュン》（第六代）は業務部門の社員では初めて労働組合委員長になり、組合員たちの福利厚生に焦点をおいた。続く宋宇達《ソンウダル》（第七・八代）委員長時代にはハンギョレ社員の賃金が大幅に上がった。この二人の委員長はハンギョレ労働組合が組合員たちの権利向上のために活動するという気風を生むことに力があった。

一九九六年一〇月に当選した金炯善《キムビョンソン》（第九代）は「独立労組」を掲げた。彼の頃まで解決せずに残っていた社内の葛藤構造（主に労使間の対立）から独立する意志があった。この時からハンギョレ労働組合は既存の葛藤構造に批判的な若い世代が大挙して参加することになった。孫錫《ソンソク》春《チョン》（第一〇代）、イ・チョング（第一一・一二代）、金保《キムボ》根《グン》（第一三代）、朴尚鎮《パクサンジン》（第一四代）などは創刊世代のリーダーシップを批判して新たな労資関係を打ち立てるために力を注いだ。孫錫春はハンギョレ労働組合（委員長の任務）を終えた後の一九九八年、全国言論労働組合連盟委員長になった。

二〇〇四年四月に当選した楊尚祐《ヤンサンウ》（第一五・一六代）は今日のハンギョレ労使関係の礎を築いた。自主株主組合を再建し、これを土台として労働組合と自主株主組合を兼ねる兼任組合の形式を作った。自主株主組合は一九九二年一二月、社員株主の権限を強化してこそ経営権を安定させることができるという問題意識から、取締役会の決議で作られた。しかし社員株主たちの持分率は低く自主株主組合は有名無実で、経営部門の中間幹部が自主株主組合長を兼ねて最小限の事務だけを担当した。

二〇〇二年一二月、社員たちが自分の退職金をハンギョレ株に転換して社員の（株式）持分率が大きくなった。それまでは三%ぐらいに過ぎなかった社員持分率が三八%を越えた。二〇〇三年二月一二日、社員株主たちの初めての直接選挙で張 喆奎《チャンチョルギュ》が第七代自主株主組合長になった。（そして）経営危機状況下で合理的かつ効率的に株主と同時に労働者であるハンギョレ社員たちの代弁をしようと、二〇〇四年九月、ハンギョレ労働組合と自主株主組合が「兼任体制」をとることで生まれ変わった。楊尚祐が労組委員長と自主株主組合長を兼ねるようになった。兼任組合体制は以後、李制勲《イジェフン》（第一七代）、趙埈像《チョジュンサン》（第一八代）、李在盛《イジェソン》（第一九代）、金補協《キムボヒョプ》（第二〇代）まで続いた。

記者評議会が姿を消した後のハンギョレには、記者だけの組織がなかった。一九九九年、李相起《イサンギ》の指導で韓国記者協会ハンギョレ支会が誕生した。記者協会が御用組合と非難された時代は過ぎ、記者社会全体にハンギョレが寄与するところがあるという判断があった。記者約五〇人が会員として参加したが、今は一八〇人に増えた。全国の新聞社の中で韓国記者協会会員が最も多かった。初代の李相起以後、チャ・ハンピル（第二代）、劉康文《ユガンフン》（第三代）、金昌金《キムチャングン》（第四代）に続き、金東勲《キムドンフン》（第五代）が韓国記者協会ハンギョレ支会長を担った。李相起は二〇〇二年から韓国記者協会会長として仕事をした。

農楽サークルからロックバンド「コンドックス」まで

ハンギョレは創刊時から社員のサークル活動が活発だった。創刊直後、プンムルペ（農楽サークル）が最初に作られた。続いてノレペ（歌のサークル）「同胞の声」が出帆した。ノレペとプンムルペは他の新聞社労組のストライキの行事に呼ばれて公演をした。社員たちの結婚式の祝いの席での歌や新聞社の主要行事の時も招かれた。一九九〇年春に作られた絵のサークル会員たちは展示会まで開いた。最も長く続いているサークルはハンギョレ山岳会だ。一九八九年三月に結成された。プンムルペ、ノレペは二〇〇〇年代に入って事実上活動を止めたが、山岳会は継続して会員を集めている。これ以外にも歴史紀行の集まり、釣りの会、ボーリングサークル、囲碁の会など趣味サークルがあった。

学習サークルを結成することもハンギョレの人たちの特徴だ。創刊初期には、「われわれ五人組」「火曜日に出会う人たち」（以上サークル名）などの学習の集まりがあった。編集部門と業務部門の社員たちが毎週集まり唯物論、革命史、労働法などの書籍を熱心に読んだ。一九九二年一一月、この二つのグループが合同でシンポジウムを開いたその主題は「汎民主単一候補論と民衆候補論」であった。

研究会がハンギョレの公論の場にこの上なく大きな影響を与えたことが二回あった。一回目はハンギョレ言論研究会だ。朴《パク》海《ヘ》鐫《ジョン》記者などが中心になり一九九一年一一月に誕生したが、ニュース雑誌「ハンギョレ正論」を通じて（ハンギョレが抱える）問題を正面から取り上げた。ニュース雑誌の攻撃的な論調と配布方法のため議論を呼ぶ雑誌となった。

性格と志向は違うが革新言論研究会も研究だけにとどまらなかった。一九九三年以後に入社した公募採用第六期から第一〇期までの約三〇人が紙面改善などを研究する集まりを二〇〇〇年一月に作った。主な会員が後日労働組合活動に参加し、ハンギョレの少壮世代を代表する集まりになったが、二〇〇四年以後に解散した。

ハンギョレ最初のサークルはプンムルペだったが、最近のサークルはロックバンドだ。二〇〇七年一二月、ボーカル、ギター、ベース、ドラムなどで組んだロックバンド「コンドックス」が作られた。労組創立記念行事で舞台に立ち、職員たちの爆発的な反響を呼んだ。

第二章　再び新たな言論

「昨日と同じ今日を望みますか」。立候補届出順一番の楊《ヤン》尚祐《サンウ》（後にハンギョレ新聞社第一五代代表取締役）候補が最初の公約集で問うた。

「皆さん、準備できましたか」。立候補届出順二番の鄭泰《チョンテ》基《ギ》候補が初めて公約集で訴えた。

二人はともにハンギョレの革新を語った。

代表取締役を社員直接選挙制で選び始めた一九九九年以後最も熾烈な選挙が繰り広げられたのが、〔この二人が出馬した〕二〇〇五年二月の第一二代代表取締役選挙だ。公約集を三回出し、討論会を二回開いた。社内のオンライン掲示板には〔選挙の〕争点に対して匿名と実名の投稿があふれた。

鄭泰基はハンギョレ創刊の主役であった。一九九〇年に一度新聞社を去ったが、後輩らの要請を受けて代表取締役選挙に出馬した。六〇代の彼が再び戻ってきたことに対して批判的な人もいた。楊尚祐は非常経営委員会共同委員長であった。俸級の高い人の名誉退職を貫徹させた。彼が代表取締役選挙に出たことに対して批判的な人もいた。

❖ 退職者と平記者が代表選挙に出る

ハンギョレの代表取締役は定期株主総会の席で国民株主たちから承認を受けなければならない。ハンギョレは一名の代表取締役候補を選んで株主総会で推薦してきたのだが、社内での代表取締役候補を選定する過程は何度も変わった。

創刊直後は創刊委員会が代表取締役候補を選んだ。創刊発起人の中から職能・階層を代表する有力者たちが創刊委員会を作り、この組織は代表取締役候補推薦権を持っていた。一九九三年五月から経営陣推薦委員会が新たに設けられた。社内を代表する経営推進委員を社員投票で選び、ここに会社を代表する諮問委員一〇名を加えて経営陣推薦委員会を構成した。経営推進委員は会議を開き代表取締役候補をはじめとする役員陣候補者の名簿を確定した。一九九九年からはこれまでの制度を変えて社員による直接選挙制で代表取締役候補を選んだ。全体的にみると、ハンギョレの社員の意見がより多く反映する方向に変わったといえる。

直接選挙制が初めて実施されたのは一九九九年二月の第九代代表取締役選挙だ。編集委員長出身の権根述《クォングンスル》、崔鶴《チェハン》来《レ》、成漢杓《ソンハンピョ》が出馬し、崔鶴来が当選した。二〇〇一年二月、第一〇代代表取締役選挙では崔鶴来と高喜範《コヒボム》が出馬し、崔鶴来が再任した。二〇〇三年二月、第一一代代表取締役選挙では高喜範と高永才《コヨンジェ》が出馬し、高喜範が当選した。

二〇〇五年二月の第一二代代表取締役選挙は以前と違った。歴代直接選挙制の代表取締役候補選挙では編集委員長または広告局長などを歴任した現職幹部が出馬した。しかし鄭泰基《チョンテギ》は退職者であったし、楊尚祐《ヤンサンウ》は平記者だった。

前回の選挙では社内の特定の意見グループを代表する人物が出馬したが、二〇〇五年二月の第一二代代表取締役選挙の時も同様だった。ベテラン陣の代理と若手グループの代理が形成され、部長級以上の幹部の多くが鄭泰基を説得して出馬を後押ししたし、チーム長以下の平社員の中では相当数が楊尚祐の出馬を支持した。

歴代選挙では候補者たちは〔公約で〕異なる傾向を見せたのだが、鄭泰基と楊尚祐はその差が大きくはなかった点も特徴だった。公約集だけを見ると、二人の具体的な経営についてとりたてて違いはなかった。組織と紙面の改革を通して新たなマルチメディア企業として跳躍することをともに公約した。

二〇〇五年二月一八日、全社員の投票で鄭泰基が当選した。続いて開かれた三月二六日の株主総会で第一二代代表取締役に正式に就任した。ハンギョレの人たちは経営のキャリアを重ねた鄭泰基を中心にして創刊時のエネルギーを再現する道を選んだ。

第一二代代表取締役選挙はハンギョレの質的変化をあらわす。二〇〇四年の非常経営委員会は足元にまで燃え移った火を消す役目に忠実だった。倒産直前まで追い込まれた新聞社の資金枯渇の危機を解決して、今後の何年間も持ちこたえられる構造調整による人員合理化を断行した。

さらに自社株主組合の持分率を高め安定的で強力な経営権を発揮できる土台を作ったこともあげられるが、何よりも全社員に非常事態であり危機的状態であるという警戒心を自覚させた。

二〇〇四年を経てハンギョレの人たちは代表取締役のリーダーシップの大切さを痛感し、改革の必要性を認めた。このためには外部の人材を導入し、退職者の中で有能な人が再び活躍することも可能にした。しかし、最も重要な革新は平社員であっても能力さえあれば代表取締役になれるという考えが広がり始めたことにある。

❖ 第二創刊運動で新たな道を開く

鄭泰基《チョンテギ》代表取締役は改革の青写真を第二創刊運動としてまとめた。紙面と組織を変えて経営方式と所有構造〔株式などの経営基盤〕を変えることまでも含む構想だった。就任直後の二〇〇五年四月二〇日、第二創刊運動本部を出帆させた。高光憲《コグアンホン》が事務長を担当し、裵垧録《ペキョンノク》、李樹潤《イスユン》、徐基喆《ソキチョル》、姜秉洙《カンびヨンス》、李載庚《イチエギヨン》、具本権《クボングオン》、李東求《イトング》、朴用太《イヨンテ》、金補協《キムホヒョプ》、金明熙《キムミヨンヒ》らが実務を担った。

その間方々に散らばった株主の読者たちを再度参集することが急がれた。五月二一日釜山《プサン》・慶南《キョンナム》地域株主読者および地域の重鎮を集め「ハンギョレの日」の行事を開いた。以後、ソウル・仁川《インチョン》・京畿《キョンギ》（六月四日）、大邱《テグ》・慶北《キョンボク》（六月一七日）、大田《テジョン》・忠南《チュンナム》（六月二五日）、光州《クアンジュ》・全南《チョンナム》（七月七日）、清州《チンジュ》・忠北《チュンボク》（七月二〇日）など、同様の行事を進めた。地域別では株主読者倍増運動を導く「ハンギョレを守る人」を選定して、翌年の二〇〇六年三月まで再び地域懇談会を開いた。創刊時のように各界各層の指導クラスの人たちを中心にして全社会的に力を合わせることに精魂を込めた。五月一一日には、各界の重鎮による懇談会を開き、第二創刊委員会参加を依頼した。

六月七日、紙面を通して第二創刊運動を公式に宣言し第二創刊委員会出帆を知らせた。鄭泰基代表取締役をはじめ朴元淳《パクウォンスン》弁護士、文奎鉉《ムンギョンヒョン》神父、映画監督朴賛郁《パクチャヌク》、俳優安聖基《アンソンギ》、作家黄晳暎《ファンソギョン》〔資料編「人物略歴」参照〕など一六人が共同本部長になった。各界有志約一〇〇〇人が委員として名を連ねた。

第二創刊委員の数は後に約一九〇〇人に増えた。各界重鎮六五人が第二創刊委員会本部の顧問職に就いた。一六人の中央執行委員をはじめ詩人安度眩《アンドヒョン》、俳優呉芝恵《オジエ》、コメディアン兪世潤《ユセユン》、張東玟《チャンドンミン》、兪相茂《ユサンム》などが広報使節を引き受けた。この日発表された第二創刊宣言文はこれら各界人士の意思が盛られていると同時に、未来にむけたハンギョレの思いも含まれた。

「わが国のデモクラシーが先進的になるためには革新と保守が互いに刺激し合い均衡を保って良い意味での競争を繰り広げなければなりません。そうするためには一層力強い革新的なジャーナリズムが必要です。新聞、インターネット、放送を活用した立体的媒体としてのハンギョレ第二創刊を助けましょう。ハンギョレを励まし、ともに生きる世の幸せを信じる人々に喜びと誇りを与えて世界が誇りに値する民族文化の財産を育てましょう」。

一般市民を対象にした第二創刊キャンペーンを進めた。〔創刊準備過程で〕「ハンギョレ新聞便り」を配った日を思い起こしながら二〇〇五年五月一六日朝、ハンギョレの社員が第二創刊運動を知らせるニュースをソウル市内で配った。この日からソウル市内の主要な地下鉄の駅と大学など二五カ所で「ああ、ハンギョレ写真展」を開いてハンギョレの歴史を知らせた。

八月五日には光復《クァンボク》〔一九四五年八月一五日に日本が敗戦して、朝鮮半島が日本の植民地支配から解放されたこと〕六〇周年と第二創刊運動を記念する平和・統一パレードを行った。二〇〇六年一月一八日からは世宗《セジョン》文化会館美術館で「ハンギョレのための韓国美術一二〇展示会」を開いた。韓国美術協会、民族美術人協会所属作家たちが参加し、作品の売上金を第二創刊基金に寄贈した。

▲2005年８月22日午前、京畿道《キョンギド》安山《アンサン》市檀《ダン》園区《ウォンク》元谷洞《ウォンゴクドン》の安山外国人労働者センターでタイの女性労働者たちがハンギョレの第２創刊発展基金として147万ウォンを出した後、明るく笑っている。ノーマル核酸〔繊維工場から排出される有害物質〕中毒被害者である彼女たちの話を、ハンギョレが一番最初に報道した。

紙面改編も急がれた。創刊一七周年記念号の二〇〇五年五月一六日付けで史上初の脱四角字の「ハンギョルフォント」〔「虫眼鏡1」参照〕を宣言した。「18.0°」「36.5°」「100°」など三種類の別刷りも発行した。引き続き二〇〇六年の新年号から題字を新たに変えた。二〇〇六年二月一三日には部・次長などの職制をなくして編集長とチーム長からなる「エディター制度」を中心にした編集局の組織に変え、二〇〇六年一〇月、編集局デザインセンターが作られた。「ハンギョレ21」、「シネ21」など雑誌デザインの革命を成し遂げた朴銀珠《パクウンジュ》が編集局デザインセンターの責任者である副局長になった。デザイナーが新聞編集全般を受け持つ体制は国内新聞社の中でハンギョレが初めてだ。

目標を少し高めに設定した。最初に第二創刊委員会本部が計画した発展基金募金額は二〇〇億ウォンで、少なくとも四万二〇〇〇人の新規読者を掘り起こすという目標がそれだ。閲読率と市場占有率を高めて、製作設備などを補強する資金を確保して、マルチメディア企業として生まれ変わる土台にしたいという構想が立てられていた。

第二創刊委員会本部は二〇〇六年三月三一日に公式活動を終え、ハンギョレ発展基金募金には六九三一人が参加して二一億ウォンが集まった。同じ期間に一万四一一九人の読者が新たにハンギョレを購読し始めた。

〔目標の一つに〕国民からの募金をベースにして友好団体および一般企業から投資を受けて増資するという内容もあった。これは崔鶴来《チェハンレ》代表取締役時代の二〇〇一年一一月、長期発展企画チームが提案したのだが、企業増資によってハンギョレのアイデンティティを損なうことを憂慮した労働組合、自社株主組合の反対で実現に移すことはできなかった。予想より低調な国民募金の結果もすぐさま企業増資に出るには負担になった。

「この運動がブームを起こしたようには見えない。甚だしくは一部の冷やかな反応も見受けられた」。二〇〇五年六月から発行された「第二創刊ニュース」の最終号（二〇〇六年四月一一日）に載った崔敏姫《チェミニ》（民主言論市民連合共同代表）の文だ。しかし崔敏姫は「民主改革を目ざす人々に忘れていた価値を再考させるきっかけになった」と評価した。ハンギョレ内部（の改革）にも及んだ第二創刊運動の価値もここに見出される。

当初は第二創刊委員会本部は創刊二〇年目を迎えた二〇〇八年五月一五日まで運動を続ける計画だったが、実務を担う本部は二〇〇六年四月に解体された。しかし増資、読者増大、紙面革新の目標に掲げた三分野の大々的な改革のプログラムは今も続いている。

❖新しいビジョンの鍵、信頼

二〇〇五年一一月、戦略企画チームが作られ、二〇〇六年三月からは戦略企画室と名称が変わった。編集部門の金《キム》玄大《ヒョンデ》、姜熙澈《カンフィチオル》、鄭南求《チョンナムグ》など経営部門のキム・ヨンジュが参加した。経営組織の常設チームとして戦略企画室が新設されたことは、組織の中長期戦略の準備という点で意味深い。それまでは危機ごとに特別機構を臨時に設けて青写真を出すようにしていたからだ。

彼らはハンギョレの新しいビジョンをつくる役割を担った。一九九〇年代中盤以後様々な試行錯誤の中で培《つちか》ったコンセンサスが土台になった。

第一に、ハンギョレ新聞社の存立の理由と同時に最も大きな比重を占める新聞部門で突破口を準備すること。第二に、メディア環境の変化に歩調をあわせてインターネット、映像などを併せ持つマルチメディア企業として生まれ変わること。第三に、ハンギョレの基盤である革新の領域を中心にして新たな読者層と知識層を開拓して部数を拡大し、これを事業部門と連携すること。

これらがコンセンサスの核心である。

二〇〇六年以後、戦略企画室を中心にしてハンギョレはこうしたテーマに没頭し、多くの市場・読者調査を実施した。二〇〇六年の調査では、ハンギョレの読者は専門職や事務職などホワイトカラー階層が四四・七%に達した。中央日刊紙平均である三三・二%よりも高かった。大卒以上の高学歴者もハンギョレ読者全体の六三・七%を占めた。中央日刊紙の平均は五一%だった。ハンギョレを主に読む読者は高学歴の革新的（志向を持つ）ホワイトカラーだった。

戦略企画室はここに着眼し、ハンギョレの紙面・経営の核心的な言葉を「信頼」とした。革新を志向する高学歴、高所得、エリート読者層に他のメディアとは明確に違う情報、知識、観点を提供することを目指すものとして提示した。

二〇〇七年一月二九日、「取材報道準則」（資料編参照）を発表したことは以上のような脈略の上にある。メディアに対する読者の不信を打ち破り真実を報道するための具体的指針を盛り込んだ。戦略企画室が提案して労働組合・自社株主組合が修正案を提示した後、金孝淳《キムヒョスン》を委員長とした制定委員会を設け具体的条項の準備を行い、全社員の検討を経て、一月二五日に定めた。一月二九日には編集局で「取材報道準則」の宣言式を行った。

発表直後、多くのメディア研究者から国内ジャーナリズム史の中で最も体系的に報道のあり方をまとめていると評価された。前文以外に「記者の責務」「公正な報道」「正直な報道」「取材報道の基本姿勢」「利害反映したものの排除」など七カ条五〇条項で構成されている。

・ハンギョレ記者の責務を明示した一節――「ハンギョレ新聞社のすべての構成員たちは、いかなる権力からも独立して言論の自由を守る。国民の知る権利を実現するために正確で公正な報道を通して真実を追求し、民主主義の完成と人権の伸張、世界平和に寄与する」。

・真実追求の姿勢を言及した条項――「国内外の主要事案、または事件の真実をできうる限り完全に取材して読者へ知らせる。すべての状態の権力を監視して、不当な権力と不正腐敗に立ち向かい、事実を探し出して真実を明らかにすることに最善を尽くす」。
・真実報道をいかなる利害関係よりも優先する原則を明示した一節――「新聞社や記者個人の利益より、真実を優先する。読者へ真実を知らせるために必要ならば新聞社や記者の不利益も甘受する」。

「取材報道準則」とともにハンギョレに対する読者の信頼を高めたハンギョレだけの制度がある。市民編集人である。

二〇〇六年一月、ハンギョレは国内の新聞社で初めて市民編集人制度を設けた。市民編集人の役目はメディア研究者たちがメディアを批評するオンブズマンとは少し異なる。新聞社内に常勤してメディア制作の現場を直接監視し、読者の反応と指摘を真っ先に集めながら、編集委員会などに参加してハンギョレの論調などに対して意見を表すのが市民編集人だ。

この分野でハンギョレはそれなりのノウハウを積んできた。創刊時から読者たちのパブリック・アクセスの保障を最優先の価値にした。「国民記者席」を毎日紙面に載せ、記事に対する読者の批判と意見をそのまま伝えた。もとを正せばこの「市民記者の原型」は、インターネット・ハンギョレが二〇〇〇年から一般市民を対象にした「ハニレポート」を募集しその文をオンラインに載せたことにある。一時は約三〇〇〇人がハニレポートに応募した。二〇〇三年にこれを新聞に適用したのが「読者が記者に」という連載であり、一般読者の関心事を市民記者自ら直接取材して紙面に載せるようにした。

二〇〇二年には既存の「国民記者席」の他に〈市民参加コラムである〉「なぜならば」を新たに作った。市民社会に紙面を開放する主旨だった。誰でも主な懸案に対して論理と論拠を備えた文を載せることができるようにした。市民にコラムの紙面を提供することには違いはなかった。

市民編集人制度はこうした努力の結晶だった。市民のメディア・アクセスを増やし読者優先の精神を加えた。読者の要求と批判が多様であることを軽視することなく取材と紙面制作に最大限反映するのが市民編集人を選任する理由だ。

ハンギョレは社内規則を通じて市民編集人の役目と職務を以下のように決めていた。

・市民編集人は市民を代表して新聞制作に対する意見を表わすことができる。
・記事による権利侵害行為を調査したり事実ではない記事に対する是正を勧告することができる。
・「市民編集人」という名前から新聞社が作り出すべての媒体を管掌することができる。
・「編集人」と同格という意味を持っている。

二〇〇六年三月から洪世和《ホンセファ》企画委員が第一代市民編集人を引き受け、二〇〇七年二月には金亨泰《キムヒョンテ》弁護士が第二代市民編集人に就任した。

「連帯と信頼」をモットーにハンギョレの記事とコンテンツを生み出し、これを新聞社経営に生かして収益に転換させるのが当初の鄭泰基《チョンテギ》の構想だった。一連の紙面・組職を通じた経営革新作業は依然として進行中であるが、実を結んできてもいる。ハンギョレ教育カルチャーセンター、ハンギョレ経済研究所、ハンギョレノドゥ（Node)・プロジェクト〔以下、ノドゥ・プロジェクト〕などが代表的だ。二〇〇七年以後始まったこれら事業は二〇年間蓄積されたハンギョレの知識情報を新たに加工、提供して、これを通じて新しい収益を得るという共通点を持っている。

❖ハンギョレの価値を守り生存する道

ハンギョレ教育カルチャーセンターは二〇〇七年一月に出帆した。既存のハンギョレ・カルチャーセンターの過去の教育事業を吸収したものだ。

社会部の敏腕記者で教育事業団の初期メンバーだった姜《カン》晳云《ソクギュン》は二つの組織〔カルチャーセンター〕の共通部分に注目し、小学生から会社員に至るまで生涯教育を管掌する統合事業を構想して推進した。ハンギョレ教育カルチャーセンターは各種専門家教育課程および若者教育プログラムを開発する一方、別刷り新聞「ともに行う教育を」を専門に編集しながら教育・教養のホープとして生まれ変わっている。

二〇〇七年二月にはハンギョレ経済研究所が誕生した。社会的責任を果たす企業文化を広げるために、関連企業のコンサルティング事業をしながら、ハンギョレ自らが連帯と信頼を表す新聞社に生まれ変われるよう、メディア経営の方法を研究している。ハンギョレ記者出身でアメリカ留学を終えて帰国し、一時期三星《サムソン》経済研究員を勤めた李《イ》源《ウォン》宰《ジェ》が所長を務めている。

企業の付設研究所が財界の立場を代弁する「ラッパ吹き」

〔広報〕の役に留まっているのに比べて、ハンギョレ経済研究所は市民の目で経済問題を考える。社会的責任で苦心する企業がハンギョレ経済研究所のコンサルティングの相手だ。ハンギョレが積み重ねて来た倫理経営、責任経営のコンテンツを企業が実際に適用できるように手助けすることにある。革新ジャーナリズムを経済発展にどのように寄与することができるかどうかの立証でもある。

ノドゥ・プロジェクトはハンギョレの新しい経営戦略の代表的な事例で、多くの関係網の中で中心の役目をする「地点」を意味する。ノドゥ・プロジェクトはすべてのオンライン・オフライン、出版・映像の領域でハンギョレの価値あるコンテンツを韓国社会の公論の中心にしようとする計画だ。軸にある新聞部門はもちろんのこと、「ハンギョレ21」、「シネ21」、教育文化センター、「緑の村」、「ポップトゥーン〔poptoon〕」など、ハンギョレが生産するすべての知識と情報を多様な方式で大衆と出会えるようにすることが核心にある。

まず二〇〇七年八月から国内最大のポータルサイト「ネイバー」と情報提供契約を結び、専門記者ブログサービスを始めた。環境分野の趙弘燮《チョホンソプ》、宗教分野の曹連鉉《チョウヒョン》、共同体分野〔別刷り新聞のジャンルを示す〕の権福基《クォンボッキ》、写真分野の朴美香《パクミヒョン》と郭尹燮《カクユンソプ》、旅行レジャー分野の李炳鶴《イピョンハク》などが始めた。二〇〇八年一月にはノドゥ・プロジェクトを管掌するノドゥ・コンテンツチームを新聞編集局とは別に置いた。

インターネット部分に適用したノドゥ・プロジェクトの成功を足場にして映像・放送分野にこの企画を広げている。二〇〇七年一一月、権台仙《クォンテソン》編集人の指揮のもと、戦略企画室、ハンギョレ経済研究所、編集局、インターネット・ハンギョレなどで中心となる人たちが集まってニューメディア・タスクフォース（task force）戦略チームを作った。ここでインターネット・ハンギョレの革新案と放送コンテンツ事業を研究・企画した。

一連の試みを経済部記者出身の咸釈鎮《ハムソクチン》が指導している。新聞、インターネット、放送を行き来してハンギョレのコンテンツの流通方法を苦労して模索しているが、早くも二〇〇四年のハンギョレ革新推進団が提示した一つのコンテンツを多様に活用することを本格的に具体化している。

ハンギョレが蓄積してきた固有のコンテンツにより多くの読者が接することができるようにするのがニューメディア・タスクフォース戦略チームの核心であり、固有の知識・情報を基礎にしてメディアの影響力を広げながら収益も生み出す新しいモデルを研究した。インターネット・ハンギョレの革新、放送映像産業進出なども研究中だ。

この頃に足場を固めた「緑の村」の成功も見逃せない。株式会社ハンギョレ・プラスが二〇〇二年八月、エコロジー有機農業専門ブランド「緑の村」を作った。以後も継続して成功を収めて事業を続けている。二〇〇七年現在、全国約二〇〇の売り場で一二〇〇余種の〔環境と健康指向の〕親環境有機農業の商品を売り、扱うすべての農産物に対して毎日残留農薬を検査してこれをホームページで公開するなどしている。

ハンギョレの様々な企業の中でも「緑の村」は特別である。ハンギョレのブランドで消費者たちに信頼を与えるだけでなく、食の安全を求める生き方に具体的なアドバイスまで提供し、適切な収益まで得ている。ハンギョレ的ビジネスの模範だ。食品企業経営で新しい地平を開拓した功績が認められて、二〇〇六年韓国消費者フォーラムが与える「消費者の信頼企業賞」大賞を受けた。

二〇〇六年一月、ハンギョレ新聞社出版部は独立した子会社である株式会社ハンギョレ出版に生まれかわった。洪《ホン》世和《セファ》、朱剛玄《チュカンヒョン》、朴露子《パクノジャ》、韓洪九《ハンホング》などが書いた人文・社会科学書がハンギョレ出版の根っこなら、最近ではコ・エギョン、キム・ヨンソク、キム・ヒョンギョン、パク・ミレ、シン・ゴンウォン、チョン・チュリョン、チョ・ヒョンソル、洪《ホン》銀澤《ウンテク》など斬新にして有能な筆者たちを新しく掘り出し、深みと楽しさを合わせもつ人文教養およびエッセイ分野にまで領域を広げている。また子どもの本の専門ブランド「ハンギョレの子どもたち」の成果が目立つ。朝鮮の昔話のシリーズである「ハンギョレ昔話」をはじめ、子ども人文書シリーズ「隠れた歴史探し」など、様々な創作童話を出版して命を大切にして自由と平和を愛する子ども、自らの未来をつくる子どもに育つことを本の中に盛り込んでいる。

これら事業は巨額の資本金を投入するのではなく、ハンギョレの信頼を土台にして新しい市場を開拓し軌道に乗せたという点で類似している。新しい媒体を作って一気に大きな黒字を出すとか、大々的な投資で収益改善に大きく寄与するなどの発想はここにはない。二〇〇五年以後ハンギョレ経営に定着した風土だ。

❖ 涙ぐんだ結実、三年連続の黒字

紙面と組職再編に力をつくした鄭泰基《チョンテギ》は、ハンギョレ

に戻ってから二年経た二〇〇六年二月に辞表を出した。
代表取締役の任期を一年以上残しての時点だったこと、一連の変化を率いる過程で健康に自信が持てず負担を感じたこと、様々な〔批判、注文が〕活発なハンギョレでリーダーシップを発揮するには高齢だったこと——などあげられるが、一方ではそのハンギョレの改革速度が速く、方向性をめぐる葛藤もあった。それは、二〇〇四年冬の退職金出資転換以後、社員持株強化によって経営権を牽制したことで批判する力を得た労働組合・自社株主組合と、強力なリーダーシップで経営改革を最後まで進めようとする最高経営陣とが互いに意思疎通を欠くような難しい面だった。

代表取締役就任期間の二年の間に何度も編集委員長の席を変えることも負担になった。権台仙《クォンテソン》編集委員長（二〇〇五年三月就任）、呉亀煥《オギファン》編集委員長（二〇〇六年六月就任）に続き、二〇〇七年二月、郭炳燦《カクビョンチャン》を編集委員長候補で指名したのだが、度重なる編集委員長の交代は編集権の侵害であるという反対意見が出て、委員長任命同意の投票が否決された。その直後の二月一三日、鄭泰基代表取締役が役員会で辞意を表明し、「（私の辞意が）ハンギョレの価値は何であるか社員が深く考えをめぐらすきっかけになってほしい」と語った。

鄭泰基後の代表取締役選挙が開かれた。徐炯洙《ソヨンス》、呉亀煥、郭炳燦が出馬表明したが、三候補は次々とハンギョレ改革などの合意文を発表して単一候補に絞った。代表取締役直接選挙制を実施後、候補者の合意で一本化されることが決まったのは初めてだった。ハンギョレ創刊時に経営の下図を描いた徐炯洙が事実上単独出馬することになった。

彼は創刊事務局以後、企画室長、販売局長、ニューメディア局長、専務理事などを務めた。下積みから幹部の地位までハンギョレ経営の中身をよく知る人物だった。編集局を経験しない人物が代表取締役になったのは彼が初めてだった。二〇〇七年三月三一日に開かれた株主総会で徐炯洙が第一三代の代表取締役に正式就任した。

二〇〇四年一二月に希望退職者制度を実施した後、鄭泰基と徐炯洙が代表取締役を担った三年間、ハンギョレは創刊以後初めて連続黒字を出した。二〇〇五年、二〇〇六年、二〇〇七年すべて各々二〇億から三〇億ウォン台の当期純益を記録した。倒産の危機まで追い込まれたハンギョレは創刊二〇年を迎える二〇〇八年三年に連続して黒字を出した新聞社になった。

ハンギョレ新聞社年度別当期利益（損出）

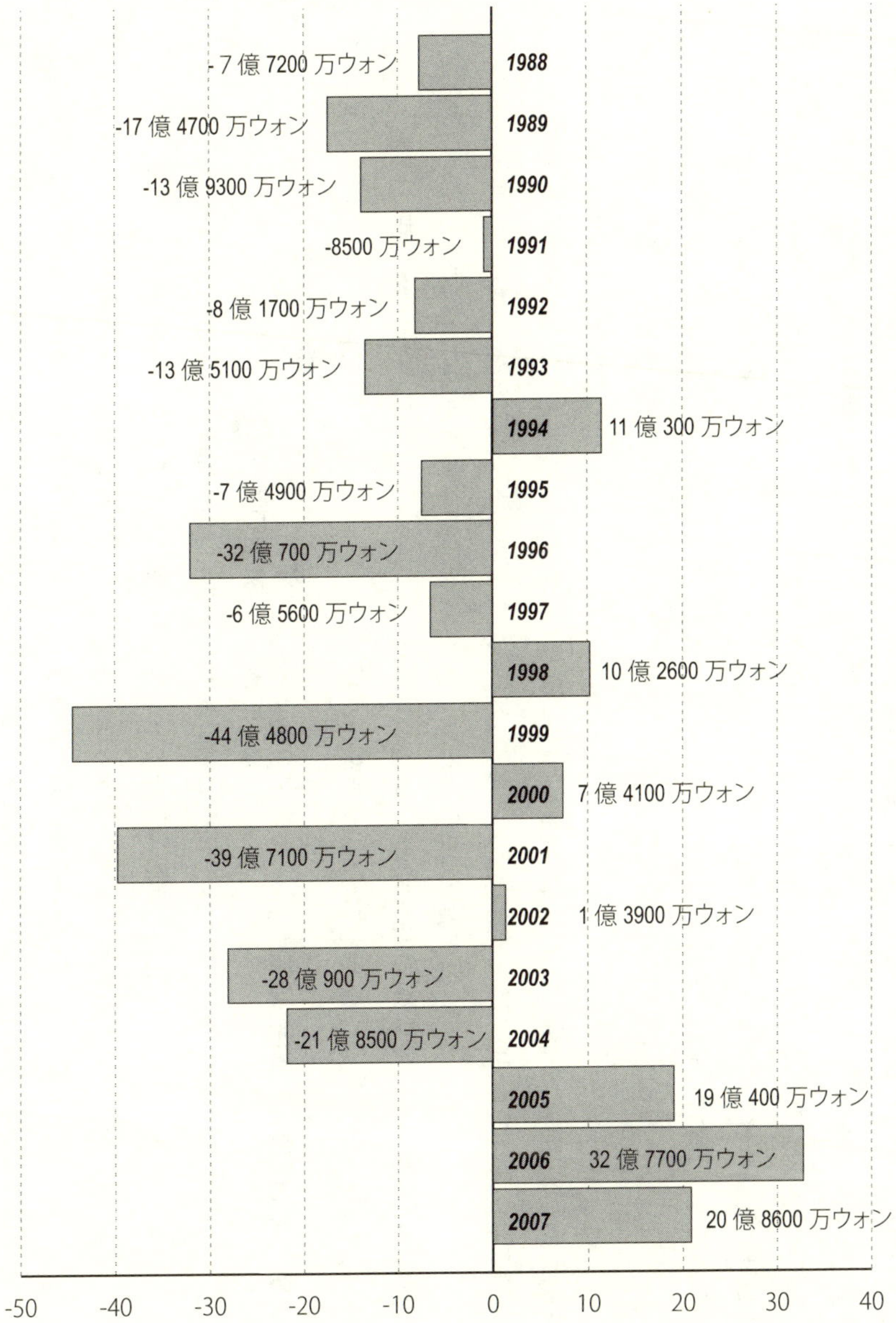

- 7 億 7200 万ウォン
1988
-17 億 4700 万ウォン
1989
-13 億 9300 万ウォン
1990
-8500 万ウォン
1991
-8 億 1700 万ウォン
1992
-13 億 5100 万ウォン
1993
1994
11 億 300 万ウォン
-7 億 4900 万ウォン
1995
-32 億 700 万ウォン
1996
-6 億 5600 万ウォン
1997
1998
10 億 2600 万ウォン
-44 億 4800 万ウォン
1999
2000
7 億 4100 万ウォン
-39 億 7100 万ウォン
2001
2002
1 億 3900 万ウォン
-28 億 900 万ウォン
2003
-21 億 8500 万ウォン
2004
2005
19 億 400 万ウォン
2006
32 億 7700 万ウォン
2007
20 億 8600 万ウォン
-50
-40
-30
-20
-10
0
10
20
30
40

最小限の利益　虫眼鏡16

創刊を前にした一九八八年四月二八日に出た「ハンギョレ新聞便り」には広告営業に対して構想を明らかにしたくだりがある。「ハンギョレ新聞の広告営業には二つの目標がある。一つは新聞社の経営に必要な最小限の利益を確保することであり、もう一つはわが国の新聞広告業界に新たな風を巻き起こすことだ」（「関連資料・コラム7」参照）。

創刊一周年を向かえた一九八九年五月、ハンギョレは全社員を対象とした質問を用意した。質問項目は以下の内容だ。

「次のような広告を本紙に掲載することに対してどう考えますか。

①国内企業の国産商品広告
②国内企業の輸入製品広告
③外国企業の商品広告
④国内企業のイメージ広告
⑤外国企業のイメージ広告
……
⑨反共連盟および在野軍人会の意見広告
⑩全国民族民主運動連合など在野団体の意見広告
⑪雇用主側の意見広告
⑫労働組合側の意見広告
⑬カード会社の広告
⑭飲み屋の広告」

「記事は記事、広告は広告である」

質問の結果は記録として残っていないが、このような質問による調査を実施したこと自体が広告に関する当時のハンギョレの人たちの認識を表わしている。

・資金集めのためにはどんな広告でも質を問わないのか。
・どの程度市場の現実と妥協させれば新聞社を維持できるか。

という問題意識が質問項目に盛られていた。

ハンギョレの初代広告担当取締役は解職記者出身の李《イ》炳注《ビョンジュ》であった。広告・広報・企画の仕事を経験して重責を担った。しかし、実際には新聞広告の営業マンが必要だった。中央日報《チュンアンイルボ》、京郷《キョンヒャン》新聞で広告部長と広告局長を勤めた卞爾瑾《ビョンイグン》に助けを求めた。卞爾瑾は草創期の広告営業の責任を負った。東亜日報《トンアイルボ》守護闘争委出身でテホン企画、韓《ハン》米《ミ》銀行などで働いたユン・ソンオクが広告の管理を引き受け（広告局長になっ）た。

創刊号は現代《ヒョンデ》、三星《サムソン》、鮮京《ソンギョン》（今日のSKグループ）、ラッキー金星《グムソン》（今日のLG・GS）、浦項《ポハン》製鉄（今日のポスコ）などが全面広告を出した。三星は最終面の三六面に広告を載せた。韓国化薬《ハングクファヤク》（今日の韓化《ハンファ》）、大韓《テハン》航空、双竜《サンヨン》、ヘテ、錦湖《クムホ》、起亜《キア》などの大企業も広告を出したし、外資系企業であるアメリカン・エクスプレスも創刊号のスポンサーに名乗りを上げた。「あの時は上司の視線に気づいていても企業広報責任者たちがハンギョレを助けたいと思った」と、李炳注は回顧する。

創刊直前、ハンギョレは広告主への説明会を開いた。一九八八年四月一九日、韓国言論財団会館の立派な会議室を借りたが、いざ説明会の蓋を開けてみると、いくつかの企業の部長級実務者一〇人余りが参加しただけだった。新聞社の広告主説明会には企業の役員が来るのが普通だった。当時の新聞社主催の広告主説明会は済州島《チェジュド》などの最高級のホテルを借りて酒宴を催し酔い心地にさせる旅行方式だった。ハンギョレがそうした説明会を準備するわけがないから、広告主たちも敬遠したのだ。

創刊号には有力企業の広告も誘致できたが、その後は苦難の連続であった。企業はハンギョレ広告局の社員を歓迎しなかったし、ハンギョレ広告局内でも新聞広告の営業をやろうとする人は珍しかった。広告局社員たちはソウル市内を区域別に分けて私立学校、薬局、病院などに出かける下積みの営業から始めた。家ごとに立ち止まって一食の供養を求める僧侶の托鉢とたいした違いはなかった。

こんな状況を変えたのは科学的な市場調査だった。創刊一周年たった一九八九年五月一五日、韓国言論財団会館で広告主を招待して説明会を開いたのだが、一年前に敬遠した広告主たちはこの日の説明会に大変驚いた。韓国新聞史上初めて日刊紙（の記事）がどれだけ読まれているかという閲読率調査の結果を発表したからだ。ハンギョレが韓国《ハングク》日報《イルボ》を追い抜き、朝鮮日報《チョソンイルボ》、東亜日報、中央日報とともに四大紙の一つに加わった事実が公開された。各新聞の閲読率が広告主たちに知られたことも初めてだったし、創刊一年でハンギョレが中央日報市場での強者になったことも思いがけないことだった。

以後、各調査機関が新聞閲読率を定期的に調査し新聞社および広告主たちに公開することが恒例化した。科学的市場調査を土台にしたハンギョレ広告局の努力が韓国新聞市場の広告営業慣行まで変えたわけだ。

　確かに（広告は）過去に比べて好転したものの、広告主たちは相変らず閲読率以外を新聞に期待した。一九九二年春に開かれた広告主説明会には、編集陣を代表して張潤煥《チャンユンファン》論説主幹が同席した。ある企業の広告担当役員が記事と広告に対するハンギョレの原則を質問した。「ハンギョレは広告主とは関係なく存在します。他の新聞と同じく広告掲載で記事を判断したらハンギョレの存在価値をどこで探すというのですか。記事は記事で広告は広告です」。正しい言葉だったが、大企業の役員たちはひそひそ話をした。「ああ言っているが、どのように広告をもらいに行くのか？」。

「私たちがなぜあなたたちに弾丸を与えるのか？」

　広告市場の現実は大変厳しく、一九九〇年以後、ハンギョレは記者出身者たちを広告局に配置した。企業関係者たちとの人脈を無視できなかったからだ。

　初代編集委員長成裕普《ソンユボ》、初代民族国際部編集委員洪秀原《ホンスウォン》などが辺利根《ビョンイグン》の後を引き継いで広告局長になった。一九九二年一月からは初代社会教育部編集委員金斗植《キムドシク》が広告局長の発令を受け、この時編集局にいた高喜範《コヒボム》と柳熙洛《コヒラク》もともに広告局に移った。「記事を書くためにハンギョレに入ったが、ハンギョレという組織から行きなさいと言われれば行かなければならないだろうと思った」と柳熙洛は言う。

　広告営業は初めてだった金斗植と高喜範が初の訪問先として選んだのはある大企業の系列会社で、（これから会う）広告担当役員は頼りになると期待を膨らませて座って待った。「どうしていらっしゃったんですか？」気にくわない表情をした役員が聞いた。「新たに広告局に赴任しました。あいさつのため伺いました」。役員は相変らず無愛想に対応した。「これを見て下さい。私たちに銃の照準を合わせている（批判的な記事を書く）あなたたちハンギョレは、（私たちの話に）聞く耳をもたない。（弾丸が）不足したからといって、私たちがあなたたちに弾丸を与えるわけがないでしょう」。

　広告局の人たちはこうした侮辱を受け続けた。黄賛錫《ファンチャンソク》は朝鮮日報で二〇年間広告と販売を受け持ったが、一九九二年から約五年間はハンギョレに席を移して広告営業をした。同じ時期に朝鮮日報などでやはり広告を担当した崔桂植《チェケシク》もハンギョレに合流した。彼は取材編集と同じく広告企画・営業でも経験が必要であると考え、既存のメディアの広告営業ノウハウをハンギョレに伝えた人だ。

以後、崔鶴来《チェハンレ》、尹由錫《ユンユソク》、高永才《コヨンジェ》、高光憲《コグァンホン》、金炯培《キムヒョンベ》、宋宇達《ソンウダル》などが広告担当または広告局長を勤めた。一九九七年七月、広告局長尹由錫は鼻血のおかげで広告を取った（というエピソードもある）。どうしても広告がとれない大企業役員室に靴が磨り減るほど出入りしたが、ある日、役員室の前に立つやいなや鼻血が流れた。「広告をひとつ与えるから家へ行ってちょっと休んで下さい」。担当役員の言葉だった。

二〇〇二年、広告局長になった高永才《コヨンジェ》は年末決算の時、当初目標の広告をとれなかったと自ら辞表職を出した。もちろん新聞社はこれを認めなかったし、広告局の社員たちはさらに奮闘したのだ。

一九九〇年代初盤以後、ハンギョレ広告局の最大の課題は広告単価を高めることであった。創刊初期、ハンギョレの広告単価は朝鮮日報の三分の一にすぎなかった。閲読率、影響力、信頼度などでも四大紙の中に入っていたが、広告主たちはなかなか広告単価を上げてくれなかった。

しかし一九九二年大統領選挙が一つの峠になった。鄭《チョン》周永《ジュヨン》会長の大統領選挙出馬を控えて現代《ヒョンデ》グループ全体が揺らいでいた時である。広告単価引き上げを要求するハンギョレに現代グループの広告担当役員が伝えた話は簡単だった。「会長を三代候補の中の一人として公正に扱ってください」。実際に、鄭周永は金大中《キムデジュン》、金泳三《キムヨンサム》（に次いで三番目）に高い支持率を得ていた。ハンギョレ編集局では（支持率の比重を反映した）報道をしていた。金大中の当選を憂慮した他の新聞が「鄭周永殺し」（鄭周永候補が票を取ると当選ラインが低くなるために取り上げようとしないこと）に出たのが問題だった。ハンギョレを見る現代グループの目が変わった。ハンギョレは公聴報道（民意の反映である支持率を重んじた報道）の比重を反映しただけで「漁夫の利」を得たのである。

新聞市場の矛盾を第一線で経験する広告局の人たち

広告局の奮闘が常に美しく記憶されるのではない。大統領選挙直前の一九九七年一二月、権永吉《クォンヨンギル》（資料編「人物略歴」

参照）候補を立てた「国民勝利21」（＊1）の支持者たちがハンギョレ社屋の前で抗議の座り込みをした。紙面に大統領選挙公報の広告を出したが、広告文の「財閥解体」という単語を「財閥改革」に変えよと新聞社側が強要したと主張した。広告コピーをめぐり広告自体を載せることができないとか、掲載に同意できないという理由から大宇《テウ》グループ労組協議会（一九九八年五月）、成均館《ソンギュングァン》大学総学生会（一九九八年七月）、韓国通信労組（一九九九年四月）などもハンギョレ新聞社に抗議したことがある。

　このような問題が起こるのは実定法の制約も働く。一九九八年八月、検察はハンギョレが韓国大学総学生会連合（略称、韓総連）（＊2）名義の意見広告を載せたとして捜査した。韓総連が利敵団体（＊3）であるのに、その主張をそのまま広告に出したハンギョレにも責任があるという容疑なのだ。現行法では個人の名誉を深刻に侵害するとか、実定法（に反したり）風俗を著しく乱す内容を載せた広告に対しては新聞社も責任を負わなければならないが、強い主張を込めた意見広告でも、ハンギョレ広告局の人たちは法的責任の心配もしなければならない。

　広告局の人々は、大企業の不当労働行為を批判する記事を書いた記者に最小限の賃金を与えるために、その大企業の広告を受注しなければならない（こともある）。苦労は絶えない。

　二〇〇七年一月、入社二〜八年目の社員約五〇人が社内の掲示板に次々と実名で金属労組の意見広告掲載拒否を批判する内容を載せた。一月初め、大企業を批判する意見広告の掲載を金属労組が依頼してきたが、広告局の担当者が難色を示したのだ。その事実を知った編集と業務部門の若い社員たちが「（金属労組の意見広告に難色を示すような会社から支給される）月給は恥ずかしいし受け取れない。大切に守ってきた価値を資本権力の前で投げ出すことはできない」として批判した。最も若い世代になる社員たちが集団として意見を出し、ハンギョレ紙面と経営全般に対する議論につながった事件でもある。約二カ月後、編集委員長が交代し代表取締役辞任にも影響を与えたのだ。

　以後、ハンギョレは広告と紙面を分離した。問題になるかもしれない意見広告に対しては、掲載するかどうかを役員会議など通して最終決定する制度的な代案が用意されることになった。

　この間、内外で議論になった広告の大部分は「生活広告」

の紙面に載ったものだ。「生活広告」は平凡な細かい一覧広告を掲げたものだが、社会的・経済的に恵まれない人たちが自分の意見を表わすことができるように、ハンギョレ広告局が特別に考案して作った広告面だ。他の新聞にはこんな広告面自体がない。時折、誤解や議論のただ中に立つことがあってもハンギョレは生活広告を倦《う》まず弛《たゆ》まず維持している。

三星《サムソン》広告がなくてもやっていける

広告局の社員はハンギョレの矛盾を第一線で一番痛切に経験するが、大企業を批判しながらも大企業の広告に寄り掛かるのがハンギョレの現実だ。二〇〇五年九月、「時事《シサ》ジャーナル」は中央日刊紙の全体広告売上げの中で三星《サムソン》の広告が占める割合を調査した。その結果、ソウル新聞、京郷《キョンヒャン》新聞、文化日報、ハンギョレの順序で三星への依存度が高い。ハンギョレは全体広告の一四・六%を三星から受けた。朝鮮日報《チョソンイルボ》、中央日報《チュンアンイルボ》、東亜日報《トンアイルボ》はその比率が一〇%に達しなかった。

だが、三星から実際に受ける広告費は保守新聞がはるかに多い。中央日報（一二四億五八〇〇万ウォン）、朝鮮日報（一一九億四四〇〇万ウォン）、東亜日報（一一七億八一〇〇万ウォン）に比べて、ハンギョレはその半分程度の六一億三四〇〇万ウォンの広告受注額だ。

二〇〇七年一一月以後三星はハンギョレに対する一連の広告を中断した。三星機密費事件（＊4）に対するハンギョレのたゆみない報道を弾圧しようとする意図だ。広告受注の目標額達成のためには通常どおり三星の広告が入ることを含んでいたのだが、（三星の広告拒否で）当然、目標達成は難しいとみられた。ところがハンギョレ広告局の社員が他の広告をとれたことで、三星広告が切れた一一月から三カ月間は元来の目標をむしろ上回る広告を取った。三星が広告を出さなくてもハンギョレは主張することは主張する。ハンギョレ広告局のおかげだ。

＊1　**国民勝利21**　一九九七年に創党された革新政党で、正式名は「民主と市民のための国民勝利21」。一九九七年の大統領選挙で革新陣営の大統領候補を推すめに全国民主労働組合総連盟（民主労総）と民主主義民族統一全国連合会（全国連合）が共同して創党した。当時民主労総委員長だった権永吉《コンヨンギル》を大統領候補に推したが、投票の結果約三〇万六〇〇〇票、一・二%の得票率を記

録した。ただし国民勝利21内部では全国連合が選挙のための政党登録に反対をしていたこともあり、民主陣営の確立がなされたわけではなかった。一九八八年に実施された第二回地方選挙では労働界と連帯した無所属候補が出馬、蔚山《ウルサン》広域市で二人が当選した。二〇〇〇年の総選挙を前に民主労働党に改組された。

＊2　**韓国大学総学生会連合**　一九八七年の六・二九民主化宣言後に創立された全国大学生代表者協議会（略称全大協）の発展的解消として一九九三年四月に組織された学生運動団体。全北《チョンブク》大学で初めて創立され、一九九六年夏の延世《ヨンセ》大学での八・一五統一大祝典・汎民族大会では大規模デモを行った。一九九七年には最高裁判所により利敵団体に指定された。

＊3　**利敵団体**　国家の存立や安全、自由民主的基本秩序を危機にさせる反国家団体やその構成員または指令を受けた者の活動を、宣伝、同調したり、国家騒乱を宣伝、先導した団体をいう。利敵団体を構成したり、利敵団体認定後に加入した者は一年以上の懲役刑に処される。

＊4　**三星《サムソン》機密費事件**　二〇〇七年一〇月三〇日三星グループの前職法務チーム長の金勇澈《キムヨンチョル》はカトリック正義具現司祭壇とともに三星グループの五〇億ウォンの機密費を自身が管理していたと暴露した事件。また警察および市民団体を対象としているロビー活動を李健熙《イゴンヒ》会長が直接指示したという文書を公開した。以後、金勇澈はハンギョレなどのインタビューを通じて、三星グループが機密費を作り出す方式と、多方面にわたるロビー活動で三星グループ幹部が過度に政治家に忠誠を示す姿を公にした。

虫眼鏡17　「ハンギョレの窓」と「Esc」

資金と輪転機問題でハンギョレはページ数が多い新聞を作ることができなかった。このため創刊の時から情報不足を指摘する読者の声が少なくなかった。限定された紙幅を効果的に活用する方法はないか。「セクション」体制（以下、テーマ別の別刷り新聞）がその回答だった。ハンギョレのテーマ別の別刷り新聞の変遷過程は当初から読者マーケティングと密接な関連があった。

読者の情報欲求を盛り込め

一九九六年一〇月一四日、題字を変え二四面を二八面に増やすなどの紙面改革を断行した。この時に「ハンギョレの窓」が生まれた。別刷りで発行したことがないので本格的なテーマ別の別刷り新聞とすることはできなかったが、新聞に折り込んで目立つように編集して別刷り新聞という感じを与えた。

創刊初期は「ハンギョレの窓」とか「本の生活」などのタイトルをつけて生活・文化情報を引き立つように編集した。「ハンギョレの窓」は月曜日から土曜日まで毎日違ったテーマで深層・特別企画情報を扱った。読者調査の結果、生活・文化・教養などに対する情報欲求が高いことがわかり、「ハンギョレの窓」はこれに応えるために徹底的に計画されたコンテンツを掲載した。

月曜日の「未来」版には科学・情報通信・財テク、火曜日の「本と生活」版には出版・学術・文学・宗教、水曜日の「仕事と人生」版では求職・創業・青年・健康、木曜日の「余暇演出」版には旅行・ショッピング・趣味、金曜日の「開かれた共同体」では出産・育児・家族・女性・教育、土曜日の「文化生活」版では映画・演劇・美術・芸能などを扱った。

新聞編集にデザイン概念を取り入れたのもこの時だ。韓国でデザイナーが新聞全面を編集したことは「ハンギョレの窓」が初めてだった。新聞（記事）の下の欄には広告なしのカラー印刷で編集した。片面に表紙記事と附属記事一つずつ載せ、紙面一番上には小さなお知らせ記事を配置した。写真を使ったこれまでのやり方を止め、迷わずイラストを取り入れた編集をした。「ハンギョレ21」、「シネ21」

▲「ハンギョレの窓」

▲「ハンギョレe」

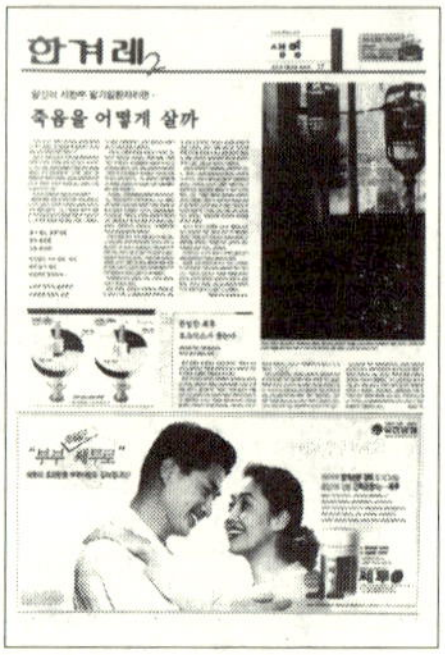

▲「ハンギョレ2」

がそうだったように「ハンギョレの窓」のデザインは時代を先んじた。この分野を開拓したイ・ジェヨンが初期の「ハンギョレの窓」の編集の中心になった。

「ハンギョレの窓」は一九九〇年代後半においてハンギョレ記事の深層性と多様性を代表した。一九九八年九月の読者調査では政治・社会面などで最も閲読率が高い紙面という評価を受けた。「ハンギョレの窓」が扱ったコンテンツは、以後各種のテーマ別の別刷り新聞体制が変わるたびに選ばれ再構成された。国内の他の新聞が採択した多様なテーマ別の別刷り新聞の原型がここにあると評価しても良いほど、企画構成がしっかりしていた。

一九九九年五月一〇日、ハンギョレは本格的なテーマ別の別刷り新聞を出し始めた。言葉どおり本紙と別刷りの新聞「16＋16'」体制（本紙一六ページ、別刷り新聞一六ページ）が始まった。主要な記事を扱う「ハンギョレ」と、経済・文化・スポーツ記事を盛り込んだ「ハンギョレe」がそれぞれ一六面ずつセットで発行された。新聞をニュース・セクションと生活セクションに分離したのだ。「ハンギョレe」の誕生には経済記事に特化しようとする意味があった。経済分野が弱いという読者の指摘を反映したのだ。「ハンギョレe」の表紙は経済関連記事の席となった。

二〇〇一年四月一六日、二つの別刷り新聞の体制に変化が起きた。最初の別刷りは各分野のニュースを主に扱い、二番目のものは曜日別にテーマが変わるコンテンツで掲載した。名前は「ハンギョレe」から「ハンギョレ2」に変えた。月曜日にはデジタル経済、火曜日には知性、水曜日には女性、木曜日には消費者経済、金曜日は健康と共同体、土曜日には大衆文化とデジタルエンターテイメントなどを扱った。

こうした変化の背景には広告上の問題もあった。二番目のテーマ別の別刷り新聞は経済記事を入れても閲読率がむしろ低くなり、企業が「ハンギョレe」に広告を載せることをためらい、結局経済記事を本紙に回さなければならなかった。

最初の教育専門の別刷り新聞、「ともに行う教育」

ハンギョレのテーマ別の別刷り新聞で長い間維持できているのは「ともに行う教育」である。二〇〇〇年三月、韓国総合日刊紙の中で初めて教育専門の別刷り新聞を出した。教育分野の記事と情報に特化して取材と事業を一緒に進めるために作られた教育事業団の作品だった。崔永善《チェヨンソン》、姜皙《カンソ》云《ギュン》、文霜皓《ムンサンホ》、安祀賢《アンチャンヒョン》らが「ともに行う教育」の創立メンバーだ。創刊から毎週月曜日に発行している。二〇〇五年一〇月、タブロイドの判型に変わったが、二〇〇七年五月からまた大判で発行している。教師、父母、学生にたいへん定評があった「ともに行う教育」は二〇〇七年一〇月、別刷り新聞「こどものハンギョレ」誕生につながった。正規の教育過程で学んだ知識を単なる入試準備ではなく、真摯な思索と論理能力の啓発を高めるためにハンギョレが出した別刷り新聞だ。学生たちが知らなければならない社会問題を三種類毎週選んで、これと関連したハンギョレ、「ハンギョレ21」、「シネ21」、「エコノミー21」などの記事、コラム、社説を整理して知らせている。新聞を通じて学ぶことを得る「新聞活用教育（NIE）」の新しい方法になっている。

二〇〇五年五月一六日、ハンギョレは別刷り新聞に新風を吹き込んだ。「36.5°」（水曜日）、「100°」（木曜日）、「18.0°」（金曜日）と三種類のテーマ別の別刷り新聞が誕生した。人の体温を意味する「36.5°」は生活・健康・共同体、熱い感性を志す「100°」は大衆文化、頭脳活動が最も活発な気温と知られる「18.0°」は出版・知性・エッセイ・文学を掲載した。この中でタブロイド判として発行した「18.0°」の人気が出て、二〇〇七年五月から新聞に折り込み別刷り新聞「本と思考」に変わった。韓国新聞の中でクォリティペーパーとして本格的に扱った初の試みである「18.0°」はソウル大学人文学部哲学科講義の副教材に採用されるほど注目されたが、その当否にも読者の調査が影響を及ぼした。「18.0°」を愛読するマニアもいたが、多数の読者はむしろこれにそっぽを向く調査結果が出た。そのため「18.0°」の実験を清算して「Esc」が後を引き継いでいる。「Esc」は二〇〇七年五月、生活文化マガジンを掲げて生まれた。マガジンという表現でわかるように、このテーマ別の別刷り新聞は編集局の他の部署とまったく別個の取材・編集過程を経て制作されている。「ハンギョレ21」編集長を勤めた高経《コギョン》太《テ》が初代チーム長を務めている。

　旅行・食べ物・ショッピング・ファッション・芸能などを扱い、第一号からいろいろ議論を呼んだ。英語のアルファベットを題字で掲げたし、民族国家の境界を自由に飛び越える若い世代の消費文化に注目している。「ハンギョレの窓」が正しい生き方を示したなら「Esc」は個性のある生き方を示している。ハンギョレの別刷りの進化は今も継続している。

▲「18.0°」

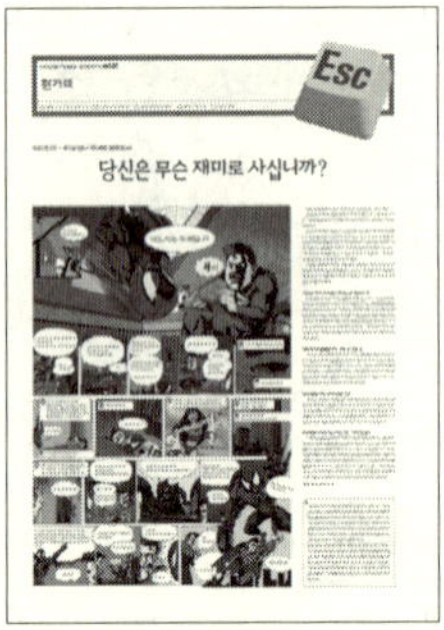

▲「Esc」

関連資料・コラム7

ユン・ソンオク「ハンギョレ新聞が追求する広告営業の戦略——最小限の利益・公益性を命として」

ハンギョレ新聞の広告営業には二つの目標がある。一つは新聞社の経営に必要な最小限の利益を確保することであり、もう一つはわが国の新聞広告業界に新しい風を巻き起こすことだ。

三万人を超える国民株主の後援、真実の報道を求めてきた読者たちの期待、良心ある社会的エリートたちの明らかな、そして語らずとも、思いを同じくすることなどを考えると、ハンギョレ新聞の広告営業の展望は実に明るい。

それでも私たちはなぜ「最小限」の利益だけを追い求めるのか？

ハンギョレ新聞は新聞の発刊と持続的発展に必要な金額以上の収益を求めないからだ。もしそれ以上の余剰利益が生まれたら、広告料単価を低くし新聞代金を下げ、企業と消費者の負担を減らすことになるだろう。

どんな人でもさらに多くの利益を出し株主に高い利益配当をしなければならないと言うかもしれない。しかしそれは「ハンギョレ」設立基金を出した株主たちの本意を知らない声であろう。ただ（国民株主の意味とは何なのか）ということについて説明する前に利益の話からするのは間違っていない。しかし利益の話をすることによってハンギョレ新聞への広告が新たに生まれ、営業の展望はバラ色の未来であると見ることでは決してない。

広告営業は元来難しい。制度圏に安住する新聞（制度言論のこと。第一部第一章注1参照）であっても、寡占とカルテルの特別な恵みを享受してはいるものの営業的にもうまくいかないことが避けられない厳しい事実としてある。既存の新聞とよく似た約二〇の新聞が続々と復刊または創刊される。しかし私たちは自負する。私たちは（創刊、復刊される）「また一つの新聞」ではない。私たちはいわゆるUSP（Unique Sales Peoposition）を持った力強い広告メディアになるだろう。だから公正な自由競争を保障されたらどんな熱烈な競争の中でも生き残り成長していくと確信している。

われわれが新聞広告営業界に新たな風を起こす。

（中略）

企業の大量生産と同時に新聞（マスディア）が大量に情報を伝達して生産、消費することは、今日の自由経済の構造だ。ハンギョレ新聞は国民株主によって設立された商法上の株式会社だ。一つの企業であるハンギョレがどうして他の企業に敵対的であろうか。

最後に今、私たちの広告主になるお客様、そして私たちと善意の競争をする同じ業界の先輩の皆さんにお願いしたい。私たちは題字そのままハンギョレ（同胞《はらから》）を志向します。ハンギョレ新聞は国民の新聞です。もしかしたら、まさにあなた自身の新聞かもしれません。どうか愛読いただきたい。

（「ハンギョレ新聞便り」第八号（一九八八年三月二三日）より。四月二八日の「ハンギョレ新聞の広告営業戦略」に先立ち報じられた現場の声である。ユン・ソンオクは広告局副部長（当時）。一部抜粋）

한겨레
신문이
추구하는
광고 영업
전략

第三章　政治の民主化を越えて経済の民主化に

二〇〇二年以後、ハンギョレは世代交代を行った。編集局指導部が解職記者世代から公募採用の世代に変わった。創刊の主役であった一九七五年、八〇年代の解職記者世代は取材報道の業務で一足先に退いた。代わって既存のメディアで新入社員試験を受けてハンギョレに入社した「キャリア世代」と、創刊以後ハンギョレの採用試験を経て入社した「公募世代」が編集局指導部を担い始めた。編集局の部長級記者が編集局長を引き受けた「ハンギョレ21」も事は同じであった。

❖ 編集局の指導部、解職記者から公募記者へ

解職記者世代の大部分は八年から一三年間メディアの現場を離れていた。在野で言論運動を始め、異なる分野で生業に就いていた。彼らは創刊から約一〇年間、ハンギョレの紙面をリードした。記事の内容は批評性が高かったが、厳密さと専門性が不足していないわけではなかった。反面、二〇〇〇年代以後の編集委員長たちは大方が記者の試験を受けており、盧武鉉《ノムヒョン》政権出帆以後二〇〇三年から二〇〇八年まで編集委員長を務めた金孝淳《キムヒョスン》、権台仙《クォンテソン》、呉《オ》亀煥《ギファン》、金鐘求《キムジョング》が二〇〇〇年代のハンギョレを代表した。

金孝淳は連合通信、京郷《キョンヒャン》新聞で記者の経歴を積んだ。彼は同じ年頃の解職記者たちが第一線から退いている間にもジャーナリストとして引き続き現場に張り付いた。一九七九年にジャーナリズム界に入った彼がハンギョレ創刊に合流した時には、すでに九年目の中堅記者であったし、創刊メンバーの中でも取材・報道の領域でこつこつと実績を積み重ねてきた代表的な人物であった。創刊当時は政党〔取材担当〕チームを引っ張り、一九九二年一月から三年間、初代東京特派員を務めた。

権台仙は一九八〇年の解職記者最後の世代にあたる。一九七八年韓国日報《ハングクイルボ》に入社、解職後サラリーマンを経てハンギョレ創刊に合流した。創刊の時から二〇〇〇年三月まで民族国際部で仕事をした。一九九七年三月から一年間初代パリ特派員を務めた。おのずと国際分野に精通した。二〇〇一年四月から二年間社会部長を歴任し、韓国中央日

刊紙史上初めての女性部長となった。

呉亀煥は朝鮮日報《チョソンイルボ》出身だ。一九八二年の入社時から優れた人材として知られた。朝鮮日報で記者として活躍したが、一九八八年五月、自らハンギョレに移った。主に社会部と政治部で仕事をした。一九九五年に作られた「ハンギョレ21」の創刊の主役である初代取材チーム長だった。ニュージャーナリズムをとなえ時代の先頭に立った。社会部長時代の一九八八年には教育キャンペーン、失業克服キャンペーン、北〔北韓〕の救済キャンペーンなど、すべて成功させた。

金鐘求は「連合ニュース」出身だ。一九八五年にジャーナリズム界に入り三年余の間、社会部記者として修行し、ハンギョレ創刊の時には敏腕記者として入社した。彼は若い時からハンギョレの重要な特集の多くに名前を連ねた。保安士民間人査察事件、曹渓宗《チョゲチョン》暴徒動員事件、金賢哲《キムヒョンチョル》不正事件などの取材を指揮した。「ハンギョレ21」編集長時代には韓国軍のベムナム民間人虐殺事件を特集報道した。

彼、彼女らはハンギョレ創刊を牽引した人物ではない。創刊では〔解職記者世代を中心とした先輩記者から〕一歩引き下がったかたちで、創刊の主役たちとは多少区分される。そしてジャーナリストとしての専門性を絶えず磨き、創刊以後の取材報道の専門性を高めることに確かな足跡を残した。四人は編集委員長になった後にそれぞれの異なったやり方で紙面と組織を導いた。

金孝淳は二〇〇三年三月から二年間、権台仙は二〇〇五年三月から一年四カ月間、呉亀煥は二〇〇六年七月から七カ月間編集委員長を務めた。二〇〇七年四月から金鐘求が編集委員長を務めている。各自の個性は異なっていたが、これらの影響はあまねくハンギョレに蓄積された。

二〇〇〇年代のハンギョレの報道の変化を語るとき欠かすことができないのが「ハンギョレ21」だ。二〇〇〇年代の「ハンギョレ21」は新たなテーマを発掘し新聞に見劣りしない成果を収めた。深層報道では〔週刊誌という〕特性を生かして、少数者の人権を含む多様な領域に関心を傾けた。キャリアまたは公募でハンギョレに入った鄭泳武《チョンヨンム》(二〇〇一〜〇三年)、裵炯録《ペキョンノク》(二〇〇三〜〇五年)、高《コ》経《ギョン》太《デ》(二〇〇五〜〇六年)、鄭在権《チョンジェグォン》(二〇〇六〜〇八年)などがこの時期の「ハンギョレ21」をリードした。二〇〇八年三月から「ハンギョレ21」編集長となった朴溶《パクヨン》鉉《ヒョン》はハンギョレの三八六世代を代表する人物の中の一人だ。彼らの新たな感性は、革新的な新しい論客よりも一歩先んじて新たなテーマを発掘し、多様な報道を続けた。

❖ 具体的な代案を提示する革新談論企画

二〇〇〇年代に入りハンギョレの紙面には多様な企画が登場した。革新政治体制の本質を新たに再構成して焦点を合わせた。民主政府以後の韓国改革勢力が進むことを模索する営みだった。「大韓民国の新たな枠組を探そう」(二〇〇四年五月)、「先進代案フォーラム、さらに現われる代案、さらにすばらしい社会」(二〇〇六年一月)、「ともに越えよう、両極化」(二〇〇六年一月)、「社会改革の意義」(二〇〇七年三月)、「六月抗争二〇年、終わらない六月」(二〇〇七年六月)、「再び、そして共に――新たな模索のために」(二〇〇八年一月)などが代表的だ。短いものでは一週間、長いものは一年間かけて関連記事を載せた。

企画は大きなテーマを扱ったが、具体的な代案を提示する労力も少なくなかった。特に共助の経済モデルを探索するにせよ、環境保全的な社会政策を出す企画が多かった。経済分野では「お互いに助け合う企業経営」(二〇〇四年一月)、「企業—社会、共助の持続可能な道」(二〇〇四年六月)、「成長の基準を変えよう」(二〇〇四年八月)、「企業と社会の連帯」(二〇〇七年一〇月)などが代表的な企画だ。環境分野では、「清渓川《チョゲチョン》に命を」(二〇〇二年四月)、「ここだけは守ろう――その後一二年解き方を探そう」(二〇〇三年五月)、「ソウルの島」(二〇〇五年二月)、「緑の社会を作る現場を行く」(二〇〇七年五月)など掲載し具体的な政策の代案を提示した。

清渓川に関連する記事からヒントを得た李明博《イミョンバク》〔現・韓国大統領。資料編「人物略歴」参照〕は、二〇〇二年にソウル市長選挙でこれを主要公約として取り入れることにした。二〇〇二年、ハンギョレの新年号は清渓川を復元しようという小説家朴景利《パクキョンリ》の提案を大きく載せて関連記事を出したのだが、李明博候補の選挙参謀はこの記事を読んで公約を準備したのだ。しかしハンギョレが提案した生態系を重んじる復元事業は未完に終わった。ハンギョレは環境問題を指摘したのだが、李明博は建設と造園の問題にした。

環境・福祉の充実を目指す社会に対してこのような関心を示すのは社会から疎外された階層、少数者に対する連帯意識が土台となっている。「ハンギョレ21」は二〇〇一年二月一五日発行の三四五号で〔兵役で〕銃を所持し勤務することを拒否して監獄に送られたエホバの証人の信者を取り上げた。この良心的兵役拒否に対して〔兵役に代わる〕代替服務制を社会の争点として浮かび上がらせた。二〇〇五年当初からは移住労働者、良心的兵役拒否者、性的少数者などの問題を粘り強く取り上げた。〔かつての〕独裁政権の人権蹂躙に対する関心が少数者の人権問題にも広がることにハンギョレは決定的な役目をした。

日常に忍び込む権力に対してもメスを入れた。「ハンギョレ21」は二〇〇六年一月一〇日発行の五九二号トップ記事で小・中・高の各学校と機関で行われている「国旗に対する誓い」問題を扱った。日常にまで深く入り込んだ国家主義の痕跡への批判だった。ハンギョレは二〇〇六年三月九日、新入生歓迎会を口実に行われる過酷な訓練を課す多くの大学の実情を暴露した。二〇〇七年三月、二〇〇八年三月にもその現場を取材して報じた。見ざる言わざる聞かざる日常に対する告発だった。〔釜山《プサン》〕成人ゲームセンター不正（二〇〇六年七月）〔「虫眼鏡14」参照〕や釜山港運労組不正（二〇〇七年一一月）を扱った深層報道もやはり誰もが心当たりがある日常の不条理に目を向けた特ダネ報道だった。

しかし一連の変化の中ではハンギョレの悩みがあった。一九九〇年代までハンギョレが特ダネを報じたような革新と改革の議題を、二〇〇〇年代に入って他の新聞社も担ったからだ。報道部門が弱かった放送会社が資本と人材を土台にして多様な調査報道をするようになった。韓国《ハングク》放送、文化《ムンファ》放送などは調査企画チームなどを新設して深層企画報道に精魂を込めた。社員株主会社で生まれ変わった京郷《キョンヒャン》新聞が、独立言論を宣言して革新陣営を代弁する新聞を自認するようになった。「オーマイニュース」、「プレシアン」などインターネットを基盤とした市民メディアも生まれてきた。朝鮮日報《チョソンイルボ》、中央日報《チュンアンイルボ》など保守新聞社もジャーナリズムの専門性という観点から見れば変化し続けることに力を注いだ。

参与政府〔盧武鉉《ノムヒョン》政権〕出帆後は手続民主主義〔民主主義遂行のため三権分立、地方分権などのシステムの確立〕の問題がかなり解決することで、ハンギョレが伝統的に力を入れてきた政治権力に対する鋭い批判部分が相当数減った。革新・改革の議論を特徴としたハンギョレの地位が揺れ始め、資本に頼る巨大新聞社の報道は質が高かった。権力批判、深層報道、革新論議などの領域でハンギョレは新たな地平を拓くために必死の努力をしなければならなかったわけだ。各種大型企画と政策の代案を提示する努力をする裏側にはこうした事情があった。

韓米自由貿易協定（ＦＴＡ）〔韓米自由貿易協定は以下、韓米ＦＴＡ〕、三星《サムソン》機密費事件〔「虫眼鏡16」参照〕、慶北《キョンブク》大運河などはハンギョレの新たな二〇年の道を予告する分野だ。ハンギョレの座標は政治・社会問題から社会・経済問題に移している。

❖一年以上食い下がった韓米ＦＴＡ報道

二〇〇六年二月二日から韓米ＦＴＡ交渉が始まった。二〇〇七年四月二日に協定が完全に妥結されるまでハンギョレは粘り強くこの事案を報道した。基本的な報道姿勢は二〇〇六年二月二日付けの社説に現われている。

「アメリカとの協定は毒入りの薬だ。誤った処方をするなら致命的になる。韓米ＦＴＡはどんな犠牲を甘受しても急がなければならない絶体絶命の課題ではない。受け入れることができない要求をアメリカがするなら引き返さなければならない。協定自体が目標になってしまい、アメリカに引っぱられると薪を背負って火に飛び込む姿だ〔危険なところに無謀に飛び込んでいくこと〕」。

その年三月には韓米ＦＴＡに対するエコノミストたちの寄稿を連続して載せたし、五月にはＦＴＡを結んだ他の国の事例を検証する企画記事「集中探求　韓米ＦＴＡ」を載せた。七月には「韓米ＦＴＡ　二次交渉争点分析」を通して分野別に協定内容とその虚実を指摘した。一年二カ月の協定交渉期間の間、ハンギョレは社説、コラム、寄稿を含めて少なくとも一三〇〇件以上の関連記事を出した。

二〇〇六年八月一日に出た「ハンギョレ21」ははじめから韓米ＦＴＡ特別版だった。全ページがすべて韓米ＦＴＡを取り巻く争点を分析する記事で満たされた。

九月一四日付コラムでキム・ヨンホ言論改革市民連帯共同代表がハンギョレの報道に対して評価した一文がある。

「わが国のメディアに果たしてジャーナリズムがあるのか。韓米ＦＴＡの報道行動を見て問いたい。メディアの報道を見ても何がどうなるのかわからない。守旧新聞〔朝鮮《チョソン》、東亜《トンア》、中央《チュンアン》の保守論調の新聞をいう〕たちは『協定反対＝反米』と等式化している。放送は曖昧なスタイルだ。悪かったり良かったりするためだ。均衡報道〔報道の中立性の立場から韓米ＦＴＡ賛成、反対を均等に報じること〕は型にとらわれて微動だにできない感じだ。しかしハンギョレが道案内役をしてくれる。協定内容が難しくて読む読者が減るかもしれないが、熱心に知らせて正しく論評しようと努力している。ハンギョレを見れば霧が晴れる感じがする」。

ハンギョレはFTA関連の政府報告書の数値操作など、協定内容の裏面を伝える多くの特ダネを出した。韓米FTA報道でハンギョレが注目されるのは、特ダネをいくつ報じたというからではなく、一年以上粘り強く食い下がった報道を続けたことだ。多くのメディアが韓米FTAの締結を当然視するとか曖昧模糊とした態度で紛らそうとしたのだが、ハンギョレは事実報道を基礎にしてその問題を掘り下げた。

最終交渉が妥結された直後の二〇〇七年四月一八日、参与政府はハンギョレの関連報道に反論する内容を「青瓦《チョンワ》台《デ》ブリーフィング」に三日間続けて載せた。異例なことだ。韓米FTAに対するハンギョレの報道で政府は不安な気分にかりたてられたことを汲みとれる事件だ。

ハンギョレは、四月二七日付けの新聞で「青瓦台ブリーフィング」に対して反論した。事実関係を歪曲したという青瓦台の主張に対して具体的にどんな内容を根拠にして報道したかを条項別に示した。政府とハンギョレが紙面で論争を起こしたこと自体が大きな話題となり、盧武鉉《ノムヒョン》は青

▲韓米自由貿易協定（FTA）交渉の締結直前である2007年11月30日の夜、ソウル市庁の前の広場で市民・社会団体のメンバーと大学生など5000人が集まり交渉中断を要求してろうそくデモを開いている。

瓦台秘書官会議で「ハンギョレの反論報道の態度には真剣さがうかがえる。今度の論争は韓国メディア報道の新しい進展だと思う」と語った。

ハンギョレの韓米ＦＴＡ報道は参与政府に対する革新改革陣営の批判的距離につながり、このために一部の盧武鉉支持者がハンギョレを強烈に非難したりもした。この時期を境にして参与政府支持率も急激に落ちたし、国政運営で多くの問題が際立ち始めた。参与政府の真の姿は何かという正当性をめぐって、いわゆる「革新論争」が始まったのも韓米ＦＴＡ交渉が契機になったといえる。

金泳三《キムヨンサム》政府時代、ハンギョレの権力批判は金賢哲《キムヒョンチョル》不正報道に代表される。ハンギョレは金泳三政府の恥部を全面にわたって掘り下げた。金大中《キムデジュン》政府時代、ハンギョレの権力批判は衣服ロビー報道に代表される。ハンギョレは金大中政府の道徳的正当性に強い疑問を提起した。二つの場合すべて権力型の不正、腐敗とつながっていた。

盧武鉉政府時代はどうか。ハンギョレの権力批判を象徴するものは韓米ＦＴＡであり、これを契機に政権に対して国民的信頼が大きく下落したという点では先の二つの政府の事例と似ていた。しかし手続民主主義との関わりが深い権力型不正ではなく、社会経済的デモクラシー〔経済的民主化〕の内容を問い批判のメスを入れた点で、過去とは異なる。

権力を監視するハンギョレの役目は韓米ＦＴＡ報道を経て一段階成熟したといえるだろう。

❖ハンギョレの座標、政治・社会から社会・経済で

韓国の社会・経済体制に対するハンギョレの関心はこの報道をきっかけにしてさらに高くなった。手続的正当性を備える政権〔三権分立のもと、公正な選挙を経た政権〕を求めているのだが、どのような国をどう作ろうとするのか。深く問うことで二〇〇六年以後の各種の大型企画は新自由主義を越えて新しい代案モデルが何なのかを模索する内容を多く生み出した。契機となったのは韓米ＦＴＡの論争だ。

ハンギョレの関心は人権侵害、権力腐敗、社会の不条理などを越えて市場主義と〔貧富の〕両極化の弊害を乗り越える代案を探ることにシフトし、おりしも韓米ＦＴＡ報道はハンギョレが公正報道を基礎とした信頼構築を内外で打ち立てた時期に集中した。

しかし、ハンギョレの報道がＦＴＡの否定的な側面のみ

を強調したのではないかとの批判が内部でも提起されたように、一連の報道に対する議論はハンギョレ内でも絶えなかった。ハンギョレの記者たちは〔報道の中立性から〕機械的にバランスをとる報道を越えて〔本当はどうなのかという〕実質的な真実を選り分けて最小限の公正性を備えることの大切さを共有するきっかけにもなった。

こうした報道の背景には編集局の第一線記者たちの世代交代もある。一九九〇年代中盤まではハンギョレ記者たちの大多数は軍事政府の弾圧を直接体験した世代が多数だった。独裁と民主の区分〔が明確に分れてそれ〕に慣れた人々だった。民主政府樹立を革新の根幹をなすとして理解した。しかし一九九〇年代後半から少し違った感性を持つ人たちが新聞社に入って来た。金大中《キムデジュン》政府以後に大学時代を経験した彼らは、政治的抑圧より経済的不平等の問題をより痛感する世代だった。手続民主主義ではなく社会経済的民主主義に対する関心が高かった。一年以上続いたハンギョレの韓米FTA報道には若い記者たちの感性が大きな影響を及ぼしたといえる。

金升淵《キムスヨン》韓化《ハンファ》グループ会長による暴行事件はそうした変化を象徴するもう一つの契機になった。金升淵会長の息子が暴行されたことに恨みを抱き警備員を動員して直接相手に仕返し、暴行に出たという内容を二〇〇七年四月二七日、ハンギョレは一面で報じた。二、三日前に他の新聞も似た内容を報道したが、グループとその会長の名前は匿名で報じた。被害者たちの生々しい証言をとって金升淵を実名で報道したのはハンギョレが初めてだった。

ハンギョレの報道後、事件は一波万波〔一つの波を動かせば万の波を動かす〕で広まり、結局金升淵は暴行容疑で拘束された。他の新聞が実名報道を躊躇した理由は簡単だった。相手が財閥グループの会長だったからだ。一方、経済権力に対して鋭敏に神経を集中していたハンギョレは見逃すことはなかった。

❖ 三星《サムソン》の前に堂々とした唯一の新聞

二〇〇七年一〇月三〇日、ハンギョレ一面に三星《サムソン》機密費口座に対する金勇澈《キムヨンチョル》弁護士の良心宣言〔内部告発〕が載った。天主教《チョンジュキョ》正義具現全国師弟団とともに公式記者会見を開いて明らかにした内容だった。他のメディアもともに取材して報道したのだから、ハンギョレだけの特ダネではなかった。しかしこの事案を終始一貫して重要な問題として報道したのはハンギョレが唯一だった。関連の疑惑を追跡し、続けて報道した。結局、三星機密費の実態を捜査する検察の特捜チームが二〇〇八年一月に出帆した。

明らかな権力型不正も検察の特別捜査出帆を契機にして初めてメディアが大々的に報道するものだが、三星特別捜査は違った。メディア・オヌル〔メディア批評専門紙〕の分析によれば、三星特別捜査が始まってから、半月の間にハンギョレは五四件の関連記事を載せたが、京郷《キョンヒャン》新聞は三七件、中央日報《チュンアンイルボ》は一七件を報じたくらいだ。他の新聞が関連報道をためらう理由は簡単なことで、相手が韓国最高の財閥グループである三星だったためだ。

政経癒着および財閥グループの動静に対するハンギョレの批判は創刊時から一貫しており、財閥の肩入れをすることで不正献金を受け取る政治権力に〔照準を〕合わせていた。一方、二〇〇〇年代中盤以後は、恐れを知らないほど巨大権力になった財閥グループに対する監視、批判にハンギョレはより比重を置くようになった。この問題は韓米ＦＴＡ報道を峠として大きく膨らんだ社会経済的ビジョンの問題とも密接に関係をもつ。企業の社会的責任、労使共存の経済構造、持続可能な成長モデル、社会的弱者に配慮する社会福祉体制などは財閥グループの横暴を克服しなければ達成不可能であるからだ。

三星は関連報道が出た二〇〇七年一一月以後、ハンギョレに対する広告を中断した。二〇〇八年二月からハンギョレには言論団体および市民からの激励広告が載せられた。全国言論労組と民主言論市民連合が「三星に対して堂々と〔主張〕した新聞、ハンギョレと京郷新聞を助けるキャンペーン」を繰り広げた。

李明博《イミョンバク》政府の慶北《キョンブク》〔地方〕大運河政策報道はハンギョレの取材報道の力量を表わすものであり、また一つの事件ともなっている。李明博大統領が大統領選挙公約で慶北〔地方〕大運河建設を全面に掲げた二〇〇六年一〇月から関連報道を続けている。ここには成長と分配、開発と生態、独裁とデモクラシー、企業中心の経済と市民中心の経済などの問題がある。

政治的民主化から経済的民主化に目を向けたハンギョレは他のメディアとは比べることができないほど精魂込めてこの問題に取り組み、発掘特集と深層企画が続いている。ハンギョレは一度食らいついたら絶対に離さない。

記者の中の記者

虫眼鏡18

二〇〇五年五月、ハンギョレは国内で初めて専任記者制度を導入した。部長級以上の古参記者たちが取材現場に再び出かけていく道を開いた。以後、朝鮮日《チョソンイル》報《ボ》、京郷《キョンヒャン》新聞、文化《ムンファ》放送など、他のメディアもハンギョレにならい専任記者制度を始めた。

専任記者制度導入の背景としては二〇〇四年下半期の非常委員会の動向が影響した。希望退職者制度実施過程で新聞社としては労組、自社株主組合世代の距離が少なからず開いたことを痛感し、二〇〇五年初めから「世代差」を縮める努力が始まった。

部長級以上の編集局幹部の間で「われわれが現場に行こう」という話が出た。権《クォン》台仙《テソン》編集委員長は就任と同時にこの制度を導入した。若い記者もこれに応じた。取材の一線に帰ってきた古参先輩記者を臆することなく迎えると同時に、誉れ高い古参記者と若手記者が意思疎通を欠くことなく現場でともに動き回るチームワークを発揮した。

他の新聞社では高い号棒の記者を「左遷」させる目的で専任記者制度を活用するが、ハンギョレではこうしたことはなかった。ハンギョレの専任記者制度は他の新聞社の記者が羨むほどうまく根を下ろした。

高い号俸記者が現場に立つ

成漢鏞《ソンハニョン》政治部門専任記者が代表的だ。政治部長まで務めた彼は、二〇〇五年五月、専任記者制度が初めて導入されてから、絶えず現場を見張った。韓国の政党政治の中身を掘り下げる分析記事とコラムで政治部長時代より注目されている。

経済部門の鄭錫九《チョンソック》専任記者は、二〇〇七年三星《サムソン》機密費事件（「虫眼鏡16」注2参照）の特ダネの主役だ。彼は経済部長を経て、経済部門に対する識見と幅広いネットワークで専門性を広く認められている。文化部門専任記者の韓《ハン》承東《スンドン》は東京特派員の間に身に付けた見識を基礎に東アジア問題と（東アジアに関する）知識の問題を結びつけている。

この他、金炳秀《キムビョンス》、李相起《イサンギ》、裵坰録《ペギョンノク》、林鐘業《イムジョンオプ》、金景武《キムギョンム》、李弘東《イホンドン》、李寅雨《イイヌ》、李吉雨《イギルウ》、許琮植《ホジョンシク》などが各部門で専任記者として仕事をしている。

ハンギョレの専任記者制度の原型は編集局写真部に基をたどることができる。写真部には記者協会、写真記者協会などの各種報道写真賞をさらう敏腕写真記者たちが集まり、現場に出たくてうずうずし、新聞社の席に座っている後輩たちは送られてきた写真を選ぶことに（自分たちが撮影できないので）たまらない思いをしている。二〇〇三年三月、実に六年間写真部長を務めたタク・キヒョンが現場記者で復帰した。彼の長年の念願であった。部長を勤めたくないということで、後輩たちを説得してその席を他の人に譲った。

この時から写真部は一種の「順番制」を取り入れて部長を任命している。一定の年齢になればキャリアの有無にかかわらず部長を担当し、再び現場に帰り取材する方式だ。二〇〇八年現在、姜在勳《カンジェフン》専任記者、卓起亨《タクキヒョン》専任記者などは李政宇《イジョンウ》写真部長よりキャリアは長い。

専任記者職の肩書きを持たなかったが、年齢を問わず一貫して現場取材で活躍した模範を洪世和《ホンセファ》と金薫《キムフン》が見せた。二人は二〇〇二年一月、ともにハンギョレに入社した。入社当時すでに五〇代中盤だった。

韓国日報《ハングクイルボ》、「時事《シサ》ジャーナル」などで編集幹部を担った金薫《キムフン》はハンギョレ民権社会部の機動取材チーム（日本の日刊紙編集セクションの遊軍にあたる）記者を自ら望んだ。鐘《チョン》路《ノ》警察に出入りしながら見習い記者時代は記者の「後発隊」として活躍した。金薫はノートパソコンを利用して記事を送る方法がわからなかった。メディア界の後輩であると同時にハンギョレの先輩でもあり、鐘路警察に出入りしているチェ・エジョン二年生記者に、原稿用紙に鉛筆で書いた記事を渡した。彼は一年間のハンギョレ記者生活を終えた後、専業作家に変身した。

企画委員として入社しコラムを書いた洪世和は二〇〇七年六月から「世の中で」というコラム形式のルポを書いた。主に労働現場に出かけてこれまでのメディアが無視した労働問題を掘り下げている金薫は、五〇代中盤にハンギョレ社会部記者の稼業をこなし、洪世和は還暦を越してからも現場取材に出ている。

一方、専任記者はまたデスクの席に移ることができる。専任記者に就いてしばらくしてから該当部署の部長になる場合もしばしばある。これに比べて専門記者は少し別の道をたどる。自分の分野を続けて深めて現場に張り付く。

時間をかけて一つの道を歩む専門記者

専門記者制度の原型は二〇〇〇年四月に生まれた。当時高永才《コヨンジェ》編集委員長が部長職を終えた金炯培《キムヒョンベ》、鄭世溶《チョンセヨン》、趙弘燮《チョホンソプ》に別に編集局での仕事を用意して、各々の関心領域を専門取材できるようにした。大記者制と専門記者制を作らねばならないという論議がちょうど始まる時だった。

正式に専門記者制度を取り入れたのは二〇〇一年三月だ。以後、一〇年生以上の記者の中から特定分野の専門取材能力を審査して少数精鋭を選抜している。二〇〇八年現在、ハンギョレには趙弘燮環境専門記者、姜泰浩《カンテホ》南北関係専門記者、崔在鳳《チェジェボン》文学専門記者、郭柾秀《クァンジョンス》大企業専門記者、曺鉉《チョヒョン》宗教専門記者などがこの道を歩んでいる。長い間一つの道を掘り下げて各分野で一家を成した人々だ。

この中でも趙弘燮はハンギョレが生態・環境分野で他の追従を許さない権威を持つことに決定的な役割をはたした。専門記者制度が生まれる前から彼は環境専門記者だった。創刊号に大量生産・大量消費の体制を分析する特集記事を書いたが、以後二〇年の間わき目をふらず関連記事を書いてきた。一九九八年を前後して生活科学部長・民権社会部長などを務めたときを除いて創刊から二〇年、始終署名記事を書いたのは趙弘燮ただ一人だ。

キム・ヤンジュンは二〇〇二年五月、ハンギョレ初の医療専門記者となった。専門記者の中で一番若い。医科大学を出て三年間、公衆保険医の課程まで終えたのに、安定した専門医の道を自ら捨ててハンギョレに入社した。

正規職の記者ではないが、主にハンギョレを通して読者たちと会ってきたチョン・ムンテ国際紛争専門記者もはずせない。彼は一九八八年から約六〇カ国以上を訪れ様々な紛争現場を取材して「ハンギョレ21」に定期的に寄稿をした。彼は「従軍記者」ではなく「国際紛争専門記者」と表現することに固執した。それは戦争ではなく戦争の本質と背景をとらえねばならないという信念のためだ。二〇〇〇年九月からはアジアの革新的志向を持つ記者たちを集めてアジアネットワークチーム長を引き受け、各国記者たちが書いた記事を「ハンギョレ21」に載せた。

正式に専門記者職を担うのは甘いものではないが、実際は専門家を越えるような専門性を兼ね備えた記者がハンギョレに多い。崔仁鎬《チェインホ》校閲部長は創刊以後（漢字を一切使わず」ハングルだけで編集する体制での校閲方法を整えてきた。彼は校閲記者と同時に自他ともに公認するハングル専門家だ。二〇〇五年七月「ハンギョレ言葉と文章研究所」創立を中心になって進め、所長を務めている。

美術分野の李周憲《イジュホン》と鄭在淑《チョンジェスク》、文化分野の高宗錫《コジョンソク》、映画分野の安貞淑《アンジョンソク》、メディア批評分野の孫錫春《ソンソクチュン》などもそれぞれの代表的専門家として認められている。

ハンギョレの記者の中の記者もいる。初代の東京特派員、編集委員長、編集人を経た金孝淳《キムヒョスン》はハンギョレ記者を代表する大記者だ。一九七四年に民青学連事件で獄中生活を経験し、京郷《キョンヒャン》新聞を経てハンギョレ創刊に合流した。大記者制度は二〇〇七年四月に作られ、局長級以上の記者が現場に戻り記事を書くことができるようになった。金孝淳は特派員出身の経験を生かして国際問題を追及している。

第四章　二〇歳の青年の夢

一九七〇、八〇年代は韓国のジャーナリズムの暗黒期であった。権力者たちは市民に過酷な刑罰を加え、そのうめき声を〔報じないように〕ジャーナリストの口さえ抑えた。その時、権力の迫害を拒否したジャーナリストもいた。不当な権力の不正、腐敗の事実を歪曲して書き賛美しないことを宣言した。軍事政府は銃剣の力を借りてこれらの抵抗を街から追い出した。

何ら抵抗することなく社会的地位を保つために喜んで権力の犬になった人たちは、出世と栄達の道を歩んだ。しかし、解職記者たちは市場で衣服を売ったり出版社に翻訳原稿を渡したり、故郷で農作業をしたりして時代に折り合おうとしなかった。監獄に連行され苦難に直面し、その果てには病でこの世を去った人もいた。

❖ 屈従したメディアと立ち向かう自由言論の二〇年

極限の沈黙を強いられた一九八〇年代、解職記者は絶望の中で新たな新聞を準備した。政治家の力の前で脅えることもない、資本家の前で貧しさに負けることもない、汚職の事実と真実を伝える本当の言論の自由を夢見た。民主化運動の先頭に立ったこれらの人たちの中でも、新たな新聞の創設こそ真摯に取り組むべき一生の仕事だと考えていたのは、解職記者だけであった。

一九八七年秋、国民株主による募金方式と先端制作システム〔CTS〕を結合し決して多くはない資金で新たな新聞社を構える提案をした。半信半疑ながらも解職記者たちは集まった。すぐに情熱と力を合わせて新しい新聞創刊準備に突入し、新しい新聞の構想と抱負を世の中に知らせた。各界各層から良心を代表する人たちが加勢した。われこそはと思う闘志たちが大統領選挙を通して政権交代を求め、解職記者たちは屈従を強いられるメディアではなく、権力から独立したメディアを準備した。

何人たりとも新聞編集に対してむやみに干渉したり妨害したりできないように小額の株主が集まった。既存の制度言論がすべて無視する中で口々に〔新聞社を起こす〕ニュースが伝えられた。六万余の国民が資金を出し、募金は一〇〇日余りで創刊資本金五〇億ウォンを集めた。新たなメディア、真のジャーナリズムに対して国民の情熱が奇跡のように溢れ出たのである。

勇気一〇〇倍となった解職記者たちは実力ある記者を引き抜き、新たな社員を募集して新聞社を構えた。純ハングルで横組の編集、記者クラブ中心の取材体制からの脱皮、寸志の拒否、国民と人権重視の取材報道を重んじること、韓国ジャーナリズムの歴史からみて空前絶後の躍進が始った。これに似あう広告と販売の新たな土台も固めた。すべての役員、職員が良心の準拠として倫理綱領を作り新たな新聞の土台としたのである。

ついに一九八八年五月一五日、民族、民主、民衆言論を標榜するハンギョレ新聞創刊号を出した。ハンギョレは唯一無二のメディアであった。分断のタブー、権力の不正、財閥の恥部がハンギョレによって世の中に知らされた。権力者たちは妨害しようと試みたが、むしろ国民たちは一〇〇億ウォンの発展基金を集めハンギョレを声援し、創刊と同時に影響力と信頼度で総合日刊紙の中で最高の位置を占めた。

しかし、ハンギョレは市場の高い壁をともに越えねばならなかった。〈権力にひれ伏す〉屈辱の言論〈権力〉が作る歪曲された販売と広告の市場構造は、資本が脆弱で経験が浅いハンギョレの人たちの手に負えない課題となった。最も良い新聞、最も信頼できる新聞、真実だけを報道する新聞という評価があったが、それは必ずしも新聞社の利益にはならなかった。創刊直後から赤字が累積した。

経営の困難さは生まれると同時に存在し、これから進む道を取り囲む課題も大きくなった。政治的志向、経営方式、所有構造など百家争鳴の討論が起きた。ハンギョレに対する信念と愛情が余りにも純粋であるがゆえに、内部では派閥争いが起きた。一部株主が加勢して経営権の正当性に対する法廷訴訟まで提起した。そして、心に傷を負った人はハンギョレを去った。

❖ハンギョレの久遠の原動力は民主主義

民主主義はしかし、ハンギョレの久遠の源動力であった。選挙や党派ではなく、討論と和合が民主主義の本当の力であった。様々な混乱の中でハンギョレは正しい道を探し自由言論の地平を広げた。創刊の精神を守るためには新聞社の拡大再生産が可能な経営上の土台と戦略に力を注いだ。

一九九〇年代中盤からハンギョレはメディアの多角化、

事業の多角化を広げた。「ハンギョレ21」、「シネ21」を新たに創刊した。この二つの媒体は若い革新、新たな革新を表わし、最高のメディアとしての地位を占めた。ハンギョレ出版、ハンギョレ文化センター、ハンギョレ教育事業団、ハンギョレ統一文化財団など出帆させた。庶民の生活と密着した社会的企業の役割が始まった。

金泳三《キムヨンサム》政府、金大中《キムデジュン》政府、盧武鉉《ノムヒョン》政府などを経ていわば民主政府の時期、ハンギョレは革新を土台にした公正で掘り下げた報道によって、権力の恥部を容赦なく明らかにした。金泳三政府時代の金賢哲《キムヒョンチョル》不正の特ダネ、金大中政府時代の衣服ロビー特集、盧武鉉政府時代の韓米FTAなど、それぞれの政治権力の正当性を根本的に問うた。一九九〇年代序盤は発掘した特ダネが主力であったが、二〇〇〇年代に入ると深層企画も成果を出した。革新勢力の行く道を具体的に探し、各種の政策代案を示す企画を準備した。

困難な経営問題は完全に解決しなかったが、二〇〇二年以後、社員たちの退職金を出資転換して経営の安全性を確保し、国民株主の新聞社の土台の上に社員株主（自社株主）の新聞社になった。この体制にふさわしい制度の改善を通してハンギョレの人たちは力を統合するのに傾注している。

インターネット・ハンギョレ、ハンギョレ経済研究所、「緑の村」などを創設してハンギョレ的経営の新たな地平を開くとともに、二一世紀のマルチメディア企業として生まれ変わるため、新聞、週刊誌、インターネット、放送分野の新たな事業の態勢を整えているところだ。

二〇〇五年からは創刊以降初めて三年連続で黒字を出した。黒字経営を強力な背景として、ハンギョレは政治権力をも支配している経済力を背景にした権力に対して批判を行っている。二〇〇七年の三星《サムソン》グループの裏金（三星機密費事件）を特ダネ報道し、これを疎《うと》ましく思う三星の弾圧にも毅然と対処している。「最も影響力ある言論」（「時事《シサ》ジャーナル」二〇〇五年調査）（＊1）、「最も信頼される言論」（記者協会報二〇〇七年調査）、「最も好まれる新聞」（韓国大学新聞二〇〇七年調査）がハンギョレだ。

過ぎし二〇年を経てハンギョレは創刊の時に立てた志を成し遂げた。民族の和解と統一、政治の民主化、社会正義の実現、人権の伸長、民衆の経済力向上、経済的民主主義の具体化などはいま市民が誰でも共感する話題である。ハンギョレの執拗にして弛みない報道を通して、韓国社会は時代的課題に真摯に向き合い解決する方法を論じてきた。〔市民の〕期待に比べてその歩みは遅く不足しているかもしれないが、それぞれの各分野で進展をみてきた。

それではこれで満足するかと問うと、ハンギョレの人たちすべてではないが強く「否」と首を振るだろう。二〇年前のとてつもない覚悟に比べて、二〇年間にわたり繰り広げてきた奮闘に比べて、何よりも二〇年間終始一貫して支援してきてくれた市民の期待に比べて、ハンギョレが行ってきたことはたいしたことではない。

「韓国で最も信頼されるメディア」、「韓国で最も公正なメディア」、「韓国で最も影響力あるメディア」……指を折り数えると、ハンギョレは創刊以後、どの調査機関が行った種類の調査でもいつも一位を占めた。しかし、言論権力として君臨する門閥〔が支配する〕メディアと、財閥の独占的な地位は依然として強力だ。これらの勢力により〔民族〕分断の悲劇はなお解消されておらず、政治権力の閉鎖性は克服されておらず、経済力を背景にした権力の横暴さはますますひどくなっている。民族統一と民主主義、そして民衆の生活安定という創刊時の課題は、二一世紀を生きる今日に至っても切実なテーマである。

❖二〇歳のハンギョレ、希望の道に立つ

そして今、新たな課題がハンギョレの人たちの前に横たわっている。新自由主義の世界経済体制は過去の〔政府が主導する〕官治経済（＊2）、政経癒着、財閥独占の時代とは根本から異なる。民主勢力の嫡子を自認した金大中《キムデジュン》、盧武鉉《ノムヒョン》政府が保守勢力〔李明博《イミョンバク》〕に政権を引き渡したことは、新自由主義が抱える問題に答えられなかったからだ。ハンギョレはその答えを読者たちに出さなければならない。

一時ハンギョレの成果と自認もした民主政府の誕生は十分に検証して吟味しなければならない省察の対象になった。南北首脳が会い平和共存の道を明らかにした六・一五共同宣言の精神は新たな政府〔李明博《イミョンバク》政府〕の登場で跡形もなく消える危機に瀕した。福祉と厚生の精神はさらにお粗末で、庶民の経済的な苦闘と階層の不平等が深くなっている。金が多い者がさらに多く学び、さらに多く権力を得て、またさらに多くの金を儲ける。この循環が固定化されている。

創刊二〇年を迎えるハンギョレの人たちは今日の現実に当惑する。世の中ははたして何が変わったのか。ハンギョ

レははたして何に寄与したのか。創刊時の気持ちにかえるというのは口先だけの言葉ではない。初心にかえり自らの省察と革新で読者に出会い、市民の目で権力と対峙して世の中を切り拓く時が来た。

「私たちはハンギョレの未来を保障する生存戦略を進めると同時に、歴史の時計の針が逆戻りすることがないようにしなければならないし、大きな闘いを控えています。危機はチャンスに変えなければならず、ハンギョレは特に危機に強いことを見せねばなりません。私がその道程の最前列に立ちます」。二〇〇八年三月に就任した高光憲《コグァンホン》代表取締役の話だ。

大きな闘いを控えたハンギョレは幸いにも一人ではない。代案を求め真実を渇望する人たちが様々なところでハンギョレを待ち応援している。この二〇年間ハンギョレを通して人生の希望を得た人々だ。貧しくて、力がなくて弾圧される者、時代を深く遠く見ようとする者、彼ら皆がハンギョレを通じて真実を発見して人生の座標を定めた。そして彼らには相変らずハンギョレが拠りどころなのだ。より一層切実に。再び靴のひもを締めなおしハンギョレは進む。

今までそうしてきたように苦悩しながら闘うこの道を行くだろう。それが希望に向かう道だ。

＊1 **「時事《シサ》ジャーナル」二〇〇五年世論調査** 政界・学界・文化芸術界・財界など一〇グループ一〇〇〇人を相手にしたもので、信頼が最も高いのはハンギョレ（二四・三%）が一位、続いてKBS（二三・二%）、朝鮮日報《チョソンイルボ》（二〇・六%）と続いた。これにMBC、東亜日報《トンアイルボ》、中央日報《チュンアンイルボ》、オーマイニュース、SBS、京郷《キョンヒャン》新聞の順となっている。影響力ではKBS（六〇・三%）で、続いて朝鮮日報（59・一%）、MBC（四二・〇%）、中央日報（二二・三%）、東亜日報（二〇・六%）、オーマイニュース（一四・一%）、SBS（一一・四%）で、ハンギョレは一〇・二%で八位。新聞部門では四番目になる。オーマイニュース二〇〇五年一〇月一六日記事参照。

＊2 **官治経済** 官治金融ともいう。政府が民間金融機関に参与して金融市場の人事と資金配分に直接介入する形態をいう。一九六一年の軍事クーデター直後、経済開発計画のため国家次元の効率的な動員を図る名目のもと「金融機関に関する臨時措置法」の制定と「韓国銀行法」の改定を通して金融に対する政府の介入を積極化した。金利決定・信用配分・予算・人事・組織などの金融機関の全般的な運用が行政府に隷属、金融市場の自立的機能を無視したままで金融が成長主導した産業を支援する政策的道具として利用した。

各界各層を代表して

虫眼鏡 19

最も近いところで、しかも黙々とハンギョレの二〇年を見守った人たちがいる。創刊委員、諮問委員、社外取締役である。外ではハンギョレを擁護して、内ではハンギョレを戒めた。各自の生活の糧は別にあったが心は常にハンギョレとともにあった。

一九八七年一〇月三〇日、創刊発起人大会を開いた。各界各層の人士があまねく参加して三三一七人が発起人名簿にあがった。この中から選ばれ、職業と地域を代表する五六人がハンギョレ創刊委員会を構成した。その半数の二八人が解職記者出身であった。後の二八人は各界各層を代表する人士であった。創刊後初めての創刊委員会で、株主総会で推薦する代表取締役候補が選ばれた。

諮問委員会制は創刊時からあり、定期的な会議に参加が難しい創刊委員は諮問委員の肩書きを持つようにした。諮問委員会が活発になったのは一九九三年からだ。創刊委員が代表取締役候補を選ぶのではなく、社内外の人士の中から選ばれた経営陣推薦委員会が取締役陣を選任するという制度に変えた。諮問委員会は社外の経営陣推薦委員会を選んだ。新しい制度により一九九三年四月二九日、創刊委員と退職役員を中心に一〇人の諮問委員を新たに委嘱した。これら諮問委員は社外経営陣推薦委員を兼ねた。一九九九年、代表取締役の選出制度がさらに変わり、以降諮問委員会は紙面・経営に対して意見表明する役として力を注いでいる。

二〇年の間ハンギョレを大切にしてくれた人たち

ハンギョレは創刊委員または諮問委員とは別に、外部の人士を非常勤取締役として多く迎えた。

二〇〇二年三月からはこれら（外部の人間で構成される）非常勤取締役をまとめて社外取締役と呼んでいる。経営陣、労働組合、自社株主組合などがそれぞれ社外取締役を推薦する。創刊委員、諮問委員、社外取締役などの制度はハンギョレを大切にする民主良心勢力の意志を、紙面と経営に反映しようとする意味を込めている。その面々は、二〇年間の韓国民主改革勢力を代表する。

創刊の頃だけでも解職記者たちは文人や出版人との交流がひんぱんだった。広い意味で同じ言論人だった。作家金《キム》廷煥《ジョンハン》、詩人高銀《コウン》は創刊委員であったし、詩人申庚林《ションギョンリム》は諮問委員（第三・四代）を引き受けた。創刊号に連載小説「風吹く島」を書いた小説家玄基栄《ヒョンギヨン》も諮問委員（第五代）を担った。韓国出版界の巨木である李起雄《イギウン》「ヨルファタン」（図書出版）代表は創刊委員と諮問委員（第六代）を歴任した。劇作家出身で芸術院会長を勤めた車凡錫《チァボンソク》は創刊委員だったが、二〇〇六年六月六日に亡くなった。

この中で金廷漢《キムジョンハン》は創刊委員と初代非常勤取締役（一九八九年二月〜一九九二年三月）を務めた。日帝時代からずば抜けたリアリズムで民衆の抵抗意識をテーマにした小説を書いた。創刊当時は民族文学作家会議議長で、韓国文学界の精神的支柱だった。新しい新聞創刊を初めて議論したころ、何人かが金廷漢をハンギョレ初代表取締役に推挙するのはどうかと意見を出したことがあったが、本人は言葉を尽くし辞退した。一九九六年一一月二八日に他界した。

法曹界にはハンギョレと縁深い人が特に多い。

一九七〇、八〇年代の軍事政府時代、解職記者たちが法廷に立つことが少なくなかったが、その弁護を引き受けた人権弁護士がハンギョレ創刊に力を注いだ。創刊後にも様々な訴訟の争いで支援を惜しまなかった。

法曹人であり在野活動家だった韓勝憲《ハンスンホン》はハンギョレ創刊委員長を務めた。国際アムネスティ韓国支部創立（一九七二年）、クリスチャンアカデミー理事（一九七三年）、自由と実践文人協議会理事（一九七四年）、民主憲法勝利国民運動本部常任共通代表（一九八七年）などの履歴が彼の半生を雄弁に物語る。弁護士時代、ある雑誌に寄稿したコラムが反共法（一九六一年制定、一九八〇年に国家保安法と統合され廃止）違反として拘束されたことは有名である。一九六〇年代から四〇年間、民青学連事件、人民革命党事件（＊1）、金大中《キムデジュン》内乱陰謀事件（一九八〇年の光州《クァンジュ》事件を金大中の計画によるものと新軍部が捏造した。金大中は死刑判決を受けた）など主な時局・公安事件の弁護を引き受けた。金大中政府時代は監査院院長を勤めた。

李敦明《イドンミョン》も一九七〇年代以後の事件の弁護で韓勝憲に勝るとも劣らなかった。おかげで東亜日報《トンアイルボ》闘争・朝鮮日報《チョソンイルボ》闘争出身の解職記者たちは親交を深めた。ハンギョレ創刊委員だった彼は歴代の「最も長く務めた非常勤取締役」であり、創刊の時から二〇〇一年三月までずっと非常勤取締役を引き受けた。その間、代表取締役は六人交代した。朝鮮大学総長時代を含め、どんなことがあっても取締役会を休むことはなかった。もう昔のことははっきり記憶していないかもしれないが、「ハンギョレの歴代代表取締役は本当に善良で素晴らしい人たちだった」ということは確かに覚えている。

黄仁喆《ファンインチョル》弁護士は創刊委員と初代から三代までの監査を歴任した。一九七四年民青学連事件のときから各種の事件の弁論を引き受け、彼は最後まで事件関係者の人権を代弁した。ハンギョレが特ダネ報道した保安士民間人査察事件と関わってユン・ソギャン二等兵の弁論をしていた中で持病を再発し、一九九三年一月二〇日この世を去った。

大韓弁護士協会会長を務めた朴在承《パクジェスン》弁護士もハンギョレの監査を長く引き受けた。一九九四年六月から七年間ハンギョレ新聞社で非常勤監査の仕事をした。一九九七年七月から九年間、ハンギョレ統一文化財団の監査も担った。二〇〇八年一月、統合民主党（一九九五年に分裂した民主党のうち、盧武鉉《ノムヒョン》らを中心とするメンバーが改革新党と統合して発足。翌年「民主党」と改名）公薦審査委員長になり公薦推薦者を監査して公薦革命を導いた。李啓鐘《イケジョン》会計士も朴在承弁護士とともにハンギョレ非常勤監査として六年間仕事をしたが、在任中の二〇〇六年七月二五日に亡くなった。

この世代よりも一世代下に法曹界の朴元淳《パクウォンスン》弁護士がいる。ハンギョレ新聞社創立時とその過程で法律の諮問役を受けた朴元淳は、一九九六年に参与連帯（一九九四年発足の市民運動団体）事務処長（所長）の役も担い市民運動での代表的指導者に浮上した。二〇〇〇年三月から四年間、社外取締役を務めた。参与連帯共同事務処長を務めたハ・スンス弁護士も二〇〇六年から二年間、社外取締役を務めた。

ハンギョレを助けた法曹界人士をあげる時に趙英来《チェヨンネ》弁護士を忘れることはできない。『全泰壹《チョンテイル》評伝』（全泰壹は資料編「人物略歴」参照）を匿名で刊行した立役者であり代表的な人権弁護士である彼は、ハンギョレ初代の客員論説委員を引き受けた。一九九〇年一二月一二日に亡くなりハンギョレの発展を見守ることができなかった。李龍大《イヨンデ》弁護士は一九九〇年以後ハンギョレ新聞社で唯一人の顧問弁護士として仕事をした。

金亨泰《キムヒョンテ》、趙庸煥《チョヨンファン》、白承憲《ペクスンホン》弁護士などはハンギョレが訴訟に巻き込まれるたびに駆けつけて弁論を引き受けた。

二〇〇一年言論権力シリーズに対して朝鮮日報《チョソンイルボ》と東亜日報《トンアイルボ》が訴訟を申し立てた時、ハンギョレの人たちは多大の心労を味わった。そのときの縁が深くなって白承憲は二〇〇二年から四年間社外取締役になったし、金亨泰は二〇〇七年から一年間、市民編集人になった。

一九九三年初代と第二代の諮問委員長は柳《ユ》鉉錫《ヒョンソク》弁護士が務めた。大韓弁護士協会人権委委員長を務めた彼は株主総会のとき新聞社側の弁論を引き受けた、二〇〇四年五月二五日にこの世を去った。趙準熙《チョジュンヒ》弁護士が後を引き継いで三代目の諮問委員長になった。一九九九年から第四代諮問委員長を引き受けた文在寅《ムンジェイン》は創刊委員であると同時にハンギョレ初代釜山《プサン》支社長でもあった。文在寅の勧誘を受けた盧武鉉もハンギョレ創刊基金を出した。文在寅は参与政府で青瓦台《チョンワデ》民政首席秘書官に続いて秘書室長を勤めた。第三代諮問委員長を引き受けた高泳耈《コヨング》弁護士は参与政府時代に国家情報院（大統領直属の情報機関。第一部第三章注1参照）院長になったし、第四・五代諮問委員を勤めた林彩均《イムチェギュン》弁護士は中央選管委員になった。

法曹界人士に比べて在野運動家たちは、ハンギョレと長く関係を結ぶことはできなかった。創刊委員の相当数が各部門の民主化運動を代表する人物だったが、以後非常勤取締役などになった人はほとんどいない。創刊委員である桂《ケ》勲梯《フンジェ》は在野の精神的支えだった。一九六〇年代から民主・民族運動を導いた。三選改憲反対闘争委（＊2）常任運営委員（一九六九年）、民主守護国民協議会運営委員（一九七〇年）、民主統一国民会議の副議長（一九八四年）、民主憲法勝利国民運動本部共同代表（一九八七年）、全国民族民主運動連合（＊3）常任顧問（一九八九年）などの履歴が彼の半生をそのまま物語ってくれる。一九七〇年から一〇年間「民草の声」（一九七〇年四月創刊の月刊教養雑誌。横組のハングルで口語体表現を開いた。政府批判を貫いた）編集委員を勤めた。一九九九年三月一四日に生涯を終え京畿道《キョンギド》マソク牡丹公園に葬られた。

全泰壱のオモニ（母）として知られた李《イ》小仙《ソソン》は息子の死後労働運動に身を投じてすべての労働者から「労働者のオモニ」と言われるようになった。創刊委員として参加した李小仙は、一九八九年民主化運動遺家族協議会会長を引き受け、二〇〇五年ハンギョレ第二創刊キャンペーンでは気さくに募金広告のモデルとなった。

一九七〇年代の初めから労働現場に飛び込んだ千永世《チョンヨンセ》

はハンギョレ創刊委員を担うと同時に事務局長を務めた。以後、全国民主労働組合総連盟（民主労総）の前進である全国労働組合協議会の常任指導委員として民主労総建設の主役になった。二〇〇〇年民主労働党創党とともに事務総長になり、二〇〇四年から比例代表で国会議員になった。労働界では李元甫《イウォンボ》韓国労働社会研究所長（第四・五代）と金裕善《キムユソン》有線韓国労働社会研究所長（第六代）が諮問委員として仕事をした。

創刊委員時代の徐敬元《ソギョンウォン》はカトリック農民会（＊4）議長だった。農民運動史では画期的で、歴史に刻まれる一九七六年の全南咸平《チョンナムハムピョン》のさつまいも事件（＊5）の主役だった。一九八八年には平民党所属で国会議員になり、平壌《ピョンヤン》を秘密裏に訪問したが（韓国で）ひどい仕打ちを受けた。彼の北韓《プッカン》入国の事実を知り後日取材したハンギョレも同調したとしてひどい侮辱を受けた。

この以外にも李愚貞《イウジョン》韓国女性団体連合、民主勝利国民運動本部全南《チョンナム》本部顧問、沈聖輔《シムソンボ》ソウル教師協議会共同代表なども在野を代表してハンギョレ創刊委員に参加した。尹永奎《ユンヨンギュ》五・一八財団理事長は諮問委員（第二・三代）、金貴《キムクイ》植《シック》全教組委員長は第五代目の諮問委員長を引き受けたし、池銀姫《チウニ》女性団体連合常任代表は第四・五代諮問委員を務めた。

宗教界では金勝勲《キムスンフン》神父、金知吉《キムチギル》牧師が創刊委員だった。金勝勲章神父は一九七四年結成された天主教正義具現全国師弟団で中心的、主導的に活動し、一九七六年には民主救国宣言ミサを主催したが中央情報部（ＫＣＩＡ）に連行される苦しみを味わうこともあった。一九八七年五月一八日、明洞《ミョンドン》聖堂で光州抗争追悼ミサを執り行った際、朴鍾《パクジョン》哲《チョル》拷問致死事件（＊6）がでっち上げであることを初めて暴露した。彼の暴露は一九八七年六月抗争のきっかけになった。二〇〇三年九月二日にこの世を去った。これ以外にも金燦国《キムチアングッ》牧師（初代）と林東奎《イムトンギュ》牧師（第五代）は諮問委員を各々務めた。

学界人士は倦《う》まず弛《たゆ》まずハンギョレと縁を結んだ。韓国経学界の巨頭である辺衡尹《ビョンヒョングユン》は創刊委員と非常勤取締役（一九九一～九三年）を務めたし、一九九七年から九年間ハンギョレ統一文化財団理事長も引き受けた。彼に教えを受けた経済学者たちを先生の号として「学兄の師団」と呼ぶ。李廷雨《イジョンウ》、金大煥《キムテファン》、姜哲圭《カンチョルギュ》、金泰東《キムテドン》など民主政府時代の主な経済閣僚たちが辺衡尹から学んだ。

やはり創刊委員である李效再《イヒョジェ》は韓国社会学第一世代を代表する学者だ。韓国女性民友会初代会長、韓国女性団体連合会長などを務め韓国女性運動を牽引した。民族史学界の巨頭である姜萬吉《カンマンギル》高麗《コリョ》大学教授は二〇〇一年から一年間、非常勤取締役を勤めた。これ以外に文学評論家である崔《チェ》元植《ウォンシク》仁荷《インハ》大学教授、美術評論家である金允洙《キムユンス》嶺南《ヤンナム》大学教授、合同通信記者出身である彭元順《ペンウォンスン》漢陽《ハンヤン》大学教授などが創刊委員だ。

歴代諮問委員の中にも有名な学者たちが多い。「創作と批評」を創刊して民族文学理論で一家を成した白楽晴《ペクナクチョン》ソウル大学教授はハンギョレ初代と二代目の諮問委員、ハンギョレ統一文化財団初代理事などを務めた。崔章集《チャンジャチプ》高麗《コリョ》大学教授（第三・四代）、張會翼《チャンフェイク》ソウル大学教授（第三・四代）、金秀行《キムスヘン》ソウル大学教授（第五代）、林亨珍《イムヒョンジン》ソウル大学教授（第五代）、文龍鱗《ムンヨンジン》ソウル大学教授（第六代）、李珉《イミン》奎《ギュ》中央《チュンアン》大学教授（第六代）、鄭鉉栢《チョンヒョンビョク》成均館《ソンキュングアン》大学教授（第六代）、曺国《チョグク》ソウル大学教授（第六代）、徐炳文《ソヒョンムン》檀国《ダング》大学教授（第六代）なども諮問委員を引き受けた。

経営ではハンギョレで企業出身諮問委員は（ハンギョレが市民運動の単なる報道機関ではなく支援組織の役目を果たしたため、諮問委員に企業人が加わることは）特別な存在だった。李聴従《イチョンヨン》フイズ代表、辺在鎔《ピョンジェヨン》一毘分教育代表（第四・五代）、文国現《ムングヒョン》ユハンキンバリー代表（第六代）などが諮問委員を勤めた。経営の専門家ではないが、少額株主運動を導き誰よりも企業の実際に詳しい張夏成《チャンハソン》高麗《コリョ》大学教授は二〇〇七年から社外取締役を歴任した。

ハンギョレの真の力、六万余株主と五〇万の読者

創刊委員の中には名望家ではない市井の詩人たちもいる。主婦キム・チョンジュ、銀行員アン・ピョンス、天主教の一般信徒ハン・ヨンヒなどだ。医者黄善周《ファンソンジュ》（初代）、役者徐智栄《ソジヨン》（第二・三代）などは諮問委員を勤めた。黄善周諮問委員は一九九五年地域文化発展に使ってほしいと群《グン》山《サン》の建物をハンギョレに寄贈した。

艱難辛苦の中でもハンギョレが二〇年の間発展することができたことはこれら市民のおかげだ。

＊1　**人民革命党事件**　中央情報部（KCIA）の捏造により社会主義者とみた人物を起訴、死刑に処した事件。一九六四年の第一次事件では反共法違反で革新系人物

や報道人など四一人が検挙され、一三人が起訴、三人が有罪判決を受けた。一九七四年の第二次事件では国家保安法・大統領緊急措置四号違反などで起訴され、一九七五年四月八日に最高裁判所が八人に死刑を宣告し、一八時間後に死刑を執行した。九人には無期懲役、一二人には懲役二〇年、八人には懲役一五年の有罪判決を下した。二〇〇二年九月、疑問死真相糾明委員会は事件がＫＣＩＡの捏造であるという真相調査結果を発表。二〇〇五年一二月二七日に裁判所は再審決定し、一年二カ月後、ソウル中央地方法院は被告の大統領緊急措置違反、国家保安法違反、内乱予備・陰謀、反共法違反疑いに対して無罪を宣告した。

＊2　**三選改憲反対闘争委**　一九六九年、朴正熙《パクチョンヒ》大統領の三選のための改憲案に対する反対闘争組織のこと。大学生の改憲反対デモなどが起き、反対議員は一九六九年九月一四日に国会本会議場を占拠したが、これに対して、賛成議員は国会第三別館で記名投票で可決、改憲案を通過させた。国民投票では有権者の六五％の賛成で確定した。一九七二年の維新憲法発布に結びつく朴正熙大統の長期政権体制が確立していく。

＊3　**全国民族民主運動連合**　一九八九年一月二一日に結成された在野民族民主運動の全国的組織。反独裁民主化、自由・平等社会実現を目指す。国家保安法撤廃、チームスピリット（米韓合同軍事演習）訓練中止、在韓米軍撤収などの反米自主化運動、八・一五汎民族大会などの祖国統一運動を展開した。また一九九〇年四月二一日に全国労動運動団体協議会（全労協）・全国大学生代表者協議会（全大協）など一三の在野団体とともに国民連合を結成するなど運動勢力の統一団結のために努力した。しかし合法政党の設立のための李富栄《イブヨン》などの脱退や、政権からの弾圧で組織が弱化された。一九九一年一二月にデモクラシー民族統一全国連合（全国連合）が結成、解体された（ＮＥＶＡＲ百科辞典 http://100.naver.com/100.nhn?docid=211869 より）。

＊5　**カトリック農民会**　韓国カトリック農民会は一九七〇年代農民運動が社会科学的認識をベースにして農民大衆の権益を守り獲得していく運動と民族民主運動が根付くことに大きな役割を果たした。一九八〇年代に入ると、農民運動の中心になった。一九八九年三月一日、韓国基督教農民会総連合会と連合して全国農民運動連合を結成、一九九〇年四月二四日に他の農民運動組織（全国農民協会、地域単位の自主的な農民組織など）と連帯して全国的な単一農民運動組織である全国農民会総連盟を出帆させ、農民運動の発展に画期的な転機を生んだ。

＊6　**全南咸平さつまいも事件**　一九七九年九月に咸平《ハムピョン》の農協が収穫したさつまいもをすべて農民から買い取る政策を示したことに始まる。しかし、農協が実際に買ったのは生産量の四〇％にすぎなかった。農民は市場に持ち込むこともできず、損害賠償の闘いが始まる。全体の損害額は約一億四〇〇〇万余ウォンにもかかわらず、「被害申告者は共産主義」との情報部のデマ宣伝などの弾圧があり、三〇九万ウォンの申告額に押さえつけられた。しかし、農協がアルコール製造業者と結託して八〇億ウォンを流用した事実が露呈。「朝鮮の始祖

である檀君《タングン》以来の最大の不正」とも言われた。翌年の慶北安東《キョンブクアンドン》じゃがいも事件（腐ったじゃがいもの種を払い下げした事件）などとともに維新独裁反対運動が勢いを増した。事件は一九七八年四月二四日、光州《クァンジュ》市郊外バスターミナル前で農民のデモ隊が警察と対峙、農民たちによる断食闘争九日目の五月二日、政府からの補償金支給、連行者の釈放決定で農民側の勝利となった。農民が維新体制に対しておさめた最初の勝利であり、維新体制の終末を開くものだといわれる。慶北外国語高等学校「史村」（二〇〇九年）を参照にしてまとめた（http://jdh304.dothome.co.kr/zbxe/current/321）。

＊5　**朴鐘哲拷問致死事件**　一九八七年一月、ソウル大学の学生だった朴鐘哲（当時二一歳）が全斗煥《チョンドファン》政府の治安本部対共産主義分室に連行され水拷問により死亡した事件。当初警察は拷問の事実を否定していたが、警察幹部を含めた隠蔽の事実が明らかになると全斗煥政権に対する全国民的な批判が起き、一九八七年の六月抗争に結び付いた。一九八七年四月に全斗煥大統領は現行憲法で政権委譲を図ろうとしたが、在野団体が民主憲法争取国民運動本部を発足、朴鐘哲拷問致死事件が象徴するような政権の暴力に対する批判と結びつき、六月一〇日には事件の捏造・隠蔽糾弾などを訴える国民大会を開催、六月二九日の平和大行進まで独裁打倒、大統領直接選挙制改憲などを求め全国の民主化闘争として展開した。二六日のデモは全国二四〇カ所で行われ、政権内部では弾圧での事態収拾を断念、盧泰愚《ノテウ》民主正義党代表が「六・二九宣言」を発表するに至った。「宣言」は大統領直接選挙制への改憲と一九八八年の平和的政権委譲、金大中《キムデジュン》の赦免・復権と政治的弾圧により拘束された人たちの釈放など八項目を宣言した。

ハンギョレ論争四

支配構造と選出制度

（大統領の）選出制度が変わるたびに（韓国の）憲法の主要内容、とくにそれに付随する共和国の体制も変わる。（韓国は）五年任期の大統領直接選挙制度の社会だ。今、韓国人は一九八七年以降、第六共和国体制で暮らしている。直接民主主義に対する熱望と独裁権力に対する恐怖がこの制度を支えている。

これにたとえると、二〇年間にハンギョレは四つの共和国体制を経験した。代表取締役選出制度の変化はハンギョレが当面する課題と密接な関連があった。困難に直面するたびにハンギョレは選出制度の変更を通して力を合わせようとした。

創刊時からハンギョレは企業組織と政治組織の特性を当然のように持っていたが、全体的にみて、政治組織の特性が衰退し、企業組織の特性が強化されてきた。しかし、古今東西のどの組織とも比較するのが難しいほど独特な権力構造と組織文化を持ち、それは変わるものではない。所有構造（ハンギョレ新聞社創立では国民株主によったが、以後社員株主も加わる構造になったことを意味する）と公論構造が複合的だからだ。

ハンギョレが創られた時、代表取締役は創刊委員会が選んだ。本来の趣旨で見ると、創刊委員会は一種の「評議会」に近かった。宗教界・学会・在野・女性会・法曹界の代表などが地域別にむらなく参席した。

■創刊委員会で代表取締役を選任した創刊初期■

これは国民株新聞という所有構造に基づいたからだ。国民株主を代表する人物が集まり、最高経営（責任）者を選んだ。

ただ、その論議の中心に社内の職員たちがいた。五六名の創刊委員のうち、二八名が解職記者出身だった。解職記者出身で創刊委員の大半は、ハンギョレの役員も兼ねていた。彼らは取締役陣に参加する場合に限り、創刊委員からしばらくの間身を引いた。

結局、新聞社内部の人が創刊委員会の主導権を握る中で、各界各層の代表者たちは協議し、代表取締役候補を推薦した。創刊委員会が推薦した代表取締役候補が株主総会で拒否されることは想像しづらかった。創刊委員会が事実上の実権を握ったようなものだった。

しかし、時間が経つにつれ「代表者会議」ではなく、「重鎮会議」の性格が強まった。創刊委員は交代すべきものだったが、新しい選抜方法の明文規定がなく初期の創刊委員は事実上、終身職だった。人員構成に変化がないため、社員の中にも特定の人に意思決定権が集中する現象を見せた。主に重鎮たちが参席したせいで経営と紙面の改革を要求する社内の世論もまともに反映されず、一言でいえば「論議の閉鎖性」が問題となった。

一九九二年につくられた会社発展企画委員会が、この制度に対する創刊委員たちの意見の一部を記録として伝えている。「私が見るかぎり、創刊委員会は必要ないのだと思います。そもそも国民の意思を反映し、役員陣の構成に株主と社員の意思を取り集めようと作られましたが、社外委員たちは会議にあまり出席せず、社内委員たちも社内分派問題のために互いに話し合おうとしません。委任を合わせてようやく定足数に達して形式的に進行されています」。初代創刊委員会委員長である韓勝憲《ハンスンホン》に続き、一九九二年から委員長を引き受けたチョ・ジュンヒ弁護士の言葉である。

創刊委員会に対する議論は経営主導権をめぐる社内の意見グループ間の対立と無関係ではなかった。一九九一年一月、金槿《キムグン》、李仁哲《イインチョル》、イ・ジョンウク（後にハンギョレ文化部長）など論説委員は、「再び生まれ変わらなければならない同胞の新聞」というタイトルの公開辞表で創刊委員会の運営方式を強く批判した。一九九二年二月の取締役会で金泰弘《キムテホン》販売取締役は創刊委員会を廃止し株主代議機構を新設しようと公式に提案した。社内の研究同好会であるハンギョレ言論研究会が一九九二年九月二五日に発行したニュースレター「ハンギョレ政論」の中で高昇羽《コスンウ》編集委員は「全国の株主代表者機構」

導入を提案した。全国の各行政区域別に株主大会を開いて代表者を選び、区域の株主代表が参席する全国株主代表総会から執行部を構成し、全国株主代表機構がハンギョレの役員候補の推薦権を持とうという内容だ。

一方、多くのハンギョレ役員の考えは少し違った。一九九二年六月一六日、労働組合が「ハンギョレ式経営・編集権を正しく確立するための労働組合の意見」という文章を作成し経営陣に公式に伝えた。当時の労働組合委員長は尹錫仁《ユンソギン》であった。「意見」の核心は社員中心の経営権創出であった。国民株主代表制は代表選出の複雑性、株主相互間の紛争の可能性、組織運営費用過多などの問題があると批判した。創刊以後、安定的な経営権の基盤がなく、新聞社が困難にぶつかっているとみたのだ。そのために実際にハンギョレを牽引する役員たちを団結させるため、社員たちが代表取締役の選出に参加しこれを実現しようと提案した。

社員株主制強化の構想は急に登場したのではなかった。創刊前の一九八七年一一月、月刊「泉の深い水」で趙英来《チョヨンネ》弁護士が宋建鎬《ソンゴノ》、鄭泰基《チョンテギ》を相手に新しい新聞の未来をテーマに鼎談を行った。趙英来が聞いた。「資本主義社会で株式会社は会社の実績を金儲けとして考えている株主たちの独裁体制です。金儲けをしようとしている株主たちの意思に反すると、経営陣や編集陣を交代するか免職にしますね」。

善意の国民たちが参加する少額株主制度を土台に新しい新聞をつくったとしても株式会社である以上、一般株主の利害関係によっては独立言論を維持するのに困難なこともあるという指摘だった。これに対して鄭泰基が答えた。「長期的には株主間の協約を通じて、新しい新聞の社員、従業員団体が優先権を持たないといけませんよね。株式の三分の一ほどを記者たちが持てば、新聞の重要な決定は記者たちが決められるようになるのではないでしょうか」。

■ 国民株主代表制と社員株主中心制の折衷、経営陣推薦委員会 ■

国民株主代表制を強化するのか、社員株主中心制を強化するのかをめぐり、一九九二年七月八日、会社発展企画委員会が出帆した。この機構が掲げた方策が経営陣推薦委員会だった。一九九三年一月に取締役会が制度を確定した。

経営陣推薦委員会制度は少し複雑だ。それほど論議と苦闘が多かった。二〇人の経営陣推薦委員は社内、社外からそれぞれ半数ずつ選出した。社外経営陣推薦委員は国民株主を代表し、社内経営陣推薦委員は社員株主を代表した。

この時代の社内経営陣推薦委員は編集部門と経営部門から五人ずつ選んだ。委員に立候補した人を選ぶのではなく、委員に適切だと考える三人の名前を各社員が書き、多数の得票を集めた者が経営陣推薦委員となった。一九九三年五月一八日から二日間にかけて行われた初代の社内経営陣推薦委員を選ぶ投票では、高喜範《コヒボム》、金鍾澈《キムジョンチョル》、呉亀煥《オギファン》、尹錫仁《ユンソギン》、崔鶴来《チェハンレ》（以上編集部門）、文永熹《ムンヨンヒ》、朴性得《パクソンドク》、宋吉燮《ソンギルソプ》、悟性号《オソンホ》、黄允美《ファンユンミ》（以上経営管理部門）が選ばれた。創刊委員会の後を引き継いで作られた諮問委員会委員たちが社外経営陣推薦委員を兼ねた。

これら社内外の経営陣推薦委員たちが集まり代表取締役候補を決めた。この機構は創刊委員会と比べ社内のスタッフ、特に一般社員たちの世論が決定的な影響力をもつという特徴があった。社外経営陣推薦委員たちは新聞社の経営に対して実際の情報に疎く、自然に社内経営陣推薦委員たちの世論に従った。社内経営陣推薦委員は社内世論に敏感にならざるをえなかった。

この制度によって社員が代表取締役を選ぶ道が初めて開かれた。「社内民主主義」を強めたわけで、経営陣推薦委員制度により初めて選ばれた代表取締役が金重培《キムジュンベ》であった。彼が代表取締役に承認された一九九三年六月の株主総会に対して一部株主が無効の訴訟を申し立てた背景には、経営陣推薦委員会制度の導入に反対して株主代表機構の案を貫徹させようとする意図があった。

論理構図だけ見るならば、国民株主強化と社員株主強化の両案がこの頃に大きくぶつかったのだが、実際の論議の過程では国民株主強化案が少数意見になった。様々な理由があるのだが、当時の国民株主代表機構の選出が「理想論」に近くて、経営的に難局に遭遇しているハンギョレを実際に解決するには体力の消耗が激しいという批判が説得力を得た結果だった。しかし経営陣構成過程に国民株主の意志をどう反映するかという問題は、以後も続けて重要な論点になる一九九七年に至って経営陣推薦委員会制度の弱点に対して批判が社内で起こった。一九九七年一月一四日、公募第六期の社員が声明を出した。「顔なき選挙が行われて派閥を拡大生産する選挙制度を改善しよう」という内容であった。経営管理部門の公募第一期から第九期の社員も経営陣推薦委員会制度の問題を指摘して代表取締役候補者名簿、候補者による公開討論会を要求した。

経営陣推薦委員の選挙過程において公開性のない影に隠れたような選挙運動が問題だった。経営陣推薦委員選挙の時になれば社内の意見グループごとに違う経営陣推薦委員の名簿が配られ、事実上の選挙運動が行われた。公式に明らかにされない状態で用意された一、二の政策や志向に対して検討を経ず「似たもの同士」が委員会を固めることもあった。

経営陣推薦委員会制度を導入した時と同じように、この時も労働組合が先頭に立った。一九九七年一月一四日、創刊以後初めて代表取締役候補者による公開討論会が開かれた。公式的には経営陣推薦委員に名乗り出た人も、経営陣推薦委員会で選任されると同時に代表取締役候補に出馬した人もなかった。しかし誰が代表取締役に出馬するのかを知らない人はいなかった。当時、権根述《クォングンスル》代表取締役代表と金斗植《キムドシク》代表取締役の人望が熱かった。結局、労組が二人に討論会への参加を要請し承諾を受けた。

討論会で権根述は「今回の代表取締役を選ぶ手順とか過程が事実上直接選挙制で代表取締役を選ぶことと類似している過程を踏んでいる」と語り、実際にことがそのように進んだ。代表取締役候補の公開討論会以後、経営陣推薦委員会制度の実効性が事実上消えて、代表取締役選出制も改善作業に弾みがついた。

経営陣推薦委員会制度を導入しつつ、ハンギョレは編集委員長選出方式にも変化を求めた。代表取締役が複数の編集委員長候補者を推薦し、編集局社員たちの投票で編集委員長を決めるようにした。

編集委員長選出方式もやはり変化が少なくなかった。創刊の時は取締役会で編集委員長を選任した。成裕普《ソンユボ》初代委員長は任命を受けた編集委員長だった。創刊直後に編集委員長直接選挙を導入した。一九八八年八月、記者たち〔編集社員〕の投票で張潤煥《チャンユンファン》が編集委員長に選ばれた。経営陣推薦委員会はこの制度をさらに変えて編集委員長として「複数の候補者」を代表取締役に推薦し、これらの中から一人を記者が選ぶようにした。

ところで、新しい代表取締役になった権根述が推薦した編集委員長候補の面々を見た社員たちが投票を拒否する事態が起きた。代表取締役が念頭に置いた人物と記者たちが〔適切と〕考えた人物が違ったのだ。結局、経営陣推薦委員会を通じて代表取締役候補者を選出する制度も、複数推薦となった編集委員長選出制度も、すべてが問題になった。

一九九七年六月、労組傘下に制度改善委員会が作られ、ここで出た報告書を土台として一九九八年七月、労使合同で経営陣選出制度改善委員会を構成した。一九九二年の会社発展企画委員会による制度改善が主に経営の安定に焦点を当てたのなら、一九九八年の経営陣選出制度改善委員会は主に社内民主主義の強化に力点を置いた。〔その結果、〕代表取締役を全社員の直接選挙で選び、編集委員長も編集局の社員の直接選挙で選ぶことになった。

■全面的な直接選挙制の導入■

一九九八年一一月一九日の取締役会で制度変更を決めた。一九九二年二月、直接選挙制により代表取締役が初めて選挙で選ばれた。ただこの時の制度の変化の一つに関連する問題が含まれていた。経営陣および編集陣の構成で社員の発言権が続けて強化され、株式の多数を占めている国民株主の参与が株主総会で可能となったことだ。この問題は二〇〇二年一二月、社員の出資金転換である程度解消された。社内の持分率を三〇％まで引き上げ、事実上最大の株主として〔社員が〕影響力を行使することに正当性を得た。

当時退職金出資転換を導いたハンギョレ革新推進団は国民株主参与案を提示した。総発行株式の一％以上の持分を確保した株主代表者に候補推薦権を与え、インターネットなどを通して今後の選挙人として申請した社外株主にも代表取締役候補投票権を与える内容であった。党員ではなく一般有権者でも参与の機会を与える西洋の政党の「プライマリー（primary）方式」〔自分が所属した政党を明かすことなく投票できる予備選挙〕があり、論難の末に採択を留保した。組織化された少数の社外株主によって経営上の混乱を招くことを考慮しないわけにはいかなかった。

選出制度最後の変化は二〇〇四年一二月に起きた。労組主導の非常機構となった非常経営委員会が代表取締役直接選挙制をとり、代表取締役の任期を二年から三年に延長したのだ。そして代表取締役が編集委員長候補を一人推薦し、これに対して社内で投票にかけ、同意が多ければ確定することになった。編集委員長直接選挙制を再び同意制に変え、経営陣推薦委員会制度の時の「複数候補」ではなく「単独候補」を推薦登録して代表取締役の権限をさらに強化するものだ。資金枯渇の危機を経験し、当時の非常経営委員会は一九九二年の会社発展企画委員会のように「経営権強化」に比重を置いた。

直接選挙制と間接選挙制を行き来する編集委員長選出制度は今でも議論の対象である。一九九二年の会社発展企画委員会は報告書で「ハンギョレは経営権と編集権の葛藤が起きているが、いつも経営陣に正当性があるわけではない」と書いた。この論戦は依然として結論が出ていない。

四種類の代表取締役選出制度を見てきたが、社員株主制度も経営状況により直接選挙制と間接選挙制を行ったり来たりしてきた。一連の変化には重要な問題が一つある。所有構造、資本構成に対するものである。

ハンギョレは約六万の少額株主が投資して作った新聞社だ。ここに支配株主はいない。はじめから株式所有に上限を設けた。企業または政治集団の投資も阻んだ。少額株主があまりにも多いため特定株主が単独で影響力を行使することができないのだ。

この所有構造は特定の勢力の編集権独占を阻むという点で、世界のジャーナリズム史上で画期的なことだ。ただし「主人にジャーナリズムが左右されない」という創刊時からの精神があるが、二〇〇二年一二月の退職金出資転換以後、社員が実質的には経営を兼ねることになった。〔このことで〕社員たちが経営基盤の安全性を後押ししている。

■ 新たな共和体制に対する苦闘 ■

残る問題が一つある。増資だ。二〇〇五年、鄭《チョン》泰基《テギ》代表取締役時代、法人増資〔ハンギョレ新聞社の株式増資を行うこと〕が論議された。当時の労働組合は「運営資金の準備のための法人増資は反対する」という立場を明らかにした。そこには様々な意味が含まれている。一九九〇年代以後の国民募金がそうだったように、資金を集めて運用資金に使ってしまうのであるなら、ハンギョレの根本を揺るがす法人増資を企画するのはよくないという指摘がある。それと同時に、ハンギョレの主体性を守る確実・安全な体制を整えて、飛躍の土台を作る資本増資の拡充計画を具体的に準備するなら、この問題をともに論議することができるというニュアンスも含まれている。

以後、第二創刊運動を通した国民募金は、実際には低調で、関連する論議が先に進まなかった。しかしこの問題はハンギョレのまた異なったもう一つの二〇年を決定する重要な論戦となる。

二〇〇七年三月に就任した徐炯洙《ソヒョンス》代表取締役は支配構造(代表取締役選出のあり方)の改善を主要公約の中の一つに掲げた。代表取締役直接選挙制を変更して持続的・戦略的経営の土台を準備しようと提案した。一年余の間、社内議論が進んだが、まだはっきりした結論は出ていなかった。二〇〇八年三月就任した高光憲《コグァンホン》代表取締役は支配構造の改善問題を組合と共同で研究し最も良い解決方法を準備すると明らかにした。ハンギョレの人たちは民主主義に基礎を置いたマルチメディアを夢見てきた。ハンギョレにふさわしい「共和体制」を求めて苦闘している。

資料編

人物略歴

【歴代代表取締役】

❖ 宋建鎬（ソン・ゴノ／一九二七年九月二七日～二〇〇一年一二月二一日）

①出身地／忠清北道《チュンチョンプット》沃川《オクチョン》 ②出身大学／ソウル大学行政学科 ③経歴／京郷《キョンヒャン》新聞、東亜日報《トンアイルボ》でそれぞれ編集局長、民主言論運動協議会初代議長、ハンギョレ新聞創刊委員会共同代表、同社初代～四代の代表取締役

ハンギョレは宋建鎬の名前の三文字を掲げて誕生したと言っても過言ではない。彼を通して人々は新しい新聞に対する確信を持つことができた。創刊準備時代、彼は還暦を越えた身体で全国を飛び回り韓国のジャーナリズムと新しい新聞の進む道について講演会を開き、株主になろうとする人々があちこちで彼の講演を招請した。宋建鎬はその日の講演を終えても翌日旅立つことを考えると夜も楽には眠れなかった。

彼は一生を真の言論運動に捧げた。大韓《テハン》通信を振り出しに韓国《ハングク》日報《イルボ》、京郷新聞、朝鮮日報《チョソンイルボ》を経て東亜日報を辞めるまでひたすらジャーナリズムの正道を歩いた。東亜日報編集局長時代、朴正《パクチョン》熙《ヒ》政権が彼に入閣を要請したが、宋建鎬は見向きもしなかった。彼は良心的ジャーナリストのシンボルだった。人々は新しい新聞をつくろうとする宋建鎬の言葉に賛同し、生活費も十分になかったがハンギョレ創刊の株主になった。

権力と袂《たもと》を分かった宋建鎬が言論民主化運動に自分をすべて投じたのは一九七五年の東亜日報解職がきっかけとなった。約一一〇人の記者が大量に解雇されたが、編集局長がそのような新聞社に残り仕事をするならばそれは恥辱だと考えた。未練なく編集局長を辞した。以後、彼は公安政府の監視と迫害のもとで過ごした。民主言論運動協議会の初代会長などを務め自由言論運動に邁進する一方、研究と執筆活動を怠らなかった。弁当を持って南山図書館で毎日勉強し『韓国民主主義の探求』、『韓国現代史論』、『韓国民族主義論』、『解放前後史の認識』など多くの著作をこの時期に出した。

ハンギョレ代表取締役時代、彼は決済書類に署名するたびに次のようなことを言った。「国民から集めたお金です。一銭でも無駄にしてはなりません」。宋建鎬は経営に直接関与するより実務をする人が能力を発揮して働くことができるように督励した。信頼を土台にした業務推進が彼の経営方法だったのだ。株主と読者の前では誠心誠意心を配ったが、外圧には毅然と抗した。ソ・ギョンウォンの訪北事件をきっかけにして安全企画部が編集局に家宅捜索した一九八九年七月、ハンギョレ社員たちの中で一番強行な立場をとった人が宋建鎬だった。一部幹部が妥協を提示するのに怒りを爆発させた。「絶対に退いてはだめだ。最後まで闘わなければなりません」。

宋建鎬を人々は「鶴のような孤高なソンビ〔学識と人格を兼ね備

えた高い価値を求める人〉」と評する。一九八七年一一月にハンギョレ創刊委員会共同代表になり、一九九三年四月にハンギョレ代表取締役会長で退くまで彼はハンギョレの精神的支柱であった。そうした彼もハンギョレを去る頃には精神的苦闘を抱えた。ハンギョレの進路をめぐり社員と株主の間に亀裂が生じたのだが、彼は「人々は私に対してなぜこのようなことをするのか」〔と嘆いた〕。一九九三年、彼は経営の一線から退きハンギョレ顧問になり、一九九四年にハンギョレを去った。

以後、宋建鎬は長い闘病生活を送った。全斗煥《チョンドファン》政権の時に経験した拘禁と激しい拷問で彼の肉体は痛めつけられていたのだ。パーキンソン症候群で約八年間の闘病の末、二〇〇一年一二月二一日に生涯を終えた。遺骨は光州《クァンジュ》の望月洞《マンウォルドン》に葬られた。生前彼が寄贈した一万五〇〇〇冊の蔵書は一九九六年九月、社内の情報資料室の青巌《チョンアム》文庫に整理され、以降社員に利用されている。二〇〇二年五月一五日、創刊記念日を迎えハンギョレ新聞社玄関に宋建鎬の胸像が設けられた。ハンギョレの人たちは毎日その前を通る。

❖ 金命傑（キム・ミョンゴル／一九三八年一月七日〜）

①咸鏡南道北青《ハムギョンナムドプクチョン》 ②成均館《ソンギュングァン》大学法学科 ③東亜日報《トンアイルボ》記者、ハンギョレ新聞創刊発起人、同編集人、同論説委員、同社第三・四代表取締役、ハンギョレ新聞統一文化研究所所長

金命傑はバカ正直に黙々と自由言論運動の現場を守った。東亜日報で一〇年間記者生活を続け一九七五年に解職された。彼よりも若い後輩たちが自由言論運動をリードしたが、彼は前に出るよりも後方支援する人だった。責任を負うべきことが生じれば引き受けた。張潤煥《チャンユンファン》が記者協会東亜日報分会長になり、彼が副部会長を引き受けた。東亜日報社主が主な自由言論のメンバーすべてを解雇した時、彼も追われた。

解職後、金命傑は南大門《ナンデムン》市場で服屋を開いた。家族を養わなければならなかったからだ。軍事独裁の時代だから彼を受け入れる就職先もなかった。こうした状況だから「末端の仕事からしてみよう」と心に決めて南大門市場を選んだのだ。しかしやはり容易ではなかった。三年で商売をたたみ田舎で農業をやろうと心に決めた。忠清北道陰城《チュンチョンプットウムソン》で農作業をはじめから学び、りんごの木も植え乳牛も飼った。土に親しめるようになった頃、新しい新聞をつくるというニュースを聞き、りんごの木も乳牛もすべておいてソウルに戻った。

創刊事務局時代、彼は財政委員だった。南大門市場で衣類卸の仕事をした経験を買われた。創刊後は編集副委員長を経て論説委員と審議室長を務めた。彼はハンギョレが大きな混乱の中にあったとき、最高経営者として責任を担った。宋建鎬《ソンゴノ》代表取締役の依頼で新聞社の経営を総括する専務に昇格し、一九九一年四月には共同代表取締役に就任した。宋建鎬は代表取締役会長に、金命傑は代表取締役社長になったが、実際の経営は金明傑が担当した。

社長時代、彼はハンギョレの人たちが自分の力を発揮できる良

い新聞をつくることに専念することを願った。彼は葛藤を招く被害を最小化するのに苦心した。特に自分の言行がどちらか一方に偏ることを戒めた。意見の衝突がもたらすたびに金命傑は黙々と自分の考えを控えて他の人の意見に耳を傾けた。株主総会の時も株主たちの意見を断ち切るようなことはしなかった。一部株主たちが荒々しい言葉を投げつけても粘り強く我慢した。その姿勢を最後まで貫いた。株主総会の時間は彼が社長の時が最も長かった。

金命傑社長は社内の葛藤が最高に至ったとき、自らのやりかたで危機を乗り越えた。周りの人は粘り強い社長だったと言う。互いに違う考えを持った人たちを受け入れてハンギョレがこれから前に進めるように貢献した真の人格者と評価する。彼の在任時代、ハンギョレは葛藤が激しかった楊坪洞《ヤンピョンドン》時代を終えて孔徳洞《コンドクトン》の新しい社屋に移転した。退任以後彼はソウル近郊の家で読書と執筆で静かな生活を送っている。「静中の動」の報道人だ。

❖ 金重培（キム・ジュンペ／一九三四年三月二六日〜）

①全羅南道《チョルラナムド》光州《クァンジュ》 ②全南《チョンナム》大学法学科 ③韓国日報《ハングクイルボ》記者、東亜日報《トンアイルボ》編集局長、ハンギョレ新聞社第七代編集委員長、同社第五代表取締役、文化《ムンファ》放送社長、言論広場常任代表

金重培は解職されず自ら辞めた記者だ。一九九一年九月、社主の横暴を批判して三〇年間にわたり勤めた東亜日報《トンアイルボ》に自ら辞表を出した。編集局長を辞める時に「ジャーナリズムは資本に挑み喧嘩をしなければならない」と強調した。真のジャーナリズムの精神を守るためには資本との対立を避けることはできない事実を世の中に訴えた。東亜日報を辞めた直後にはハンギョレの社外取締役を担い、この時から彼の有名なコラムが登場した。正直で品があり〔事の〕本質を見抜く論理を盛り込んだ文を書いた。そうして若い記者たちの要請を受けて一九九三年四月、ハンギョレ編集委員長になった。

編集委員長時代の金重培は一番先に出勤して編集局を守った。編集局記者たちには締め切り時間を厳しく要求した。品質の良い記事は必須だった。在野の雰囲気が溢れたハンギョレ編集局に彼は新しい社風を吹き込んだのだ。編集委員長を引き受けて二カ月経った一九九三年六月、金重培は代表取締役になった。後輩たちの強力な要求を受けた形だ。就任式で彼は全社員に「〔軍事独裁政権に対して〕『迷わずに勝ち鬨《どき》をあげる』時代は終わったことを直視しなさい」と語った。金重培は「他の新聞と違う新聞、他の新聞とは違う経営」を経営と編集の指標にした。

就任と同時にハンギョレの競争力強化のために多くの仕事を進めた。質の高い記事を早く伝えることができる集配システムの導入を急いだ。時事週刊誌創刊にも念を入れた。「ハンギョレ21」は金重培の全幅の後押しと支持がなければ誕生しなかったはずだ。一部株主たちが株主総会の決定を無効にしようとする訴訟を申し立てた時、金重培は全役員の辞退を決めた。ハンギョレの運命は自ら決めることであって、どんな外圧や権力によっても左右できないことが彼の考えの中心だった。

以後、ハンギョレの経営陣推進委員会は金重培を代表取締役に再び選んだが、株主総会直前に代表候補を自ら降りた。原則を立ててその方向に人々をリードするが、人々がそれを敬遠するなら退くというのが彼のスタイルであった。そのような彼を「恥を知っている魅力的な男性」と評価した人もいる。

金重培の在任期間は短いが、果敢な決断で多くの困難を突破してハンギョレの中興に一定の役割を果たした。正論の原則を強調してジャーナリストの専門性を高めたし、時代の先を行く経営の活路を開拓した。退任以後、参与連帯共同代表、言論改革市民連帯連共同代表、文化放送社長、言論広場代表などを務めて活発な活動を続けた。

❖ 金斗植（キム・ドシク／一九四三年三月二〇日〜）

①忠清《チュンチョン》南《ナム》道《ド》燕岐《ヨンギ》 ②ソウル大学法律学科 ③東《トン》亜《ア》日《イル》報《ボ》記者、ハンギョレ新聞論説委員、同広告担当専務取締役、同社第六代代表取締役、韓国新聞倫理委員会倫理委員

一九七五年東亜日報で解職された時、金斗植は幼い四人の子どもと妻を養う家長だった。今すぐ働き口が必要だった。彼が初めて計画した事業は不動産仲介業で、開発ブームが起きている江南《カンナム》に行った。しかし客は来ず、行くところがない解職記者たちのたまり場になった。飯場でドブロクを呑んで怒りをぶつけている間に開発投機ブームは終わってしまった。再挑戦した事業は南大門《ナンデムン》の衣類問屋であった。東亜日報の先輩である金命傑が南大門に進出していた。彼は失敗を経験していたから〔金斗植の事業進出を〕引き止めたが、聞かなかった。金斗植は家を売って店を手に入れたが、三年で破産した。事業失敗の原因を彼は次のように分析する。「新製品を開発できなかったし、全国に流通網を切り開けなかった。店員の管理をおろそかにした」。

一九八〇年、大韓《テハン》商事仲裁院に入り、サラリーマン稼業をして初めて安定的な職場に就職した。仕事に楽しみを覚えてきた時にハンギョレ創刊のニュースを聞き、生活人である金斗植は記者としてまた戻ってきた。彼はハンギョレ初代社会教育部編集委員長になり、大きな特ダネが出てくる社会教育部の人選作業が彼の初の任務だった。部署の特性のうえ、他の新聞社で記者修行をした人を対象に人材を構成した。人選基準は簡単だった。彼は自分のドリームチームを作った。高喜範《コヒボム》、柳熙洛《ユヒラク》、チェ・ユチャン、金《キム》炯培《ヒョンベ》、文学振《ムンハクジン》、金志錫《キムジソク》、金種求《キムジョング》、李泓東《イホンドン》、呉泰奎《オテギュ》、柳鍾珌《ユジョンピル》などが彼のチームスタッフだった。そのように社会教育部編集委員長として二年余り働いた時が彼の人生で一番楽しかった時代だった。

論説委員を経て広告局長になった時、金斗植が直面した世の中は二つに分かれた。ハンギョレに広告を与える世の中と与えない世の中の二つだった。年末に配った年賀状は三〇〇〇余りにもなった。引き受けた仕事はあれこれ選り分けることもないという彼の性格は、がんばり過ぎとの評価もあった。仕事以外に関心はなかったし、余力もなかった。

専務取締役時代に直属の部署で「会社発展企画委員会」を作っ

て社内の統合と発展戦略を立てる作業を行った。社内にはびこった対立と葛藤を乗り越える長期戦略を整えた。金重培の就任以後、社長職務代行を務め、一九九四年六月に正式に代表取締役社長に就任した。彼は紙面改革と増ページ、組織改編などを断行して会社を一新した。超高速輪転機の導入契約も結んだ。「ハンギョレ21」の創刊作業とハンギョレカルチャーセンター開設も金斗植の仕事だった。彼が社長の在任時代の一九九四年末、ハンギョレは創刊七年目にして初めて黒字を出した。

　金斗植はものごとに対する是々非々が明らかな人だった。自分は仏教の教えに従う人間だと口癖のように言い、新聞社の綱紀を正しくした。良くないと思えば誰でもその場でまともに直してあげないとすまなかった。だから後輩と口論で声が高くなることがたまにあったが、後輩たちと酒を飲むことが最も多く、心のわだかまりも解けてしまった。

　仕事に対する情熱と新しい気風を押し進めようとする努力をハンギョレの人たちはすべて認めたし積極的に支持した。彼は権《クォン》根述《グンスル》代表取締役の時に代表取締役社長としてもう一度最高経営陣としてハンギョレを導いたあと退任した。以後鍾根堂《チョングンダン》（製薬会社）常任顧問と韓国新聞倫理委員会倫理委員などを務めた。

❖ 権根述（クォン・グンスル／一九四一年一〇月二〇日〜）

①釜山《プサン》　②ソウル大学政治学科　③東亜日報《トンアイルボ》記者、図書出版チョンラン代表、ハンギョレ新聞論説主幹、同第三代編集委員長、同社第七・八代代表取締役、漢陽《ハニャン》大学大学院言論情報学研究科招聘教授、南北オリニオッケドンム理事長

　東亜日報記者時代、権根述は当時社会部長であった金重培《キムジュンベ》から将来の編集局長候補だと称賛を受けた。しかし、東亜日報は一九七五年に彼を解雇した。ある日の朝、（突然）無職となった彼は、生計を立てる知恵を絞らなければならなかった。光化門《クァンファムン》の近くで小さな出版社を営んだ。彼を見て詩人の高銀《コウン》は「もう少し大きい仕事、もう少し太い仕事、そうでなければもう少し遠くまで行く（のが似合う）志が、三〜四坪の部屋に後ろ向きに座り、一度起き上がった」と詠んだ。肩書きは社長であったが、掃除・本の配達・原稿の校正まで一人ですべてをこなした。

　権根述は創刊事務局で編集企画を総括した。ハンギョレ新聞の創刊準備に心を砕くことは楽しかったが、同時に荷が重いことだった。任在慶《イムジェギョン》・慎洪範《シンホンボム》・朴雨政《パクウジョン》などと一緒に編集局体制と紙面構成を完成させた。新聞が本格的に発行されるようになると、論説幹事として仕事をした。当時、各分野を代表する人物に接触してハンギョレ論説委員室に連れてくるのも彼の任務だった。張潤煥《チャンユンファン》編集委員長が、安全企画部によるハンギョレ編集局捜索・押収を受け責任をとって辞めた時、編集委員長代理だった権根述が編集委員長職を引き継いだ。彼は、ハンギョレが高級紙（クォリティーペーパー）として格好を整えることを期待して尽力した。

　その後、論説主幹として長くその席にいたが、一九九五年三月、代表取締役に就任した。二年後、代表取締役再選を果たした。彼は、

新聞広告市場でハンギョレの位置を再確立することに相当な力を傾けた。普段から顔が広かった彼は、企業主たちと直接談判を繰り広げて、ハンギョレが持つ広告効果の正当な価値を認めさせた。一九九七年に吹き荒れた国際金融危機の中でも、一九九八年には一五億ウォンの黒字を出した。全社員がボーナスを返上するという犠牲を払ったが、一九九四年以後、初めて実現した黒字経営だった。

彼の代表取締役在任期間は、事業の多角化と多媒体戦略が活発に進行した時期でもあった。国内初の映画週刊誌「シネ21」や日刊地域生活情報新聞のハンギョレリビング、ケーブル放送雑誌の「ケーブルTVガイド」などを創刊した。ハンギョレ統一文化財団もこの時期につくられた。政府、メディア、市民団体の三者協力モデルの模範とみなされている失業克服国民運動キャンペーンも牽引した。しかし、ハンギョレ最初の子会社として独立させたハンギョレリビングは、創刊一年も経たずに廃刊した。フリーペーパー市場を先導してハンギョレの底辺拡大（ある特定の分野の新進や基底をなす人力を増やすこと）をするという期待も一緒に畳まなければならなかった。ハンギョレリビングを惜しむ気持ちが小さくなかった。

権根述はハンギョレを離れた後にも忙しい日々を過ごしていた。漢陽大学大学院言論情報学研究科招聘教授、韓国非武装地帯平和フォーラム共同代表、南北首脳会談諮問委員、南北オリニオッケドンム（南北の子どもたちが文化的に互いに理解し協力する活動をしている南北統一推進市民団体）理事長などを務めた。

❖ 崔鶴来（チェ・ハンレ／一九四三年一月六日〜）

①京畿道利川《キョンギドイチョン》 ②高麗《コリョ》大学法律学科 ③東亜日報《トンアイルボ》記者、真露《ジンロ》グループ（韓国の代表的な酒造メーカー）取締役、ハンギョレ新聞広告担当副社長、同第八・九代編集委員長、同社第九・一〇代代表取締役、韓国新聞協会会長、全国災害対策協議会会長

一九七五年に東亜日報から解雇された崔鶴来は、以後、株式会社真露を経て株式会社ソガンで役員として働いた。経営人として本格的に歩む心づもりだったが、記者に戻るという考えは一瞬たりとも捨てなかった。その夢が実現したのはハンギョレ創刊の翌年である一九八九年三月だった。創刊前から馳せ参じたかったが、一〇年以上勤めた会社を整理するのに時間がかかった。

崔鶴来は経済部編集委員としてハンギョレでの記者生活を始めた。その時代、経済部には六人の記者がいたが、不正に対する怒りが感じられる記事が出てくるまで後輩たちを叱咤激励した。そのような作風は後日、編集委員長時代まで続いたが、彼が主催する編集委員会では怒鳴り声が止まず、各部長たちは控えめになった。

政治部編集委員と論説委員を経た後、一九九一年に専務取締役になった。孔徳洞《コンドクトン》の新社屋の建設では担当建設会社が不渡りを出したため工事が大幅に遅れてしまったが、崔鶴来は竣工まで工事現場の主任のように現場を指揮した。ついに社屋が完成したが、

今度は輪転機の問題が持ち上がった。新しい輪転機が刷った新聞は、時には白紙で、時にはカーボンペーパーで出た。崔鶴来ははじめから会社で寝起きした。眠れず輪転機を見守る崔鶴来のそばで、社員たちは山のように積まれた紙くずに隠れるようにしてようやく眠りについた。崔鶴来は過労のため、輪転機の横で意識を失うこともあった。

その後、論説委員、編集局副委員長を経て、編集委員長に選出された。崔鶴来が編集委員長を引き受けた時は、カジノ不正問題、金賢哲《キムヒョンチョル》事件、曹渓寺《チョゲサ》問題など大型の特ダネがハンギョレの紙面を飾り続けた。豪胆な性格で後輩たちと心を通わせた。声を荒げて意見を分かち合いながら、数は少なかったがときどき腕力も使った。崔鶴来にひどい目に遭わされた後輩が何人もいるが、そのようなことがあっても、再会して盃を傾けたくなる魅力があった。

崔鶴来の豪放さは北韓《プッカン》でも通じた。ハンギョレ統一文化財団事務総長、韓国新聞協会会長などとして働きながら北韓を訪問したが、金正日《キムジョンイル》〔国防〕委員長をはじめとした北韓の人々が崔鶴来と親しく付き合って好意を表した。

一九九九年三月、代表取締役に就任し、〔第九・一〇代を〕歴任した。代表取締役時代、崔鶴来はハンギョレの拡大成長を試みた。増ページ、社屋増築、経済分野の週刊誌創刊、インターネットハンギョレの設立、慶尚道《キョンサンド》・全羅道《チョルラド》地域における現地印刷の開始など、崔鶴来の在任期間中に成し遂げられた。退任以後にも、慶南《キョンナム》大学極東問題研究所招聘教授、三星《サムソン》言論財団理事、アジア記者協会理事長、全国災害対策協議会会長などを引き受けて、依然として精力的な活動を繰り広げている。

❖ 高喜範 （コ・ヒボム／一九五一年一月二一日〜）

①済州道《チェジュド》 ②韓国《ハングク》外国語大学イタリア語科 ③キリスト教放送記者、韓国放送公社〔KBS〕記者、ハンギョレ新聞初代労働組合委員長、同社第一一代代表取締役、韓国エネルギー財団事務総長、ハンギョレ統一文化財団取締役

高喜範は一九七五年にキリスト教放送に入社してメディア界での第一歩を踏み出した。一九八〇年の〔全斗煥《チョンドファン》を中心とした〕新軍部のメディア統廃合の過程でキリスト教放送の報道機能が失われ、韓国放送公社〔KBS〕へ移った。その時期、全斗煥政権の圧力に屈して外国ニュースを捏造する現場を直接目撃して、韓国放送記者を辞めた。キリスト教放送へ戻った高喜範は報道機能回復運動をリードしたが、このためにひどい目に遭った。ハンギョレ募金運動を取材する過程でハンギョレの人たちに会い、その縁でハンギョレの初代警察〔取材〕チーム長を引き受けた。

高喜範は、ハンギョレの初代労組委員長でもあった。キリスト教放送で労組委員長をした経歴も役立った。労組委員長時代、彼は経営陣と対立することよりも内部問題の解決により多くの比重を置いた。有能な記者だったため、政治部長、社会部長、出版局長、編集局副委員長などを歴任した後、一九九〇年代初めと一九九〇

年代末に二回にわたって広告局で働く特別な経験をした。大部分が気乗りしない仕事であったが、会社がしろと言えばしなければならないというのが彼の考えだった。

　国際金融危機直後に広告局長になった時、高喜範は忸怩《じくじ》たる思いに悩まされた。すべての企業が危機を経験しており、このような企業から広告を出してもらうことがさらに大変だった。高喜範はすべてやめてしまいたいと思うこともたびたびあった。しかし、朝になれば「頑張ろう、俺がしなかったら誰かがしなければならない仕事なんだから」と思って再び立ち上がった。

　高喜範は二〇〇三年三月に代表取締役に就任した。彼はハンギョレの強い土台づくりのために自分を捧げようと決心した。しかし、高喜範の代表取締役時代は予想以上に険しかった。国際金融危機時代に借りた巨額〔の借金を〕返さなければならない時期が直前に近付いていた。あらゆる手段を尽くして相当額を返却したが、完全に返すことはできなかった。危機を克服するために非常対策をとらなければならなかった。労組と一緒に非常経営委員会を切り回した。苦痛の時期だった。

　高喜範は二〇〇五年に代表取締役を終えてハンギョレを離れた。自分の退職金と、顧問として働いて稼いだ給料をすべて会社へ寄付した。ハンギョレを離れた後にも非常経営委員会時代の苦痛を忘れていない。ハンギョレ退職後は、韓国エネルギー財団事務総長として働いている。

❖ 鄭泰基（チョン・テギ／一九四一年二月二八日〜）

①大邱《テグ》　②ソウル大学行政学科　③朝鮮日報《チョソンイルボ》記者、図書出版ドゥレ代表、ハンギョレ新聞政策・管理担当取締役、新世紀通信代表取締役、ハンギョレ新聞第一二代代表取締役、テサン農村文化財団理事長

　ハンギョレ創刊に力を合わせた人たちの大部分が今も口を揃えて言うのが「あの時、鄭泰基の推進力でハンギョレが誕生した」だ。鄭泰基ははじめから新聞社創設の中心だった。創刊当時には、経営実務に長けている人が多くはなかった。鄭泰基は、資金・印刷・工務・輪転業務まで引き受けた。各種の認可を受けるために〔監督〕官庁に出入りした。夜中に起きてパソコンのキーボードを叩いた。

　創刊以降は開発本部長を引き受け、新社屋建設と高速輪転機導入を推進した。ハンギョレは情熱を抑えつつより科学的かつ理性的な態度で経営を始める時だと主張した。鄭泰基に対して、エリート意識に染まっているとか独走しているとかいう批判が周辺から寄せられた。創刊事務局時代から鄭泰基は、好むと好まざるとにかかわらず、一人で仕事を進めるしかなかった。周囲に物書きは多かったが、経営実務を議論する同僚はいなかった。鄭泰基は創刊から約三年後にハンギョレを離れた。

　ハンギョレを離れた後、五臺山《オデサン》〔江原道《カンウォンド》にある山〕で野生花の栽培に情熱を注いだが、約一〇年ぶりに後輩たちが訪ねてきて「先輩がつくったハンギョレがしぼみつつあります」と訴えた。鄭泰基は躊躇しつつも心は揺れた。万が一、ハンギョレが座礁するようなことがあったらという危機感で、彼は〔ハンギョレに〕戻らざ

るをえなかった。二〇〇五年三月に鄭泰基は代表取締役に就任した。

鄭泰基は、第二創刊運動を通してハンギョレの新出発を意図した。創刊時から変化した新聞市場ではハンギョレは高級紙として勝負しなければならないと考えた。全社員を対象とした教育プログラムを強く推進した。総論的な教育ではなく、技能教育を重点にした十分な研修を通して、実践的な業務能力を持ったハンギョレ社員を育てようとした。

三年の任期の代表取締役だったが、二年働いた後に辞任した。編集委員長任命同意案が否決されるなど、彼が出した発展計画は内部に痛みを与えるものだった。彼は、ハンギョレの未来を後輩たちに頼み会社を去った。鄭泰基は二度ハンギョレから去ったが、人々はハンギョレをつくった人として彼を記憶している。退任以後、テサン農村文化財団の理事長として働いている。

❖ 徐炯洙（ソ・ヒョンス／一九五七年四月五日〜）

①釜山《プサン》 ②ソウル大学法学科 ③ハンギョレ新聞運営企画室長、言論文化研究所事務局長、羅山《ナソン》百貨店理事、ハンギョレプラス代表取締役、ハンギョレ新聞社第一三代代表取締役、同社常任顧問

徐炯洙がハンギョレと縁を結んだのは、三二歳になった年の秋だった。ロッテグループ企画室係長だった彼へ東亜日報《トンアイルボ》解職記者出身の曺永浩《チョヨンホ》課長が昼食を食べる手を休めて言った。「新たな新聞をつくるんだが、一緒にやる気持ちはないか。今すぐに働き手が必要だということなんだが」。曺永浩は、家庭の事情ですぐに〔ハンギョレ創刊へ〕駆けつけられない自身の立場を悔しがっていた。代わりに後輩の徐炯洙へハンギョレ合流を勧めた。

入社四年目の大企業エリート社員で、ジャーナリズムとはまったく縁のなかった徐炯洙は、安国洞《アングッドン》のハンギョレ創刊事務局に行ってみた。彼の人生はその日以降、完全に変わった。徐炯洙は、既存の秩序をそのまま進んで行くよりは新しい秩序をつくるのに打ち込みたかった。徐炯洙は、ハンギョレに飛び込んだ。月給七五万ウォンが二五万ウォンに減った。ハンギョレ初代運営企画室長として働き始めた。

一九九一年三月、新社屋の建設が真っ最中だったとき、徐炯洙はハンギョレをしばらく離れた。建設会社が不渡りを出し、社屋建設の作業員たちは賃金の支払いを求めてストライキ篭城を繰り広げた。作業員たちをやっとの思いでなだめて株式総会に参席した徐炯洙は大きく失望した。株主総会場で繰り広げられた議論は、〔現場からかけ離れて〕あまりにも政治的だったからだ。新社屋の工事や新聞社発展に対する関心はどこかにいってしまっているように見えた。徐炯洙は限界を感じた。

一九九四年、再びハンギョレに戻った。ハンギョレは常に心の負い目として残っていた。企画室、事業局、販売局など全身全霊で仕事にとりかかった。販売局長時代、体系的マーケティングのために定期購読者リストを作ることを決めた。周囲ではすべて「とうてい不可能なこと」「他のところではしないこと」だと言ったが、

顧客である読者の情報を構築することが新聞販売のための第一条件であるというのが徐炯洙の考えだった。ハンギョレが読者リストを作ったという情報に、他のメディアも急いで追随した。

二〇〇四年には、非常経営委員会共同委員長を引き受けて、ハンギョレ社史上最も危うかった経営危機を克服する一翼を担った。鄭泰基《チョンテギ》が任期途中で辞任した二〇〇七年三月、徐炯洙が代表取締役社長として選出されて鄭泰基の残りの任期を引き受けた。彼はハンギョレが財政的な安定を成し遂げるために心血を注いだ。創刊事務局時代から、徐炯洙は経営が安定してはじめてよい新聞社をつくり出すことができると考えていた。一年の短い任期を終え代表取締役を離れた。自身が打ち立てた原則と所信に従い、ハンギョレのために真心を込めて仕事をする若い社長だった。

本書掲載・人物略歴（五十音順）

❖ **李五徳**（イ・オドク／一九二五～二〇〇三年）　詩人、児童文学者。慶尚北道《キョンサンブクド》霊泉郡《ヤンチョングン》生まれ。普通学校卒業後、農業学校に入学。卒業後郡庁（郡役所）に勤務、一九四四年に教員に合格、四三年間の教員生活を続ける中で作品を書いた。五四年「少女世界」に「ジンダルレ」を発表、七一年には東亜日報《トンアイルボ》の新春文芸に童話「キジ」が入選、七七年には評論集『詩精神と遊戯精神——童試論』を発表、評論は児童文学分野以外でも多く刊行した。「童詩とは何か」、「真実と虚妄想」、「劣等意識の克服」、「生・文学・教育」など。ハングルの美しさと正しい表現を追求して『ハングル文字の正しい使用』などを表した。

❖ **李吉用**（イ・ギリョン／一八五九年～?）　日本の同志社大学に留学、一九二二年に東亜日報《トンアイルボ》大田《テジョン》支局に勤務、二七年本社記者に。泰《テ》藩《パン》（朝鮮日報《チョソンイルボ》）らとともに運動記者団を設立。ベルリンオリンピックのマラソン競技で優勝した孫基禎《ソンキジュン》選手の報道では東亜日報に「名誉のわが孫君」という見出しで報じ、胸の日章旗を抹消。また雑誌「新東亜」の掲載記事でも日章旗をつぶした。このことで東亜日報は停刊に、「新東亜」は廃刊に追い込まれ、李吉用は投獄された。解放後、復職して朝鮮体育同志会結成に参与したほか、社会部記者として朝鮮戦争直前まで「大韓体育史」を執筆していたが、その後越北した。韓国では八九年に韓国体育連盟が李吉用体育記者賞を設けて毎年選定。九一年には李吉用に建国勲章愛国賞が贈られた。

❖ **李効再**（イ・ヒョジェ／一九二四年～）　韓国女性運動のリーダーで、家族社会学者。一九七九年に発行した著書『女性解放の理論と現実』は女性運動の教科書と呼ばれるほど多くの女性を女性解放運動に導いたとされる。八七年に韓国女性民友会を設立、九〇年には女性連合の二代目会長。九二年に女性社会教育院を設立。九一年に韓国挺身隊問題対策協議会（挺対協）代表。女性連合は民主化とともに民族自主、統一、平和運動を重要な事業として設定された団体で、李効再が会長時代に企画し実現したものの一つに九一年一一月と九二年九月に開かれた「アジアの平和と女性の役割」

討論会がある。ソウルと平壌《ピョンヤン》で開催したもので、民間女性の南北交流で画期的運動を刻んだ。九八年には財産を寄付し女性社会教育院での後輩たちの学び場を提供した。

❖ **李会昌**（イ・フェチャン／一九三五年〜） 自由先進党初代総裁。ソウル大学在学中に司法試験合格、一九六〇年判事になり、八一〜八六年大法院（最高裁）判事、九三年三月金泳三《キムヨンサム》政権発足で監査院院長。同年三月から九四年まで国務総理。九七年九月新韓国党総裁後、同年一一月ハンナラ党結成で名誉総裁。第一五〜一七代大統領選に出馬するが、いずれも敗北、二〇〇八年に自由先進党総裁就任。同党は〇八年総選挙で一八議席を獲得したが、一〇年の地方選では敗北した。

❖ **李富栄**（イ・ブヨン／一九四二年〜） 政治家。ソウル大学を卒業後、一九七五年まで東亜日報《トンアイルボ》記者。一九七五年、自由言論運動に関連して服役。八四年民衆民主運動協議会共同代表、八五年には民主統一民衆運動連合（民統連）で事務次長を務め、成裕普《ソンユボ》事務処長とともに東亜日報を解職され、東亜闘争委を経てハンギョレ新聞創刊に参画した。九一年民主党副総裁、同最高顧問、九二年第一四・一五・一六代国会議員。二〇〇四年ヨリンウリ党議長、〇七年脱党、現在無所属。共著に『言論と社会』。

❖ **李明博**（イ・ミョンバク／一九四一年〜） 第一七代大統領。日本の大阪生まれ。四歳の時に父の故郷浦項《ポハン》に家族とともに帰国。朝鮮戦争では目の前で末の弟、姉を失う。生活は困窮し酒粕を食べて暮らしたり、軍施設で海苔売りなどをして生活を助けた。高《コ》麗《リョ》大学在学中は日韓基本条約反対闘争で投獄された経験をもつ。一九六五年大学卒業後、現代《ヒョンデ》建設入社。七〇年に同社取締役を経て七七年社長。創立者鄭周永《チョンジュヨン》とともに同社を世界的企業に育て上げた。八八年会長。九〇年民自党に入党、九二年現代グループを退社して総選挙に出馬し当選、九六年再選されるが公職選挙法違反で失職、二〇〇〇年八月の特赦で復権。〇二年ソウル市長に当選し、清渓川《チョンゲチョン》復元工事、都市交通システムの改善などで成果をあげ、〇七年第一七代大統領では七四七の公約を掲げて出馬し当選した。同公約は年七％成長、一〇年以内に一人当たり国民所得四万ドル、一〇年以内に世界七大国入りを目指すもので、韓国国民は経済回復を李明博にかけた。〇八年九月のリーマンショック危機では、ＯＥＣＤ諸国の中で最も早くプラス成長に転じたことで評価を得た。しかし、格差が拡大し若者の就職難問題が顕在化し、人権問題では、〇八年のアメリカ産牛肉輸入の反対（ろうそくデモ）参加者に対する弾圧、国家人権委員会の機能縮小などの事態に対して極めて厳しい批判がある。激しい反対があるアメリカとの自由貿易協定（ＦＴＡ）推進が政権最終年の最大課題。〇九年三月に哨戒艦沈没事件、一一月の大延坪島《テヨンピョンド》砲撃と相次いで起こり、前政権までの太陽政策を否定した現政権の対北の関係改善もその課題の一つだ。

❖ **林権澤**（イム・グォンテク／一九三六年〜） 映画監督。鄭昌和《チョンチャンワ》監督のもとで助監督。一九六一年から一人立ちし、「豆満江《トマンガン》よ、さらば」がデビュー作。創氏改名をテーマとした「族譜」（七八年）、「曼荼羅」

（作家金聖東《キムソンドン》の原作の映画化、八一年）、空前のヒットとなった「風の丘を越えて――西便制《ソピョンジェ》」（九三年）、「大白《テペク》山脈」（趙在来《チョンジェレ》原作、九四年）、「祝祭」（九六年）など。第五五回カンヌ国際映画祭監督賞を受賞した「酔画仙」（二〇〇二年）、一〇〇作目の作品「千年鶴」（〇七年）などがある。ドキュメンタリーでは八八年ソウルオリンピック記録映画の総監督を努めた。

❖ **林東源**（イム・ドンウォン／一九三三年～）　政治家。平安北道《ピョンアンプクド》生まれ。避難民として南に渡り、一九八〇年の陸軍少将。盧泰愚《ノテウ》政権時には南北高位級会談代表。九五年に金大中《キムデジュン》と出会い、金大中政権時には大統領外交安保首席秘書官、統一相、国家情報院院長など歴任。金大中―金正日《キムジョンイル》南北首脳会談の実現に向けて金正日総書記と接触し、秘密特使を努めた。現在は統一会議顧問、金大中平和センター理事など。詳細は『南北首脳会談への道』（波佐波清訳、岩波書店、二〇〇八年）に詳しい。

❖ **姜萬吉**（カン・マンギル／一九三三年～）　歴史学者。高麗《コリョ》大学名誉教授。南北統一運動でも活躍。歴史学研究においては一九七〇年代前半までは朝鮮後期商業史の研究が中心だったが（学位論文「朝鮮後期商業資本の成長」〔六八年〕や「朝鮮後期商業資本の発達」〔七三年〕）、やがて日本の植民地時代の民族解放運動研究に入り『韓国民族運動史論』（八五年、増補版は二〇〇八年）を著し、九一年には月刊「社会評論」を発行、〇〇年には季刊誌「明日を開く歴史」を出す。韓国の近現代史研究では『分断時代の歴史認識』（八四年、学生社）、『韓国近代史』（八六年、高麗書林）など多い。『改訂韓国現代史』、『二〇世紀我々の歴史』（いずれも創作と批評社発行で、九四年、九九年刊行）。一〇年には学者としての半生を記した『歴史家の時間』を刊行。参与政府時代は親日反民族行為真相糾明委員会委員を務めた。

❖ **金日成**（キム・イルソン／一九一二～九四年）　朝鮮民主主義人民共和国建国の指導者。平壌《ピョンヤン》郊外生まれ。一九一九年秋、父母ともに満州（中国東北部）に渡り、二六年に父が死亡。同年民族主義団体の正義府の「中華成義塾」に入学、二七年に吉林の中学に入学、二九年に反体制組織に加わり逮捕・投獄される。三一年に中国共産党に入党、抗日遊撃隊に参加、中国共産党が指導する抗日パルチザン組織の東北人民革命軍に参加し、三六年から再編された東北抗日聯軍の隊員となり、三七年には朝鮮領内の普天堡《ポチョンポ》を攻撃して名をはせた。四〇年日本軍の攻撃を受けソ連に移り、四五年九月ソ連から船で元山《ウォンサン》に帰国し、朝鮮共産党北部朝鮮分局の専任書記に。四六年六月北朝鮮臨時人民委員会委員長に就任。四八年の建国後は首相に就任、朝鮮戦争では副首相朴憲永《パクホニョン》をアメリカのスパイとして粛正。五三年のスターリン死後に個人崇拝否定・平和路線をとるソ連とは距離をおき、五五年から事大主義克服のための統治を進め、一九六七年一二月に「主体《チュチェ》思想」を提起した。六六年朝鮮労働党総書記。七二年一二月新憲法を公布、主席に就任。八〇年には高麗《コリョ》民主連邦共和国構想を発表、ソ連崩壊後は経済的な苦境に立った中で、九〇年代に入り日朝交渉開始。米朝会談再開、南北首脳会談実現の直前に急死した。

❖ **金相万**（キム・サンマン／一九一〇～九四年）　元東亜日報《トンアイルボ》社長、会長。

全羅北道《チョルラブクド》生まれ。東亜日報の設立者金性洙《キムソンス》、コ・グァンソク夫婦長男。日本の中央大学、早稲田大学、イギリスのロンドン大学に留学、一九四九年七月に東亜日報取締役兼事務局長として就任、七一年社長。軍事政権と対立して言論の自由を守ったが、七四年の自由言論実践運動では記者らを集団解雇した。広告掲載拒否などの難局を乗り越えたことで、七五年度国際新聞発行者協会（FIEJ。現在は世界新聞協会（WAN））の「自由の金ペン」賞を受賞。七七年東亜日報社代表取締役会長、八一年東亜日報社名誉会長。六〇年代、日本の植民地時代に休刊した「新東亜」「女性東亜」を復刊。アジア新聞財団会長、国際新聞編集者協会（IPI）終身名誉会員を歴任した。

❖ **金芝河**（キム・ジハ／一九四一年〜）　詩人。全羅南道《チョルラナムド》木浦《モッポ》生まれ。一九六〇年、ソウル大学生時代に四・一九革命（四月革命）に参加、六一年の朴正熙《パクチョンヒ》による五・一六軍事クーデターで運動は地下に潜る。六四年の日韓基本条約反対闘争で逮捕された。六九年に詩「ソウルへの道」で注目され、七〇年五月「思想界」に朴正熙軍事独裁体制を批判する詩「五賊」を発表、反共法違反で違捕された。同年一二月、詩集『黄土』を刊行、七三年、長編詩集「蜚語」により逮捕される。七四年には民青学連事件で主謀者とされ死刑判決を受けた。七五年には獄中記「苦行一九七四」で再逮捕、通算七年に及ぶ獄中生活を送った。七五年アジア・アフリカ作家会議のロータス特別賞受賞。八〇年一二月仮出所後、風刺詩「タラニー」を収めた詩集刊行（八四年）。八九年に「生命復興運動」（ハンサルリム）を提唱し、九二年に散文集『生命』を刊行、九八年には日本を訪れ講演した。遠ざかっていた詩作は〇一年に「西方」など六編を発表、再開した。

❖ **金正日**（キム・ジョンイル／一九四二〜二〇一一年）　金日成《キムイルソン》没後の朝鮮民主主義人民共和国の最高指導者。出生地には諸説あるが、金日成と母の金正淑《キムジョンスク》が滞在中のロシア・ハバロフスクで生まれたとする説がほぼ確実である。一九六四年金日成総合大学卒業。七三年九月に朝鮮労働党組織・宣伝担当書記に就任、三大革命小組運動を提唱。七四年二月に金日成国家主席の後継者に決まる。九一年朝鮮人民軍最高司令官に就任。九四年の父の死後、三年の喪に服し、九七年一〇月八日に党総書記に就き名実ともに最高指導者となり、軍を優先する「先軍政治」をとった。核開発を交渉カードとして使いアメリカとの「米朝正常化」を目指した。クリントン大統領末期に同交渉が進むとみられたが、ブッシュ政権では「悪の枢軸」と名指しされて遠のいた。自然災害などで急速に悪化した経済状態再建のため「改革・解放」政策にも迫られ、二〇〇〇年六月には中国を訪問、江沢民国家主席と会談。しかし、体制維持優先などから同政策の積極的展開はなかった。〇〇年に金大《キムデ》中《ジュン》大統領と南北首脳会談、〇二年に小泉純一郎首相との日朝平《ピョン》壌《ヤン》宣言の署名など、韓国、日本との接近が見られたが、保守政権である李明博《イミョンバク》政権、日本の相次ぐ首相の交代や拉致問題の膠着化などから、その後の進展はない。一二年が金日成生誕一〇〇年を迎えることから「強盛大国の大門を開く」というスローガンを掲げたが、一一年一二月一七日、心臓病で急死した。三男正恩《ジョンウン》を後継者と決めてから約一年半後の死亡であった。

❖ **金廷漢**（キム・ジョンハン／一九〇九～九六年）小説家。釜山《プサン》で生まれる。一九三二年日本の早稲田大学付属第一高等学院で学ぶ。三六年に文壇にデビュー。「祈祷」（一九三八年）などの短編小説を主に発表後は長い間作品を発表しなかったが、六〇年代後半に洛《ナク》東河《トンガン》沿いに住む貧しい漁民の生活と苦闘を描いた「砂浜のはなし」を発表して注目を受けた。六九年には韓国文学賞を受けた。釜山大学教授、民族文学作家会議長。

❖ **金鐘泌**（キム・ジョンピル／一九二六年～）政治家。忠清南道扶《チュンチョンナムドプ》余《ヨ》生まれ。陸軍士官学校第八期卒業。軍隊時代の直属の上官にあたる朴正熙《パクチョンヒ》とは姻戚関係にある。一九六一年クーデタでは朴正熙の片腕として働く。中央情報部初代部長。日韓国交正常化交渉にあたる。六五年日韓基本条約の推進など難局の収拾に手腕を振るったが、政府批判の矢面に立ち公職辞任や外遊を強いられることもたびたびあった。しかし、七〇年代には朴正熙大統領の元首相（七一年）など務める。金大中《キムデジュン》、金泳三《キムヨンサム》とともに「三金」と言われた。全斗換《チョンドファン》政権時代に不正蓄財の名目で政治活動禁止処分を受けた。解禁後の八七年新民主共和党を結成、大統領選に出馬、落選。九五年自民連結成、九七年の大統領選では金大中と協力。金大中政権下では国務総理。

❖ **金寿煥**（キム・スファン／一九二二～二〇〇九年）韓国人で最初の枢機卿。大邱《テグ》生まれ。祖父は一八六六年のカトリック教弾圧で殉教し、家族は迫害を避けるため故郷を後にし、最後に慶尚北道漆《キョンサンプクドチル》谷郡《ゴクグン》に定着した。父を若くして亡くしたが、信仰心の厚い母に育てられ宗教者の道に歩む。日本の植民地時代に上智大学に留学したほか、学徒出陣で送られた経験をもつ。解放後は韓国やドイツの大学で神学を学ぶ。四六歳の時に枢機卿に叙せられた。当時、一番若い枢機卿だった。朴正熙《パクチョンヒ》、全斗煥《チョンドファン》、盧泰愚《ノテウ》の軍事政権に批判的な発言を行い、退陣運動を求める市民運動も進めた。二〇〇九年に死去、明洞《ミョンドン》大聖堂には四〇万人が弔問に訪れた。

❖ **金大中**（キム・デジュン／一九二四～二〇〇九年）第一五代大統領（在任一九九七～二〇〇三年）。全羅南道荷衣島《チョルラナムドハヒド》生まれ。一九四三年木浦《モッポ》商業学校卒業。六一年国会議員に初当選するがクーデターで解散させられる。六三年民主党再建で党スポークスマンに就任。七一年新民党から大統領に出馬し現職の朴正熙《パクチョンヒ》大統領に惜敗。七三年八月東京滞在中に中央情報部要員により拉致される。七六年民主救国宣言で朴正熙を批判、服役。七八年一二月釈放。八〇年全斗煥《チョンドファン》政権が光州《クァンジュ》民主抗争で内乱陰謀罪の首謀者として逮捕、八一年一月大法院で死刑判決確定。その後、無期から二〇年に減刑される。八二年一二月刑の執行停止で釈放、病気治療のため渡米。八五年に帰国したが、長期監禁状態に置かれた。八七年七月赦免され公民権回復、同年一一月平和民主党から大統領選に出馬し、落選。政界引退を表明したが、九五年に政界の復帰を宣言し新政治国民会議総裁に就任。九七年大統領選に出馬、当選を果たした。九八年第一五代大統領に就任、太陽政策を掲げて二〇〇〇年六月、金正日《キムジョンイル》国防委員長と南北首脳会談を行い、南北共同宣言を発表。同年一二月ノーベル平和賞を受賞した。このほかに任期中、ＩＭＦ危機を乗り越えて経済成長を遂げたことは「ＩＭＦ優等生」とも称される。日本文化の韓国国内での解放は、その後の日本での韓流ブームの基礎を敷いたといえる。

❖ **金大煥**（キム・テファン／一九四九年〜） 経済学者。ソウル大学大学院経済学科卒業。一九七八〜二〇〇四年仁荷《イナ》大学教授。九二年仁荷大学産業経済研究所所長、九三年学術団体会議会常任共同代表、九四年韓国産業労働学会副会長、九六年参与社会研究所所長など歴任。盧武鉉《ノムヒョン》政権時には労働部長官（〇四〜〇六年）を務めた。著者に労働関係のテーマが多く、『世界経済環境の変化と労働運動』『韓国労使関係の展開と現場』『発展経済学』（共編著含む）など。

❖ **金泳三**（キム・ヨンサム／一九二七年〜） 第一四代大統領（在任一九九三〜九八年）。慶尚南道《キョンサンナムド》巨済島《コジェド》生まれ。初の文民政権を樹立した。ソウル大学を卒業し張澤相《チャンテクサン》首相の秘書。一九五四年、史上最年少の二六歳で国会議員となり、以来当選九回を数える。六三年軍事政治延長デモで投獄される。七三年新民党副総裁を経て七四年同党総裁、朴正熙《パクチョンヒ》政権と対立、七六年に緊急措置九号で起訴（不拘束）。党総裁に復帰した七九年一〇月には国会議員除名処分を、朴大統領暗殺事件後は全斗煥《チョンドファン》政権により自宅軟禁処分を受け政治活動を禁止される。八三年五月政治活動禁止の解除を要求して無期限の断食闘争を行う。八四年五月在野勢力の結集で民主化推進協議会共同議長に就任、八七年五月統一民主党を結成、第一三代大統領選挙で出馬したが落選。九〇年一月、盧泰愚《ノテウ》大統領の提案に応じ三党合同で民自党の代表最高委員。九二年二月民自党総裁、同年一二月大統領選で当選、九三年二月第一四代大統領に就任。大統領時代に光州《クァンジュ》特別法を制定。光州民衆抗争弾圧で全斗煥、盧泰愚を逮捕したことは、光州事件真相解明の大きな節目となった。九四年三月来日、同年六月に金日成《キムイルソン》―ジミー・カーター元米大統領との間で合意された南北首脳会談に合意したが、金日成主席の死去で実現できなかった。政権末期には通貨危機を招いた。

❖ **具聖愛**（ク・ソンエ／一九五六年〜） 社会運動家、性教育専門家。独立運動家で牧師の父をもち、その父の影響もあり社会運動に邁進。一九七九年に延世《ヨンセ》大学校看護学卒業するとすぐ、釜山《プサン》の病院で助産婦になる訓練を受ける。八〇年助産婦資格を取得。同年から八六年までカトリック女性農民会、釜山女性会幹事。以降七年間助産師の仕事をするとともに農民運動にも参加、ソウル市九老《クロク》区の九老工業団地で労働者としての経験もする。八〇年代半ばから性教育講師として全国を回る。当時はタブーであった性教育を実践。テレビでの性教育講義も行い九八年には教育部（日本の文部科学省）性教育特別委員に任命された。快楽だけを求める現代の性文化を批判して、命と愛の性文化の必要性を力説した活動をしている。セクハラ予防教育センターサイバー研修院院長も務めている。

❖ **権永吉**（クォン・ヨンギル／一九四一年〜） 政治家。日本の山口県生まれ。解放後、家族とともに帰国。ソウル大学卒業後、一九七一年からソウル新聞で記者して働き、八七年に言論労働組合委員長。この言論労組活動を通じて民主労組運動に入った。九六年に民主労総委員長、第一五代から第一七代までの三回、大統領選挙に出馬、落選した。二〇〇〇年から〇六年まで民主労働党初代党首。現在「韓米FTA全面廃棄のための国会議員非常事態会議」共同代表。〇八年に民主労働党第一八代国会議員（慶《キョン》尚《サン》南《ナム》道《ド》昌《チャン》原《ウォン》市）に当選。

❖ **高銀**（コ・ウン／一九三五年〜）　全《チョル》羅《ラ》北《プク》道《ド》群《クン》山《カン》生まれ。詩人。ハンセン病患者の詩集の影響を受け詩人を志す。朝鮮戦争での衝撃から出家。その後還俗して民主化運動に邁進、朴《パク》正《チョン》熙《ヒ》政権下の一九七〇年代には、獄中の金《キム》芝《ジ》河《ハ》の救援活動で、八〇年には金《キム》大《デ》中《ジュン》とともに国家保安法違反で逮捕された。刑の執行停止により出獄後、韓国論壇を代表した発言で注目されている。韓国のノーベル文学賞の最有力候補。長編詩「万人譜」全七巻（八二〜九四年）、『高銀詩全集』（八四年）、小説「華厳経」（九一年）など多数発表。二〇〇〇年六月の南北首脳会談では金《キム》大《デ》中《ジュン》大統領に同行、詩を朗読した。

❖ **申庚林**（シン・ギョンリム／一九三五年〜）　詩人。一九五六年に詩「葦」で文壇デビュー。旺盛な創作活動の一方、八二年以降「創作と批評」編集顧問を続けている。八八年韓国文学作家会議副会長、九二年同会長、九七年環境運動連合共同代表、二〇〇四年韓国詩人協会顧問などを務めた。詩集として『世界』（七八年）、『道』（九〇年）、『母と祖母のシルエット』（九八年）、『ラクダ』（〇八年）など。韓国文学作家賞（八一年）、四・一九文学賞（〇一年）など受賞している。

❖ **徐仲錫**（ソ・ジュンソク）　歴史家。東《トン》亜《ア》日《イル》報《ボ》「新東亜」記者（一九七九〜八八年）、「歴史批評」編集主幹。成《ソン》均《ギュン》館《グァン》大学史学科教授。著作『韓国現代民族運動研究』（1、2）、『李《イ》承《スン》晩《マン》と第一共和国から四月革命まで』など。日本語訳には『韓国現代史60年』（文《ムン》京《ギョン》洙《ス》訳、明石書店、二〇〇八年）がある。一九九〇年の学位論文「韓国近現代民族運動研究」は韓国現代史博士の名前で与えられた第一号にあたる。日帝強占下強制動員被害真相糾明委員会委員、済州四・三犠牲者審査委員会委員。

❖ **宋月珠**（ソン・ウォルジュ／一九三五年〜）　仏教者。失業克服国民財団理事長。井《チョン》邑《ウプ》農業高等学校から仏教専門講院を経て東《トン》国《グク》大学校行政大学院を卒業して仏教徒として歩む。一九六一年大韓仏教曹渓宗全北総務院院長、八〇年大韓仏教曹渓宗総務院長などを務めたほか、八九年には華厳仏教大学教養大学学長、経済正義実践市民連合（経実連、一九八七年設立）共同代表も務めた。八八年〜九〇年地域感情解消国民運動協議会共同議長、九〇年仏教人権委員会共同代表、九八年第二建国汎国民推進委員会顧問、統一省統一顧問など歴任した。開発途上国や被災地支援などの活動をしている地球村共生会を設立している。

❖ **孫基禎**（ソン・キジョン／一九一二〜二〇〇二年）　一九三六年ベルリンオリンピック・マラソン金メダリスト。平《ピョン》安《アン》北《プク》道《ド》新《シン》義《ニ》州《ジュ》生まれ。三一年、朝鮮神宮大会の五〇〇〇メートル競走で二位になるが、マラソンを薦められ転向。三三年の朝鮮神宮マラソンでは優勝、以降三五年までに計一〇回優勝。孫基禎は日本代表として三六年八月九日のベルリンオリンピックに出場、二時間二九分一九・二秒で当時の世界記録を樹立、金メダルを獲得した。同じく朝鮮人選手の南昇竜《ナムスンヨン》が三位で銅メダル獲得。東亜日報《トンアイルボ》が孫基禎がつけた日の丸を抹消したことは有名だが、朝鮮中央日報《チョソンチュンアンイルボ》も日の丸を抹消して報道。授賞式では大極旗ではなく日の丸掲揚に涙を流したとされる。解放後は大韓体育会副会長など歴任。ソウルオリンピックでは開会式の最終の聖火ランナーを務めた。

❖ **宋基淑**（ソン・ギソク／一九三五年〜）　一九六五年現代文学で「理想小説」を発表、文壇ビュー。同年から二〇〇〇年まで木浦《モッポ》教育大学、全南《チョンナム》大学などで教授職を務めたが、七八年に緊急措置九号違反を問われ拘束、解職された。八四年から全南《チョンナム》大学に復職。八八年民主化のための全国教授会連合会共同代表。全南大学五・一八研究所長（九六年）、大統領直属文化中心都市造成委員会委員長（〇四〜〇六年）。作品に長編小説「岩泰島」（八一年）、「五月の微笑」（〇〇年）、短編集に「白衣の民族」（七一年）、「青い鳥」（八八年）など多数。

❖ **池学淳**（チ・ハクスン／一九二一〜九三年）　カトリック教会司教。平安南道《ピョンアンナムド》中和郡《チュンワグン》生まれ。東星《トンソン》高校（ソウル）を経て、徳源《トクオン》神学校（咸鏡南道《ハムギョンナムド》）に。徳源神学校時代に越南してソウルの聖神《ソンシン》大学（現カトリック大学校）を卒業、一九五一年司祭に。六五年カトリック原州教区初代教区長。七四年の民主化運動で各界人士が大挙拘束された事件をきっかけにカトリック正義具現全国司祭団創立。池学淳は投獄から二二六日目に釈放されたが、以降民主化運動に邁進、多くの人たちに影響を与えた。韓国ウィキペディア等参照。

❖ **趙鏞寿**（チョ・ヨンス／?〜一九六一年）　民族日報《ミンジョクイルボ》創刊者。延世《ヨンセ》大学卒業後、日本の明治大学で学ぶ。在日韓国人居留民団の機関紙論説委員などで活動後、一九六〇年六月頃に帰国。同年総選挙に出馬して落選、六一年一月に民族日報創刊。「民族の進路を示す新聞、不正・腐敗を告発する新聞、労働大衆の権益を擁護する新聞、分断された祖国の悲哀を訴える新聞」を目標を掲げ、革新陣営の主張した南北協商、中立化統一、民族自主統一を打ち出した。六一年五・一六軍事クーデター後、特殊犯罪処罰に関する特別法で逮捕され、捏造された「共産党の資金で新聞を発行」という反共法違反容疑で同年一〇月三〇日に死刑が確定。国際的な救援運動にもかかわらず、一二月二一日に執行された。

❖ **趙栄来**（チョ・ヨンネ／一九四七〜九〇年）　弁護士。大邱《テグ》生まれ。ソウル大学を首席で入学後、「韓日反対デモ」の組織化で除籍対象となったが、「首席入学者」の配慮で救済されたエピソードもある。全泰壹《キムテイル》が焼身自殺をした時は葬儀を申し出て、ソウル大学法学部校庭で執り行った。一九七一年ソウル大学内乱陰謀事件で懲役刑、出所後は民青学連事件で六年間の手配中、全泰壹の母親李小仙《イソソン》と何度も会い聞き取りをしてまとめた『全泰壹評伝』（日本語版は二〇〇三年、大塚厚子ら訳で拓植書房新社から刊行）を執筆、匿名で刊行した。八〇年指名手配が解除され復権、市民共益法律相談所開設後、望遠洞《マンウォンドン》水害被災民訴訟、富川《プチョン》署性拷問事件（京畿道《キョンギド》富川市の富川署刑事が性暴力による拷問をした事件）などの弁護にあたったが、大学時代に遭遇した全泰壹の死で投げかけた問題を風化させることなく活動の原点として受け止め、民主化運動、労働運動の弁護で献身的な活動をした。ハンギョレ新聞創刊論説委員。肺癌で九〇年死去。

❖ **千寛宇**（チョン・ガヌ／一九二五年～） 元東亜日報《トンアイルボ》主筆、歴史家。ソウル大学を卒業、朝鮮戦争で避難民として釜山《プサン》へ。大韓《テハン》通信外信部記者、韓国日報《ハングクイルボ》創刊で調査部次長、以後、朝鮮日報《チョソンイルボ》、東亜日報などで編集局長、主筆などを務めた。朝鮮日報論説委員当時にコラム「蔓物相」の欄を設けた。一九五七年韓国新聞編集人協会創設、「新聞倫理綱領」を起草。七〇年の国会非常事態宣言直後に東亜日報を辞職、以後約一〇間著作活動続けた。著作に『韓国近代史散策』、『韓国史の再発見』などがある。

❖ **鄭敬謨**（チョン・ギョンモ／一九二四年～） 統一運動家、文筆家。日本の慶應義塾大学医学部予科、アメリカ・エモリー大学卒業。留学中に朝鮮戦争勃発にあい学業を中断、アメリカ防衛省職員となる。板門店《パンムンジョン》で休戦会議にも参加し、アメリカの侵略性を体験した。韓国技術顧問など経て、七〇年来日。七九年に学塾「シアレヒム塾」を開講。執筆活動で韓国の民主統一運動に加わる。韓国問題専門誌「シアレヒム」発行。八九年、文益煥《ムンイクファン》牧師と金日成《キムイルソン》主席の二度にわたる会談を斡旋し、共同声明を発表した。二〇〇九年に「ハンギョレ」に自叙伝を連載、翻訳本は『歴史の不寝番《ねずのばん》——「亡命」韓国人の回想録』（藤原書店、一一年）刊行。本項目は同書略歴より。

❖ **鄭周永**（チョン・ジュヨン／一九一五～二〇〇一年） 江原道《カンファド》生まれ。現代《ヒョンデ》グループ創立者。日本の植民地時代は鉄道工事、仁川《インチョン》埠頭などで働く。一九三八年米穀商売開業、四〇年自動車修理工場をソウルに設け、四六年現代自動車、五〇年現代建設をそれぞれ設立。自動車、科学、重工業、電気機械、金融、先端技術などの分野に進出。八七年に現代グループ名誉会長就任。八九年に朝鮮民主主義人民共和国に企業人として訪問、九二年国民党を創設、総裁となり政界進出。一二月大統領選挙出馬し落選。翌年政界を引退。九八年には五〇〇頭の牛をつれて板門店《パンムンジョン》を通り訪北した。

❖ **全泰壹**（チョン・テイル／一九四八～七〇年） 労働烈士。大邱《テグ》生まれ。父は縫製工。一七歳の時にソウル市東大門《トンデムン》の平和市場の縫製工場に就職、劣悪な労働環境のもとで働く。途中、労働基準法を学ぶ会を組織したことで解雇された（ハンギョレ新聞『山河ヨ、我ヲ抱ケ』下、日本語版『全泰壹評伝』（大塚厚子ほか訳、柘植書房新社、二〇〇三年））あり。解雇後は土木作業に就き、一年後に裁断士として再就職し、新たな会を組織。工場における労働実態や労働環境について調査し、労働庁への労働基準法改善の陳情、雇用者との協議を重ねたが、改善の兆しなく法改正の約束も反故《ほご》され、一九七〇年一一月に「労働基準法の本を火刑に」と決議。同月一三日、「私たちは機械ではない、日曜日は休みにしろ、労働基準法を守れ。私の死を無駄にするな！」と叫び、全身にガソリンをかぶって焼身自殺を図った。享年二二。命をかけた闘いは軍事独裁政権下での民主化運動、労働運動を奮い立たせ、その後、全泰壹の精神を労働運動は受け継ぎ、八七年六月の大闘争以後、八八年から毎年一一月に労働者大会が開催されるようになった。全泰壹の死から三五年後の二〇〇五年九月三〇日、清渓川《チョンゲチョン》復元事業に伴い清渓六～七街を「全泰壹通」と命名し、彼の彫像と銅板が敷かれた橋が建設され、同年九月三〇日に除幕式が行われた。

❖ 全斗煥（チョン・ドファン／一九三一年～）　第一一～一二代大統領（在任一九八〇～八八年）。慶尚南道《キョンサンナムド》生まれ。陸軍士官学校第一一期卒業。一九七八年中央情報部人事課長。七〇年ベトナム戦争韓国軍派兵部隊では精鋭部隊の白馬部隊隊長。七九年三月国軍保安司令官、同年一〇月の朴正熙《パクチョンヒ》射殺事件以後、軍と情報機関を掌握し、同年一二月「軍事クーデター」で実権を握る。八〇年五月一七日には非常戒厳令を全土に拡大し、「ソウルの春」といわれる民主化運動を弾圧、光州《クァンジュ》民衆の抗争に対して空軍・陸軍二万五〇〇〇人を投入制圧した。八〇年九月に第一一代大統領に就任、一〇月に新憲法公布。翌年二月第一二代大統領に。八四年に歴代大統領で初めて訪日、昭和天皇と会見。八七年四月、現行憲法で政権委譲をはかろうとしたが、在野各団体が大統領直接選挙制などを求め民主化闘争を展開したなか、次期大統領選には出馬せず、八八年一一月、政権での不正などを謝罪して江原道《カンウォンド》の山寺に隠遁した。任期中は八八年のソウルオリンピックの誘致など実現させたが民心の離反は回復できず、盧泰愚《ノテウ》民主正義党代表が「六・二九宣言」を発表し大統領直接選挙制への改憲と八八年の平和的政権委譲を余儀なくされた。九七年一二月特別赦免された。光州民主化抗争弾圧などで死刑判決を受けたが、九七年一二月特別赦免された。

❖ 盧泰愚（ノ・テウ／一九三二年～）　第一三代大統領（在任一九八八～九三年）。慶尚北道達城《キョンサンブクドタルソン》生まれ。慶北《キョンブク》高校から陸軍士官学校へ。同校では全斗煥《チョンドファン》と同期。ベトナム戦争韓国派兵軍では猛虎部隊の大隊長。一九七四年空輸特戦旅団長。七八年大統領警護室作戦次長補、七九年一二月の全斗煥主導の軍事クーデターでは師団長として参加、八〇年国軍保安司令官などを経て退役。全斗煥政権で政界入りし、八一年七月政務第二長官、南北高官会談主席代表、体育相、ソウルオリンピック組織委員長など務めた。八五年国会議員。八七年六月の独裁打倒の民主化闘争により六・二九宣言を受け入れた大統領直接選挙では民主正義党候補として出馬、野党陣営の分裂にも助けられ当選した。九〇年にはソ連と、九二年には中国と国交を樹立し、九一年九月一八日に国連に南北同時加盟を果たした。一二月一三日には南北首脳会談で南北基本合意書を採択、これに基づいた核兵器協議で九一年一二月三一日に、核兵器の実験・製造・生産などを行わず核エネルギーの平和利用に限定した非核化共同宣言を南北間で署名した。九五年一一月、在任中の巨額の収賄容疑で起訴され、七九年一二月の軍事クーデターと光州《クァンジュ》民衆抗争の軍事弾圧で責任を問われ有罪判決を受けた。九七年一二月特別赦免された。

❖ 盧武鉉（ノ・ムヒョン／一九四六～二〇〇九年）　第一六代大統領（在任二〇〇三～〇九年）。慶尚南道金海《キョンサンナムドキメ》（当時進永《ジニョン》）生まれ。釜山《プサン》商業高校卒業後は海網会社などに勤めるが退職。司法試験を目指し勉強する長兄の影響を受け独学で学び一九七五年合格。裁判官を経て七八年釜山で弁護士開業。釜山の金光一《キムグァンイル》弁護士から依頼を受けた事件の弁護活動で被告学生と交流することを通して民衆の側に立った弁護活動を学び、やがて李敦明《イドンミョン》、趙英来《チョヨンネ》など人権問題で活躍する弁護士と出会う。朴鍾哲《パクジョンチョル》(釜山出身)拷問致死事件では当局の弾圧を跳ね返し釜山で市民葬を挙行。八八年に国会議員に初当選し、全斗煥《チョンドファン》政権の不正追及で名前が知られるようになった。九一年民主党スポークスマン、九五年同党副総裁、九七年金《キム》大中《デジュン》総裁の新政治国民会議副総裁。九八年に補欠選挙で当選するまでの九二年、九六年選挙では落選を経験。二〇〇〇年、政治家として初のファンクラブ「ノモサ」の結成を受けた。同年、金大中政権で海洋水産大臣。〇二年大統領選挙で民主党・国民会議21の候補となり、李会昌《イフェチャン》候補らを破り当選。前政権の太陽政策を引き継ぎ、〇七年一〇月、平壌《ピョンヤン》で二回目の南北首脳会談を実現した。人権関連法の充実のほか、過去の歴史を清算する取り組みは盧武鉉以前の政権ではなしえなかった業績といえる。退任後、側近らの不正資金疑惑を追及する司法の動きが顕著になるなか、故郷の自宅近郊の山から飛び降り自殺した。

❖ **朴元淳**(パク・ウォンスン/一九五六年〜) ソウル市長、弁護士。ソウル大学を中退、檀国《タングク》大字校法学科卒業、地方検察庁検事を経て弁護士開業、一九八六年歴史問題研究所理事長。一九八九年ハンギョレ新聞諮問委員。九五年から二〇〇二年まで参与連帯事務局長を務めた。二〇〇〇年第一六代総選挙で落選・落薦運動を展開。〇二年に韓国に寄付文化を広げるための「美しい財団」、リサイクル事業「美しい店」を始める。両事業とも韓国では「寄付集めは難しい」「リサイクルの考えが希薄」という中での立ち上げだったが、「美しい財団」は年間に一〇億円規模の寄付を集め、「美しい店」は一二〇店舗を超える。「美しい財団」常務理事などを経て〇六年から一〇年まで希望製作所常任理事。一〇年一〇月二六日のソウル市長選で第三五代市長に当選した。〇六年にマグサイサイ賞など内外の賞を受賞。日本語訳著書に『韓国市民運動家のまなざし』(石坂浩一訳、風土社、〇三年)など著書多数。

❖ **朴景利**(パク・ギョンリ/一九二七〜二〇〇八年) 小説家。慶尚南道《キョンサンナムド》忠武《チュンム》生まれ。朝鮮戦争で夫は左翼に追われて西大門《ソデムン》刑務所で死亡したとされる。以降、子育てと会社勤めの中で創作活動に邁進。一九五六年に「計算」「黒黒白白」で文壇デビュー。五七年の「不信時代」で現代新人文学賞受賞。「漂流島」以降、長編を続々と発表し、六九〜九四年まで連載された大河小説「土地」は日本でも翻訳、刊行が続けられている(金正出監修、金容権訳、講談社。現在第四巻まで出版)。戦争の衝撃や極限下の人間を見つめた「市場と戦争」(六四年)、「波市」(六四〜六五年)などの作品は「土地」に連なる。韓国女流文学賞など受賞している。

❖ **朴正熙**(パク・チョンヒ/一九一七〜七九年) 第五〜九代大統領(在任一九六三〜七九年)。慶尚北道善山《キョンサンプクドソンサン》生まれ。日本の植民地時代に大邱《テグ》師範学校卒業、小学校教師に。後に満州軍(中国東北部)少射として関東軍で勤務。解放後、陸軍士官学校二期卒業。四九年の麗水《ヨス》、順天《スンチョン》蜂起関与で共産主義者の疑いをかけられ、軍法会議で無期懲役判決を受けるものの服役は免れた。六〇年に第二軍副司令官、陸士第八期生を軸とした将校団を率いて六一年五月一六日のクーデターを断行、六二年三月尹潽善《ユンジンソン》大統領辞任で大統領権限代行となる。以降一八年間独裁支配を続けた。六五年には反対世論を押し切り日韓基本条約を締結、三選禁止条項を改定（六九年）。七・四南北共同声明（七二年）後、同年一〇月一七日には非常戒厳令を布告、同月二七日には四選禁止条項を削除、大統領任期も六年とした憲法を改正（維新憲法）して大統領権限を強化した。七四年には配偶者陸英修《ユクヨンス》を大統領狙撃事件で亡くし、七九年一〇月二六日に腹心の部下の中央情報部長金載圭《キムジェギュ》に暗殺された。強権政治による弾圧と貧富の差の拡大は、政権末期の全南咸平《チョンナムハムピョン》さつまいも事件（七九年）にみられるような民衆抗争を抑えることができなかった。また、民主救国宣言（七六年）のような民衆の民主化実現の思いは政権を揺さぶり、結局は支配層の亀裂を生んだ。一方、執権中に進んだ「高度経済成長」の達成に対する評価も存在する。

❖**朴泰俊**（パク・テジュン／一九二七～二〇一〇年）　政治家、浦項《ポハン》総合製鉄名誉会長。慶尚南道梁山《キョンサンナムドヤンサン》生まれ。一九四八年日本の早稲田大学機械工業科を経て陸軍士官学校卒業。六一年朴正熙《パクチョンヒ》の五・一六軍事クーデターに参加し、国家再建最高会議議長室長。六八～九二年公営浦項製鉄社長を務めて経営者として活躍。八八年国会議員に当選。議員、経済界から引退した時期もあったが、九七年補欠選挙で当選、同年一一月から二〇〇〇年まで自由民主連合総裁。金大中《キムデジュン》政権では国務総理を務めた。政界きっての知日家と言われた。

❖**咸錫憲**（ハム・ソッコン／一九〇一～八九年）　独立運動家。平安北《ピョンアンプク》道龍川《ドヨンチョン》生まれ。平壌《ピョンヤン》高校三年の時に三一独立運動に出合う。民族教育で知られる五山《オサン》学校で学び、二四年に東京高等師範学校に入学、在学中に内村鑑三の影響を受ける。帰国後、母校五山学校の教師となり同志と『聖書朝鮮』を出す。解放後に越南する。六〇年の四月革命では「革命の完遂」を主張、六一年五月一六日の朴正熙《パクチョンヒ》の軍事クーデター後も「四月革命の完遂」を訴えて論陣を張った。以後は六三年に「三〇〇〇万同胞に訴える」を発表し朴正熙政権を批判。七〇年に雑誌「シアレソリ（種子の声）」を発刊して民主化と統一を訴え続けた。著書『意味から見た韓国歴史』は日本語訳（『苦難の韓国民衆史――意味から見た韓国歴史』金学鉉訳、新教出版、八〇年）もある。

❖**韓完相**（ハン・ウァンサン／一九三六年～）　社会学者、民衆社会学を提唱。ソウル大学卒業、アメリカ・エモリー大学で社会学博士。金泳三《キムヨンサム》政権時代に副総理を務めるが対立して辞任。金大中《キムデジュン》政権時代に副総理兼教育相。著書に『民衆社会学』など。

❖**韓洪九**（ハン・ホング／一九五八年～）　韓国聖公会《ハングクソンゴンフェ》大学教授、歴史家。ソウル生まれ。父は一潮閣《イルジョガク》社長韓万年《ハンマニョン》、母は兪鎮午《ユジノ》。ソウル大学を卒業、ワシントン大学で博士号を取得（論文「傷ついた民主主義――一九三〇年代の間島における民生団事件と金日成」）。「ハンギョレ21」で「歴史の話」を連載して「歴史は面白くないもの」という先入観を変えたとされる。『韓洪九の韓国現代史――韓国とはどういう国か』I、II（高崎宗司訳、平凡社、二〇〇三、〇五年）など邦訳本も多く韓国現代史研究で日本でも注目されている。国家情報院過去事件真実究明による発展委員会委員（〇四～〇七年）のほか、韓国軍隊のベトナム戦参戦でベトナム人虐殺の反省から生まれた平和博物館運動や良心的兵役拒否の実現と代替服務制度改善のための連帯会議共同執行委員長なども務める。

❖ **方又栄**（パン・ウヨン／一九二八年～）　元朝鮮日報《チョソンイルボ》社長、会長。平安北道《ピョンアンブクド》生まれ。朝鮮日報社長・会長時代、政財界などでの影響力の強大さは「夜の大統領」と呼ばれるほどだった。一九三二年に経営難に陥った朝鮮日報に投資、経営した方応謨《パンウンモ》の養子の息子が方又栄にあたる。四三年に朝鮮日報社に入社。五四年、三一歳で同社社長。朴正熙《パクチョンヒ》、全斗煥《チョンドファン》政権と癒着して部数増や発言力を増したとされる。会長歴任後、九九年に同社顧問を退くまで五〇年以上同社に身を置いた。新聞経営以外では非営利法人として苦学生に対する奨学金制度団体を組織、これまで三五〇人以上が奨学金を受けている。

❖ **玄基栄**（ヒョン・ギヨン／一九四一年～）　小説家。済州島《チェジュド》生まれ。ソウル大学卒業。一九七五年の短編「おとうさん」が東亜日報《トンアイルボ》の新春文芸で入選し文壇にデビュー。済州四・三事件や済州島で暮らす人々を描いた作品を生み出し、七八年に発表した『順伊《スニ》おばさん』は新幹社から作家金石範《キムソッポン》の訳で二〇〇一年に刊行されている。他に『アスファルト』、『難民日記』、『帰還船』などがある。済州島民衆の思いを代弁する社会的活動も担い、済州四・三研究所所長、済州社会問題協議会会長など済州島での活動のほか、韓国文化芸術振興院院長など務めた。

❖ **黄晳暎**（ファン・ソギョン／一九四三年～）　作家。満州国（中国東北部）新京（長春）生まれ。一九四九年にソウルに移り住む。一九歳の時の作品「立石付近《イプソク》で」が「思想界」新人文学賞受賞。海兵隊に入隊後、ベトナム戦争での韓国軍派遣兵士として参戦。七一年発表の「客地」で高い評価を得る。代表作に『張吉山《チャンギルサン》』（全一〇巻）、『懐かしの庭』、『パリテギ』などがある。八九年に朝鮮文学芸術総同盟の招きで訪北し、アメリカ、ドイツに亡命。九三年帰国し、五年間獄中にあり九八年に釈放。その後は運動圏、革新陣営とは距離を置き、批判的立場から発言をしている。

❖ **白楽晴**（ペク・ナクチョン／一九三八年～）　イギリス文学者。一九六六年一月「創作と批評」創刊、七四年一一月民主回復国民会議結成に参加、同年一二月、同会議参加を理由にソウル大学を能免。創作と批評社の『八億との対話』発行で治安当局に連行され反共法違反容疑で起訴される。八〇年七月「創作と批評」を廃刊させられるが八八年二月に復刊。『民族と世界文学』I・II（七八、八五年）、『人間解放の論理をもとめて』（七九年）の著作など旺盛な執筆活動を行っている。日本語訳に『白楽晴評論集』I・II（李順愛訳、同時代社、九二、九三年）、『朝鮮半島統一論――揺らぐ分断体制』（李順愛訳、クレイン、二〇〇一年）などがある。

❖ **文益煥**（ムン・イクファン／一九一八～一九九四年）　牧師。満州（中国東北部）出身。一九四七年韓国神学大学、五五年米国プリンストン大学神学部をそれぞれ卒業。六八年には新旧約聖書共同翻訳責任者を務めた。七〇年代後半から統一民主化運動を展開、七六年に自ら民主救国宣言を起草し金大中《キムデジュン》などの賛同者を募った。公の維新体制批判で初。緊急措置九号違反で逮捕、七七年に釈放された。八四年民族統一国民会議議長。八九年三月に平壌《ピョンヤン》を訪れ金日成と二度にわたって会談、共同声明を発表した。帰国後、国家保安法違反で違捕され懲役七年で投獄されたが、九三年二月、金泳三《キムヨンサム》政権発足すぐに特別赦免された。

❖ **文在寅**（ムン・ジェイン／一九五三年～）　弁護士。慶尚南道《キョンサンナムド》巨済《コジェ》生まれ。一九七五年に軍部独裁反対デモ、八〇年厳戒令違反で投獄されるなど民主化運動に邁進。八二年に弁護士登録。二〇〇三年まで開業。釜山《プサン》総合法律事務所代表弁護士（九五～〇三年）、釜山地方弁護士会人権委員長、釜山民主市民協議会理事（八五年）。盧武《ノム》鉉《ヒョン》政権時代に政権内での要職を歴任し、大統領民政秘書官、市民社会首席秘書官、大統領秘書官など務めた。一〇年設立の盧武鉉財団理事長。

❖ **兪弘濬**（ユ・ホンジュン／一九四九年～）　美術評論家。ソウル大学美術学科を卒業し成均館《ソンギュングァン》大学大学院で芸術哲学を専攻。一九七七～八一年に季刊誌「季刊美術」記者。九八年韓日文化交流政策諮問委員会委員。八〇年代に各地の文化遺産を訪ね文化遺産踏査会代表。二〇〇二～〇四年明知《ミョンチ》大学文化芸術大学院委員長、盧武鉉《ノムヒョン》政権時代に文化財長官を努めた（〇四～〇八年）。

❖ **尹伊桑**（ユン・イサン／一九一七～九五年）　音楽家。慶尚南道《キョンサンナムド》統営《トンヨン》（現在の忠武《チュンム》）生まれ。一九三五～三七年まで日本に留学、音楽理論を学んだ。日本の植民地時代は反日運動に参加した。解放後五四年からソウル大学で教え、五六年に渡欧。パリ音楽院、西ベルリン音楽大学で学ぶ。六七年に「東ベルリン事件」で韓国に連行され終身刑を受ける。西ドイツの抗議で釈放され六九年ドイツに戻り、ベルリン芸術大学名誉教授。九〇年平壌《ピョンヤン》で「全民族統一音楽祭」主宰。作曲作品は一〇〇曲を越える。オペラ「沈清《シムチョン》」、交響詩「光州《クァンジュ》よ、永遠に！」など。

❖ **李泳禧**（リ・ヨンヒ／一九二九～二〇一〇年）　ジャーナリスト。平《ピョン》安北道雲山郡《アンブクドウンサングン》生まれ。陸軍通訳将校を経てアメリカ・ノースウェスタン大学に留学、朝鮮日報《チョソンイルボ》などで外信部長。七二年漢陽《ハニャン》大学教授、七八年反共法違反で懲役二年の刑を宣告され服役。復職するが全斗煥《チョンドファン》政権下で解職、八四年大学に復職。ハンギョレ新聞論説顧問。八九年にはハンギョレ新聞の訪北取材を企てたとして国家保安法で逮捕、服役。二〇〇六年からは『李泳禧著作集』一二巻を刊行。その他の著書に『偶像と理性』（七七年）、『自由人、自由人』（九〇年）、『対話：一知識人の生と思想』（〇五年）。日本語訳に『朝鮮半島の新ミレニアム――分断時代の神話を超えて』（徐勝監訳、社会評論社、〇〇年）。

創刊の辞——国民の代弁をする真の新聞であることを誓う——

われわれは感激で震えながら今日この創刊号を発行した。世界でこれまで類例を探すことのできない国民募金によって新聞が創刊されたというニュースが知らされるや否や、数十名の外国メディアの記者たちが訪ねてきた。われわれはやはり押さえこむことのできない感激で、まったく新しい新聞製作について、創造的緊張と興奮とともにこの日を迎えた。

ハンギョレ新聞のすべての株主たちは、金があるから投資をしたのでは決してない。貧しい市民層が、あるべき姿の新聞、真実をもって国民大衆の立場を代弁してくれる誠《まこと》の新聞を渇望し、余裕のない懐の金をつぎこんで投資してくれた。よって、ハンギョレ新聞は、個々の利益から抜け出せていない従来のすべての新聞とは違い、一途に国民大衆の利益と主張を代弁するという意味において、真の国民新聞であることを自認する。

このような点を念頭に置いて、われわれは次のような原則を守ってこれから新しい新聞を製作する。

第一に、ハンギョレ新聞は、決してある一部の特定政党や政治勢力を支持したり反対することを目的としないのであり、必ず独立した立場すなわち国民大衆の立場からこれからの政治・経済・文化・社会問題などを報道し論評する。

なぜこのような点を強調するのかといえば、今までほとんどすべての新聞が、言葉では中立云々《うんぬん》と言いながら、現実にはいつも権力の見方を反映し、一時は〔朴正熙《パクチョンヒ》政権の〕維新体制を支持していたのに、全斗煥《チョンドファン》政権になったらいつの間にか維新体制を罵倒しつつ新時代の新秩序を強調し、盧泰愚《ノテウ》政権になった途端、〔今度は〕今まで尊敬し仕えていた全斗煥政権を一斉に罵倒したように、一夜のうちに豹変する自主性のないその製作態度こそ、社会の混乱を助長するこの上なく危険なことと認識しなければならないからである。

われわれは、特に野党と政権党の区別なく、どんな政治勢力とも特別に接近せず、特別に敵対視もしない。〔われわれが〕ひたすら国民大衆の利益と主張だけを代弁するという理由がここにあるのである。

既存新聞社の多くの記者たちがこのように豹変するその原因は、記者の倫理と道徳に求められるのではなく、今日の韓国のメディア企業の構成がすでに純粋性を失い、独立性を喪失していることが理由である。

ハンギョレ新聞が政治勢力の前に公正でいられる力があるのは、何よりも新聞社の資本構成が国民大衆を基礎としているからである。

われわれは、ハンギョレ新聞が政治的に絶対に自主独立的であることをもう一度はっきりさせる。

二つ目に、ハンギョレ新聞は、絶対に特定思想を無条件に支持したり反対したりせずに、終始一貫この国の民主主義実現のために、奮闘努力する。

われわれは、今日の現実から大きく逸脱しない範囲内で思想的に自由な立場であることを再び明確にする。

ハンギョレ新聞は、この社会に民主主義の基本秩序を確立しようとする念願を除いては、どのような思想や理念とも理由なく近づいたり遠ざかったりしないことを明らかにする。

今まで、わが国は一部の政治軍人たちがクーデターで政権を奪取してから高度成長を達したと謳歌した。〔しかし、〕内では貧富の差を深化させる反面、外では隷属的経済構造を固めた。成長すればするほどむしろ社会不安が造成されるという、この上なく危険な状況に置かれている。

反抗的な民衆が、経済成長すればするほどより激しく抵抗する理由がここにある。これを看過してはいけない。

今まで執権者たちは、このような不安定を経済政策の民主化という方法をもって改革しようとせず、安全保障を強調しつつ反抗する民衆を弾圧するかと思えば、一方では、様々な理屈を用いて言論の自由を圧迫し、情報を独占し、その後ろでは権力を奮って不正と盗みをほしいままにし、そうしながら天文学的な財産をため込んだ。これがわが国の権力の一般的な姿だった。

自由で独立した言論は、したがって権力の放縦と腐敗を止めさせ、国民の権利を伸張し、社会の安定を期することのできる最も信頼できる運動だろう。

南北間の関係改善のために、特に同族の軍事対立を止揚して統一を成し遂げることにおいて、この国の民主化は絶対的な条件になるのである。

金持ちになるために狂奔すればするほど、南北間の軍事対決を必要とするのであり、安全保障を強調して情報を独占し独裁をほしいままにすることが、これまでこの国の独裁政権の特徴でもあった。

したがって、民主化は南北問題の解決に不可欠の条件となり、一方で南北関係の改善は民主化のために不可欠の条件になるということを悟らなければならない。民主化と南北関係の改善は、離して考えることのできない一つの問題の表裏をなしているということを悟らなければならない。

南北統一問題は全民族の利害関係と直結した、生死をかけた問題として、誰もがこれを独占することができず、このような意味においても民主化は必ず実現されなければならない。

ハンギョレ新聞は、したがってこの国に今までイデオロギーとしてのみ利用されていた民主主義と自由な言論を実現するために先頭に立って努力する。

ハンギョレ新聞社には、〔前職場の〕給料の二分の一にも満たない収入を甘受して、真の新聞記者になるという〔志で〕他の既存新聞社から移ってきた野心的な記者たちが数十人に達する。また、他のどの新聞社よりも熾烈な競争を突破し合格した有能な修習社員たちがたくさんいる。そして、十数年の間、あらゆる困難を克服してあるべき姿の新聞をつくろうと、様々な苦難を今日まで耐え忍んできた数十名の解職記者たちが中心となって製作に参加している。ゆえに、ハンギョレ新聞の登場は間違いなく惰性と安楽の中に浸っている既存メディア界に、非常に大きな衝撃と波紋を起こして、韓国メディアに一つの画期的転機をもたらすことと信じて疑わない。

ハンギョレ新聞の三万名に達する株主たちは、真の新聞をつくるという一心で貧しい懐をはたいて投資をした。しかし、このような念願は、今日、四〇〇〇万の全国民大衆の夢であって、どうしてハンギョレ新聞の株主たちだけの夢であろうか。

ハンギョレ新聞はまさに四〇〇〇万人の国民の念願を一心に受けていると言っても過言ではない。したがって、ハンギョレ新聞は既存メディアとは違い、執権層ではない国民大衆の立場から国の政治・経済・社会・文化を、上からではなく下から見るのである。既存メディアとは視角を変えて見るのである。

五月一五日の創刊日を迎えて、寝る間も惜しんで創刊準備に心血を注いだ三〇〇余名の社員たちの苦労を国中の読者たちに知らせる。真の言論を志向するハンギョレ新聞に熱い激励と声援を送ってくださることを、手を合わせて祈る。

一九八八年五月一五日

ハンギョレ新聞倫理綱領・ハンギョレ新聞倫理綱領実践要綱

❖ハンギョレ新聞倫理綱領❖

ハンギョレ新聞は、この土地に民主主義と民主言論を実現しようとする国民の長い間の念願と誠意が集まり創刊された。
ハンギョレ新聞のすべての社員は、ハンギョレ新聞が国民によってつくられた国民の新聞であることを常に心に刻み、われわれの言論活動は国民の意思を表現して実現するためのものであることを忘れない。
ハンギョレ新聞は、われわれの社会の民主化を実現して分断を克服し、民族の自主的平和統一を早めて民衆の生存権を確保・向上させるのに貢献しなければならないという歴史的課題を抱えている。
このような使命を果たすためには、ジャーナリズムの社会的責務に従うジャーナリスト自身の道徳的決断と実践の中で、真実の報道と健全な批判というジャーナリズム本来の役割が遂行されなければならないことをわれわれは信じる。
したがって、ハンギョレ新聞社員一同は次のような倫理綱領をつくり、これを守ることによって民主言論を実践し、ジャーナリストとして正しい姿勢を整えることを誓う。

一．言論の自由を守ること

一）われわれは、言論の自由と表現の自由が人間の基本的な権利であり、すべての自由の基礎であることを信じる。したがって、言論の自由を守ることは、ハンギョレ新聞社で働くわれわれ全員の義務である。

二）われわれは自らの判断に従って新聞をつくり、政治権力をはじめとする外部からのどんな干渉も排撃する。

三）われわれはハンギョレ新聞が特定資本から独立するために、寡占株主が会社の経営権を私有化することを防ぐ。政治権力と資本からの独立は、ハンギョレ新聞の動かすことのできない原則である。

二．事実と真実報道の責任

一）われわれは商業主義、扇情主義の言論を排撃する。

二）われわれは国と民族、そして世界の重大事に関して国民が知らなければならない真実を明らかにする。事実と真実を正しく伝えないことは、ジャーナリストとして知らせる権利と義務を違えることであり、国民の知る権利を侵害することである。

三）われわれは不義と不正に対する批判者として奉仕し、政治権力などによる人権侵害を暴く。

四）われわれは広告主および特定利益団体の請託や圧力を排除する。

三．読者の反論権の保障

われわれは読者の反論権を保障する。

四．誤報の訂正

われわれは間違って報道したのが確認された時、これを認めてすぐに正す。

五．取材源の保護

われわれは、記事の出処を明らかにしないとした約束は必ず守り、記事内容を提供してくれた人を保護する。

六．私生活の保護

われわれは公益のためのものでない限り、報道対象者の名誉と私生活を尊重する。

七．政党および宗教活動に対する姿勢

われわれは政党に加入せず、特定政党や特定宗教および宗派の立場を代弁しない。

八．ジャーナリストの品位

一）われわれは新聞制作と関連して金品その他不当な利益を得ることをしない。

二）われわれは個人の利益のために記事を書かず、扱うこともしない。

九．販売および広告活動

われわれは常軌を逸した取引きをしない。

一〇．社内民主主義の確立

われわれは社内の問題に対して自由に意見を出し、これを集めて新聞製作と会社の運営に反映する。

一一．倫理実践要綱

この倫理綱領を実践するために実践要綱を別途用意する。

一二．倫理委員会

この倫理綱領と実践要綱を守るために倫理委員会を置く。倫理委員会に関する規定は別途準備する。

一三．施行
この倫理綱領は一九八八年五月五日から施行する。

❖ハンギョレ新聞倫理綱領実践要綱❖

ハンギョレ新聞社のすべての社員は、倫理綱領を基礎として次のような実践要綱を守ることを誓う。

一．言論の自由を守ること
一）われわれは、外部の干渉や圧力による編集権の侵害を防ぐために、あらゆる努力をつくす。
二）われわれは、捜査・情報機関員の新聞社への出入りおよび新聞製作と関連した不法連行を拒否し、不当に連行された時には、原状回復のために力を合わせて対処する。

二．金品
一）われわれは、倫理綱領に外れる金品を丁重に辞退する。金品が、自身も分からない間に送られた時には送り返す。送り返すのが難しい時には倫理委員会に報告してその判断に従う。ただし、善意のささやかな贈り物は例外とすることができる。
二）前項のささいな贈り物の基準は、市場価格で五万ウォン以下とする。五万ウォンを超過する贈り物を受けとる場合、直ちに倫理委員会に帰属させて倫理委員会がこれを処理する。
三）われわれは、新聞社の地位を利用して商品を無料または割引して購入するなど、商取引で不当な利益を得たりその他の個人的利益を許らない。

三．報道および論評資料
われわれは報道および論評に必要な書籍やレコードおよびテープなどの資料を受け取ることができる。このような資料は会社の所有物として、使用が終われば情報資料部署へ移管する。

四．取材費用と旅行
一）われわれは、取材に必要な経費を自ら負担する。ただし一般的に承認された取材便宜が提供された場合にはそうでない。
二）われわれは、やむをえない場合を除いては他人の費用で出張や旅行・研修に行かない。
三）倫理委員会は、出張と研修が倫理綱領に外れるかどうかを定期的に点検する。

五．他の目的のための情報活動禁止

われわれは、言論活動以外の目的で情報や資料を収集することも、提供することもしない。また、会社の運営や新聞製作の機密を漏洩しない。

六．外部活動の制限

一）われわれは会社に直接的に損傷をあたえる活動に参加しない。

二）われわれは政府機関など外部機関の事業および活動に参加しないことを原則とする。外部機関の事業および活動に参加する必要が発生した場合には倫理委員会の審議を経なければならない。

三）われわれは、自身が遂行する会社業務と直接関連する営利団体の事業に関与しない。

七．倫理委員会

倫理委員会は倫理綱領と実践要綱が守られているかを審議・判断して必要な措置を取る。

八．施行

① この実践要綱は一九八八年五月五日から施行する。

② この実践要綱は二〇〇一年八月一〇日から改正施行する。

ハンギョレ新聞取材報道準則

前文

一九八八年に国民の献金を土台として成し遂げられたハンギョレ新聞の誕生は、韓国ジャーナリズム史において非常に大きな意味を持つ事件だった。これは権力と資本から独立した新聞の登場だったたけではなく、軍事独裁の下で飼い慣らされ忘却されてきたジャーナリズムの倫理を生き返らせる広野の火種になった。

ハンギョレ新聞は、創刊と同時に個別の報道機関としては初めての「倫理綱領」を制定し、「事実と真実を正しく伝えないことは、ジャーナリストとしての知らせる権利と義務を違えることであり、国民の知る権利を侵害すること」だと宣言したのである。

今日、わが国のメディアは内外で深刻な信頼の危機を経験している。荒っぽい取材、自分勝手な記事の判断と編集、均衡を失った論調、編集権に対する内外の圧力と干渉、読者の批判に耳を傾けない独善、公益と社益の混同などが蔓延しており、それらが互いに相乗効果を引き起こしてジャーナリズムに対する総体的な不信を呼び起こしている。ハンギョレ新聞もまた、信頼の危機を自ら招いた責任から決して自由ではないことを謙虚な気持ちで受け入れる。

一九年前、この国で初めて厳格で自律的なジャーナリズムの倫理を実践しようと主張したハンギョレ新聞は、この地のメディアがおのずから積んできた不信の壁を崩して、もう一度、真のジャーナリズムを実現する先頭に立とうと定款と倫理綱領に基礎を置いた取材報道準則をつくり公表する。

取材および報道行為に関する準則を新しくつくる理由は、正しい真実と正確な事実を追究する新聞の本然の使命を一層充実させるためである。報道と論評部門に従事するハンギョレ新聞社のすべての構成員たちは、取材報道準則の制定趣旨を充分に理解して、これを誠実に履行する義務を負う。

われわれはこの準則を外部に広く知らせ、読者と市民社会がその履行の可否を厳格に監視して鋭く叱責してくれることを願う。われわれは内部に制度的装置を備えて準則の履行の可否を持続的に点検し、読者と市民社会の批判と助言を傾聴し、不足な点は補完していくことを誓う。

二〇〇七年一月　ハンギョレ新聞社記者一同

第一章　ハンギョレ記者の責務

報道と論評に従事するハンギョレ新聞社のすべての構成員たちは、いかなる権力からも独立して言論の自由を守る。国民の知る権利を実現するために正確で公正な報道を通して真実を追究し、民主主義の完成と人権の伸張、世界平和に寄与する。

1〈**真実追求**〉

国内外の主要事案、または事件の真実をできうる限り完全に取材して読者へ知らせる。すべての形態の権力を監視して、不当な権力と不正腐敗に立ち向かい、事実を捜し出し、真実を明らかにすることに最善を尽くす。

2〈**公共の利益の優先**〉

公共の利益を取材と報道の最優先の価値とする。どのような報道が公共の利益に一致するのかは、事実と良心を基礎として独立して判断する。公益優先の原則に反したり、これを侵害する圧力など不当な干渉を一切排撃する。

3〈**人権擁護**〉

様々な人権侵害を監視し、暴露してこれを正すようにすることは、ハンギョレ新聞の重要な使命の中の一つである。人権を侵害するすべての形態の不法、暴力にきっぱりと立ち向かう姿勢で取材と報道に臨む。

――年齢、性別、職業、学歴、地域、信念、宗教、国籍、民族、人種による差別と偏見をなくすために努力する。

――政治的、経済的、社会的弱者が、公正でない待遇や不当な差別を受けないように監視者の役割を尽くす。

――言論の自由と人権擁護が対立するときには、両者が最大限の調和を成し遂げるように努力し、個人または団体の名誉と私生活を尊重する。

4〈**偏見の排除**〉

取材および報道過程で偏見と先入見を排除し、事実そのままを伝えるために最善を尽くす。記者個人や特定集団の政治的、経済的、思想的、宗教的、理念的信念または利益のために真実を歪曲したり、事実をわざと欠落させたりしない。

5〈**読者の尊重**〉

正確な報道を要求し伝達を受けるという読者の権利を尊重する。報道と論評に間違いが確認される場合、最大限迅速に訂正する。

第二章　公正な報道

6〈充分な取材と報道〉
報道する価値がある事案はわれわれの力が及ぶ限り十分に取材して読者へ伝える。読者が事案の本質と全貌を把握するように様々な側面と多様な性格を広く掘り下げる。

7〈論争中の事案を扱うとき〉
論争中の事案の報道で、均衡を忘れないように努力する。記者はこのような事案に関して予断を持たないようにしなければならないし、どちらか一方へ偏らないように立場と観点が違う人たちに広く会って取材しなければならない。

8〈社会的弱者を扱うとき〉
社会的弱者を取材するときには、その境遇を最大限調べる。しかし、これらに配慮しようと事実を縮小・過大・隠蔽・歪曲しないように、報道は公正に行う。

9〈対立する利害関係を扱うとき〉
個人または集団の対立する利害関係を扱う時には、当事者の立場を公平に聞く。

10〈国益〉
現存する緊急で明白な事由が存在しない限り、国益を理由としてわれわれが取材した真実または事実の報道を放棄しない。

11〈南北関係を扱うとき〉
南北関係、北韓の諸般の現実などを扱う時、同胞の恒久的平和を望む分断国家のジャーナリストとして対決的な視角を排斥する。

12〈反論の機会の保障〉
記事で不利に扱われてしまった人には、自身を守り弁護する十分な時間と機会を保障する。記者はなるべく当事者と直接対面して主張を聞くために誠実な努力を傾けなければならない。緊急の状況に従って記事をまず載せたときは、事後にでも当事者の正当な反論は記事として書く。ただ、明確に事実として確認される場合や、真実であると信じるに足る相当の理由がある時はこの限りではない。

第三章　偽りなき報道

13〈確認報道〉
確認された事実を記事として書く。事実かどうかは複数の取材源に確認するようにする。迅速な報道はメディアの重要な機能であるが、速報競争において先んじるために確認されない情報をみだりに報道しない。取材源の一方的な暴露や主張は、独自の取材を通して事実であるかどうかを確認する。

14〈事実と意見の区別〉

ある事件や事案を報道するとき、確認された事実と記者の主観的見解・主張などが混ざって読者へ混乱を起こさないように格別に注意する。記事や論評、小説とコラムなどで主語の明示、正確な引用表示のように読者が明確にわかるような方法を使用し、事実や事実に対する主張、それと関連する筆者の意見や判断などを明確に区分する。

15〈取材源の実名表記〉

すべての記事には取材源の実名と身分を書く。ただし、次のような例外的条件に限り、取材源を匿名として表記する。

1 意見や推測ではなく、事実と関連した重要な情報を持っている取材源が、匿名を前提としてのみ言うとした状況で、その情報を入手するための他の方法や経路がないと判断されるとき。

2 取材源の実名が表に出ると、各種の危害や身分上の不利益にさらされる危険があるとき。

事実に関連した情報ではなく、意見や主張、推測などを収集して報道するときには、実名表記を原則とする。匿名で表記された意見は読者に「筆者の主観的見解」という誤解を呼び起こす可能性があるので、絶対に濫用しない。

16〈実名表記の例外〉

各種犯罪の被害者、女性と子どもを含む性暴力事件の被害者、犯罪嫌疑を受けていたり有罪判決を受けた満一四歳未満（刑事訴訟法上の未成年）の子どもなどを取材源として引用するときには匿名とする。

17〈匿名取材源の表記〉

上記第16項を除外して、取材源を匿名として書く時にはその理由を記事で明らかにする。取材源の保護という基本枠の中で、匿名取材源の一般的な地位をなるべく詳細に書く。

18〈匿名取材源保護と秘密厳守の義務〉

記者は記事で取材源を匿名として表記してもその実名と身元、匿名として表記した理由などを担当編集長へ報告しなければならない。報告を受けた担当編集長または編集局長は取材源の身元を秘密にする義務を負う。

19〈出処の明示〉

記事の基礎となるすべての情報の出処はできる限り正確かつ明確にする。

20〈引用〉

文書、文献、図書などの引用は正確かつ厳密にする。取材源の言葉を直接引用するときには、話したそのままを書くことを原則とする。

ただし、取材源の発言を読者が理解しにくいと判断されるときには、発言趣旨を最大限生かすという方向において変更したり適切な説明を付け加えることができる。

——取材源の発言それ自体ではなく、趣旨のみを伝えるときには直接引用句（二重括弧）に入れないようにする。

——間接引用をする時には、読者が間接引用であることを明確にわかるように引用した事実と出処などを書く。

21〈署名の表記〉

記事の署名欄には該当記事を取材して作成した記者の名前を書く。一つの記事を書くのに二名以上の記者が関与したときには、中心的な取材・記事作成に寄与が大きかった記者の名前をまず書く。

22〈嘘の引用・捏造・剽窃の禁止〉

記事はもちろん、取材と関連した記録・報告などに嘘の引用、捏造、剽窃した内容を絶対に書かない。ニュースを扱う記事には架空の名称、年、場所、日付などを使用しない。企画記事などでは、読者の理解を助けるために仮名や架空の人物を使用することができるが、その理由を記事で必ず明らかにしなければならない。

23〈写真の根本的変形の禁止〉

写真は撮影された原本を使う。鮮明で正確な写真のための修正であっても、最小限にとどめなければならない。原本の写真の内容を変えること、捏造すること、根本的な変形があってはならない。

24〈情報グラフィックの表示〉

情報グラフィックをつくるために写真の原本イメージを強化したり抽出または抜粋したときには、該当イメージが変形したことを明らかにする。情報グラフィックに使用された資料の原本とその出処を明示する。

25〈記事立証の責任〉

記者は、自身が取材して作成した記事の正確性を立証する最終的な責任を負う。取材源から直接引用した内容が事実ではないことがわかった場合にも最終責任は記者にある。

26〈訂正〉

誤った記事内容は積極的に訂正する。訂正記事は十分に、明確に、丁寧に書く。

第四章　取材・報道の基本姿勢

27〈取材する時の態度〉

真実を粘り強く追求することは記者の本分である。取材をする時には当事者に直接会うことを基本とする。取材源は個人であれ団体であれ最大限尊重し、礼儀正しく誠実な態度で向かい合う。

28 **〈取材の手段と方法〉**

取材の手段や方法は取材しようとする事案の社会的意義と必要性、緊急性などを総合的に考慮して判断する。

29 **〈取材の記録〉**

取材対象の発言は記録として残す。補完手段として録音も可能である。記者会見や公式インタビューなどを除いた録音には必ず取材源の承諾をもらうようにする。ただし、権力の不正や非道、反社会的事案を取材する時は例外とすることができる。この時は、取材に先だって担当編集長の承諾を得るか、即座に事後報告をするようにする。

30 **〈写真取材〉**

特定の個人を撮影する時には対象者の同意を得る。ただし、開放された空間に公開されている人や、公人またはこれに準ずる人物、公的関心事に該当する人文などの撮影は例外とする。写真は演出しないことを原則とし、撮影対象が意識して写っている写真は、読者がわかるようにその情況を写真説明に入れる。

31 **〈インターネットの活用〉**

国家機関や企業、社会・市民団体などが運営する公式ホームページの内容は、公式的な資料と見なす。ただ、その情報の正確性と時宜性は必ず確認する。個人ホームページとブログなども取材の端緒として活用することができる。この時にも事実関係は徹底的に確認して、事実と違う場合の最終責任は記者が負う。

32 **〈身分の表示〉**

取材のために身分を偽造したり詐称したりしない。取材する時は「ハンギョレ記者」だと明らかにする。状況によって無理に身分を示す必要がない場合、公益のために緊急で重大な事案を取材する時は名前を明らかにしなくともよい。ただ、後者の場合に記者は取材に先立って、担当編集長の承諾を受けるか、即座に事後報告をするようにする。

33 **〈取材源の保護〉**

取材源と約束した実名および身元の保護は、記者個人はもちろん、新聞社の基本倫理としていかなる場合にも厳格に遵守する。

34 **〈私生活の尊重〉**

取材源の私生活（プライバシー）を尊重する。明白で緊要な公的関心事に該当しない限り、取材を大義名分とした個人の私的領域またはそのような場所で営まれる生活を侵害しない。

35〈**犠牲者、被害者の配慮**〉
事件事故の犠牲者、犯罪被害者やその家族を取材する時には、心の傷が悪化したり被害が大きくならないように最大限配慮する。

36〈**記事提供の対価**〉
金銭的補償を前提とした取材源の情報提供や協力を受けない。ただし、外部筆者のコラム、定期的または善意の寄稿と座談・諮問、インタビュー参加者などは例外とする。

37〈**差別的な表現の排除**〉
性別、年齢、職業、学歴、信念、宗教、人種、皮膚の色、地域、国籍、民族的背景はもちろん個人の性的アイデンティティー、身体的特性、肉体的・精神的疾病および障がいなどと関連して先入観を反映した用語を使ったり、軽蔑的、偏頗的、扇情的表現を使用したりしない。

38〈**不快な表現の排除**〉
暴力、残虐行為、性に関する表現などで、読者が不快感をもよおさないように最大限配慮する。

39〈**犯罪報道**〉
自殺事件と各種の犯罪を報道する時には情況と手段などを具体的に描写しない。特に性暴力事件の報道では刺激的・扇情的に描写しない。

40〈**関連する法律の遵守**〉
憲法で保障されている言論の自由の範疇の中で、最大限積極的に取材活動をし、取材過程では法の適正手続に従う。ただし、権力の不正・非道や公共の関心が高い事件、公共の利益に合致すると判断される事案など国民の「知る権利」のために必要な場合を例外とすることができる。このような事案の報道の可否などはハンギョレ新聞社の中の適切な機構で判断する。このような事案の報道結果としてもたらさるであろう社会的・法的責任に対しては、これを回避しない。

第五章　利害衝突の排除

41〈**真実の報道を優先**〉
新聞社や記者個人の利益より、真実を優先する。読者へ真実を知らせるために必要ならば新聞社や記者の不利益も甘受する。

42〈**報道目的外の使用禁止**〉
取材過程で得た情報はハンギョレ新聞社の財産として、報道活動にのみ使用する。記者個人がこれを外部の出版、講演、その他の活動に活用しようとする時は事前にハンギョレ新聞社の承諾を得るようにする。

43〈**私的利益追求の禁止**〉
取材過程で得た情報で記者個人とハンギョレ新聞社の利益を追求しない。取材過程で知った未公開または非公開情報を株や不動産投資などに利用して金銭的利益を得たり損失を回避する行為も含める。
44〈**利害関係の留意**〉
記者自身はもちろん、親戚・姻戚の政治的、経済的、社会的利害関係が、取材および報道行為に影響を及ぼさないように最大限の注意を注ぐ。
45〈**利害衝突可能性の排除**〉
ハンギョレ新聞社記者の公正性を疑わせる対外活動、ハンギョレ新聞社の信頼と名誉を毀損する憂慮がある行動をしない。

付記

46〈**拡張可能性**〉
この準則は紙新聞と活字メディア以外にインターネットと移動通信等を土台とする各種電子メディアにも適用される。ハンギョレ新聞社の構成員たちは、この準則を新しく確定し発展させていく義務を負う。
47〈**細部指針の準備**〉
この準則の具体化、取材が難しい特別の分野と専門的な領域などに対する細部の指針は、早い時期に別途準備して施行する。
48〈**関連機構の設置・運営**〉
われわれはこの準則の誠実で迅速な施行のために読者を始めとした外部の批判を謙虚に受け止める。社内外の人間を網羅した管理機構を設置して、その評価を読者に知らせる。
49〈**倫理綱領遵守**〉
準則に含まれない行動の基準は「ハンギョレ倫理綱領」とその実践要綱に従う。
50〈**改定手続**〉
この準則は必要に従って適切な手続を経て改定することができる。

ハンギョレ新聞関連年表

全斗煥政権

一九八七年

七月	解職記者が中心となり「新メディア創設研究委員会」出帆
九月一日	ソウル市鍾路区《チョンノク》安国洞《アングッドン》安国ビル六〇一・六〇二号に「新たな新聞創刊準備事務局」設置 「新たな新聞創刊発議準備委員会」発足
九月二三日	新たな新聞創刊発議者総会 全国民対象の株公募、授権資本金五〇億ウォン、出資上限は一%に制限などを決議
九月二四日	「新たな新聞創刊発議準備委員会」を「新たな新聞創刊発起推進委員会」へ改編
一〇月一二日	各界の重鎮二四名が新たな新聞創刊支持声明を発表
一〇月二二日	新たな新聞の題字が「ハンギョレ新聞」に決定
一〇月三〇日	ソウル市明洞《ミョンドン》のキリスト教女子青年会（YWCA）大講堂でハンギョレ新聞創刊発起宣言大会 発起人代表の五六名で「ハンギョレ新聞創刊委員会」を構成
一一月八日	ハンギョレ新聞創刊発起人三三四二名（後日、三三一七名に修正）の名簿を発表 創刊基金募金広告が日刊紙に掲載開始
一一月一〇日	「題字図案準備委員会」が構成
一一月一四日	第一次創刊委員会開催 宋建鎬《ソンゴノ》および李敦明《イドンミョン》を創刊委員会共同代表として選任
一一月一八日	「ハンギョレ新聞便り」一号発刊
一二月一四日	ハンギョレ新聞株式会社創立総会開催 宋建鎬を初代代表取締役および発行人に選任
一二月一五日	ソウル民事地方裁判所にハンギョレ新聞株式会社創立登記

盧泰愚政権

一九八八年

一月	ハンギョレ新聞の基本的性格を「大衆的正論紙」として規定し、編集委員会制度を整える
一月九日	ハンギョレ新聞株の交付を開始
一月一二日	編集局体制、部署名称、編集陣容を確定、発表 初代編集委員長に成裕普《ソンユボ》を任命
一月一三日	キャリア社員、新入社員の募集公告
一月二三日	文化公報部に定期刊行物登録申請
一月二五日	創刊基金募金完了 二万七二二三名が五〇億ウォンを出資
二月二九日	ハンギョレ新聞の題字と図案を確定
三月二日	キャリア記者三八名、修習記者二三名を採用
三月一〇日	輪転機一、二号機の試験稼働成功

三月一六日 記者評議会創立総会
三月二八日 取締役会で朝刊八面体制、購読料月額二五〇〇ウォンと決定
四月一八日 一九八八年五月一五日を創刊予定日として確定し、内部・外部に公表
四月一九日 韓国言論財団会館で広告主招請説明会開催
四月二五日 定期刊行物日刊紙登録証交付を受ける
五月五日 楊坪洞《ヤンピョンドン》の社屋でハンギョレ新聞倫理綱領および倫理綱領実践要綱宣言式
五月一五日 ハンギョレ新聞創刊号(三二面、五〇万部)発行
五月一六日 取締役会で給与体制確定
八月三日 中央日刊紙の中で初めて編集委員長直接選挙制を実施
第二代編集委員長に張潤煥《チャンユンファン》が選出
九月一日 八面から一二面へ増ページ
九月二〇日 発展基金国民募金開始
一〇月二〇日 社報「ハンギョレ家族」創刊
一二月一〇日 ハンギョレ新聞労働組合創立総会
初代委員長に高喜範《コヒボム》選出
一二月一四日 ハンギョレ新聞労働組合が全国言論労働組合連盟に加盟

一九八九年

二月一五日 高速輪転機導入と社屋建設のためのハンギョレ新聞開発本部発足(開発部長は鄭泰基《チョンテギ》)
二月二五日 ソウル梨花《イファ》女子大学大講堂で、第一期定期株主総会
三月七日 倫理綱領実践のための倫理委員会構成
四月五日 単一号棒制を骨格とした賃金体系改善案を確定
四月一二日 李泳禧《リヨンヒ》論説顧問、公安合同捜査本部に連行
四月一四日 北韓訪問取材計画関連で李泳禧論説顧問は拘束、任在慶《イムジェギョン》副社長は釈放後書類送検
ハンギョレ労働組合非常総会後、徹夜籠城を開始
四月二〇日 張潤煥編集委員長、鄭泰基開発本部長が公安合同捜査本部に強制的に勾引され釈放後書類送検、立件される
四月二九日～五月二五日 李泳禧論説顧問の釈放を促し、ハンギョレ新聞幹部たちに対する立件措置を撤回させるための全国民署名運動が展開
五月一一日 本社所在地を安国洞から楊坪洞へ変更登記
五月一五日 ハンギョレ新聞シカゴ支社開設
六月一〇日 発展基金募金完了(総額一一九億二〇〇〇万ウォン)
六月一一日 在米特派員派遣(初代ワシントン特派員は鄭淵珠《チョンヨンジュ》)
七月二日 徐敬元《ソギョンウォン》インタビューが引き金となり、尹在杰《ユンジェゴル》記者に対して事前拘束令状が発付される
七月三日 ハンギョレ弾圧に抗議する社員臨時総会の後、篭城へ突入
七月一〇日 裁判所、ハンギョレ編集局の押収捜索令状を発付
労働組合主催の言論自由守護決議大会

七月一一日　編集局捜索阻止および言論自由蹂躙糾弾大会

七月一二日　徐敬元の北韓訪問事件関連で、安全企画部が編集局を強制捜索・押収

張潤煥が編集委員長を辞任

七月一七日　第三代編集委員長に権根述《クォングンスル》を選出

一〇月一一日　ハンギョレ労使、初めて団体協約を締結

一二月二八日　東京駐在通信員のイ・ジュイクが、金浦空港で安全企画部に強制連行される

一九九〇年

一月三〇日　第二代労組委員長に崔星民《チェソンミン》を選出

六月一日　一六面へ増ページ

七月一六日　第四代編集委員長に成裕普を選出

九月六日　第一次南北高位級会談取材を兼ねてソウルに来た北韓《プッカン》記者団、ハンギョレ新聞社訪問

一九九一年

一月三一日　第三代論説委員長に金栄徹《キムヨンチョル》を選出

四月二日　第五代編集委員長に成漢杓《ソンハンピョ》を選出

四月二六日　宋建鎬が代表取締役会長に、金命傑《キムミョンゴル》が代表取締役社長に就任

一一月一二日　研究サークル「ハンギョレ言論研究会」発足

一二月一四日　ソウル市麻浦《マポ》区孔徳洞《コンドクドン》一一六の二五に新社屋入居

一九九二年

二月一一日　駐日特派員派遣（初代東京特派員は金孝淳《キムヒョスン》）

四月六日　第六代編集委員長に成漢杓《ソンハンピョ》を選出

五月一五日　『発掘・韓国現代史の人物』一巻〜三巻を完刊

七月八日　労使共同で会社発展企画委員会を構成

七月一六日　第五代労組委員長に尹錫仁《ユンソギン》を選出

九月一日　パソコン通信網にハンギョレ新聞記事サービスを開始

一二月一七日　自主株主組合結成（初代組合長はチョン・ヨンテク）

文民政府（金泳三）

一九九三年

二月八日　経営陣推薦委員会構成など定款改定案が取締役会で議決

ハンギョレ出版チーム新設

二月一八日　月曜版発行開始

四月九日　第七代編集委員長に金重培《キムジュンベ》を選出

六月一〇日　第六代労組委員長にウォン・ビョンジュンを選出

六月一九日　ソウル江南区韓国総合展示場で臨時株主総会

金重培が代表取締役に就任

六月二四日　第八代編集委員長に崔鶴来《チェハンレ》を選出

七月二二日　シン・メンスン、クァク・ビョンジュンの二名の株主が、ハンギョレ新聞代表取締役の職務執行停止および職務代行者選任の仮処分申請と臨時株主総会決議取消訴訟を起こす

八月一六日　中央メディアで初めてABC（Audit Bureau of Circulations、新聞・雑誌・ウェブサイトなどの媒体の購読量や信頼度などを調査する機構）に参与

九月一日　一六面から二〇面へ増面
一二月一三日　出版局が発足

一九九四年

三月一六日　時事週刊誌「ハンギョレ21」創刊
三月二九日　第九代編集委員長に崔鶴来を再選出
五月三日　金泳三大統領の二男である金賢哲《キムヒョンチョル》がハンギョレ新聞社を相手どって二〇億ウォンの損害賠償請求を起こす
五月二九日　第七代労組委員長に宋宇達《ソンウダル》を選出
六月一一日　ソウル中区《チュング》貞洞《チョンドン》文化教育館で第六期株式総会を開き、金斗植《キムドシク》代表取締役就任
九月六日　鄭淵珠ワシントン特派員が平壌単独取材のため北韓訪問
一〇月二四日　ハンギョレ新聞が安鍾泌《アンジョンピル》自由言論賞を受賞

一九九五年

二月二五日　第一〇代編集委員長に尹厚相《ユンフサン》を選出
三月一一日　ソウル市オリンピック公園第三体育館で第七期定期株主総会。権根述代表取締役が就任
三月一三日　ソウル市麻浦区老姑山洞《マポクノゴサンドン》ミジビルにハンギョレ文化センターが開館
四月二四日　映画・映像専門の週刊誌「シネ21」創刊
五月　事業局が流通事業「ハンギョレ村」をオープン
五月八日　「シネ21」創刊記念、第一回ソウル映画祭開催
五月二九日　第八代労組委員長に宋宇達が選出
六月一二日　駐中国特派員派遣（初代北京特派員は李吉雨《イギルウ》）
七月一一日　「ハンギョレ21」がインターネット記事サービスを開始
インターネットハンギョレをオープン
一二月六日　金賢哲《キムヒョンチョル》の損害賠償関連で裁判所がハンギョレ新聞社に四億ウォンの賠償判決。ハンギョレ新聞社はこれを不服として控訴

一九九六年

一月一日　「シネ21」がインターネット記事サービスを開始
一月四日　ハンギョレ統一文化財団設立発議
四月二七日　ハンギョレインターネット記事サービス開始
五月二八日　労使合同で「経営・編集革新のための特別委員会」を発足させる
九月三日　青巌《チョンアム》宋建鎬文庫開館
一〇月一四日　「ハンギョレ新聞」から「ハンギョレ」へ題字を変更
週六日で二八面発行へ増ページ
一〇月一七日　第九代労組委員長にキム・ヒョンソンを選出
一一月一日　「延辺日報」（中国）と協力交流書を交換
一一月二六日　ハンギョレ世論メディア部が民主言論賞を受賞
一一月二九日　韓国新聞協会へ加入

一九九七年

一月九日　孫錫春《ソンソクチュン》記者、金賢洙《キムヒョンス》記者が「新聞戦争」企画報道で韓国言論賞を受賞

国民の政府（金大中）

一月二四日　社史上初の代表取締役候補が招請討論会を開催

二月二八日　第一一代編集委員長に朴雨政《パクウジョン》を選出

三月一五日　淑明《スンミョン》女子大学体育館で第九回定期株主総会
権根述が代表取締役に就任

五月　韓国国内で初めてインターネット広告営業を開始

五月八日　ハンギョレ最初の労組ストライキ決議

六月三日　ハンギョレ統一文化財団が公式に設立

七月一一日　ホームショッピング「ハンギョレ村」事業を開始

七月三〇日　ハンギョレ統一文化研究所を設置

一〇月一〇日　第一〇代労組委員長に孫錫春が選出

一九九八年

四月二〇日　韓国国内で初めて日刊地域生活情報新聞ハンギョレ・リビング創刊

五月七日　創刊一〇周年記念社史『世の中を変えたい人たち』創刊

八月二五日　ハンギョレ労働教育研究所を設立

九月二五日　第一一代労組委員長にイ・ジョングを選出

一〇月九日　ハンギョレ新聞、中央言論文化賞を受賞

一一月五日　インターネットショッピングモール「ハンギョレ村」を開設

一二月三日　労使共同でハンギョレ発展対策委員会を構成

一九九九年

一月二九日　初めての社員直接選挙投票で第九代代表取締役候補に崔鶴来《チェハンレ》が選出

二月二六日　第一二代編集委員長に高永才《コヨンジェ》を選出

三月二〇日　淑明女子大学大講堂で第一一期定期株主総会
崔鶴来が代表取締役就任

九月二九日　第一二期労組委員長にイ・ジョングを選出

一〇月〜　「ハンギョレ21」が「ベトナム戦争募金」キャンペーン

二〇〇〇年

一月一九日　社内の研究サークル「革新言論研究会」が発足

一月三〇日　ハンギョレ女性会が発足

三月六日　平日は四〇面、土曜日は三二面に増ページ

四月一日　インターネットハンギョレ「hani リポーター」サービスを開始

四月二六日　関係会社であるハンギョレIT《アイティー》株式会社を設立

五月二九日　経済専門の週刊誌「dot21」創刊

一〇月二日　インターネットハンギョレが知識ポータルサイトの「ディビディック(dbdic)」サービスを開始

一〇月二三日　第一三代労組委員長に金保根《キムボグン》が選出

一二月一〇日　朴任根記者、ソン・インゴル記者が「人権死角地帯　売買春女性」報道でアムネスティ言論賞を受賞

二〇〇一年

一月一二日　韓国デジタル衛星放送株式会社設立

二月二三日	第一三代編集委員長に趙相起《チョサンギ》を選出
三月二四日	淑明女子大学大講堂で第一三期定期株主総会
	崔鶴来代表取締役が就任
九月一九日	社外報「開かれた人々」を創刊
一〇月一五日	経営および編集改善チームが発足
一〇月一八日	長期発展企画チームが発足
一一月一六日	第一四代労組委員長に朴尚鎮《パクサンジン》を選出
二〇〇二年	
一月三日	ハンギョレと北海道新聞（日本）が提携協定
一月二五日	韓国言論財団会館で青巌《チョンオム》言論文化財団創立記念大会
五月一五日	労使共同でハンギョレ革新推進団を出帆
一〇月三〇日	革新推進団が総合的な報告書を発表
二〇〇三年	**参与政府（盧武鉉）**
二月二八日	第一四代編集委員長に金孝淳を選出
三月二二日	淑明女子大学大講堂で、第一五期定期株主総会
	高喜範が代表取締役に就任
四月～五月	「イラクの子どもたちへ医薬品を」キャンペーン
五月	株式会社インターネットハンギョレ、株式会社ハンギョレプラスへ社名を変更
	ハンギョレ読者コールセンター設立
八月一日	子会社として株式会社シネ21を設立
九月	社内ベンチャー一号の「ハンギョレ知識センター」出帆

九月一五日	ハンギョレアメリカ州版（LA）創刊号発刊
一一月一九日	女性月刊誌「ハーストーリー（her story）」創刊
二〇〇四年	
三月	インターネットハンギョレが「ハンギョレ討論の広場」〔インターネット上で議論ができるサービス〕を開始
四月二七日	第一五代労組委員長に楊尚祐《ヤンサンウ》が選出
五月～一二月	「美しい財団」と共同で分かち合いキャンペーンを展開
五月三一日	ハンギョレ新聞社が第一回真の言論賞を受賞
六月一四日	ハンギョレ新聞社が第一回韓半島〔朝鮮半島〕平和賞を受賞
七月一二日	市民の放送（RTV）が「ハンギョレニュースブリーフィング」放送を開始
八月三一日	第一六代労組委員長および第八代自主株主組合長に楊尚祐が選出
二〇〇五年	
一月	株式会社ハンギョレツアー独立法人発足
三月一四日	第一七代労組委員長および第九代自主株主組合長に李制勲《イジェフン》を選出
三月一七日	第一五代編集委員長に権台仙《クオンテソン》を選出
三月二六日	ソウル大学白凡《ペクポム》記念館で第一七期定期株主総会
	鄭泰基を代表取締役に選出
四月四日	ハンギョレは夕方の街版新聞を廃止

六月三〇日	「ハンギョレ　言葉と文字研究所」を設立
八月二三日	第一八代労組委員長および第一〇代自主株主組合長にチョ・ジュンサンを選出
一〇月一〇日	ハンギョレ・ギョルフォントを無料配布
二〇〇六年	
一月四日	洪世和《ホンセファ》が初代市民編集人に就任
五月一六日	インターネットハンギョレ英語版サービス開始
五月二七日	社外報「ハニの風」創刊
六月二四日	第一六代編集委員長に呉亀煥《オギファン》を選出
一二月一五日	ハンギョレがルモンド(仏紙)とコンテンツ提携
二〇〇七年	
一月二九日	取材報道準則制定および公布
二月	新コンセプト漫画雑誌「POP TOON」創刊
二月二八日	ハンギョレ経済研究所を設立
三月二一日	ソウル市汝矣島洞《ヨイドドン》の全国経済人連合会会館で第一九期定期株主総会
	徐炯洙《ソヒョンス》が代表取締役に就任
一〇月一二日	教育専門紙「アハ！ハンギョレ」発行
一一月一日	大手インターネットポータルサイト「ネイバー(naver)」と情報提供など戦略的提携を締結
一二月五日	子会社の株式会社ハンギョレメディアマーケティングを設立
一二月二六日	ハンギョレと韓国国立国会図書館がデータベース交流契約

実用政府（李明博）

二〇〇八年	
一月九日	ハンギョレ新聞、第一回メディアアワード「信頼賞」受賞
二月二二日	第一八代編集委員長に金種求《キムジョング》を選出
三月八日	淑明女子大学スンホン館で第二〇期定期株主総会
	高光憲《コグァンホン》が代表取締役に就任
七月	世界的に有名な写真作家グループ「マグナムコリア」の写真展を開催
八月	教育専門企業のハンギョレ教育株式会社を設立
二〇〇九年	
五月	老人療養保険サービス機関であるハンギョレシルバーサービス株式会社を設立
	ウェブ放送「hani TV」を開局
二〇一〇年	
一月	オンラインとオフラインの統合のために子会社「ハンギョレエン」をデジタルメディア事業本部へ統合

解説——ハンギョレ新聞のジャーナリズム精神とその時代背景

森　類臣

一　韓国現代史におけるハンギョレ新聞の位置

本書は、ハンギョレ新聞（本書第一部の「虫眼鏡1」で述べられている通り、一九九六年一〇月に題字を「ハンギョレ新聞」から「ハンギョレ」へ変更し現在に至るが、本稿では「ハンギョレ新聞」を使う）の足跡を日本の読者に知らせるものである。訳出本文で詳細に展開されている通り、ハンギョレ新聞は、既存の大手企業メディア（corporate media, main stream media）から解雇された記者らが中心となり、韓国市民の幅広い支持を受けて一九八八年五月一五日に創刊された。非常にダイナミックな創刊プロセスを経験しており、当時の韓国ジャーナリズム界において革新的な紙面展開をした。ハンギョレ新聞の創刊は、韓国社会では〝革命的〟な出来事だったのである。では、なぜこのような新聞がつくられなければならなかったのか——その答えが当事者の視点から余すところなく書かれているのが本書である。

ハンギョレ新聞に関しては、日本ではそれほど知られているわけではない。現在のところ、本書を除いては、ハンギョレ新聞そのものを扱った日本語書籍は、朝日新聞記者（当時）の伊藤千尋による『たたかう新聞——「ハンギョレ」の一二年』（岩波ブックレット、二〇〇一年）のみであろう。「週刊金曜日」に連載した伊藤のリポートを基礎にしたこの本は、コンパクトにまとまっていて読みやすく、ハンギョレ新聞の概略や当時のハンギョレ新聞の現状を知るうえでは非常に有益だった。一部の研究者を除いてハンギョレ新聞の研究に関心が払われなかった当時、ハンギョレ新聞に注目し取材、報道した伊藤の着眼点にも驚く。しかし、ブックレットという特質上の限界もあり、ハンギョレ新聞の輪郭を描いて終わっている点が惜しまれた。伊藤の著作後、韓国現代史に絡めてハンギョレ新聞の創刊過程・思想および具体的にどのような報道をしたかを深く知ることができる本の登場が待たれた。

日本ではハンギョレ新聞に対する学術研究もほとんどない。韓国に関心のあるジャーナリスト、または韓国を主要な研究領域としている現代史家や社会科学者の中では、ハンギョレ新聞を情報を得る手段であるとか、論壇を形成する媒体、革新勢力の論調を把握するための資料として認識しているケースが多く、ジャーナリズム論またはメディア論の見地からハンギョレ新聞というメディアそのものを研究対象として考察しようという動きがあまり見られなかった。さすがに韓国では日本よりもハンギョレ新聞に関する研究は進んでいるものの、ほとんどの研究が、ハンギョレ新聞と朝鮮日報《チョソンイルボ》または東亜日報《トンアイルボ》との論調の比較分析であり、ハンギョレ新聞自体を対象に取り上げた研究は少ない。

韓国に関心の高い日本社会でなぜこれほどハンギョレ新聞が注目されないのか不思議であるが、それはさておき、ハンギョレ新聞は現代韓国ひいては朝鮮半島情勢を語るうえでなくてはならない存在であり、さらにジャーナリズム論から考察しても非常に興味深い存在であるというのが、数年間ハンギョレ新聞を調査・分析し、ハンギョレ新聞社内外から定点観測をし続けている解説者（森）の持論である。楊尚祐《ヤンサンウ》代表取締役が「日本語版に寄せて」で指摘しているように、「ハンギョレ新聞の歴史は、すなわち大韓民国の民主主義の歴史」、「韓国の民主化の歴史はハンギョレ創刊以前と以後に分かれる」と指摘しているのは自画自賛でも何でもなく、至極真っ当な評価であろうというのが解説者の考えでもある。メディア研究者の玄武岩《ヒョンムアン》（北海道大学准教授）が「韓国の民主化の歴史は、言論の自由を獲得するための歴史でもある」（玄武岩『韓国のデジタルデモクラシー』集英社新書、二〇〇五年、一六頁）と述べている通り、市民の力によって韓国社会の民主化を達成するプロセスと、表現の自由を民衆が勝ち取る歴史とは表裏一体であった。韓国市民のそのような願望が具現化した一つの形がハンギョレ新聞の創刊だったといえよう。学術研究の視点から見るとき、韓国現代史研究とジャーナリズム研究の交差点上にあるユニークな研究対象がハンギョレ新聞ということになろう。

さて、訳出本文で触れられていなかった点を中心に少し補足したい。本文でも述べられている通り、ハンギョレ新聞は現在、韓国において発行部数上位の日刊紙であり、革新論調で知られる新聞である。報道機関として「権力と資本からの独立」を目指し、ジャーナリズムの主要な責務の一つである「権力監視」を掲げて、「報道・言論・表現の自由」を実現させることを創刊精神とした。東亜日報自由言論守護闘争委員会・朝鮮日報自由言論守護闘争委員会・民主言論運動協議会（以下、言協）などの創刊の主導勢力は、これらの概念を「民主言論」「自由言論」「独立言論」などと規定した。また、ハンギョレ新聞は南北分断の克服および民族統合を目指すジャーナリズムを志向し、これを「民族言論」という概念で規定した。

ハンギョレ新聞の創刊プロセスは、韓国の民主化の動きと表裏一体であった。軍事独裁政権の終焉・韓国社会の民主化が進むにつれ、民主化の基礎となる「言論の自由」を市民が渇望した。政権と一体化して世論の寡占・独占を進める既存の大手企業メディアに失望・反感を持ち、自分たちの声を代弁してくれる新しい媒体の登場を期待した結果生まれたのが、ハンギョレ新聞である。

ところで、韓国語（朝鮮語）を知らない日本の読者の方々にとっては、「ハンギョレ（한겨레）」という耳慣れない言葉を聞いてその意味を知りたくもなろうと思う。結論から先に言うと、このインパクトのある言葉は「ひとつの民族（同胞）」という意味である。本文第一部の「虫眼鏡1」でも紹介されている通り、血縁関係を主軸にした共同体的・土着的な、ナショナリスティックな言葉である。現在の日本では「同胞」という言葉自体になじみがあまりない。日本で例えば「同胞新聞」「同胞日報」などという新聞をつくったら、一般的には、右派的志向を持つ強固な保守新聞のような印象を持ってしまうと思われる。のみならず、〃同胞〃とはどこまでを意味するのかなどという論争にも発展しよう。小熊英二が『単一民族神話の起源――〈日本人〉の自画像の系譜』（新曜社、一九九五年）や『〈日本人〉の境界――沖縄・アイヌ・台湾・朝鮮：植民地支配から復帰運動まで』（新曜社、一九九八年）で指摘しているように、戦前に日本から侵略された朝鮮半島および台湾の人々をはじめとしたアジアの人々は〃日本人〃化され、〃日本〃〃日本人〃の枠組み自体が時代によって変化してきた。

日本では、アジア諸国を侵略し植民地化した歴史があり、それゆえ戦後はナショナリスティックな動きが警戒されてきた。その根本には、アジア諸国に対する植民地支配責任の償い＝過去清算がまったく未完の状態であることが横たわっている。このことは、いわゆる〝親日派《チニルパ》〟問題として、韓国社会にも根深い亀裂を引き起している。このように、日本では戦後、ナショナリズムや民族主義は否定的な雰囲気にさらされ、一般的にはあまり使われなくなった「同胞」という言葉の概念は、しかし民族分断の「悲劇」を背負っている韓国においては、その名前には正当性・正統性（legitimacy）があったのである。ハンギョレ論説委員だった孫錫春《ソンソクチュン》が「ひたすらに愛国心を助長することはそれで新聞を売る愚かな姿に過ぎない。しかしそう健康な民族主義まで拒否すれば説得力がなくなる。帝国主義に走った日本の国家主義とまさしくその帝国主義から収奪されてきた韓国の民族主義が『ナショナリズム』という名目で一緒に批判を受けてはならない」と書いたのは正しい指摘である（孫錫春著、川瀬俊治訳『言論改革』みずのわ出版、二〇〇四年、二七六頁・三七六頁参照）。〝民族〟を大義名分にして、他民族を徹底的に収奪し抹殺する立場の者と、〝民族〟を求心力として帝国主義に抵抗を続けた「奪われし者」とを、単一の枠組みで同等に論ずることはあまりにも乱暴な議論と言えよう。

一方で、ハンギョレ新聞が「同胞」というその名の通り、南北和解・民族の統合を掲げていたとしても、それは単純な国民国家（nation state）論への賛同ではなかったというのは、本文を読まれればおわかりになるであろう。韓国で三大紙といわれる朝鮮日報・東亜日報・中央日報《チュンアンイルボ》が、早くから「権言癒着」の構造を作り出し、政府と一体となって国益の名のもとに世論支配を進めた一方、ハンギョレ新聞は、表現の自由を規制しつつ反共の国是のもとに〝公安政局〟を続ける韓国政治にNO《ノー》をつきつけたのである。第二部第一章で具体的に展開されるように、ハンギョレ新聞の報道は、権力者の悪事や世の中の矛盾を徹底的に暴露するものであった。時の権力層はハンギョレ新聞を蛇蝎のごとく嫌い、目の敵にしていた。韓国社会を〝混乱〟に陥れる悪の巣窟のように思ったであろう。ハンギョレ新聞社は、韓国社会における「梁山《りょうざん》泊《ぱく》」（救国の英雄が集結した砦。中国の明代の伝奇歴史小説『水滸伝』から）だったのである。

韓国社会の情勢は朝鮮半島の分断体制と切り離して考えることは不可能であり、右派・左派のイデオロギー対立が熾烈な時代を経験している。極めて単純化していえば、韓国における右派・保守派は既得権益層とほぼ重なる階層であり、民族統合よりも反共イデオロギーおよび対米追随志向を優先する論理を持っている。大韓民国という国家の正当性を強調しつつ、返す刀で朝鮮民主主義人民共和国の存在や、韓国国内の反権力勢力を徹底的に非難・指弾してきた。

一方、いわゆる左派は、大きく分けて民族解放派（National Liberation、以下NL）と民衆民主派（People's Democracy、以下PD）の二つに分かれる。PDが、マルクス・レーニン主義の理論に比較的忠実に労働者階級に依拠した階級闘争を展開しようとしたのに対して、NLは、朝鮮半島独自の事情により、民族矛盾が階級矛盾に優先するとして反米自主を基本路線とした。その意味で、朝鮮民主主義人民共和国の公式イデオロギーである「主体《チュチェ》思想」と共鳴関係にあったのである。NLを主導した勢力は「主思派《チュサッパ》」といわれた。左派運動圏では、NLの勢力がPDを凌駕していた。

もちろん、ハンギョレ新聞もこのような情勢と無関係ではいられなかった。特に、民族統合、南北分断の克服という面ではそうであった。

これと関係する象徴的な例が、創刊号第一面であろう。これまでの新聞では考えられないインパクトの強い写真を使ったのである。南北および海外にまたがる朝鮮民族発祥の「檀君《ダングン》神話」の地である白頭山《ペクトゥサン》頂上の全景写真である（撮影は、日本人写真家の久保田博二）。ハンギョレ創刊号を当時買った人に聞くと、「創刊号一面の白頭山の写真が印象的だった」と口を揃えて言うくらいなのだ。韓国は、一九八七年六月二九日に盧泰愚《ノテウ》によって「民主化」が宣言され、不徹底とはいえども軍事独裁政権はいったん終わりを告げた。とはいえ、反共を国是とする軍事独裁政権時代の残滓は社会に残り、国家保安法の脅威が現在より大きかった。このような時代に、朝鮮民主主義人民共和国を連想させる「白頭山」を一面トップに載せたことは、この新聞の革新性と独自性を端的に表していた。しかし、右派・左派のイデオロギー闘争が激しかった当時の韓国社会においては、ハンギョレは、「北韓に与《くみ》する容共勢力」というレッテルを張られ、盧泰愚政権から徹底的に抑圧されたのである。訳出本文に具体的に展開されているように、それはすさまじいまでの弾圧の嵐の始まりだったのである。

二　ジャーナリズムとしての独自性

韓国でハンギョレ新聞の胎動が始まりその創刊に至った一九八〇年代末より少し前、欧州でもオルタナティブ・メディア（既存メディアに対抗する代案メディア）創出の動きが高まり、数多くの新聞が創刊された。創刊年の古い順に言うと、リベラシオン（Libération）（フランス、一九七三年）、エルパイス（El País）（スペイン、一九七六年）、ラ・レパッブリカ（La Repubblica）（イタリア、一九七六年）、ターゲス・ツァイトゥング（Tages Zeitung）（ドイツ、一九七九年）、ザ・インディペンデント（The Independent）（イギリス、一九八六年）などである。これらの新聞は、社会運動の延長線上で創刊されたり、政権に弾圧された知識人が中心となって創刊したり、少数の有志が保守的な新聞界に一石を投じるために作ったり、その創刊過程は様々であった。しかし、既存メディアと権力層の関係に疑問をもち、積極的に社会を変えるために創刊されたという動機には共通点があり、リベラルから左派的な論調を持つという共通性もあった。オルタナティブ・メディア創刊という現象のみをとらえると、ハンギョレ新聞もこれら欧州のオルタナティブ・メディアの類型に当てはまりそうではある。それとも、類型に当てはまらないハンギョレ新聞の独自的モデルが存在するのであろうか。

本文の第一部第三章でも少し触れられているが、解説者が調査した結果、ハンギョレ新聞創刊を牽引してきた人たちは、様々な面で米国・欧州・日本の新聞をベンチ・マーキングし、比較検討してきたようである。その中でも、ハンギョレ新聞社初代社長の宋建鎬《ソンゴノ》と初代副社長の任在慶《イムジェギョン》が言及していたのがルモンド(Le Monde)であった。創刊メンバーのキーパーソンの一人である任在慶は、一九七一年一月から一九七二年三月まで、韓国外務省奨学プログラムで渡仏し、パリ第一大学経済学部に入学した。そして、大学で学ぶ傍ら、一九七一年一〇月から一一月までの約一カ月、ルモンドで短期間の職業訓練プログラムを受けた。短いプログラムではあったものの、この経験が後のハンギョレ新聞のシステムに生かされていくことになった。任在慶は、ハンギョレ新聞紙面に二〇〇八年に長期連載した文章で、「『ルモンド』での一カ月の経験が一七年後に『ハンギョレ』の創刊を準備する時、非常に参考になった」と述べており（ハンギョレ新聞二〇〇八年六月二日付の任在慶コラム「道を探して」参照）、ルモンドに学んだことを基礎にして①題名を扇情的にするのはやめる、②一面に写真を使わず時事漫画を使う、③最終面（社会面トップ）が、一面の次に注目度が高いので、全面広告は絶対に禁止する、④締め切り間近に入ってきた記事を載せる、などをハンギョレ新聞創刊準備の会議で提案している。

このように任在慶は、直接的な経験からルモンドを目指すべきモデルの一つと考えていたが、実は宋建鎬もルモンドの社内民主主義の理念や実際の運営実態に言及している（『宋建鎬全集』八〔ハンギル社、二〇〇二年〕四六〜四七頁および一〇二頁など）。宋建鎬の論稿の中には、後にハンギョレ新聞の特徴となる「編集権と経営権の明確な分離」「社内民主制」（代表取締役・編集局長を選挙で選ぶ方式）につながる考察もある。例えば「フランスのルモンドの場合を見ると、新聞社の社長を社員の中から選挙で選出する。選挙人はもちろん社員になる。したがって、社長と社員の間に格別の区別があるとか対立があるとかいうことはない。社長と社員の間に身分上の差異がないからこそ、新聞編集を取りまく経営者と社員の間に対立が生まれることが稀で、ときどき見解の差異が生まれると、経営者と社員たち、すなわち労組の間に合意をもって調整する」（『宋建鎬全集』八、四六〜四七頁）などである。宋建鎬がルモンドをベンチ・マーキングする姿勢は、任在慶と共通点がある。二人がルモンド型の新聞を志向していたことは、ハンギョレ新聞創刊に大きな影響を与えたと指摘できるのである。

元ハンギョレ新聞記者で、現在「メディア・オヌル（今日）」（一九八九年に全国言論労働組合連盟の機関紙「言論労報」として創刊し、一九九五年に「メディア・オヌル」に改題した週刊新聞。メディア批評専門紙。公式ホームページは、http://www.mediatoday.co.kr/）論説室長の高昇羽《コスンウ》の論文「ハンギョレ新聞創刊過程における社会学的研究——言論民主化運動の観点から」（高麗《コリョ》大学博士論文、二〇〇二年）によると、ハンギョレ新聞の創刊までは、理論上、創刊のための「組織化」（organization）、集合運動のための「動員化」（mobilization）、創刊結果としての「制度化」（institutionalization）の三つに分けられ、このプロセスにおいて、「政治的民主化運動」「メディア民主化運動」「オルタナティブ・メディア運動」という三つの性格を持ち続けたという。高昇羽の研究を踏まえたうえで解説者がまとめなおすと、ハンギョレ新聞創刊の意義は、韓国の民主化を希求する「運動」

そのもの、もしくはその延長線上にあり、その本質は①表現・報道の自由を求める政治的民主化運動（政治的権利を獲得する運動）、②権力監視をせずに政権の庇護を求めて自己検閲を繰り返す企業メディア（Corporate Media）を否定し、健全なジャーナリズムを求めてメディア界の民主化を希求したメディア民主化運動、③企業メディアの欠点を克服するためのオルタナティブ・メディア創出運動と言える。これは、一九七〇～八〇年代に勃興した欧州のオルタナティブ・メディアのいくつかの創刊過程と似ているが、そのダイナミズムの結実の仕方は、やはり韓国の固有性・独自性が現れていた。その最も特徴的なシステムが国民株方式（国民募金方式）といえる。国民株方式こそ、欧州のオルタナティブ・メディアにはない、ハンギョレ新聞の独自性の象徴であった。

国民株とは、韓国国民が募金に近い形で、ハンギョレ新聞創刊・維持のための株を買うという制度であり、ハンギョレ新聞はこの国民株によって得られた資金を基礎に創刊された。国民株は、特定の大株主が存在しえない制度であり、法人による株購入を禁じていたため、他の新聞社では日常茶飯事であった社主の強力な支配・圧力から自由であるということを意味した。例えば、ハンギョレ新聞創刊メンバーの一人である李仁哲《イインチョル》は、二〇〇八年八月に解説者のインタビューに対して朝鮮日報《チョソンイルボ》、中央日報《チュンアンイルボ》、東亜日報《トンアイルボ》の大手三紙とハンギョレ新聞の報道の違いについて、「大手三紙は社主つまり経営陣の影響力が非常に強く、ハンギョレは社主がいないので圧力を受けることがほとんどないことが報道姿勢に反映している」と指摘した。

本文第一部第三章で詳述されているが、ハンギョレ新聞社を立ち上げる際、会社設立に伴う莫大な資金集めの方法として様々な方法が検討されたが、政治権力などによる編集権独立性の侵害を防ぐ方法として、国民株方式が発案された。この方法は、広く浅く国民から株（募金）を募り、その資金を新聞社創立の資金に当てるという方法であった。国民株という呼称には、多くの市民に株を通してハンギョレ新聞社を支えてもらうことで、ハンギョレ新聞社の力の源泉を株主＝韓国市民に依拠させるという意味がある。

国民株方式は、源流をたどると一九七九年一一月に、東亜闘委委員長だった安鍾柲《アンジョンビル》が語った新たな新聞構想にたどり着く（東亜日報自由言論守護闘争委員会編『自由言論』ヘダムスル、二〇〇五年、四一三頁）。安鍾秘の構想はかなり大まかなものであり、具体的に新聞を創刊するという点からは距離があるものであったが、①ハングル表記で横書きにする、②記者クラブ制度をなくす、③国民出資の新聞社、という三点をすでに一九七九年に提示していたという意味で非常に興味深い。

安鍾秘の新たな新聞構想があったものの、一九八七年の民主化宣言および、その成果としての言論基本法廃止まで、実質的に新しいメディアを立ち上げること自体が現実的に難しかったという厳然たる現実があった。朴《パク》正《チョン》熙《ヒ》政権の後に続いた全《チョン》斗《ド》煥《ファン》政権は、メディア統廃合を繰り返し既存の企業メディアを徹底的に統制した。全斗煥政権は、ジャーナリズムに対して強権的に対処することをその基本姿勢とした。全斗煥政権下においては、民主的なメディアを作り上げる構想はあっても、実現可能性はほとんどないことであり、それは言論民主化運動を担ってきた一九七〇年代および一九八〇年代解職記者（一九七五年「解雇事態」および一九八〇年の「言論大虐殺」などで大手企業メディアから不当解雇された記者たち）が一番よく認識していた。解職記者が中心になって組織した言協が創刊した月刊「マル（言葉）」も、積極的に反軍事独裁政権の論陣を張り、「報道指針」を暴露するなど権力監視・権力批判の報道を展開したが、当然正式に認可を得た月刊誌ではなく、非合法の〝地下メディア〟であり、徹底的に弾圧の対象となった。言協のメンバーたちは、「マル」の意義を認めつつもそのまま月刊誌にとどまるつもりはなく、より影響力のある全国的なメディア創立の可能性を模索し続けた。

安鍾秘のアイデアがより発展した形で文章化されたのは、言協が「マル」創刊号（一九八五年六月一五日）に掲載した「新しい言論機関の創設を提案する」という記事である（四〜五頁）。この記事はリードで「新しい言論機関は、既存言論機関が個人または少数の言論企業によって独占的に所有されているのとは違い、真実の民主言論を渇望するすべての民衆が出資し、自らの力で自身の表現機関を創設する。民衆が共同で所有し運営する、民衆の（ための）表現機関になるのだ」と宣言している。「民衆が出資」「民衆が共同で所有し、運営する」という文言には、ハンギョレ新聞の創刊基盤となる国民募金方式・国民株方式の萌芽が見える。

このような流れに見られるように、一九八〇年代中盤までは国民募金方式・国民株方式という具体的アイデアにこそ結実しなかったものの、言論民主化運動の重要な目標の一つに新メディア創設の動きがあり、そのメディアは少数のオーナーではなく民衆に依拠したものでなければならないという考えは、言論民主化運動を担う人たちの共通認識となっていた。この共通認識が、鄭泰基《チョンテギ》を中心とした新聞社創業の実務を担った少数メンバーの中で具体的なアイデアとして構築されたのは、一九八七年になってからであった。その契機は、盧泰愚《ノテウ》による一九八七年六月二九日の民主化宣言であった。ようやく合法的に新・新聞を創刊できる可能性が開けたのである。

具体的な議論を煮詰めたのは、鄭泰基・李炳注《イビョンジュ》・金泰弘《キムテホン》が中心となって一九八七年七月につくった「新メディア創設研究委員会」であろう。同月末、新メディア創設研究委員会が「民衆新聞創刊のための試案」を提出し、そこで国民募金の基本枠組みが整った。同会はさらに研究を重ね、実務段階に移ったと判断した九月一日に、「新メディア創設研究委員会」は発展解消し「新たな新聞創刊準備事務局」が設置された。ソウル市鍾路区《チョンノク》安国洞《アングッドン》安国ビル六〇一号室および六〇二号室に事務室を構えた創刊準備事務局は、同日、「新たな新聞創刊発議準備委員会」（九月二四日に「新たな新聞創刊発議推進委員会」に改編）も立ち上げた。

国民株という独特の所有制度は、上記のように発展したものであったが、その目的および効果は理論的には以下のように整理できよう。

第一に、政治権力や大広告主など外部勢力からの経営権および編集権への不当な干渉を防ぎ、言論の自由（報道の自由）を守ることができることが挙げられる。

ハンギョレ新聞は他の新聞と同じく、通常の新聞発行活動およびそれに伴う収益構造においては広告料と購読料に依存している。にもかかわらず、他の新聞社が権力の干渉（政治権力および広告主の圧力）を受けやすい反面、ハンギョレ新聞は権力の干渉を受けにくい、もしくは受けたとしてもそれを拒絶し排撃する能力がある。その理由は、小規模大多数の株主が会社の資本金（株主資本）を支えている制度＝国民株方式を基盤としているという点に帰結する。つまり、収益構造については広告料等に依存する部分があるものの、それは収益構造の一部であり、全面的に依存するシステムではなかったのである。最終的な生命線は小規模大多数の〝国民株主〟であるため、少数の大広告主に生命線を握られるリスクは非常に少なかった。

また、政治権力者が小規模・大多数の株主に直接圧力をかけることも現実的に難しく実質的に不可能であった。もちろん、本文第二部第一章に詳述されているように、国家安全企画部がハンギョレ新聞の読者性向調査をするなど、政治権力が株主および読者一人一人に対して圧力をかける兆候もなくはなかったが、ハンギョレ新聞がこの事実を特ダネ報道したこともあり（ハンギョレ新聞一九八九年一〇月四日付一一面「安企部、本紙読者性向調査」）、政治権力者による株主への直接的な圧力はほとんどなされなかった。

これに対し、既存の大手新聞社をとりまく構造は、政治権力者のメディア・コントロールに対して基本的に弱い構造になっていた。既存の大手新聞社は、少数の株主（ほとんどが創業者一族）が会社の株の大部分を所有しているケースが多く、大株主であるオーナーの意向が会社の経営を左右しやすく、編集権の独立まで侵害するケースが多かった。さらに、収益構造を、大手の広告主に依存する面が強かった。このような構造を持っていたため、政治権力者は、オーナーまたは少数の特定広告主に圧力をかければ、比較的簡単にメディア・コントロールをすることができた。

実際に、一九七五年に、朴正熙政権の意向を受けた朝鮮日報社と東亜日報社が記者を大量解雇した事件（解雇事態）と、一九八〇年に全斗煥政権によってメディアが統廃合され、記者が大量解雇された事件（言論大虐殺）は、政権の強権性はもちろんのこと、政権の利益誘導と弾圧に屈服した経営陣が強制的に記者を大量解雇した側面が強い。メディア・コントロールの実例で言えば、一九七四年に起きた「東亜日報白紙広告事件」も有名である。一九七四年一二月に朴正熙政権が東亜日報を弾圧するため、新聞に広告を提供している広告主に圧力をかけて東亜日報に広告を掲載させないという方法をとった。東亜日報は広告欄白紙のまま新聞を発行し続け、それに対して読者・市民が東亜日報に「激励広告」を送った。しかし、長期にわたって有力広告主の広告掲載がない状態の東亜日報は、経営難に陥り朴正熙政権に屈服。一九七五年の記者の大量解雇につながった。

第二に、株の購入制限によるバランスを挙げられるであろう。創立者本金五〇億ウォンを目標に募金を実施したが、巨大資本の浸透を阻むという意味で、株主一名当りの出資額を、資本金全体の一％以内に制限した。これにより、特定の株主が影響力を伸ばして、ハンギョレ新聞社の経営権および編集権に不当な干渉を行うことを防止した。構造的に大株主が生まれるのが不可能となっており、したがって、理論的には会社の経営に特定の株主の影響力が大きく反映されえない構造となっている。そのような意味で、多数の株主（会社の所有主）の意思決定として経営者が選抜されるので、他の大手新聞社より民主的であるといえるだろう。もちろん、一般的な企業であれば少数株主の意向を受けた経営陣が選出されてもさほど問題にはならないかもしれないが、ジャーナリズム研究では、報道機関は民主主義社会を持続・発展させるために必要不可欠な要素であり「社会的責任」を担う立場にあるので、一般的な経営の論理とジャーナリズムを担う機関の論理は峻別されるべきであるという議論が主流である。例えば、漢陽《ハニャン》大学教授の韓東燮《ハンドンソプ》は「（ハンギョレ新聞は）所有権を実に約六万名の少額株主たちに完璧に分散させることで、メディア資本の所有権を通じた統制と国家介入による統制から自由でいられるという、新しい公共所有形態を創案した。実際に、このような所有構造はメディア資本と国家の統制から自由であるメディアをつくるという点で効果的であった」（韓東燮『ハンギョレ新聞とメディア政治経済学』コミュニケーションブックス、二〇〇〇年、一〇二頁）と評価している。

以上述べたように、ハンギョレ新聞の国民株方式の構造は外部からの圧力には強い構造を持っていた。しかし、内部構造においては、小規模大株主の意見を収斂しきれないという問題もあった。この問題が表面化したのが、一九九三年七月二二日に一部株主たちがソウル地方裁判所に起こした株主総会決議無効の提訴だった。また、少数の大手広告主に依存しないシステムではあるものの、累積赤字が増えるにしたがって広告収入を増やす必要に迫られ、それが二〇〇七年の三星《サムソン》広告問題につながった。

三　経済権力との終わらぬ闘い——三星広告問題

ハンギョレ新聞は、大多数の少額株主が新聞社を支えるという「国民株方式」を基盤とする経営構造のおかげで、編集権の独立を脅かす勢力の不当な干渉をはねつけることができ、特に政治権力による弾圧と闘うことができた。この方式は、ジャーナリズム理論に照らしても、「権力監視」等のジャーナリズムの責務を果たすための最良の方法の一つであることは間違いない。にもかかわらず、訳出本文で展開されているように、累積赤字による経営難は創刊以来の問題となっていた。一九九〇年代後半からは、インターネット時代における若者の新聞離れや新聞不信などによって、新聞全体の購読率が落ち込み、その分、広告依存度がじわりじわりと高まった。資本の論理によってジャーナリズムが浸食される現象からハンギョレも例外ではなかった。国民株方式によって、編集権を脅かされる決定的な干渉はすべてはねつけてきたものの、過度に広告収入に依存する経営方式のため、広告主によって圧力がかかりやすい構造になってしまったのである。近年、それが最も深刻化した例が二〇〇七年一一月から始まった「三星広告問題」である。

本書「虫眼鏡16」や第四部第三章にも出てくるのだが、事件のいきさつはこうだ。二〇〇七年一〇月二九日にカトリック正義具現全国司祭団が記者会見し、「金勇澈《キムヨンチョル》三星前法務チーム長借名口座に五〇億ウォンの機密資金がある」と暴露した。これを受けてハンギョレ新聞が翌日一〇月三〇日から「三星機密費口座」という企画記事を始め、三星グループの疑惑を調査報道し始めた。

これを受けて、三星グループ（系列会社、子会社も含む）は二〇〇七年一一月からハンギョレ新聞に広告を出さない処置をとった。基本的に、広告を出すか出さないかは広告主の合理的選択に任されるのが原則であるとはいえ、前後の文脈を踏まえると、ハンギョレ新聞の報道に対する三星の報復措置であることは明らかであった。韓国リサーチの調べによると、二〇〇八年度は朝鮮日報《チョソンイルボ》、中央日報《チュンアンイルボ》、東亜日報《トンアイルボ》の閲読率（readership score）はそれぞれ〇・五～一ポイント下落した一方、ハンギョレ新聞の閲読率は〇・五ポイント上昇した（日刊紙で第四位＝当時）。媒体の影響力が他の日刊紙に比べて劣っていないことが立証されたにもかかわらず、唯一ハンギョレ新聞にだけ広告を載せなかった三星は、広告を出さないことによってメディア企業経営の生命線をコントロールし、自社に不利な記事を出させないというやり方をとったとみることができる。民主主義社会において明らかに問題のあるやり方であり、広告主による言論弾圧とみることができる。

報復はこれにとどまらず、二〇〇八年一月二二日に泰安《テアン》における原油流出事件関連で三星が国民向けに謝罪広告を新聞掲載した時も、ハンギョレ新聞のみ排除された。明らかにハンギョレに対する嫌がらせ措置だった。これに対して、韓国市民はハンギョレ新聞の窮地を助けようと激励広告を出した。広告には「三星裏金を正しく報道したハンギョレの読者は、三星の謝罪を受けられないのでしょうか」という文が載った。

しかし、三星グループは二〇〇八年一一月、ハンギョレ新聞社へ、今後も広告を出さないことを通知した。ハンギョレ新聞社はこの問題にどのように対処するか決断を迫られていた。現在、韓国におけるほとんどのメディア、特に新聞社の収入の八〇~九〇%は広告収入に依存している。特に、三星グループによる広告の比重は、新聞社において少なくとも平均一〇%以上、多いところでは二〇~三〇%程度を占めるのが現状である。三星グループの広告が経常収支の重要な一角を占めているのはハンギョレ新聞社も他メディアと同じなのである。したがって、三星グループの広告が中断された期間のハンギョレ新聞社の収入は急激に減り、深刻な赤字経営に陥ってしまったのである。ハンギョレ新聞社内部では窮地を脱するにはどうすべきか何度も話し合われた。

結果、ハンギョレ新聞社の出した答えは「三星への徹底抗戦」だった。二〇〇八年一一月にハンギョレ新聞社の高光《コグァン》憲《ホン》代表取締役（当時）は、「三星は金でハンギョレを飼いならそうという考えを持っているかもしれないが、われわれは決して屈服しない。苦難があるとしても、三星の広告なしでいくことを決定した」と発表した。広告主に対して膝を折るのではなく、ジャーナリズムとしての矜持を守ることを選択したのであった。ハンギョレ新聞社の創刊理念とアイデンティティ、歩んできた道のりを考えると、当然といえば当然の選択であったが、経営的側面から考えると、容易い選択ではなかった。この後、一一月一九日に、三星広告問題が「記者協会報」「メディア・オヌル」等に記事化され、一二月五日には、韓国放送公社（KBS）の「メディア批評」で報道された。これらメディア批評専門紙や番組は、問題の本質を広告主による言論弾圧と見た。

一連の事件が進行中の〇八年五月一五日、ハンギョレ新聞創刊二〇周年祝賀会の席でスピーチした白楽晴《ペクナクチョン》（ソウル大学名誉教授）は、「ハンギョレ新聞は過去二〇年で政治権力による言論弾圧と闘い、これを克服した。これからは経済権力との闘いが重要になる」という趣旨の内容を話したが、まさにその通りである。ハンギョレ新聞が、三星グループの圧力に屈しなかったことは、ジャーナリズムとして正しい選択として評価できる。しかし、広告に依存しすぎる構造を変えなければ同じ危機が起こるとも限らない。経済権力による圧力を克服する闘争方法を新たに編み出すことがこれからのハンギョレ新聞には求められている。

四　ハンギョレ新聞創刊に学ぶ

解説者がハンギョレ新聞を本格的に知ったのは二〇〇三年である。一九九〇年代末から始まったＩＴバブルにより、日本ではＩＴ関連ベンチャー企業が数多く設立され、その波はジャーナリズムにも当然押し寄せた。既存の大手企業メディアは、ＩＴという先進技術を既存の新聞・放送にどのように関連付けていくかを本気になって考え始めるか、さもなくば、新聞・放送という寡占状態を守るためにＩＴを排撃し始めた。一方で、ＩＴを活用したインターネット新聞創刊の可能性に目を向け始めていた人々もいた。

大手企業メディアのうち、ジャーナリズムの主翼を担っている新聞界を論調で分けると、朝日新聞と毎日新聞がリベラル、読売新聞と産経新聞が保守というのが一般的な認識である。しかし、現実は果たしてそうであろうか。日本のジャーナリズムは近年急速に変質し、倫理が低下し始めている。まず、朝日新聞が一九九〇年代末から急速に右傾化し始めた。また、毎日新聞が経営難に陥り、負のスパイラルから抜け出せなくなった。一方、読売新聞は潤沢な資金をベースに巨大化しつつある。産経新聞は、紙媒体の将来性を危惧して系列企業のフジテレビとＷＥＢ産経に主軸を移し、最近では、スマートフォン用の産経新聞ウェブ版（産経新聞を紙媒体と同様な感覚で読めるアプリケーション）を無料配布している。紙媒体全体の収入が落ち込むことを確信した大手企業メディアのうち、朝日新聞・読売新聞・日経新聞は、「新Ｓ（あらたにす）」

という三社合同のウェブサイトを立ち上げ連携を深めている。新聞界における強者によるカルテルであり、勝ち残り戦略にシフトしたと解釈できる。新聞界はこれから、朝日系列・読売系列・日経系列に収斂され、資本の脆弱な中堅以下の新聞が淘汰される可能性がある。また、上記三新聞が事実上通信社化し、共同通信・時事通信が縮小を余儀なくされる可能性もある。このようになってしまうと、言論の多様性確保という民主主義の原則上、明らかに問題である。そうでなくても、日本では新聞・放送の兼営（クロスオーナーシップ）という問題があるのである。

また、世界で日本にしか存在しない守旧利権団体である記者クラブ制度を維持するのに汲々となっている大手企業メディアは、新興メディアやフリージャーナリストを差別し続けている。これに対しても日本の市民からのみならず、EUなど国際社会からも批判が集まっているが一向に変えようとしない。さらに、犯罪報道などのペーパートライアル（裁判以前にメディアが被疑者を社会的に裁いてしまうこと）によって報道加害や冤罪も繰り返されている。最近最もひどいのは、二〇一一年三月一一日に発生した福島第一原子力発電所〝事件〟をめぐる報道であろう。この〝事件〟は、政官財・学界・大手企業メディアが一体となって進めてきた原子力政策のなれの果てであり、一種の「権力犯罪」であろう。この〝事件〟をメディアは徹底追及しているとは言い難い。ジャーナリズムの責務に背いた報道を繰り返しているのである。

このような多岐にわたる大問題を、自助努力によって直してこなかった大企業メディアの問題が臨界点にさしかかっている。

一方で、大企業メディアにこれ以上期待できないと判断した一部のジャーナリストたちは、オルタナティブ・メディアを志向し始めた。一九九〇年末からのウェブ環境のインフラ整備もあって、インターネット上でのオルタナティブ・メディア創出が比較的容易になり、企業メディアに代わる「代案言論」の登場が期待されたのである。このような状況下、日本でもウェブを土台にしたオルタナティブ・メディアが勃興してきた。独立系インターネット新聞「JANJAN」「日刊ベリタ」「ジャーナリスト・ネット」などが相次いで創刊された。また、市民記者制度で有名な韓国のインターネット新聞「オーマイニュース」も日本に進出して二〇〇六年に日本版を創刊したが、二〇〇八年七月に会社が解散。後を引き継いだ「オーマイライフ」も二〇〇九年四月にサイトを閉鎖した（詳しくは、拙稿「インターネットメディアの日韓比較」『ジャーナリズムのいま――新聞・放送・デジタルメディア、そして民衆運動の現場から』吉野喜政ほか編著、みずのわ出版、二〇〇七年を参照）。現在、独立系インターネットメディアとして比較的順調なのは、神保哲生が主催する「ビデオニュース・ドットコム」など少数のメディアに限られるのではないだろうか。

もちろん過去にも、主に紙媒体によるオルタナティブ・メディアをつくろうという動きがあり、実践されてきた。大森実による東京オブザーバーや、本多勝一による新・新聞構想などである。東京オブザーバーは、毎日新聞の名物記者だった大森実が、同社を退職後に有志とともに一九六六年に創刊した週刊新聞であるが、創刊後三年で廃刊となった。

本多による新・新聞構想は、本多の連載や著作などを通して周知されてきた。特に「朝日ジャーナル」終刊号（一九九二年五月二九日号）で発表された「ジャーナリスト党宣言――タブーなき第四権力、新しい日刊新聞のために」が有名である。この宣言で本多は一九項目に及ぶ新・新聞創刊のための叩き台を示しているが、この時点で本多の頭の中にはハンギョレ新聞モデルがあった。本多は宣言の中で「外国で最近創刊されて成功した例に、イギリスの『ザ＝インデペンデント』紙や韓国の『ハンギョレ』紙などがある。どちらもジャーナリストとしての高い志が動機となっているが、『ハンギョレ』の方が『一切のタブーを排する』点で理想に近い。なぜなら『ハンギョレ』は、全読者を株主とするところからスタートしているからである。資金の主要出所が読者なので、外部勢力（企業や政党や圧力団体等）に対して顧慮する必要がない」としている。

本多が指摘しているように、ハンギョレ新聞創刊は日本の新たな新聞創刊へ有益な示唆を与えるのであろうか。もちろん「韓国には韓国独自の要因があるのだから、日本に当てはめることはできない」という意見も一般的にあり、一理ある。韓国には韓国の土壌があるし、政治に関わろうとする姿勢や、歴史的条件の違いもある。民主化闘争を経験し、その上で立ち上げられた韓国のメディアのシステムを、そっくりそのままの形で日本に当てはめることはできないだろう。

しかしそれでも、日本の市民が、ハンギョレ新聞の原理原則を日本の土壌にあった形で取り入れることはできると解説者は考える。ジャーナリズムとしての普遍性がハンギョレ新聞にはあるからである。この点について著名なメディア研究者の柳井道夫と内川芳美は「実は日韓メディアとその営みの結果としてのジャーナリズムのあり方は、どちらもメディア関係者、ジャーナリストそれぞれが、自分たちは相手と違うと思っているほどは、それほど違わず、多くの点で、むしろよく似た特徴を相互に備えている事実に、注意する必要があるのである。両者はともに、相手に短所や欠点が認められるときは、それを〝反面教師〟に自戒を強め、反対に、相手に長所や優れた点が認められるときは、自分にも実現可能なこととしてそれを見習うべき、相互に切磋琢磨が求められるような関係に置かれているのが実情なのだ」(柳井道夫・内川芳美編『マス・メディアと国際関係』学文社、一九九四年、一五〜一六頁)と述べている。ハンギョレ新聞から学べるところは学べばよいのである。

最近では、存在感を強めつつあるフォトジャーナリズム誌「DAYS JAPAN」が「DAYS市民株主」を創設した。公式サイトによると《市民がDAYSと共に社会の在り方を変えるという願いを込めて、この度DAYS JAPANは「DAYS市民株主」を創設しました。定期購読者をDAYS市民株主と位置付け、共に考え、語り、そしてDAYS JAPANを大きく育て、社会の在り方を変えることにつなげることができればと思っています。この「DAYS市民株主」は経営に関する議決権はないものの、「読者が支えるDAYS JAPAN」という側面を今までよりもっと強め、読者がそれぞれの思いをより誌面に反映していくフォトジャーナリズム月刊誌として更に発展するために「共にDAYSの歴史を刻んでいきたい」という主旨で創設いたしました》とある。DAYS市民株主はまだ始まったばかりで、これがハンギョレ新聞と相関性があるのかどうか、まだ検証の余地があるが、注目に値する現象ではある。

五　ハンギョレ新聞のこれから

ハンギョレ新聞は二〇一二年で創刊二四年目を迎える。民主化が進展しつつある韓国においてハンギョレ新聞の存在意義は問われている。

一九八八年当時としては、組織・理念・論調とも革新的だったハンギョレ新聞は、金大中《キムデジュン》政権および盧武鉉《ノムヒョン》政権というハンギョレ新聞の主張と近い理念を志向する政権になった韓国社会で、ジャーナリズムとしての真価が問われた。時には「政権党に近い新聞」「もう一つの『朝鮮日報《チョソンイルボ》』ではないか」との厳しい批判も読者の中から多々噴出した。また、二〇〇〇年に登場した独立系インターネット新聞「オーマイニュース」、ウェブにおけるクオリティーペーパー（高級紙）を目指す「プレシアン」、新聞界では最近急激に革新的傾向を強めてきた京郷《キョンヒャン》新聞などのメディアが続々と登場するようになった近年では、ハンギョレ新聞の存在意義が相対的に弱まってきたのではないかという指摘も強くある。さらに、二〇〇八年の「ろうそくデモ」では、韓国放送公社（KBS）、文化放送（MBC）が市民の側に立った報道を広げ、シェアを広げた。全体的に発行部数・信頼感がともに負のスパイラルになっている新聞界に比べ、市民の信頼は新聞より放送に移ることもあった（詳細は、拙稿「ろうそくデモと韓国メディア」『ろうそくデモを越えて――韓国社会はどこに行くのか』川瀬俊治・文京洙編、東方出版、二〇〇九年を参照）。

朝鮮日報、東亜日報《トンアイルボ》、中央日報《チュンアンイルボ》という韓国の三大紙の発行部数がそれぞれ約一八四万部、約一二八万部、約一三〇万部を数える中、ハンギョレ新聞の発行部数は約三〇万部であり、発行部数だけを見ると三大紙に大きく水をあけられている。しかし、ハンギョレ新聞の役割はさらに高まっている。近年、革新論調を持つメディアが多数勃興してきたとはいえ、三大紙が「保守」陣営の論調を堅固しており圧倒的な影響力を持っている状況においては、保守論調対革新論調のバランスはまだまだ均衡していると言えないからである。とくに李明博《イミョンバク》政権になって「保守回帰」「実用主義」の政権運営がなされている二〇一一年現在においては、ハンギョレ新聞の存在意義は大きい。

ハンギョレ新聞は、言論民主化運動から勃興したものであり、韓国の市民が支えてきた。創刊の根は韓国社会に広く張り、市民が支持し続けたからこそ経営難にもかかわらず二〇年続いたのである。一部の志ある人のみが創刊した新聞であれば二〇年も続かなかったであろう。市民に根差した新聞であったからこそ長い年月を生きながらえることができたのである。

ハンギョレ新聞編集人を務める権《クオン》台仙《テソン》は、解説者による二〇〇九年八月のインタビューで「ハンギョレがここまでやってこられたのは奇跡だ」とコメントしたが、この〝奇跡〟は市民とともに歩んだからこそ成し遂げられたに違いない。

「東アジアの連帯」を新たな目標に置いているハンギョレ新聞は、残念なことに現在、紙媒体としてもウェブ版としても日本語版を発行していない。ただ、筆者を含めた有志によって、ハンギョレ新聞の記事を毎日数本、日本語に訳して掲載する「ハンギョレ・サランバン」(http://blog.livedoor.jp/hangyoreh/)というブログが運営されている(二〇〇八年、ハンギョレ新聞社による公認を受けた。実際の運営は共同運営者の一人である染井順三氏に多くを負っている。「ハンギョレ・サランバン」は日本でも少しずつ認知されているが、これは染井氏の功績が大きい)。この「ハンギョレ・サランバン」は、事実上のハンギョレ新聞日本語版である。ここで「ハンギョレ・サランバン」の設立趣意の一部を紹介したい。現在の日本においてハンギョレ新聞に関心を持つ意義を説明しているからである(全文は次のURL参照 http://blog.livedoor.jp/hangyoreh/archives/524043.html#more)。

《日本と韓国が以前に増して「近くて近い国」となり、朝鮮半島との友好関係を模索していかなければならない中、韓国社会および朝鮮半島南北をより正しく理解する必要が切迫している。(中略)韓国・朝鮮半島を多面的に見て、できるかぎり正しく理解するためには、文化的な情報はもちろんのこと、信頼度が高く質の高い真の韓国の報道に接することが大前提である。「メディア産業」ではなく「ジャーナリズム」を実践している報道機関の情報が必要とされている。それにもかかわらず、日本では日本語で読める韓国メディアは、政治経済・主要な社会問題における論調や報道姿勢が似ている朝鮮日報・中央日報・東亜日報(以下、「朝中東」と略す)の三社のほぼ独占状態だ。日本における熱心な韓国ウォッチャーおよび日本の主要マスメディア(main stream media)さえもが「朝中東」の日本語サイトに依存してしまう傾向があって、結果的に日本には朝中東がもたらす韓国情報が大量流入している。

このような意味で、日本では韓国以上に朝中東の力が圧倒的に強い状態だ。また、日本の主要報道機関記者によってもたらされる韓国社会および南北の情報も断片的であり、全体像を把握しにくい状態である。さらに、日本人が伝える韓国情報・南北情報は限界も多い。例えば、朝鮮民主主義人民共和国に対する感情的・扇情的な報道を考えればよい。(中略)日本語によって韓国の情報を得る日本の市民たちは、一方的な情報により歪んだ韓国社会像・歪んだ南北像を形成しがちである。日本の市民が韓国社会・南北関係を多面的に見て、大きな歴史の流れの中でより正しい見方を形成するためには、朝中東および日本の報道機関による情報独占状態を打ち破る必要がある。市民たちが募金同様の状態で投資した「国民株」を元に、創刊から二〇年もの間、「権力監視」「声なき声の代弁をする」というジャーナリズムの原則を行き、「進歩言論」「真正報道」を実践して韓国社会を民主的な方向に導いてきたハンギョレ新聞の報道に、日本の市民も接する必要があるのではないだろうか。(以下略)》

二〇一一年三月に第一五代代表取締役に就任した楊尚祐《ヤンサンウ》社長は、①大資本から自由となること——広告弾圧経験のある大企業から得られた売上の九〇%は三年間は人件費などの費用には当てず、貯蓄するか投資に回す、②デジタルメディア企業として再出発する、③産業多角化を通して持続可能な経営を行う、④韓国の代表的な革新メディアとして確固たる地位を確立——革新論調の主要有力メディアによる協議会を構築する、という四つの柱を経営目標とした。韓国の社会変化のスピードは非常に速い。ハンギョレ新聞も楊社長のもと、任期三年で大きな変化を遂げるのであろうか。

オルタナティブ・メディアの一つのモデルとしても、韓国現代史を映す鏡としても、ハンギョレ新聞に注目していくことは、韓国研究・ジャーナリズム研究の両方の視点から意味のあることであろう。一九八七年の六月民主抗争の結果物として生まれたハンギョレ新聞が目指す民主主義社会とはどのようなものなのか、それは韓国社会ひいては東アジアのどのような秩序を志向するものであるのか。ハンギョレ新聞のこれからの動きを引き続き注視していきたい。

二〇一二年一月一四日　記

訳者あとがき

本書『不屈のハンギョレ新聞――韓国市民が支えた言論民主化二〇年』は、ハンギョレ新聞社が二〇〇八年に出版した『希望へ向かう道――ハンギョレ二〇年の歴史（韓国語原題：희망으로 가는 길：한겨레 20년의 역사）』（以下、二〇年史）の日本語訳である。

訳者の一人である森は、社会学（ジャーナリズム研究）や現代韓国朝鮮研究が専門である。とりわけ、二〇〇四年から継続してハンギョレ新聞の創刊過程に注目して研究を進めている。

二〇〇八年五月一五日、ソウル市汝矣島《ヨイド》の63ビルで開かれたハンギョレ新聞創刊二〇周年記念レセプションに招待された森は、発刊されたばかりの二〇年史を受け取った。以前一〇年史『世の中を変えたい人たち――ハンギョレ新聞一〇年の話』（李《イ》寅《イ》雨《ヌ》・沈《シム》山《サン》著、ハンギョレ新聞社、一九九八年）を読んだ時に、そのあまりのダイナミックさに非常に興奮し感動したことを思い出した。自宅に戻り、二〇年史をじっくり読んでみた。一〇年史をさらに詳細に掘り下げ、当然のことではあるが一九九八年から二〇〇八年のハンギョレ新聞の歩みも加味されており、興味深く一気に読み終えた。韓国現代史のダイナミズムを体感したような、感動の中にも韓国の民衆が味わってきた〝痛み〟を感じるような複雑な読後感だった。この読後感を現代韓国を理解しようとする人たちに味わっていただきたいと思い、ぜひ日本で翻訳出版したいと思った。朝鮮半島に関わる取材報道活動、著作の編集に長年携わっている知人に相談した結果、「やりましょう」という話にまとまった。もう一人の訳者である川瀬俊治である。川瀬は、ハンギョレ新聞社刊の図書を初めて日本で出版した時の編集者であった（『山河ヨ、我ヲ抱ケ――発掘・韓国現代史の群像』上・下（解放出版社、一九九三年））。翻訳・出版についての具体的な話が動き出したのは二〇〇八年秋であった。運よく、日本で質の高いメディア関係の書籍を継続して出版している現代人文社が出版を了承してくださった。

一九九〇年代末から金大中《キムデジュン》政権の国家戦略によって進んだ韓国のＩＴ化は、日本にとっても衝撃的であった。盧武鉉《ノムヒョン》政権はインターネット新聞「オーマイニュース」などに集まるネティズン（Netizen、Network Citizen の略称）たちによって生み出されたといっても過言ではない。日本では、そのような政治経済的な事象のみならず、二〇〇三年前後から始まった韓流ブームによってさらに韓国メディアに対する関心が高まった。韓国メディアに関する著作や翻訳本もいくつか出版された。

しかし、韓国現代史の中で、隣国の民衆がどのように言論の自由を勝ち取っていったのか、韓国ジャーナリズムが民主化とともにどのような民主主義観を形成していったのかという、いわゆる思想的な流れについて論じた本は多くはなかった。むろん、韓国の三大紙といわれる朝鮮日報・東亜日報・中央日報の社史が日本で翻訳されたとは聞いたことがない。その意味で、韓国の革新論調の総本山としてリベラル勢力を牽引してきたハンギョレ新聞を日本に紹介することは意味あることであると思う。ハンギョレ新聞の創刊過程は、日本でオルタナティブ・メディアをつくるときの参考になるであろうし、ハンギョレ新聞の歴史を知ることは、すなわち韓国の民主化の歴史の重要な側面を知ることだといっても過言ではない。

ただ、翻訳の具体的な作業にとりかかってみると、予想外に大変だった。膨大なページ数の翻訳はもちろん、韓国の状況を日本の読者にわかりやすく伝えないとならないため、その調査に思いのほか時間がかかった。

特に、韓国現代史に精通していないとわかりにくい部分が多々あった。韓国人にとっては肌で感じることができるほど有名な事象でも、日本在住者にとってはわかりづらいと思われる部分が多かった。それらの点については可能なかぎり配慮し、詳細な解説を加えた。また、歴代の代表取締役以外の人物紹介は原書にはなかったが、読者の理解を助けるであろうと思い、本書に入れた。

なお、本文の訳出は　第一、二部を森が担当し、第三、四部を川瀬が担当し、第一部から第四部に加えた「関連資料・コラム」は、ハンギョレ新聞創刊準備期に出された社員・株主向けの新聞「ハンギョレ便り」と前掲の一〇年史『世の中を変えたい人たち――ハンギョレ新聞一〇年の話』の中から関連深い記事とコラムを訳者が相談して選択し、川瀬が訳した。資料編については人物略歴のみ川瀬が翻訳し、他は森が訳した。解説は森が担当した。

最後に、今回の訳出にあたって多くの方々のお世話になった。とりわけ、訳者の作業遅延により現代人文社編集部の木村暢恵さんには言葉にできないほどのご迷惑をおかけした。氏の叱咤激励がなければ、作業がさらに遅れてしまったかもしれない。公私ともに多忙な氏は、休日返上で丁寧に訳文のチェックをしてくださった。怠慢な訳者に最後まで付き合ってくださった氏に深くお詫びするとともに心から感謝を捧げたい。

また、本書の翻訳出版に関してハンギョレ新聞社の担当者であった鄭仁澤《チョンインテク》さん（ハンギョレ新聞社経営企画室経営企画部課長）は、訳者の膨大かつ無理な質問に時間をかけて丁寧に答えてくれ、惜しみないサポートをしてくださった。デジタルニュース部記者の金度亨《キムドヒョン》さん（元東京特派員）は、きめ細かく校正をチェックしてくださった。厚くお礼を申し上げたい。また、本書の出版を初期に担当してくださった尹智恵《ユンジヘ》さん（現、ハンギョレメディア戦略研究所研究員）と金昭延《キムソヨン》さん（元、ハンギョレ新聞社経営企画室所属）や、訳者二人に全面的に協力してくださったハンギョレ新聞社の方々にもこの場を借りてお礼を申し上げたい。

翻訳には全力を尽くしたが、足りない部分も多くあろうと思われる。お気づきの点があればどうかご指摘いただきたい。

本書が、読者の韓国現代史の理解に役立ち、日韓双方の市民の連帯につながる一助になれば、訳者二人にとって望外の喜びである。

二〇一二年一月

森　類臣・川瀬俊治

訳者略歴

川瀬俊治（かわせ・しゅんじ）

1947年三重県伊賀市生まれ。

大谷大学卒業後、奈良新聞、解放出版社に勤務、記者、編集者を経験。

現在解放出版編集部スタッフ、天理大学・帝塚山大学講師（非常勤）。

主書に『夜間中学設立運動――奈良からの報告』（たいまつ社、1978年）、『もう一つの現代史序説――朝鮮人労働者と「大日本帝国」』（ブレーンセンター、1987年）、訳書に孫錫春『言論改革』（みずのわ出版、2004年）、論考「韓国・憲法裁判所決定の衝撃」（『部落解放』2012年2月号）など。

森　類臣（もり・ともおみ）

1979年静岡県生まれ。同志社大学大学院社会学研究科メディア学専攻博士後期課程を経て、現在、立命館大学コリア研究センター専任研究員、同志社大学嘱託講師。

専門は社会学（ジャーナリズム研究）、現代韓国朝鮮研究。

主著に「ろうそくデモと韓国メディア」（川瀬俊治・文京洙編『ろうそくデモを越えて――韓国社会はどこに行くのか』東方出版、2009年）など、訳書にキム・ジョンリョル「韓国検察庁における取調べ録画制度の概観」（指宿信編『取調べ可視化へ！――新たな刑事司法の展開』日本評論社、2011年）がある。

不屈《ふくつ》のハンギョレ新聞《しんぶん》
韓国《かんこく》市民《しみん》が支《ささ》えた言論《げんろん》民主化《みんしゅか》20年《ねん》

2012年3月13日　第1版第1刷

著　著　ハンギョレ新聞社
訳　者　川瀬俊治・森類臣
発行人　成澤壽信
編集人　木村暢恵
発行所　株式会社 現代人文社
〒160-0004　東京都新宿区四谷2-10八ッ橋ビル7階
振替　00130-3-52366
電話　03-5379-0307（代表）　FAX　03-5379-5388
E-Mail　henshu@genjin.jp（代表）/hanbai@genjin.jp（販売）
Web　http://www.genjin.jp
発売所　株式会社大学図書
印刷所　株式会社ミツワ
装　丁　クリエイティブ・コンセプト

検印省略　PRINTED IN JAPAN　ISBN978-4-87798-511-0　C0036